예이츠의 작품에 나타난 성과 사랑, 그리고 정치

예이츠의 작품에 나타난 성과 사랑, 그리고 정치

윤 정 묵

전남대학교출판부

책머리에

이 책은 필자가 최근 십여 년에 걸쳐 쓴 글들을 모은 것이다. 제목에서 밝힌 대로, 모두 성과 사랑, 그리고 정치의 주제를 통해 예이츠(W. B. Yeats)의 작품과 삶을 살펴본 글들이다. 열 편의 글 가운데에서 일곱 편은 주로 예이츠의 작품을, 두 편은 그에게 큰 영향을 준 두 여성 모드 곤(Maud Gonne)과 아내 조지 예이츠(George Yeats)와의 관계를, 그리고 나머지 한 편은 탈식민주의와의 관계를 다룬 것이다. 작품을 다룬 일곱 편 가운데 한 편은 희곡 작품을, 나머지는 모두 초기에서부터 마지막 시기까지의 시 작품을 다루고 있다. 필자의 개인적인 입장에서 보면, 이 책은 1994년에 출판된 『예이츠와 아일랜드』 이후의 예이츠에 대한 연구 성과를 모은 것이어서 나름대로 보람이 느껴지기도 한다. 지금 돌이켜 보면, 『예이츠와 아일랜드』의 집필은 필자에게 영국 시인이 아닌 아일랜드 시인으로서의 예이츠를 처음으로 접하게 된 값진 체험이었다. 그가 아일랜드 시인으로서 겪어야 했던 수많은 고통과 갈등을 오히려 기회로 삼아 시의 영광으로 끌어올린 그의 위대성에 놀라지 않을 수 없었다. 그 이후 필자는 그의 작품에 나타난 성과 사랑의 주제에 관심을 갖게 되었고, 여기에서도 그는 더할 나위 없이 흥미롭고 뛰어난 시인임을 확인할 수 있었다. 이 글들을 쓰면서 필자가 느꼈던 놀라움과 즐거움을 예이츠의 작품을 읽는 여러 독자들이 함께 느낄 수 있도록 이 책이 조금이라도 도움이 되었으면 한다.

예이츠의 작품에 드러난 성과 사랑의 주제와 관련하여 대체적으로 지적할 수 있는 특징 중의 하나는, 많은 경우에 성과 사랑의 문제가 아일랜드에 대한 인식의 문제와 연결되어 있다는 점이다. 즉 그의 여러 작품들 안에서 성과 사랑의 주제는 단순히 개인의 차원을 넘어 사회 전체의 차원으로까지 확대됨으로써 독특한 정치적 의미를 갖게 된다. 성과 사랑을 다루고 있는 예이츠의 작품들을 읽을 때 그 이면에 숨어 있는 정치적 의미를 함께 읽어야 할 필요성이 생기는 것은 바로 이 때문이다. 이러한 점은 예이츠 생애의 전 시기에 걸쳐 확인되지만, 특히 후기로 갈수록 더 명백해지고, 그 어조도 강력해진다. 이는 성과 사랑에 대한 예이츠가 생각과 태도가 초기의 낭만적이고 이상주의적인 것으로부터 육체와 영혼이 어우러진 실제적인 것으로 바뀐 데에 그 원인이 있겠지만, 독립 이후의 아일랜드 사회가 극도로 보수적이고 억압적인 방향으로 변한 데에도 원인이 있다고 할 수 있다. 한마디로 말해서, 성과 사랑에 대한 시인의 새로운 인식이 그 인식과는 반대의 방향으로 나아가고 있는 정치 현실과 맞부딪치면서 예이츠 특유의 뛰어난 작품들이 쓰여졌다고 할 수 있다.

성과 사랑의 주제와 관련하여 예이츠의 삶과 작품에서 확인되는 또 하나의 두드러진 점은, 성과 사랑의 문제가 항상 문학 창작의 문제와 깊이 관련된다는 점이다. 마리오 프라즈(Mario Praz)의 지적대로, 예이츠에게 있어서 성과 사랑은 문학창작의 주요 동기이자 원동력이었다고 할 수 있다(xv). 그가 젊은 시절에 만나 상당한 기간 동안 사랑했지만 끝내 결혼할 수 없었던 모드 곤과의 관계는 영문학사에서 거의 전설적인 이야기가 되었지만, 그 불행한 사랑의 체험으로 인해 그는 50~60편의 주옥같은 사랑의 시를 쓸 수 있었다. 또한 그가 세간의 비난과 조롱을 감수하면서 69세의 늙은 나이에 회춘수술

(Steinach operation)을 받고, 그 이후 여러 젊은 여성들과 사랑의 관계를 갖는 등, 나이가 들어갈수록 점점 더 성과 사랑에 대해 적극적인 태도를 보여주었던 것도 쇠퇴해 가는 성적 능력을 단순히 생리적인 현상이 아니라 창작력의 위기로까지 생각했기 때문이다. 그가 노년에 이르러서도 왕성한 창작 활동을 할 수 있었던 사실의 이면에는 어느 정도 이러한 생각과 태도의 영향이 있지 않았을까 생각된다. 물론 예이츠의 작품들이 다루고 있는 것은 성과 사랑만이 아니지만, 그는 어느 시인 못지않은 뛰어난 사랑의 시인이었고, 바로 이 점 때문에 세상을 떠난 지 70여년이 지난 오늘날까지도 많은 사람들로부터 사랑받는 시인이 될 수 있었던 것으로 보인다. 아마도 이 점은 인간의 삶이 크게 변하지 않는 한 앞으로도 계속되리라 생각된다.

마지막으로 이 글들은 필자가 1999년부터 2009년에 걸쳐 한국예이츠학회에서 펴내고 있는 『한국예이츠저널』에 발표했던 논문들을 수정하거나 보완하여 옮긴 것임을 밝혀둔다. 단순히 표현상의 수정을 가한 경우도 많지만, 때로는 그 제목에서부터 본문의 내용에 이르기까지 일부 혹은 상당부분을 고쳐 쓰기도 했다. 이 책의 각 장이 바탕으로 하고 있는 논문의 제목과 게재 학회지 『한국예이츠저널』의 권수는 다음과 같다.

1장 「문학과 성, 그리고 정치: 예이츠의 초기 시를 중심으로」(22권)
2장 「「1916년 부활절」과 여성」(24권)
3장 「늙음, 욕망, 그리고 상상력-『탑』의 세 작품을 중심으로」(26권)
4장 「미친 제인, 예이츠, 그리고 아일랜드」(16권)
5장 「예이츠의 시에 나타난 성: 「젊었을 때와 늙었을 때의 여자」 읽기」(13권)
6장 「예이츠의 최후의 삶과 시: 성과 사랑의 주제를 중심으로」(20권)

7장 「예이츠 희곡의 정치적 측면에 대한 고찰」(10권)

8장 「예이츠와 탈식민주의」(28권)

9장 「예이츠와 모드 곤」(11권)

10장 「시인의 아내 조지 예이츠」(32권)

이 자리를 빌려, 위 논문들을 쓰고 그것들을 이 책으로 묶는 과정에서 원고를 함께 읽어주며 좋은 조언과 함께 격려를 보내준 아내에게 깊은 감사를 표한다.

차례

01

예이츠의 초기 시에 나타난 성과 사랑, 그리고 정치

이 글은 성과 사랑의 관점에서 예이츠의 초기 시작품들을 읽어 보면서 거기에 드러나 있는 정치적 의미들에 대해 살펴보려고 한다.[1] 이 글이 초기 시를 중심으로 하게 된 것은, 그 시가 후기 시에 비해 성과 사랑의 주제를 보다 중요하게 다루고 있어서라기보다 후기 시에 대해서는 이미 몇 편의 논문을 통하여 살펴보았기 때문이다.[2] 대체적으로 예이츠의 후기 시는 성과 사랑의 주제를 다룸에 있어 다른 시기의 시와는 확연히 구별되는 특징적인 면을 보여주는데, 이는 당시의 아일랜드 사회와 문화에 대한 시인의 비판적 시각과, 그 비판을 보다 효과적으로 극대화하기 위한 시인의 의도에서 비롯된 것으로 보인다. 예를 들어, 「젊었을 때와 늙었을

---

1) 이 글에서 주로 다루고 있는 예이츠의 초기 시는 그가 1900년 이전에 쓴 작품들, 다시 말해서 그의 시 전집의 앞 세 부분인 *Crossways*(1889), *The Rose* (1893), *The Wind Among the Reeds(*1889)에 실려 있는 작품들 중의 일부이다.

2) 필자가 이러한 관점에서 예이츠의 후기 시를 다룬 논문들은 「예이츠의 시에 나타난 성: "젊었을 때와 늙었을 때의 여자" 읽기」(『한국예이츠저널』 13[2000년 6월]: 35-63), 「미친 제인, 예이츠, 그리고 아일랜드」(『한국예이츠저널』 16[2001년 12월]: 93-120), 「예이츠의 최후의 삶과 시: 성과 사랑의 주제를 중심으로」(『한국예이츠저널』 20[2003년 12월]: 57-85)이다.

때의 여자」("A Woman Young and Old") 시편들이나 미친 제인(Crazy Jane) 시편들이 남성인 시인 화자 대신에 여성 화자를 등장시켜 여성의 육체와 성적 욕망을 노골적으로 강하게 드러내고 있는 것은, 바로 성 문제에 있어서 극도로 보수적이고 억압적이었던 당시의 아일랜드 가톨릭 사회와 문화에 대해 효과적인 비판을 가하기 위한 것이라고 할 수 있다. 그렇다면 예이츠의 초기 시의 경우는 어떠한가? 그의 초기 시는 성과 사랑의 주제를 어떻게 표현하고 있으며, 그것의 정치적 의미는 무엇인가? 이러한 질문에 대한 해답을 찾아보려는 것이 이 글의 의도이다.

우리는 흔히 예이츠의 초기 시에 대하여 말할 때 그 여성적인 특성을 지적한다. 우선 시의 리듬이나 단어의 사용이 그렇고,[3] 의미의 구조에 있어서도 마찬가지이다. 다시 말해 예이츠의 초기 시는 그 형식뿐만 아니라 내용에 있어서도 성의 문제와의 관련성을 드러내고 있다. 예이츠의 시전집 맨 앞에 놓여 있는 두 작품 「행복한 목동의 노래」("The Song of the Happy Shepherd")와 「슬픈 목동」("The Sad Shepherd")을 우리는 이러한 맥락에서 읽을 수 있다. 한 쌍을 이루고 있는 이 두 작품은 시인을 상징하는 목동을 등장시켜 그의 노래가 어떻게 만들어지는가를 보여준다. 앞의 작품에서 시의 화자인 목동은 전쟁, 철학, 과학 등을 거부하고 "말만이 참으로 좋은 것"(Words alone are certain good)이라고 단언한다. 그런데 중요한 것은 그 "말"이 바닷가의 조가비를 통해서 "노래"가 되고 그에게 "위안"을 주게 된다는 점이다.

3) 예이츠의 초기의 평론인 "The Symbolism of Poetry"는 그의 시가 "those wavering, meditative, organic rhythms"를, 그리고 "words . . . as subtle, as complex, as full of mysterious life, as the body of a flower or of a woman"을 목표로 하고 있음을 보여준다(*E&I* 163-64).

웅얼거리는 바닷가에 가서
메아리를 간직한 구부러진 조가비를 모아서,
그 입술에 대고 그대의 이야기를 하라.
그러면 그대의 괴로운 사연
교묘히 노래로 바꿔 들려주며,
마침내 그들이 그 연민의 노래 속에
진주빛 형제애로 사라질 때까지
그대를 위안하게 되리라.

Go gather by the humming sea
Some twisted, echo-harbouring shell,
And to its lips thy story tell,
And they thy comforters will be,
Rewording in melodious guile
Thy fretful words a little while,
Till they shall singing fade in ruth
And die a pearly brotherhood. (*VP* 66)

성의 관점에서 본다면, 이 시의 화자가 거부하는 전쟁이나 철학, 과학 같은 것들은 모두 남성적인 세계를 구성하는 것들이라고 할 수 있고, 반면에 그리스신화의 요정 에코(Echo)처럼 그의 말을 받아 노래로 바꾸어 다시 그에게 들려주는 조가비는 여성적인 의미를 갖는 것이라고 할 수 있다. 다음 작품 「슬픈 목동」에서 조가비가 여성으로("her wildering whirls") 표현된 것은 이러한 해석을 뒷받침해준다. 그렇게 보면, 「행복한 목동의 노래」는 남성 시인의 자아가 시인으로서의 정체성을 확립해 가는 과정에서 여성성의 작용을 필요로 한다는 사실을 말해주고 있는 것으로 볼 수 있다.

반면에 「슬픈 목동」은 그 제목이 암시하는 것처럼 앞의 시가 보여준 것과는 전혀 다른 상황을 보여준다. 먼저 하늘의 별들과 바다, 그리고 이슬방울에게 자신의 슬픔을 하소연하고 그들로부터 위로 받기를 원했던 목동은 그것이 불가능해지자 이번에는 바닷가의 조가비에게 자신의 이야기를 들려주고 그것이 노래가 되어 다시 자신의 마음속으로 되돌아올 때 슬픔이 사라지리라고 생각한다. 그러나 그 결과는 앞의 시와는 사뭇 다르다. 자신의 소리를 들어달라는 시인의 하소연에는 아랑곳하지 않고 자신들끼리만 웃고 노래하는 하늘의 별들과, 여전히 옛날처럼 혼자서 울고 있는 바다, 그리고 자신이 떨어지는 소리만을 듣고 있는 이슬방울과 마찬가지로 조가비 역시 목동이 불러주는 노래를 잊어버리고 그의 노래를 "분명치 않는 신음소리"로 바꿔버린다.

> 그리고 그는 진주조개 가장자리 가까이에서 조용히 노래했다.
> 그러나 바닷가에서 외롭게 사는 슬픈 조개는
> 그를 잊어버리고, 그녀의 어지러운 소용돌이 속에서
> 그의 모든 노래를 분명치 않는 신음소리로 바꿔버렸다.
>
> Then he sang softly nigh the pearly rim;
> But the sad dweller by the sea-ways lone
> Changed all he sang to inarticulate moan
> Among her wildering whirls, forgetting him. (*VP* 69)

다시 말해서, 이 시는 앞의 시와는 달리 원형적으로 여성성의 상징이라고 할 수 있는 자연물들과 시인 사이의 소통불능 혹은 단절을 보여줌으로써 앞의 시에서 우호적으로 표현되었던 여성성과의 관계가 때로는 모호하고 어려운 것이 될 수 있음을 말해주고 있다. 그것은 목동(시인)을 "행복하게" 만들기도 하지만 동시에 "슬프게" 만들기도 한다.

예이츠의 초기 시의 여성성이 내포하고 있는 이러한 복합적인 의미는 이 시기의 다른 작품들, 예를 들어 「골왕의 광기」("The Madness of King Goll")와 「퍼거스와 드루이드」("Fergus and the Druid"), 그리고 「잃어버린 아이」("The Stolen Child")와 「요정나라를 꿈꾼 남자」("The Man who dreamed of Faeryland") 안에서도 찾아볼 수 있다. 이 시들은 모두 아일랜드의 신화와 전설을 소재로 하고 있는 작품들로서, 앞의 두 작품은 두 왕의 이야기를, 뒤의 두 작품은 요정나라의 이야기를 다루고 있다. 첫 작품 「골왕의 광기」는 왕으로서의 권력과 전쟁의 세계를 버리고 자연의 세계를 선택한 어느 왕에 대한 시이다. 앞에서 살펴본 목동에 관한 시들에서처럼, 이 시의 전반부에 묘사된 정치권력과 전쟁의 이야기는 남성적인 세계를 의미하고, 후반부에 묘사된 자연물들은 여성적인 세계를 의미한다고 할 수 있다. 그리고 후반부에서 자연의 세계로 도피한 골왕이 오래된 악기(tympan)를 연주하면서 자연의 여신(Orchil)을 노래하는 것 역시 시와 여성성의 관련성을 암시하는 것으로 여겨진다. 그러나 재미있는 것은, 이 시의 마지막 연에서 악기 줄이 끊어지며 골왕이 슬피 탄식하는 것으로 이 시가 끝난다는 점이다.

When my hand passed from wire to wire
It quenched, with sound like falling dew,
The whirling and the wandering fire;
But lift a mournful ulalu,
For the kind wires are torn and still,
And I must wander wood and hill
Through summer's heat and winter's cold.

내 손이 현에서 현으로 옮겨갈 때,
그것은 내리는 이슬방울 같은 소리로
휘돌며 떠도는 불길을 잠재웠네.

그러나 슬픈 절규 외쳐라,
그 감미로운 현들 끊어져 잠잠하고,
여름의 열기와 겨울의 추위 속에
난 숲과 산을 떠돌 수밖에 없으니. (*VP* 86)

이는 마치 「슬픈 목동」에서 바닷가의 조가비가 목동의 노래를 "신음소리"로 바꿔버리는 것과 같다.

「퍼거스와 드루이드」 역시 제목의 두 인물을 등장시켜 그들이 대변하고 있는 두 세계를 대비시켜 보여준다. 아일랜드의 왕이었던 퍼거스는 왕 노릇하는 것이 싫어 코나하(Conchubar)에게 왕위를 물려주고 드루이드처럼 자연 속에서 살면서 그의 "꿈꾸는 지혜"(dreaming wisdom)를 배우고자 한다. 다시 말해 그도 골왕처럼 자신이 왕으로 살았던 남성적인 세계로부터 벗어나 자연 속에서 살아가는 드루이드의 여성성의 세계로 가고자 한다. 그러나 그러한 이동이 단순히 기쁨과 행복만을 주는 것은 아니다. 그것은 왕위를 버리고 자신의 꿈과 지혜를 배우겠다고 고집하는 퍼거스를 만류하며 드루이드가 그에게 건네는 말 속에 분명히 드러난다.

제 술 없는 백발의 머리와 움푹 팬 야윈 뺨과
칼도 들어 올릴 수 없는 이 두 손을 보십시오.
이 몸은 마치 바람에 나부끼는 갈색 갈대처럼 부들부들 떨린답니다.
어느 여인도 저를 사랑한 적 없고, 어떤 남자도 제 도움을 원치 않습니다.

Look on my thin grey hair and hollow cheeks
And on these hands that may not lift the sword,
This body trembling like a wind-blown reed.
No woman's loved me, no man sought my help. (*VP* 103)

여기에 묘사된 마르고 지친데다 극도의 외로움 속에서 떨고 있는 드루이드의 모습은 줄이 끊어진 악기를 들고 슬피 탄식하고 있는 골왕의 모습을 연상케 한다.

이러한 두 세계 사이의 긴장관계는 「잃어버린 아이」와 「요정나라를 꿈꾼 남자」에서도 계속된다. 두 작품 모두 요정나라의 이야기지만, 전자는 요정들에 의하여 "눈물로 가득한" 이 세상으로부터 요정의 나라로 끌려가는 아이의 이야기를, 후자는 요정의 나라에 대한 꿈 때문에 인간사회에서의 정상적인 삶이 불가능해진 남자에 대한 이야기를 다루고 있다. 그렇다면 이들 작품들이 보여주고 있는 요정의 나라는 과연 어떤 곳이며, 어디에 있는 것일까? 그곳은 한마디로 인간의 모든 근심, 걱정, 그리고 슬픔이 존재하지 않는 곳이다. 중요한 것은, 두 작품이 행복한 요정의 나라를 예이츠의 외가가 있었던 곳, 그래서 그가 어렸을 때 자주 가곤 했던 슬라이고(Sligo) 주변의 구체적인 자연으로 묘사하고 있다는 점이다. 이것은 요정의 나라가 자연, 인간의 어린 시절, 더 나아가 어머니의 존재와 관련되어 있음을 암시하는 것으로 볼 수 있다. 말하자면 그곳은 어머니의 품안과도 같은 평화와 안식의 세계이다. 그런 의미에서 그곳은 앞의 시들에서 골왕이나 퍼거스가 왕으로서의 삶을 버리고 가고자 하는 자연과 예술의 세계, 혹은 드루이드의 "꿈꾸는 지혜"의 세계와 다를 바가 없어 보인다. 한마디로 그곳은 남성 시인에게 꿈과 음악과 지혜가 가능하게 해주는 여성적인 낙원의 세계라고 할 수 있다. 이렇게 보면 요정의 세계 역시 예이츠 초기 시가 보여주고 있는 여성성에 대한 지향의 또 다른 표현으로 여겨진다.

그렇지만 요정의 나라가 아무리 행복하고 평화로운 낙원 같은 곳이라고 해도 그곳으로의 이동이나 지향은 인간에게 희생과 대가를 요구한다. 「요정나라를 꿈꾼 남자」가 보여주고 있듯이, 그 꿈 때문에 아름다운 여성에 대한 사랑을 잃고(1연), 세상을 살아가는 데 필요한 돈도 벌지 못하고(2연), 그를 모욕하는 자들에게 복수하지도 못하며(3연), 심지어 죽어서도 안식을 찾지 못하는(4연) 남성의 경우가 그 단적인 예라고 할 수 있다. 「잃어버린 아이」의 경우에도 마지막에 가서는 그 아이가 더 이상 볼 수 없게 될 평화롭고 정겨운 인간 세상의 모습을 보여줌으로써 요정 나라로의 이동이 온전히 행복한 것만은 아닐지도 모른다는 생각을 갖게 한다.

Away with us he's going,
The solemn-eyed:
He'll hear no more the lowing
Of the calves on the warm hillside
Or the kettle on the hob
Sing peace into his breast,
Or see the brown mice bob
Round and round the oatmeal-chest.

우리와 함께 가고 있는
진지한 눈의 아이.
그는 더 이상 따뜻한 언덕 위
송아지 울음이나 화로 위 주전자가
그의 가슴에 불러주는 평화의
노래 소리 듣지 못하리라.
혹은 갈색 생쥐들 귀리뒤주 주변을
들락거리는 것 못 보리라. (*VP* 88))

이는 앞에서 살펴본 작품들의 경우와 마찬가지로 결국 예이츠의 초기 시가 여성성을 추구하는 과정에서 직면한 두려움이나 불안감의 표현이라고 할 수 있다.

그렇다면 이러한 작품들이 드러내고 있는 여성성에 대한 지향과, 그에 따른 불안감이나 두려움은 어떤 정치적 의미를 갖는 것일까? 이러한 질문은 우리에게 이 시기 예이츠가 시인으로 활동하면서 이루고자 했던 바가 무엇이었는가에 대해 생각하게 한다. 간략하게 얘기하자면, 비록 그는 영문학의 전통으로부터 시를 배웠고 영어로 시를 썼다고는 해도 그는 엄연한 식민지 아일랜드의 시인이었고, 따라서 아일랜드의 정치적, 문화적 독립을 위해 자신의 시가 큰 역할을 할 수 있기를 갈망했다. 한마디로 아일랜드 민족주의운동의 시적 대변자가 되기를 원했다. 이러한 목표 하에 그는 아일랜드 문예부흥운동에 참여하였고, 특히 아일랜드의 정신적, 정서적 뿌리라고 할 수 있는 신화, 전설, 민담, 민요 등을 발굴하여 자신의 시 창작에 사용하고자 했다. 이는 영국사회가 대변하고 있는 산업화와 물질주의, 그리고 이성과 과학에 의한 진보의 이데올로기에 대항하여, 영국에서는 이미 사라져버렸지만 아일랜드에는 아직 남아 있는 근본적이고 전통적인 가치들을 내세움으로써 정신적으로나 문화적으로 영국의 식민지로부터 벗어나려는 것이었다. 문학을 통하여 정치적 목적을 달성하려는 이러한 시도는 일종의 문화적 민족주의로서, 예이츠의 초기의 삶과 예술을 구성하고 있는 핵심적인 요소 가운데 하나라고 할 수 있다.

이러한 맥락에서 보면, 예이츠의 초기 시에 나타난 아일랜드의 신화와 전설, 그리고 그 무대가 되는 자연은 모두 영국 혹은 영국적인 것들과 반대되거나 대립되는 것들을 의미한다고 할 수 있다. 다시 말해서 그의 초기 시들이 드러내고 있는 남성성과 여성성의 대립구도는 정치적인 맥락에서 보면 영국 대 아일랜드의 대립구도가 된다. 이는 곧 그의 초기 시가 정치적으로는 아일랜드의 여성성으로써 영국의 남성성을 극복하려는 것이었음을 말해준다. 전통적으로 아일랜드 사회에서 아일랜드를 여성으로 상징화하여 표현해왔던 점은 이러한 예이츠의 의도에 긍정적인 영향을 주었을 것으로 짐작된다. 그러나 그것만이 아니었다. 아일랜드인들과는 다른 맥락에서 대다수의 영국인들은 아일랜드인들을 여성적인 민족으로 비하하여 정형화함으로써 그들의 식민정책을 정당화하려고 했고, 그 결과 아일랜드인들, 특히 남성들은 자신들의 남성성을 과장해서 드러내면서 동시에 사회 전체적으로 여성성을 억압하려는 경향을 보였다. 영국의 식민지배에 대항하여 시인으로서 아일랜드 민족주의운동을 대변하고자 했던 예이츠 역시 당연히 여성성보다는 오히려 강한 남성성의 표현에 이끌렸고, 또한 그렇게 요구되었을 법하다. 문제는 이러한 상황이 그의 초기 시가 추구했던 여성성의 지향, 혹은 아일랜드의 여성성으로써 영국의 남성성을 극복하려고 했던 그의 의도와는 모순된 것이었다는 점이다. 결국 이러한 모순과 복합성이 그의 구체적인 시 작품들 안에서 무력감과 불안감 등으로 표현된 것으로 보인다.

여기에 덧붙여, 아일랜드사회 안에서 예이츠가 속했던 집단적 상황의 측면도 관련되었으리라 여겨진다. 그가 아일랜드 출신으로서 아일랜드의 독립과 자유를 갈망하고 그것을 위해 노력했던 것은 분명하지만, 그는 대다수의 아일랜드인들처럼 가톨릭 토착아일랜드인이 아니라 영국에서 건너와 아일랜드에 정착하게 된 프로테스탄트 앵글로아일랜드인(Anglo-Irish)이었다. 그 결과 그는 대다수의 가톨릭 아일랜드인들로부터 소외될 수밖에 없었고, 그런 의미에서 그의 문화적 민족주의는 근본적으로 한계를 지닌 것이었다. 중요한 것은, 이러한 한계점이 그대로 그의 초기 시의 특징으로 연결되고 있다는 점이다. 즉 그의 초기 시가 아일랜드의 주제를 다루면서도 구체적인 삶의 현실보다는 낭만적인 꿈과 비현실의 세계를 노래하고 있는 것은, 그가 물려받은 낭만주의 문학전통의 미학적 이데올로기 못지않게 그의 출신배경에서 비롯된 정치적 이데올로기의 영향도 있었으리라 생각된다. 마찬가지로, 지금까지 살펴본 바와 같이 그의 초기 시의 여성성의 추구가 영국적 남성성의 극복이라는 적극적이고 긍정적인 측면에도 불구하고 무력감과 불안감을 떨쳐버리지 못하고 있는 것은 바로 이러한 시인의 정치적 이데올로기의 상황과 관련된 것으로 보인다.

지금까지 살펴본 작품들과 비슷한 시기에 쓰여진 작품들 가운데에는 모드 곤(Maud Gonne)에 대한 사랑을 노래하고 있는 작품들이 여러 편 있지만, 그 중에서도 특히 주목되는 것은 「세상의 장미」("The Rose of the World")와 「사랑의 슬픔」("The Sorrow of Love")이다.[4] 앞에서 살펴본 작품들이 시인의 개인적인 삶과는 직접 관련이 없는 목동의 목가적인 세계나, 혹은 골왕, 퍼거스, 요정들이 등장하는 아일랜드의 전설의 세계를 통하여 시인이 지향하는 여성성의 세계를 드러내고 있다고 한다면, 이 두 작품은 그러한 여성성의 세계가 모드 곤이라는 살아 있는 한 여성으로 구체화되면서 어떻게 변화되어 가는가를 보여주고 있다고 할 수 있다. 두 작품 모두 시 전집의 두 번째 시집인 『장미』(*The Rose*)에 실려 있는 것을 보면 기본적으로 이 시들에서 장미가 중요한 상징적 이미지로 사용되고 있음을 알 수 있다. 「세상의 장미」는 제목 자체에 장미를 드러내고 있고, 「사랑의 슬픔」의 경우에는 2연에 나타난 "한 소녀"의 이미지가 장미의 이미지를 연상시키는 것 말고도, 두 번이나 사용되고 있는 동사인 "arose"가 "a rose"로 읽

4) 예이츠가 모드 곤을 만나 사랑하게 되는 이야기는 너무나도 유명한 이야기가 되었고, 그 사랑의 결과로 남겨진 수십 편의 시들은 오늘날까지 수많은 독자들에게 감동을 주어 왔다. 예이츠와 모드 곤의 관계, 그리고 그녀에 대한 예이츠의 사랑을 주제로 한 시작품들에 대하여 필자는 「예이츠와 모드 곤」(『한국예이츠저널』 11-12[1999년 9월/12월]: 13-46)에서 살펴보았다.

힐 수 있는 점도 이러한 해석을 밑받침해준다. 이렇게 보면 이 시들 역시 전통적으로 여성의 아름다움을 표현하기 위하여 시인들이 흔히 사용해온 장미의 이미지를 통하여 모드 곤의 아름다움과 그녀에 대한 시인의 사랑을 표현하고 있다고 할 수 있다. 그렇지만 비슷한 주제를 다룬 과거의 전형적인 작품들과 예이츠의 이 작품들을 비교해 보면 그 차별성은 분명해진다. 전통적으로 아름다운 여성을 장미에 비유해 왔던 시들은 그 비유를 통해 결국은 남성 화자의 성적 욕망을 드러내고 그 만족을 위해 여성을 대상화하고 물체화하는 공통점을 보여준다. 17세기 영국 시인 에드먼드 월러(Edmund Waller)의 시 「가라, 사랑스런 장미여!」("Go, lovely rose!")가 그 대표적인 예라고 할 수 있다.

  햇빛을 받지 못한 아름다움은
별로 가치가 없는 법.
  그녀더러 앞으로 나와,
욕망의 손길에 몸을 맡기고
찬미의 눈길에 부끄러워 않도록 해다오.

  Small is the worth
Of beauty from the light retired;
  Bid her come forth,
Suffer herself to be desired,
And not blush so to be admired.

시의 화자가 장미를 시켜 사랑하는 여인에게 전하고자 하는 이 말은 한마디로 아무리 아름다운 여인의 육체도 장미처럼 빨리 시들 수밖에 없으니, 그리고 한번 시들어버리고 나면 더 이상 무가치한 것이니, 시간이 가기 전에 빨리 남성, 특히 자신의 성적 요구를 들어달라는 것이다. 이때 여성 자신의 주체적인 의사나 감정은 전혀 고려되지 않음은 물론이다.

예이츠의 시의 경우는 어떤가? 「세상의 장미」와 「사랑의 슬픔」이 그 바탕에 장미의 이미지를 두고, 그것을 통해 영원한 미, 혹은 그러한 미의 구체적인 표현으로서의 아름다운 여성, 특히 모드 곤의 아름다움을 노래하고 있긴 하지만, 이 작품들의 가장 특징적인 면은 그녀의 아름다움을 영웅적이면서도 비극적인 고대 신화의 세계와 연결시키고 있다는 점이다. 먼저 「세상의 장미」에서 시인은 장미가 상징하는 영원한 미를 노래하면서, 그 미를 구체적으로 드러내고 있는 여인의 아름다움을 고대 희랍신화의 헬레네와 고대 아일랜드신화의 데아드라(Deirdre)와 연결시킨다.[5)]

아름다움이 꿈처럼 사라지는 것이라고 누가 생각했던가?
더 이상 놀라운 일 있을 것 같지 않아서 슬픈,
슬프고도 오만한 이 붉은 입술 때문에,
트로이는 높이 타오르는 장례의 불꽃으로 사라지고
어쉬나의 아이들은 죽었네.

Who dreamed that beauty passes like a dream?
For these red lips, with all their mournful pride,
Mournful that no new wonder may betide,

5) 희랍신화에서 절세의 미녀 헬레네로 인하여 트로이전쟁이 일어나게 된 이야기는 너무나 유명해서 여기에서 따로 설명할 필요가 없을 것 같다. 아일랜드신화의 데아드라는 훗날 그녀의 아름다움이 얼스터(Ulster)에 죽음과 슬픔을 가져오게 되리라는 예언과 함께 태어났다. 그녀의 미모에 대해 알게 된 왕 코나하가 그녀를 왕비로 삼고자 하였으나, 어쉬나의 아들 니쉬에게 마음이 끌린 그녀는 그와 그의 두 형제들을 따라 외국으로 도주했다. 코나하왕이 그들을 용서하리라는 말을 믿고 돌아온 "오쉬나의 아들들"은 결국 죽임을 당하고, 데아드라 역시 상심한 나머지 세상을 떠났다.

Troy passed away in one high funeral gleam,
And Usna's children died. (*VP* 111)

이는 결국 시인이 모드 곤의 아름다움을 과거 신화에 나타난 아름다운 여인들, 그리고 그 여인들로 인해 야기된 끔찍한 비극적 사건들과 연결시키고 있음을 말해준다.

다음 작품 「사랑의 슬픔」 역시 마찬가지다. 모두 세 개의 연으로 되어 있는 이 시는 사랑하는 여성의 등장으로 인해서 화자가 겪게 되는 슬픔을 시의 앞부분과 뒷부분에 나타난 자연의 변화를 통해서 보여주고 있는 작품이다. 언뜻 보면 비슷해 보이는 자연풍경이지만, 1연에서 화자에게 "인간의 이미지와 그의 울음"을 잊게 해주었던 처마의 참새, 밝은 달과 우윳빛 하늘, 그리고 조화로운 나뭇잎들의 속삭임이, 2연에서 사랑하는 여인의 출현으로 인하여, 3연에서는 그저 시끄러울 뿐인 처마, 텅 빈 하늘의 달, 그리고 나뭇잎들의 탄식으로 바뀌면서 오히려 "인간의 이미지와 그의 울음"을 떠올리게 한다. 우리가 앞에서 살펴보았던 시들에 나타난 요정의 나라와도 같은 자연의 아름다움 속에서 인간의 존재와 그 슬픔을 잊으려는 시도를 보여준 시인 화자는 사랑하는 여성의 출현으로 인하여 다시 인간의 슬픔의 세계로 돌아오게 되는 것이다. 그렇다면 화자에게 그러한 변화를 가져온 여성은 어떤 여성인가?

한 소녀가 일어났다. 빨간 구슬픈 입술에,
눈물에 잠긴 위대한 세상의 모습을 하고,
오디세우스와 요동치는 배와 같은 운명을 타고난,
신하들과 함께 살해된 프리아모스처럼 콧대 높은 소녀가.

A girl arose that had red mournful lips
And seemed the greatness of the world in tears,

Doomed like Odysseus and the labouring ships
And proud as Priam murdered with his peers; (*VP* 120)

여기에서 시인 화자가 노래하고 있는 그녀는 세상의 모든 눈물을 지닌 듯한 슬픈 여성이며, 트로이전쟁이 끝난 후에도 고향에 돌아가지 못하고 십 년 동안이나 부하들과 함께 죽을 고비를 넘기면서 떠돌아야 했던 오디세우스처럼 불운한 여성이며, 도주하거나 항복하는 대신 마지막까지 싸우다가 부하들과 함께 살해당한 트로이의 왕 프리아모스처럼 자존심이 강한 여성이다. 한마디로 슬프면서도 당당한, 비극적이면서도 영웅적인 여성이다.

이처럼 영원한 미와 그 구체적인 표현으로서의 아름다운 여인, 혹은 모드 곤을 노래하면서 영웅적이고 비극적인 세계와 연관시키고 있는 이 작품들은 앞에서 살펴본 바와 같이 과거의 전통적인 애정시들과 비교해 볼 때 확실히 예이츠 특유의 새로운 일면을 보여준다. 어떻게 이러한 여성의 이미지가 가능했던 것일까? 무엇보다도 먼저, 모드 곤의 뛰어난 외모와 그녀에 대한 예이츠의 강렬한 사랑이 그것을 가능케 했을 것이며, 거기에 덧붙여, 이 시기에 그녀가 실제로 아일랜드의 독립과 빈민구제를 위하여 헌신적으로 활동하였던 점과, 그러한 그녀에 대해 그가 긍정적인 시각으로 바라보았던 점도 작용하였을 것이다. 그 결과 그녀는 과거의 문학작품들이 노래해왔던 아름다운 여성들처럼 수동적으로 남성들의 사랑을 받아들이는 것으로 만족하는 여성이 아니라, 능동적으로 자신의 삶을 살아가는, 비록 그것이 힘들고 위험한 것이라고 해도 굴하지 않고 자신의 길을 개척해가는, 마치 신화에 나오는 영웅들과도 같은 뛰어난 여성으로 표현된 것이다. 절세미인인 그녀가 아일랜드의 민중 앞에서 영국에 대한 투쟁을 선동하는 모습은 시인에게 아마 그러한 이미지를 떠올리게 했을 법도 하다.

그러나 그 결과는 어떠한가? 그녀가 신화와 영웅의 세계로 들어서는 순간 이미 그녀는 인간의 일상적인 삶의 세계와는 단절되어 외롭게 떠돌 수밖에 없고, 그녀로 인하여 이 세상에는 전쟁이나 죽음과 같은 비극적 결말이 준비되어 있는지도 모른다. 과거 신화 속의 헬레네와 데아드라의 이야기가 그것을 잘 말해주고 있지 않는가? 이처럼 이 시들은 그녀의 영웅적인 삶이 그녀 자신을 세상으로부터 격리시키며 때로는 자신을 포함한 세상 사람들에게 비극적인 결말을 가져올 수도 있다는 점을 암시함으로써 그녀에 대한 부정적인 시각도 함께 드러내고 있다. 이는 결국 예이츠가 모드 곤의 정치적인 활동에 대하여 한편으로 긍정의 태도를 보이면서도 다른 한편으로는 두려움과 회의적인 태도를 갖고 있었던 것이 아닌가 하는 생각을 갖게 한다. 다시 말해서, 그는 자신의 문화적인 노선과는 다른 과격한 정치투쟁 자체에 대하여, 그리고 특히 자신이 사랑하는 여성 모드 곤이 그러한 과격한 정치투쟁을 하는 데 대하여 회의적이었고, 설사 그가 그녀의 활동에 대해서 그 가치를 인정하였다고 해도 그러한 활동 속에서 그의 통제력을 벗어나 버린 그녀에 대하여 불만이나 두려움을 느꼈던 것은 아닐까 하는 생각을 하게 한다. 「세상의 장미」와 「사랑의 슬픔」 같은 작품들이 사랑하는 여성의 이미지를 과거 신화 속의 영웅적 인물들의 높이로까지 끌어올림으로써 과거 문학전통상의 여성성의 표현의 한계를 뛰어넘은 것은 물론, 앞에서 살펴본 초기 시들에 나타난 여성성의 표현조차도 뛰어넘은 성과를 보여주면서도, 그 영웅적인 세계를 개인적인 소외와 단절, 혹은 끔찍한 비극적 결말과 관련시키고 있는 것은 아마도 모드 곤에 대한 예이츠의 이중적이고도 복합적인 생각과 입장 때문이었으리라 여겨진다.

모드 곤에 사랑을 노래하고 있는 또 다른 작품으로 비교적 널리 알려져 있는 「그대 늙었을 때」("When You are Old")는 앞의 두 시처럼 시인 화자가 사랑하는 여성을 노래하는 방식이 과거의 전통적인 애정시들과 어떻게 다른가를 잘 보여준다. 우선 사랑하는 여성을 노래하면서 한창 아름다운 젊은 나이의 그녀가 아니라 "늙었을 때"의 그녀를 생각하는 것부터가 그렇다. 이 시의 화자가 여성을 사랑하는 것은 그녀의 젊고 아름다운 외모나 그녀의 육체가 주는 성적 쾌락 때문이 아니다.

얼마나 많은 이들이 그대의 우아한 순간들을 사랑하고,
거짓 또는 진실한 사랑으로 그대의 아름다움을 사랑했지만,
오직 한 사람만이 그대 안에 순례자의 영혼을 사랑하고,
그대의 변해가는 얼굴의 슬픔을 사랑한 것을.

How many loved your moments of glad grace,
And loved your beauty with love false or true,
But one man loved the pilgrim soul in you,
And loved the sorrows of your changing face; (*VP* 121)

다른 많은 남성들이 젊은 시절의 그녀의 아름다운 외모를 사랑한 것과는 달리, 이 시의 화자는 그녀의 순례자 같은 영혼과 시간에 흐름에 따라 늙어 가는 얼굴을 사랑한 것이라고 말한다. 특히 종교적인 의미가 강하게 느껴지는 "순례자"(pilgrim)라는 말은 화자가 사랑하는 여성을 바라보는 시각의 중심을 이루는 듯하다. 동시에 이 표현은 앞의 두 시에 나타나 있는 아름다운 여성의 이미지를 보완해주고 있는 것으로 보인다. 즉 슬픔과 외로움 속에서 영원히 떠돌며 때로는 인간에게 끔찍한 전쟁과 죽음을 가져오는 비극적 여성의 이미지 위에, 가치 있는 것들을 위하여 모든 것을 헌신하며 거기에서 비롯하는 고통을 기꺼이 감수하며 인내하는 여성의 이미지가 덧붙여진 것이다. 그

러나 그럼에도 불구하고 이 시의 마지막 부분이 보여주고 있는 사랑의 슬픔, 혹은 그 쓸쓸함은 좌절된 사랑의 쓴 맛을 느끼게 함으로써 결국 모드 곤에 대한 시인의 사랑이 결코 쉽지 않은 것이었음을 말해주는 듯하다.

예이츠 초기의 마지막 작품집이라고 할 수 있는 『갈대밭의 바람』(*The Wind Among the Reeds*)에 실려 있는 사랑을 노래하고 있는 시들 가운데에는 서구문학이 과거로부터 사용해왔던 궁정풍의 양식(courtly genre)을 사용하고 있는 작품들이 눈에 띤다. 이 양식은 중세 후기에 유행했던 궁정풍의 연애(courtly love)에 대한 문학적 표현으로서, 젊은 기사가 귀부인에게 무릎을 꿇고 애정과 찬사를 바치는 식의 이야기를 바탕으로 한 것이다. 이 양식은 11세기말 음유시인들에 의하여 시작되어 단테(Dante Alighieri)를 거쳐 빅토리아조 시대의 로세티(Dante Gabriel Rossetti)에게 이르게 되고, 다시 로세티의 영향을 통해 예이츠에게 전달된다.[6)]『갈대밭의 바람』에 실려 있는 「시인이 연인에게」("A Poet to his Beloved"), 「그는 연인에게 어떤 노래를 바친다」("He gives his Beloved certain Rhymes"), 「그는 천상의 천을 소망한다」("He wishes for the Cloths of Heaven") 등은 이러한 로세티의 영향을 강하게 보여주고 있는 작품들이다. 이 작품들 중 비교적 널리 알려진 작품은 「그는 천상의 천을 소망한다」이다.

만약 내가 천상의 수놓은 천을,

---

6) 궁정풍의 양식이 사용되어 온 역사과정에 대해서는 Elizabeth Butler Cullingford의 저서 *Gender and History in Yeats's Love Poetry*를 참고하였다(chapter 2). 이 책은 한마디로 "gender-based feminist historicism"의 관점에서 예이츠의 애정시들을 읽는 것으로서, 예이츠 시의 성적인 측면에 대한 연구들 가운데에서 특히 주목되는 성과를 보여주고 있는 것으로 보인다. 본 논문이 그녀의 책으로부터 크게 도움 받고 있음을 밝혀둔다.

금빛과 은빛으로 어우러진,
밤과 낮과 여명의 푸르고 희미하고
어두운 천을 갖고 있다면,
그대 발아래 그 천을 펼치리라.
그러나 가난하여 그저 꿈만을 가졌기에,
그대 발아래 내 꿈을 펼쳐놓았소.
사뿐히 걸으시오, 내 꿈을 밟는 것이니.

Had I the heavens' embroidered cloths,
Enwrought with golden and silver light,
The blue and the dim and the dark cloths
Of night and light and the half-light,
I would spread the cloths under your feet:
But I, being poor, have only my dreams;
I have spread my dreams under your feet;
Tread softly because you tread on my dreams. (*VP* 176)

가난하여 하늘나라의 비단옷을 갖지 못한 시인 화자가 그 대신 자기가 갖고 있는 유일한 재산이라 할 수 있는 꿈을 사랑하는 여성의 발아래 깔아놓고 그 위로 그녀가 지나가기를 바라는 것은 그녀에게 모든 것을 바치는 사랑과 헌신의 제스처로서 분명히 궁정풍의 사랑을 본뜬 것으로 보인다. 물론 거기에는 그녀에 대한 헌신의 마음과 함께 그녀로부터 자신의 가난한 처지에 대한 따뜻한 이해와 동정을 구하는 심정이 들어 있을 것이다.

「시인이 연인에게」 역시 「그는 천상의 천을 소망한다」와 마찬가지로 8행의 짧은 시이다. 앞의 시에서 사랑하는 여인의 발아래 자신의 꿈을 깔아놓고 그녀가 밟고 가기를 바라는 시인 화자는 이 시에서는 그녀에게 그의 시를 바치고 있다.

경건한 손으로 당신에게 바치오,
내 무수한 꿈을 담은 책을,
조수가 잿빛 모래를 닳게 하듯
정열이 지치게 한, 시간의 창백한
불길에서 넘쳐 나온 뿔보다
더 오랜 마음을 지닌 백색 여인이여.
무수한 꿈을 지닌 백색 여인이여,
그대에게 내 정열의 시를 바치오.

I bring you with reverend hands
The books of my numberless dreams,
White woman that passion has worn
As the tide wears the dove-grey sands,
And with heart more old than the horn
That is brimmed from the pale fire of time:
White woman with numberless dreams,
I bring you with my passionate rhyme. (*VP* 157)

그가 "경건한 손"으로 그의 시를 바치는 여인, 즉 3-6행에 묘사되어 있는 여인은 단순한 여성이라기보다는 여신의 모습에 가까운 존재처럼 보인다. 마치 「세상의 장미」의 영원한 미의 여신과도 같다. 그녀는 다시 「그는 연인에게 어떤 노래를 바친다」에서 "긴 머리카락"(long hair)과 "진줏빛 투명한 손"(a pearl-pale hand)을 갖고 있는 여인으로 나타난다. 그리고 이번에도 역시 시인 화자는 그녀를 위하여 그의 시("poor rhymes")를 바친다. 이 시에서 자연, 즉 바다의 파도와 하늘의 별들이 "그녀의 발길을 밝혀주기 위하여" 존재하고 있는 것은, 「세상의 장미」의 끝부분 "그녀의 헤매는 발길 앞에 / 신은 이 세상을 풀밭길로 만들었으니."(He made the world to be a grassy road / Before her wandering feet.)를 연상시킨다.

다른 모든 문학양식과 마찬가지로 이러한 궁정풍의 양식 역시 그것이 통용되고 있는 사회의 실제 현실을 반영하기 마련이다. 따라서 그것이 처음 쓰였던 초기 단계에서는 당시 사회 안에 실제로 존재한 일부 여성들의 우월한 힘과 지위를 반영했다고 할 수 있다. 그러나 서구 사회가 점점 가부장적 사회로 변하면서 이러한 면은 사라지게 되고, 그 양식은 실제적인 남녀관계와는 상관없는, 오히려 여성들에게 가했던 차별과 억압을 감추고 위장하기 위한 것으로 변하게 되었다. 이러한 상황에서 로세티를 통하여 이 양식을 물려받게 된 예이츠는 그것을 자신의 시 창작에 새롭게 사용함으로써 그것이 갖고 있던 본래의 활기와 의미를 되살리고자 했던 것으로 보인다. 마치 앞에서 살펴본 『장미』의 작품들의 경우에 영원한 미의 상징이자 그가 사랑하는 여인 모드 곤의 상징으로 사용된 장미의 이미지가 영웅적이고 비극적인 고대 신화의 틀을 갖게 됨으로써, 장미를 통해 여성의 아름다움을 노래했던 과거의 전통적인 애정시의 한계를 벗어나 새로운 차원의 의미를 갖게 된 것과 같다고 할 수 있다. 어쨌든 그는 궁정풍의 양식을 되살림으로써 형식적으로만이 아니라 실제 내용상으로도 여성의 힘과 권위에 대한 인정과 존경을 표하고자 했던 것으로 생각된다.

물론 예이츠에게 이러한 일이 가능할 수 있었던 데에는 당시의 영국과 아일랜드에서 진행되고 있었던 여성해방운동, 특히 여성들의 참정권 획득을 위한 투쟁과, 그러한 운동의 결과로 점점 여성의 사회적 지위와 힘이 커져갈 수밖에 없었던 상황이 영향을 주었다고 할 수 있다. 또한 이러한 여성 운동들에 대하여 그가 동조적이었던 점도 작용하였을 것이다. 이와 함께, 이 시기의 예이츠가 접신론 혹은 신지학과 같은 신비주의사상과, 낭만적 사회주의, 그리고 아일랜드 민족주의운동에 대하여 깊은 관심을 갖고 있었다는 점도 위에서 살펴본 작품들의 정치적 의미 형성에 관련되었을 것으로 짐작된다. 컬링포드(Cullingford)가 지적하고 있듯이, 이러한 사상 혹은 철학적인 운동들은 모두 "지금까지 억압되어 온 종교적이고 정치적인 힘의 원천을 해방시키기 위하여 서로 다른 방식으로 여신의 상징을 사용했다"(*Gender* 36). 이러한 맥락에서 보면, 사랑하는 여인을 드높이며 그녀의 발아래 엎드려 경의를 표하고 자신의 소중한 것을 바치는 식의 애정시들은 크게 보아 예이츠 초기 시가 드러내고 있는 여성성의 한 표현으로서, 앞에서 살펴본 다른 시들과 마찬가지로 영국 제국주의와 물질만능의 자본주의, 그리고 여성 억압적인 가부장제도에 대하여 비판적인 시인 예이츠의 개인적인 생각과 태도가 그 이면에 깔려 있다고 할 수 있다.

예이츠의 초기 시에 나타난 여성성의 정치적 의미에 대한 고찰에 있어서 또 하나 중요한 점은 때때로 그의 시가 아일랜드를 여성으로 표현하고 있다는 것이다. 물론 아일랜드를 하나의 여성으로 표현한 것은 예이츠의 시에만 해당된 것이 아니고 과거로부터 현재에 이르기까지 아일랜드 문학이나 문화에 흔히 나타나는 현상이라고 할 수 있다. 사실 예이츠의 시를 포함한 아일랜드 문학이 아일랜드를 여성의 이미지로 표현한 것은 자연이나 대지 혹은 나라를 여성으로 보았던 신화적 세계에 그 뿌리를 두고 있는 것으로서, 역사적으로 복잡하고 다사다난하였던 아일랜드의 특수한 상황에서 새로운 정치적 의미를 더해간 것이라 할 수 있다.

예이츠의 초기 시 가운데에서 널리 애송되고 있는 시 「방황하는 엥거스의 노래」("The Song of Wandering Aengus")는 언뜻 보면 단순한 사랑의 주제를 다루고 있는 시 같지만 한 편의 정치적 알레고리로 읽을 수 있는 작품이다. 시의 화자인 엥거스는 아일랜드 신화에서는 젊음과 시와 미의 신으로 나타나지만 이 작품에서는 인간 남성으로 등장한다. 그가 시냇가에 가서 송어를 낚는 과정을 단순하게 보여주고 있는 1연에 이어, 2연에서는 뜻밖의 놀라운 사건을 보여줌으로써 흥미와 긴장감을 갖게 한다.

그것을 마룻바닥에 내려놓고
불을 지피러 간 사이에,
무언가 마루 위에서 바스락거렸고,
누군가가 내 이름을 불렀네.
그것은 머리에 사과꽃을 꽂은
희미하게 빛나는 소녀가 되었고,
내 이름 부르며 달아나
찬란한 대기 속으로 사라졌네.

When I had laid it on the floor
I went to blow the fire aflame,
But something rustled on the floor,
And some one called me by my name:
It had become a glimmering girl
With apple blossom in her hair
Who called me by my name and ran
And faded through the brightening air. (*VP* 149-50)

여기에서 화자가 잡아온 송어가 아름다운 여성으로 변하는 전설 같은 이야기는 예이츠의 초기 시 가운데에서 아일랜드의 신화나 전설, 특히 요정들의 세계를 다룬 다른 작품들을 연상시킨다. 다른 한편으로 특별히 그 여성이 머리에 사과꽃을 꽂고 나타난 것을 보면 모드 곤에 대한 시인의 사랑을 떠올리게 한다.[7)]

---

7) 예이츠의 자서전에 의하면, 그가 처음 모드 곤을 만났을 때 그녀는 사과꽃다발 옆에 서 있었고 그녀의 피부색은 사과꽃 같았다(*Au* 123).

그러나 계속된 3연에서 사라져버린 그 여성을 찾아 그녀와의 완전한 결합을 꿈꾸며 평생을 헤매는 화자의 모습은 연인에 대한 순종과 헌신을 표현하고 있는 궁정풍의 양식과 비슷한 면도 있는 것 같고, 혹은 예이츠의 초기 시가 노래한 큰 주제의 하나인 영원한 미에 대한 추구를 암시하고 있는 것으로도 보인다.

골짜기와 언덕을 방황하느라
나 이제 이렇게 나이 들었지만,
기필코 그녀 간 곳 찾아내어
입 맞추고 손잡으리라.
그리고 아롱진 긴 풀 사이 거닐면서
따리라, 시간과 세월이 끝날 때까지,
저 달님의 은빛 사과를,
저 해님의 금빛 사과를.

Though I am old with wandering
Through hollow lands and hilly lands,
I will find her where she has gone,
And kiss her lips and take her hands;
And walk among long dappled grass,
And pluck till time and times are done
The silver apples of the moon,
And golden apples of the sum. (*VP* 150)

이러한 다양한 의미들과 함께, 이 시는 오랜 기간 영국의 식민 지배를 벗어날 수 없었던 아일랜드의 상황과 그러한 상황 속에서 독립을 갈망하며 살아온 아일랜드인들의 심정을 노래하는 것으로 볼 수 있다는 점에서 정치적 의미를 갖는다. 무엇보다도 이 시의 여성을 아일랜드를 상징하는 여인으로 보아도 무리가 없어 보이고, 그녀가 곧바로 남성 화자의 성적 욕망의 대상이 되지 못하고 그들의 결합이 불확실한 미래의 일로 미루어져 있는 것도 이러한 정치적 해석을 가능케 한다.

아일랜드를 상징하는 여성의 문학적 표현이라는 관점에서 볼 때 가장 중요한 인물은 캐슬린 니 훌리한(Cathleen ni Houlihan)이다. 그녀는 오래 전부터 아일랜드인들이 즐겨 부르는 사랑의 노래 속에 자주 등장하는 여인이었고, 18세기 무렵에 와서는 일반적으로 아일랜드를 상징하는 여인으로 여겨져 왔다. 예이츠 역시 그의 시 「아일랜드에 대한 레드 한라한의 노래」("Red Hanrahan's Song about Ireland")에서 그녀를 아일랜드를 상징하는 여인으로 그리고 있다.[8] 이 시에서 캐슬린 니 훌리한을 노래하고 있는 레드 한라한은 예이츠가 창조해낸 인물로서, 그에 관한 이야기는 예이츠의 산문 『레드 한라한의 이야기』(*Stories of Red Hanrahan*)에서 읽을 수 있다. 그 중에서도 특히 「한라한과 훌리한의 딸 캐슬린」("Hanrahan and Cathleen, the Daughter of Houlihan")은 그가 어떻게 해서 그녀에 대하여 노래하게 되었는가를 보여준다. 사실 이 이야기 속에 들어 있는 노래가 뒤에 별도의 시작품으로 발표된 것이 바로 「아일랜드에 대한 레드 한라한의 노래」이다. 이곳저곳으로 떠돌던 한라한은 어느 날 길에서 마가렛 루니(Margaret Rooney)와 메리 길리스(Mary Gillis)라는 두 여인을 만난다. 그녀들은 곧 한라한을 그들의 집에 함께 머물기를 권하고 오랜 여행에 지친 그는 그 청을 받아들인다. 그렇게 해서 그녀들과 함께 살게 된

8) 캐슬린 니 훌리한을 소재로 한 예이츠의 작품으로는 이 시외에도 희곡 『캐슬린 니 훌리한』(*Cathleen Ni Houlihan*)이 있지만, 이 유명한 희곡작품에 대한 논의는 초기 시의 범위를 벗어난 것이어서 이 글에서는 생략하였다. 이 작품에 대한 자세한 논의에 대해서는 필자의 논문 「예이츠 희곡의 정치적 측면에 대한 고찰」(『한국예이츠저널』 10[1999년 5월]: 11-40) 참고.

한라한은 그곳에서 많은 노래를 지어 부르는데, 12월의 어느 날 저녁 "아일랜드와 아일랜드가 겪은 슬픔의 무게"를 생각하며 부른 노래가 바로 이 시이다(*Myth* 234-37).

모두 세 연 열다섯 행으로 되어 있는 이 짤막한 시는 한마디로 아일랜드인들이 캐슬린 니 훌리한에게 바치는 사랑과 헌신의 노래이다. 이러한 의미에서 이 시는 기본적으로 한 편의 애정시라고 할 수 있다.

> 쿠멘 바닷가 위 높이 오래 된 갈색 가시나무들은
> 왼편에서 거칠게 불어오는 검은 바람에 둘로 쪼개지고,
> 우리의 용기도 검은 바람 속 늙은 나무처럼 부서져 사라지지만,
> 우리는 훌리한의 딸 캐슬린의 눈에서 발산하는 불꽃을
> 가슴 속에 감추고 있다네.
>
> 바람은 녹나리 언덕 위 높이 구름을 잔뜩 모아
> 메이브의 항의는 아랑곳없이 돌무더기 위로 천둥번개를 내던지고,
> 소란스런 구름과도 같은 분노가 우리의 심장을 뛰게 하지만,
> 우리 모두는 낮게 낮게 몸을 구부려 훌리한의 딸 캐슬린의
> 조용한 발에 입맞춤하네.
>
> 끈적거리는 대기로부터 습기 머금은 바람이 불어와
> 노란 늪 물은 클루 너 바 호수 위 높이 넘쳐흐르고,
> 넘쳐흐르는 물과도 같은 우리의 몸과 우리의 피,
> 그러나 성 십자가 앞의 기다란 초보다도 더 순수한 것은
> 훌리한의 딸 캐슬린이라네.

> The old brown thorn-trees break in two high over Cummen Strand,
> Under a bitter black wind that blows from the left hand;
> Our courage breaks like an old tree in a black wind and dies,

But we have hidden in our hearts the flame out of the eyes
Of Cathleen, the daughter of Houlihan.

The wind has bundled up the clouds high over Knocknarea,
And thrown the thunder on the stones for all that Maeve can say.
Angers that are like noisy clouds have set our hearts abeat;
But we have all bent low and low and kissed the quiet feet
Of Cathleen, the daughter of Houlihan.

The yellow pool has overflowed high up on Clooth-na-Bare,
For the wet winds are blowing out of the clinging air;
Like heavy flooded waters our bodies and our blood;
But purer than a tall candle before the Holy Rood
Is Cathleen, the daughter of Houlihan. (*VP* 206-08)

그러나 이 시가 여인에 대한 사랑을 노래하고는 있지만 그 여인을 성적 욕망의 대상으로 노래하고 있는 것은 아니다. 그녀는 "성십자가 앞의 기다란 초보다도 더 순수한" 여인의 모습으로 묘사되어 있기 때문이다. 따라서 그들은 그녀의 입술이 아닌 "조용한 발"에 입을 맞춘다. 이러한 순결하고 고상한 그녀의 이미지와 대조를 이루는 것이 "우리"로 표현된 아일랜드인들이라고 할 수 있다. 이 시는 자연의 이미지를 이용하여 그들이 용기가 꺾이고, 쉽게 분노에 휩싸이며, 무모하게 피를 흘리는 사람들임을 보여준다. 그리고 그 절망과 분노와 상처를 캐슬린의 순결한 이미지가 위로해주고 정화시켜주고 있다. 이러한 캐슬린 니 훌리한의 모습은 과거 아일랜드 문학에 나타난 여성의 이미지에 가톨릭교회의 성모마리아의 이미지가 합쳐진 결과라고 할 수 있다.

이처럼 한 여인에 대한 사랑과 헌신을 노래하고 있는 이 시는 앞에서 살펴본 궁정풍의 양식을 따르고 있다고 할 수도 있겠지만, 그 여인이 바로 아일랜드를 상징하는 캐슬린 니 훌리한이라는 점에서 정치적 의미를 갖는다. 특히 앞의 한라한의 이야기에서 그가 아일랜드의 슬픈 현실을 생각하며 노래를 부르고 그것을 듣는 모든 사람들이 그와 함께 눈물을 흘리는 것이나, 구체적인 아일랜드의 지명이 직접 사용되고 있는 점 등은 이 시의 정치적 의미를 더욱 분명하게 해준다. 이와 함께 이 시의 형식도 이 시를 하나의 정치적 발라드(ballad)로 읽을 수 있게 한다. 즉 후렴을 제외한 시행들이 각각 일곱 개의 강세(stress)를 갖는 2행 연구(couplet)의 형식을 취하고 있는데, 이 시행은 네 개와 세 개의 강세를 갖고 있는 발라드의 형식으로 볼 수 있다(Preminger 64). 이렇게 보면 이 시는 오랜 기간 동안 영국의 식민지배로 인하여 숱한 고통과 슬픔을 겪어 온 아일랜드인들의 정치적 상황과, 그러한 상황으로부터 구원받고자 하는 간절한 소망과 염원을 아일랜드를 상징하는 여인 캐슬린 니 훌리한의 이미지를 통하여 형상화하고 있다고 할 수 있다.

이처럼 「아일랜드에 대한 레드 한라한의 노래」는 아일랜드 민족주의운동의 시적 대변자가 되기를 원했던 초기 예이츠의 열망이 가장 분명하고도 직접적으로 나타난 작품이라고 하겠지만, 성과 사랑의 관점에서 볼 이 작품이 아일랜드에 대한 아일랜드인들의 사랑과 헌신을 구체적으로 드러내기 위하여 여성에 대한 사랑의 표현을 사용하면서도 정작 그 여성의 육체적이고 성적인 욕망 자체로부터는 철저하게 눈을 돌리고 있는 사실에 주목하게 된다. 컬링포드에 의하면, 과거의 아일랜드 신화에서 땅과 그 통치권은 여신의 형태로 존재했고, 따라서 어떤 남성이 정당한 왕이 되기 위해서는 그녀와 성적인 관계를 가져야만 했다. 만약 그러한 남성이 나타나지 않으면 그 여신은 늙고 추한 여성의 모습이 되었다가 새로운 용맹한 자가 나타나서 사랑을 나누게 되면 다시 기적적으로 젊어졌다. 그러나 아일랜드의 식민지화가 진행되면서 이러한 현상에 변화가 왔고, 그 결과 18세기에 와서는 아일랜드 땅의 통치권을 상징하는 여신으로서 남성들을 성적으로 유혹하고 그들과의 관계에 의하여 새로이 젊은 모습으로 변화하는 여인의 모습은 사라지고 그 대신 수동적으로 자신을 구하러 오는 남성을 하염없이 기다리는 슬픈 여인의 모습이 등장하게 되었다는 것이다(*Gender* 57-61). 이것은 정치적 독립을 상실한 아일랜드가 그와 함께 진정한 남성성을 상실함으로써 이제 더 이상 그녀와 성적인 관계를 가질 수 없는 것으로 나타난 것으로 볼 수 있고, 특히 대기근(the Great Famine) 이후에 여성의 순결과 정절을 유달리 강조해온 아일랜드 가톨릭교회의 영향도 작용한 것으로 볼 수 있다. 근래에 와서 아일랜드 민족주의운동이 강해지면서 캐슬린 니 훌리한과 같은 전투적이고 강렬한 모습의 여성이 등장하게 되었지만, 그녀 역시 육체적 사랑과는 무관한 여성으로 보인다.

이처럼 예이츠의 작품들에서 아일랜드를 상징하는 여성의 이미지가 성이나 육체적 사랑과는 거리가 먼 것으로 나타나 있는 것은 결국 아일랜드 사회나 문화 전체의 문제와 관련되어 있다고 할 수 있다. 아마도 그 근본적인 이유는 아일랜드의 문학이나 문화가 그러한 여성의 이미지를 만들어내야 할 만큼 역사적 현실이 절박했기 때문이 아닐까? 그렇지만, 그만큼 절박한 현실 때문이라고 해도 그러한 여성의 이미지가 문제점을 지니고 있는 점을 부정할 수는 없을 것 같다. 예이츠 자신도 시간이 흐르면서 이 점을 깊이 느꼈던 것으로 보인다. 그 단적인 예로 그가 훗날 자신의 시 「사람과 메아리」("The Man and the Echo")에서 『캐슬린 니 훌리한』을 떠올리며 "나의 그 연극은 사람들을 내몰아 / 영국인들의 총에 맞아 죽게 했던가?"(Did that play of mine send out / Certain men the English shot?)라고 노래하고 있는 것을 보면, 그는 그 희곡작품이 당시의 아일랜드인들에게 주었던 놀라운 감동과 영향뿐만 아니라 캐슬린 니 훌리한의 이미지 자체가 갖고 있는 위험성까지도 깊이 인식했던 것으로 보인다. 한마디로 그녀가 자신에 대한 사랑과 헌신의 대가로 죽음을 주는 무서운 여인("terrible beauty")임을 느꼈던 것 같다. 이는 곧 그것을 불멸의 것으로 만든 데 자신도 크게 기여했던 바로 그 캐슬린 니 훌리한의 이미지가 아일랜드의 바람직한 미래를 위해서나 아일랜드인들의 진정한 행복을 위해서는 지양되고 수정되어야 한다는 것을 그가 뒤늦게나마 깨닫게 된 것이라고 할 수 있다.

우리가 이러한 점에 주목하는 또 다른 이유는 이 글의 서두에서 잠깐 언급한 것처럼 그의 중기 이후의 시, 특히 후기 시가 보여준 놀라운 변화 때문이다. 즉 그의 후기 시는 성과 사랑의 문제에 있어서 육체가 결여된 어떠한 형태의 것도 인간에게 행복을 줄 수 없다는 것을 거의 직설적으로 끊임없이 노래하고 있기 때문이다. 이러한 맥락에서 볼 때, 아일랜드를 여성으로 노래하고 있는 예이츠의 작품들이 드러내고 있는 여성성의 문제점, 즉 여성에 대한 사랑을 노래하면서도 정작 육체와 성적 욕망에 대해서는 눈을 돌리고 있는 점은 분명 그의 초기 시에 하나의 한계점으로 작용하고 있는 듯하다. 그리고 이러한 문제점 혹은 한계점은 지금까지 살펴본 예이츠 초기의 다른 시 작품들에 있어서도 마찬가지라고 할 수 있다. 예를 들어, 예이츠 초기의 삶에 있어서 가장 중요한 인물 가운데 하나였던 모드 곤에 대한 사랑의 시를 놓고 보더라도 그것 역시 지극히 낭만적이고 이상적인 것에 치우쳐 있다는 한계점을 벗어나지 못하고 있음은 분명하다. 여기에는 앞에서 살펴본 바와 같은 요인들 외에도 예이츠 개인의 성격이나 성향도 작용했던 것 같다. 실제로 그는 이 시기에 모드 곤과의 관계에 있어서나 사랑의 표현에 있어서 성적 순결성에 대한 의식이나 금욕적인 태도를 버리지 못했던 것으로 보인다. 그러나 예이츠의 시 전체를 놓고 볼 때, 이처럼 낭만적이고 이상주의적인 사랑의 표현으로 시작된 그의 시가 중기를 거쳐 후기로 나아가면서 점차적으로 탄탄한 현실감을 얻어가는 과정을 살펴보는 것은 놀랍고 즐거운 일이다. 그렇게 보면 그의 초기 시는 그 문제점이나 한계점에도 불구하고 그의 시가 보다 성숙되고 완전한 시로 발전해 가기 위한 하나의 과정임에 틀림이 없는 것 같다.

02

「1916년 부활절」과 여성

예이츠의 시 「1916년 부활절」("Easter, 1916")은 제목 그대로 1916년 부활절 기간에 아일랜드에서 일어났던 부활절봉기(Easter Rising)를 다루고 있는 대표적인 정치시이다. 영국의 식민지배에 항거하여 약 1,500명에 달하는 아일랜드인들이 수도 더블린에서 봉기하여 일어섰으나 육 일 만에 영국군에 의하여 진압됨으로써 별다른 영향을 줄 것 같지 않았던 이 사건이 엄청난 결과를 가져오게 된 것은 그 봉기 자체보다도 곧바로 영국정부에 의해 열여섯 명의 주모자들이 처형된 사실 때문이었다. 봉기 처음에는 별로 우호적이지 않고 오히려 그 무모함에 대해 비판적이던 일반 아일랜드인들의 여론이 그들의 처형을 지켜보면서 급격하게 반영국적인 쪽으로 기울게 되고, 그 결과 아일랜드는 영국과의 전쟁을 거쳐 결국 독립으로까지 이어지게 된다(Beckett 435-61). 이처럼 비록 군사적으로는 실패하였지만 사실상 현대 아일랜드 역사에 있어서 하나의 분수령을 이룬 대사건인 부활절봉기에 대해서 이미 아일랜드의 대시인의 위치에 오른 예이츠가, 그리고 특히 젊은 시절에는 아일랜드 민족주의운동의 시적 대변자가 되기를 갈망하고 그 목표를 위해 노력하였던 예이츠가 「1916년 부활절」과 같은 작품을 쓴 것은 아주 당연한 일로 여겨진다.

그렇다면 그는 이 사건을 어떻게 보고 있는 것일까? 이 사건을 일으켰다가 곧바로 영국군에 의하여 처형된 주모자들을 어떤 시각으로 바라보고 있는 것일까? 이러한 질문들과 관련하여 우리는 흔히 예이츠가 이 작품에서 보여주고 있는 이중적 시각(double vision)에 대해 얘기하곤 한다. 즉 그가 한편으로는 이 사건을 일으킨 주모자들의 행위를 영웅적인 것으로 칭송하고 있는 반면에, 다른 한편으로는 그들의 행위 뒤에 숨어있는 끔찍한 면을 지적하고 비판하는 이중적인 시각을 보여주고 있다는 것이다. 이러한 이중적인 시각이 작품 안에서 가장 극명하고도 효과적으로 드러난 것이 바로 그 유명한 "무서운 미가 태어났다"(A terrible beauty is born)라는 말이라고 할 수 있다. 이러한 이해에서 출발하여, 우리는 예이츠가 이러한 이중적인 시각을 드러낼 수밖에 없었던 이유는 무엇이었는가, 그리고 더 나아가 시인 예이츠와 아일랜드의 관계는 어떠했는가에 대해서까지 생각하곤 한다. 이 시에 대한 이해와 연구가 주로 이러한 정치적이고 이데올로기적인 관점에서 이루어져 온 것은 필자를 포함한 많은 예이츠 독자들과 연구자들의 일반적인 경향인 듯하다.[1)]

본 논문 역시 이러한 정치적 읽기의 범주를 크게 벗어난 것은 아니다. 다만 그것을 바탕으로 하되, 이 시에 등장하거나 암시되어 있는 여성인물들을 통하여 이 시의 여성적, 성적 의미를 살펴보려는 것이다. 필자가 아일랜드 역사의 흐름을 바꾼 정치적 대사건을 다룬 이 작품에서 특별히 여성인물들의 표현에 주목하는 것은, 이 시가 갖고 있는 정치적 측면 이외의 또 다른 측면인 성과 사랑의 측면이 그러한 여성인물들의 표현 속에 드러나 있다고 생각되기 때문이다. 사실 성과 사랑의 주제는 예이츠 초기로부터 후기에 이르기까지 전 작품세

1) 필자의 저서 『예이츠와 아일랜드』(전남대학교출판부, 1994)의 제4장 "연극활동과 논쟁들, 그리고 부활절봉기"는 바로 이러한 정치적 읽기의 예가 될 것이다.

계에 걸쳐 지속적으로 나타나 있으며, 많은 경우 그것은 이 작품에서처럼 정치의 주제와 밀접하게 관련되어 나타나 있다고 할 수 있다. 따라서 이 작품의 정치적 측면에 대한 올바른 이해를 위해서도 성과 사랑의 측면에 대한 이해는 필요한 것으로 여겨진다.

부활절봉기, 보다 정확히 말하면 부활절봉기의 주모자들을 다루고 있는 이 작품에 등장하고 있는 여성은 전반부에 나오는 마키에비츠 백작부인(Countess Markievicz)과 후반부에 나오는 어머니 두 여성뿐이다. 사실 어머니는 구체적인 실존 인물이라기보다는 하나의 이미지로서만 나타나 있으니 실제로 존재하는 여성으로서 작품에 등장하는 인물은 백작부인뿐이라고 할 수 있다. 이처럼 소수의 여성이 나타나 있는 것은 이 작품의 여성적, 성적 측면을 살펴보려는 입장에서는 뜻밖의 실망스러운 것으로 보이기도 하지만, 그러나 이 작품을 깊이 들여다보면 위에서 말한 두 여성 이미지 이외에도 또 다른 여성의 이미지를 발견할 수 있다. 우리는 그러한 여성으로서 모드 곤(Maud Gonne)과 캐슬린 니 훌리한(Cathleen ni Houlihan)을 들 수 있겠다. 다만 이 두 여성 이미지는 숨겨져 있기 때문에 겉으로 드러나지 않을 뿐이다. 그렇다면 겉으로 드러나 있거나 혹은 숨겨져 있는 이 여성인물들은 각각 이 작품 안에서 어떠한 의미를 갖고 있는 것일까? 그리고 그러한 의미들은 이 작품의 여성적이고 성적인 측면을 어떻게 드러내고 있는 것일까? 이 글은 결국 이러한 질문에 대한 해답을 찾아보려는 시도이다.

마키에비츠 백작부인이 이 작품에 등장하는 것은 2연의 첫 부분에서이다. 그렇지만 이 부분을 살펴보기 전에 이 작품의 전체적인 구성과 그녀가 등장하기 이전의 내용을 먼저 살펴보는 것이 필요할 것 같다. 전부 네 개의 연으로 되어 있는 이 시는 크게 보아 전반부와 후반부로 나뉘고, 전반부가 되는 1연과 2연은 연극의 비유를 사용하여 부활절봉기에 의한 “무서운 미”의 탄생을 노래하는 내용으로 되어 있다. 1연은 “그들”(they)로 지칭되는 봉기의 주모자들을 전체적으로 언급하면서 시의 화자인 시인이 그동안 그들과 함께 보냈던 더블린의 삶의 모습을 보여준다.

난 만나곤 했다, 하루가 끝날 즈음
생기 있는 얼굴로 18세기 풍의
잿빛 건물들 사이에서 계산대나
책상으로부터 다가오는 그들을.
고개 한번 끄덕이거나 혹은 무의미한
인사말을 건네며 지나치거나,
혹은 잠시 멈춰 서서 무의미한
인사말을 나누곤 했다.
그리고 다 마치기 전에
클럽 난롯가에서 친구를
즐겁게 하려고 했던 농담이나
놀리는 이야기를 생각해냈다.
그들과 내가 단지 광대 옷을 입고
살고 있다고 확신했기에.
모든 것이 변했다, 완전히 변했다.
무서운 미가 태어났다.

I have met them at close of day
Coming with vivid faces
From counter or desk among grey
Eighteenth-century houses.
I have passed with a nod of the head
Or polite meaningless words,
Or have lingered awhile and said
Polite meaningless words,

And thought before I had done
Of a mocking tale or a gibe
To please a companion
Around the fire at the club,
Being certain that they and I
But lived where motley is worn:
All changed, changed utterly:
A terrible beauty is born. (*VP* 391-92)

한 연의 대부분을 할애하면서 연속적인 현재완료형의 시제를 사용하여 시인 화자가 여기에서 강조하여 말하고 있는 내용은 그동안 그가 그들을 만나 행동하고 생각했던 모든 것들이 별다른 의미 없는, 그저 일상적이고 의례적인, 한마디로 희극("motley")과도 같은 세계였다는 것이다. 그러나 마지막 부분에서 시인은 그러한 세계가 부활절봉기로 인해 일순간에 비극의 세계로 바뀌었음을, 따라서 그 인물들 역시 비극의 주인공으로 새롭게 태어났음을 노래한다. 열네 행에 걸쳐 길게 계속된 일상적이고 희극적인 삶의 세계에 대한 묘사에 이어 단 두 행으로만 되어 있는 비극적 세계에 대한 묘사의 대비는 부활절봉기가 가져온 변화의 갑작스런 충격과 그 비극성을 돋보이게 한다.

그러나 1연에서와는 달리 2연에서는 부활절봉기의 주모자들 가운데에서 마키에비츠 백작부인을 포함한 네 사람만을 선택하여 한 사람씩 차례로 다루고 있다. 시인은 왜 네 사람을 선택하였을까? 피어스(Patrick Henry Pearse)와 맥도나(Thomas MacDonagh)의 경우에는 두 사람 모두가 시를 쓴 문인이기도 했다는 점이 작용한 듯하고, 특히 피어스는 아일랜드공화국 임시정부 수반으로서 부활절봉기가 시작되던 날 중앙우체국 앞에서 아일랜드 공화국의 수립을 알리는 독립선언서를 낭독한 이 봉기의 대표자격인 인물이라는 점도 관련되어 있는 듯하다. 맥브라이드 소령(Major John MacBride)의 경우, 그에 대한 시인의 묘사를 보면 그가 모드 곤의 남편이었다는 사실이 관련되어 있음이 분명하다.

> 이 또 다른 남자를 나는 술주정뱅이이자
> 허풍선이인 촌놈으로 생각해왔다.
> 그는 내가 마음 가까이에 둔
> 몇 사람에게 아주 못된 짓을 했으니까.
> 그렇지만 나는 그를 노래 속에 세어 넣는다.
>
> This other man I had dreamed
> A drunken, vainglorious lout.
> He had done most bitter wrong
> To some who are near my heart,
> Yet I number him in the song. (*VP* 393)

그렇다면 백작부인의 경우는 어떠한가? 이 작품에 표현된 그녀의 모습을 살펴보기 전에 그녀의 실제 삶에 대해 잠깐 언급이 필요할 것 같다. 그녀는 1868년 아일랜드 서부 슬라이고(Sligo) 지방의 리사델(Lissadell)에 자리 잡은 앵글로아일랜드 귀족 집안인 고어-부스(Gore-Booth)가의 맏딸로 태어났다. 귀족 집안의 딸로서 미모인데다가 말을 잘 타 많은 사람들로부터 존경과 사랑을 받았던 그녀는 그림 공부를 하기 위해 파리에 가게 되고, 거기에서 폴란드 출신의 화가인 마키에비츠 백작(Count Casimir Dunin-Markievicz)을 만나 결혼함으로써 백작부인이 되었다. 그 후 남편과 함께 더블린으로 돌아온 그녀는 점점 아일랜드의 정치현실에 관심을 갖게 되면서 과격한 민족주의운동에 참여하였다. 그 결과, 1914년 제임스 코노리(James Connolly)의 좌익 시민군(the Citizen Army)에 참여하였고, 2년 뒤 부활절봉기 때는 한 부대의 차석 지휘관의 역할을 맡아 싸우다가 체포되어 사형선고를 받았으나 사면되었다. 아일랜드의 독립 이후에 그녀는 국회의원과 노동부장관 등을 지냈고, 나중에는 더블린의 슬럼가에서 빈민을 위한 봉사활동을 하였다. 1927년 그녀의 장례식에는 10만 명의 아일랜드인들이 참석하였다고 한다(*A Yeats Dictionary* 119-20; *A William Butler Yeats Encyclopedia* 244-45).

이것이 간단한 그녀의 삶의 이야기이지만, 어렸을 때부터 슬라이고의 외갓집에 자주 머물렀던 예이츠는 자연스럽게 그녀와 그녀 집안에 대해 알게 되었고, 특히 1894년에는 실제로 그녀의 집을 방문하여 그녀의 아름다운 모습과 귀족적인 분위기를 직접 곁에서 보면서 깊은 인상을 받았던 것으로 보인다(*L* 239-40). 한마디로 예이츠는 그녀를 여성적인 미모와 훌륭한 귀족 가문의 전통이 잘 결합된 이상적인 여성으로 보았던 것 같다. 적어도 과격한 정치활동을 하기 이전의 젊은 시절의 그녀에 대해서는 그랬던 것 같다. 이러한 사실은 자연스럽게 우리의 시선을 「1916년 부활절」의 그녀에게로 돌리게 한다.

그 여성의 날들은 무지한
선의 속에서 보내졌고,
그녀의 목소리 날카로워질 때까지
논쟁으로 밤을 지새웠다.
젊고 아름다웠던 시절
말 타고 토끼 사냥하던 그녀보다
더 아름다운 목소리 있었던가?

That woman's days were spent
In ignorant good-will,
Her nights in argument
Until her voice grew shrill.

What voice more sweet than hers
When, young and beautiful,
She rode to harriers? (*VP* 392)

여기에 묘사된 그녀의 모습은 어떤가? 시의 이미지로 볼 때, 이 구절은 마치 우리에게 서로 다른 두 여성을 보여주는 듯하다. 하나는 아름다운 몸매로 말 타고 토끼 사냥을 하며 "아름다운" 목소리로 말하는 젊은 여성이고, 다른 하나는 낮에는 뭐가 뭔지 알지 못한 "무지한" 상태에서 좋은 일 하느라고 뛰어다니다가 밤이 되면 자기주장하고 따지고 다투며 "논쟁" 하느라고 목소리가 "날카로워진" 여성이다. 물론 이 두 여성의 서로 다른 이미지는 사실 한 여성 마키에비츠 백작부인의 현재와 과거의 서로 다른 모습일 따름이다. 왜 그녀가 그렇게 달라진 것일까? 그리고 그러한 변화가 이 시에서 어떠한 의미를 갖는 것일까?[2)]

이 부분의 백작부인에 대한 묘사에 있어서 우리는 시인이 그녀의 변화, 즉 젊은 시절의 모습으로부터 현재의 모습으로 변한 사실을 강조하고 있으며, 그 가운데에서 특히 아름답고 상냥하던 과거의 목소리가 지금은 날카로운 목소리로 변한 사실을 강조하고 있는 점에 주목하게 된다. 그가 젊은 시절에 쓴 연애시 가운데 하나인 「아담의 저

---

2) 「1916년 부활절」 이후에 예이츠는 마키에비츠 백작부인에 대해서 두 편의 시를 더 썼다. 「어느 정치범에 대하여」("On a Political Prisoner")와 「에바 고어-부스와 콘 마키에비츠를 추모하며」("In Memory of Eva Gore-Booth and Con Markievicz")가 그것이다. 재미있는 것은 두 편 모두에서 「1916년 부활절」과 비슷한 표현들을 찾을 수 있다는 사실이다. 예를 들면, 「어느 정치범에 대하여」에서 시인은 그녀를 "Blind and leader of the blind / Drinking the foul ditch where they lie"라고 묘사하고 있고, 「에바 고어-부스와 콘 마키에비츠를 추모하며」에서는 그녀에 대해 "The other is condemned to death, / Pardoned, drags out lonely years / Conspiring among the ignorant."라고 노래하고 있다.

주」("Adam's Curse")에서 이 작품에 등장하는 한 여성을 가리키며 "그녀의 목소리가 곱고 낮은 것을 들으면 / 수많은 남자들이 심한 가슴앓이를 하게 될 / 저 아름다운 여인"(That beautiful woman for whose sake / There's many a one shall find out all heartache / On finding that her voice is sweet and low)이라고 표현하고 있는 것을 보면, 예이츠는 아름다운 목소리를 여성적인 아름다움의 주된 요소로 생각했던 것 같다. 그런데 백작부인의 경우에는 그 아름다운 목소리가 날카로운 목소리로 변해버린 것이다. 그것도 밤새워 정치적인 논쟁을 하느라고 그렇게 된 것이다.

백작부인의 날카로워진 목소리가 갖는 의미, 단순한 신체적인 변화의 의미가 아니라 그 이상의 정치적, 성적 의미를 제대로 이해하기 위해서 우리는 예이츠의 다른 글들에 나타난 이와 비슷한 표현들을 살펴볼 필요가 있을 것 같다. 먼저 그가 1909년에 쓴 일기의 한 구절을 보자.

> 그 모든 것의 원인은 아일랜드의 정치 계급, 즉 지난 십 년 동안 애국적인 단체들의 저널리스트들과 지도자들을 배출한 하류중산층 계급이 그들의 운동을 위한 하나의 에너지로서 증오를 키워 왔다는 사실에 있다. 이러한 결핍은 지적인 면에서 어떤 외과 수술에 상당하는 것이다. 그들의 목소리가 날카로운 것은 바로 그 때문이다. 그들은 마치 돈환이 백마를 타고 지옥을 통과할 때 그를 바라보는 내시들처럼 모든 창조적 힘을 바라본다.
>
> The root of it all is that the political class in Ireland--the lower-middle class from whom the patriotic associations have drawn their journalists and their leaders for the last ten years--have suffered through the cultivation of hatred as the one energy of their movement, a deprivation which is the intellectual equivalent to a certain

> surgical operation. Hence the shrillness of their voices. They con- template all creative power as the eunuchs con- template Don Juan as he passes through Hell on the white horse. (*Au* 486)

이 글이 의미하는 바를 따져보기에 앞서 먼저 이 글이 쓰이게 된 배경을 살펴보면, 우리는 예이츠가 부활절봉기가 일어나기 훨씬 이전부터 아일랜드 가톨릭 민족주의자들과 자주 충돌했던 사실을 알게 된다. 그는 특히 애비극장(Abbey Theatre)을 중심으로 본격적인 극운동을 하게 되면서부터, 즉 공연을 위하여 작품을 선정하고 그것을 실제로 무대 위에 올리는 과정에서 가톨릭 중산층 관객들과 자주 충돌했다. 그리고 흔히 그 충돌의 양상은, 공연 작품의 표현이 가톨릭적이고 아일랜드적인 기준과 이상에 부합하지 않는다는 이유로 관객들과 그들과 뜻을 같이한 일부 언론이 공격을 하면 거기에 대해 예이츠가 예술성의 이유를 들어 반박하는 식이었다. 아마도 이러한 대립과 갈등이 가장 전형적으로 드러난 사건이 바로 1907년에 있었던 싱(J. M. Synge)의 희곡 『서방 세계의 플레이보이』(*The Playboy of the Western World*)의 공연일 것이다. 500여명의 경찰을 동원해야 할 정도의 사태로까지 발전된 이 사건의 발단은, 이 작품이 부친 살해를 미화시키고 성적 문란을 조장함으로써 아일랜드의 이상과 명예를 더럽히고 있다는 이유를 들어 가톨릭 민족주의자들이 심한 비판과 공격을 가했기 때문이었다. 결국 이 사건이 일어난 2년 뒤 싱은 세상을 떠나게 되고, 예이츠는 그의 죽음을 바로 그들의 무지한 비판과 공격 때문인 것으로 생각했다. 이 사건과, 그리고 그와 비슷한 여러 사건들을 겪으면서 예이츠는 아일랜드 가톨릭 민족주의자들의 의식 속에 무엇인가 근본적인 문제점이 있다는 것을 발견하게 되고, 그에 대해 깊이 생각했던 것으로 보인다.[3)]

앞에서 인용한 일기는 이러한 배경 하에서 쓰여진 것이지만, 여기에서 중요한 것은 예이츠가 문제의 핵심을 아일랜드인들, 특히 가톨릭 민족주의자들의 "증오"에서 찾고 있으며, 그러한 증오의 표현을 그들의 "날카로운" 목소리에서 찾고 있다는 점이다. 물론 여기에서 예이츠가 말하고 있는 증오는 영국에 대한, 그리고 영국과 관련된 모든 것들에 대한 증오로서, 거의 8세기에 가까운 기간을 영국의 식민지로 살아야 했던 아일랜드인들에게는 너무 당연한 것으로 보이기도 한다. 그렇지만 예이츠가 이 증오의 감정에 대하여 얼마만큼 심각하게 생각하고 있었는가는 그의 다른 글에도 잘 나타나 있다. "예이츠 경력의 축소판"(Unterecker 224)이라고 할 수 있는 그의 시 「무절제한 발언에 대한 후회」("Remorse for Intemperate Speech")는 아일랜드인들의 "커다란 증오"에 대하여

아일랜드로부터 우리는 왔다.
커다란 증오, 비좁은 공간이
처음부터 우리를 망쳐 놓았다.
이 광신적인 마음을
어머니 자궁으로부터 가져왔다.

Out of Ireland have we come.
Great hatred, little room,
Maimed us at the start.
I carry from my mother's womb
A fanatic heart. (*VP* 506)

라고 노래하고 있고, 또한 예이츠가 그의 생애의 마지막 무렵에 쓴

3) 이러한 사건들의 대표적인 예로서 파넬(Charles Stewart Parnell)의 실각과 관련된 사건과 휴 레인(Hugh Lane)의 그림들과 관련된 사건을 들 수 있다.

「나의 작품에 대한 전반적 소개」("A General Introduction for My Work") 역시 그 증오가 예이츠 자신을 포함한 아일랜드인들에게 얼마나 숙명적인 것인가를 말하고 있다.

> '아일랜드인들'은 여러 전쟁을 통하여 그들의 오래 된 '퇴적물'을 보유해 왔는데, 그 전쟁들은 16, 17세기에는 말살을 위한 전쟁이 되었다. 리키가 그의 『18세기의 아일랜드』 첫머리에서 말하듯이, 어떤 민족도 이보다 더 큰 박해를 받지 않았으며, 그 박해는 오늘까지도 완전히 멈춘 것이 아니다. 이러한 과거가 우리들 속에 항상 살아 있으니 어떤 민족도 우리만큼 증오하지는 않으리라. 여러 순간 증오가 나의 삶을 해치고, 그것을 적절하게 표현하지 못한 나의 나약함을 스스로 비난하곤 한다.
>
> The 'Irishry' have preserved their ancient 'deposit' through wars which, during the sixteenth and seventeenth centuries, became wars of extermination; no people, Lecky said at the opening of his *Ireland in the Eighteenth Century*, have undergone greater persecution, nor did that persecution altogether cease up to our own day. No people hate as we do in whom that past is always alive, there are moments when hatred poisons my life and I accuse myself of effeminacy because I have not given it adequate expression. (*E&I* 518-19)

그런데 위에서 인용한 예이츠의 일기에서 우리는 그가 아일랜드 하류중산층 계급의 증오를 언급하면서 그것을 돈환과 내시들의 이야기와 연결시키고 있는 점에 주목하게 된다. 아일랜드 독립운동의 에너지로서 증오를 키워온 그들은 "마치 돈환이 백마를 타고 지옥을 통과할 때 그를 바라보는 내시들"과 비슷하게 된다는 것이다. 14세기 스페인의 전설적인 귀족으로서 방탕 생활을 하다가 지옥으로 끌려간 돈환과 그를 바라보고 있는 내시들의 이야기에 대한 언급은, 똑같은 내용을 시로 표현한 그의 작품 「1907년 『서방 세계의 플레이보이』를 혐오한 자들에 대하여」("On those that hated 'The Playboy of the Western World,' 1907")를 생각하게 한다.

언젠가, 한밤중 바람이 몰아칠 때,
내시들은 지옥을 내달리며,
많은 사람이 모이는 거리에 모여서,
위대한 돈환의 승마 모습을 바라보았다.
그의 근육질의 허벅지를 바라보며
악담하고 땀 흘리는 것이 이들과 같다.

Once, when midnight smote the air,
Eunuchs ran through Hell and met
On every crowded street to stare
Upon great Juan riding by:
Even like these to rail and sweat
Staring upon his sinewy thigh. (*VP* 294)

이 시와 앞의 일기의 내용을 종합해보면, 예이츠가 문제 삼고 있는 아일랜드 민족주의자들과 가톨릭 중산층 대중들은 그들의 증오심 때문에 생식 능력을 상실한 내시처럼 되고, 그래서 돈환의 "근육질의 허벅지"를 질시와 증오의 눈초리로 바라보게 된다는 사실을 말하는 것으로 보인다.[4] 즉 그들의 증오심이 성적 욕망을 비롯한 모든 창조적인 힘들을 고갈시킴으로써, 그 결과 싱의 작품에 대한 공격에서 나타나듯이 성적 욕망이나 그 표현 자체에 대해서 적대적이 되도록 만든다는 의미로 읽힌다. 이 점에 대해 다시 예이츠의 말을 직접 들어

4) 앞에서 인용한 일기의 초안에서 예이츠는 증오가 가져온 "결핍"의 상황을 설명하면서 마치 그것은 "생식기의 제거"(the removal of the genitals)와 같다고 말하고 있다(*Mem* 176).

보자.

> 상상력의 기초로서의 증오는 우리가 마법의 도움 없이도 설명할 수 있는 방식으로 인간의 본성을 고갈시키고, 아일랜드의 젊은이들 가운데 그처럼 흔한 성의 억제를 가능하게 하는 데 기여한다. 이러한 억제는 이번에는 상상력에 작용하여 그 결과 우리는 내시와 같은 어조와 기질을 갖게 된다. 지난 십 년 혹은 이십 년 동안 아일랜드인들의 마음은 끊임없이 고갈되어 먼지 구름만 일으켜 왔다.
>
> Hatred as a basis of imagination, in ways which one could explain even without magic, helps to dry up the nature and make the sexual abstinence, so common among young men and women in Ireland, possible. This abstinence reacts in its turn on the imagination, so that we get at last that strange eunuch-like tone and temper. For the last ten or twenty years there has been a perpetual drying of the Irish mind with the resultant dust-cloud. (*Au* 487)

이처럼 예이츠가 아일랜드인들의 가장 두드러진 특징이라고 할 수 있는 증오를 그들의 성에 대한 태도, 특히 억압적이고 폐쇄적인 태도와 연결시고 있는 것은 매우 특징적인 것으로서, 이것은 우리가 살펴보고 있는 「1916년 부활절」 뿐만 아니라 이 시기, 혹은 그 이후에 이르기까지 예이츠의 시를 이해하는 데 반드시 고려되어야 할 매우 중요한 사항으로 여겨진다.

이러한 사실들을 염두에 두고 다시 「1916년 부활절」로 돌아와 마키에비츠 백작부인에 대하여 생각해보면, 우리는 그녀의 목소리의 변화, 즉 아름다웠던 그녀의 목소리가 날카로워진 것은 바로 그녀 마음속에 존재하는 증오 때문임을 이해하게 된다. 그리고 이러한 증오는 다른 민족주의자들과 마찬가지로 그녀가 정치활동에 몰두하면서 자연스럽게 갖게 된 것으로 이해할 수 있다. 또한 그녀의 목소리의 변화는 그녀가 성과 사랑에 대하여 폐쇄적인 여성으로 변한 사실을 암시하고 있다고 할 수 있다. 그녀가 젊었을 때 지녔던 여성적인 아름다움과 성적 매력을 상실하고 날카롭고 메마른 불모의 여성으로 변한 것을 의미한 것이다. 보통 여성이 아닌, 귀족 집안의 딸로서 아름답고 품위 있는 여성이었던 그녀가 이렇게 변해버린 사실이 예이츠에게는 너무나 안타깝고 끔찍한 일로 보였을 것이다.

이 글의 서두에서 필자는 이 작품 안에서 비록 모습을 드러내고 있지는 않지만 모드 곤의 이미지를 읽을 수 있다는 견해를 밝혔지만, 컬링포드(Cullingford) 역시 이와 비슷한 견해를 밝히고 있다(*Gender* 121). 이러한 생각을 하게 되는 이유로는 무엇보다도 앞에서 살펴본 마키에비츠 백작부인과 모드 곤이 매우 비슷한 여성이라는 점, 따라서 모드 곤이 봉기 당시에 더블린을 떠나 있었기 때문에 참여할 수 없었지만 만일 그녀가 더블린에 있었더라면 틀림없이 백작부인과 비슷한 상황에 처하였을 것이라는 점, 그리고 앞에서 살펴본 것처럼 맥브라이드 소령에 대한 언급 역시 모드 곤을 암시하고 있다는 점 등을 들 수 있다. 사실 부활절봉기를 바라보는 예이츠의 개인적인 관점에서 보면, 그녀는 백작부인이나 맥브라이드 소령보다도 더 중요한 인물일 것이다. 그녀는 어느 누구 못지않게 과격한 민족주의운동가였고, 예이츠로 하여금 아일랜드의 정치적 현실과 민족주의운동에 관심을 갖고 참여하게 하는 데에 적잖은 영향을 준 여성이었기 때문이다.[5] 따라서 예이츠가 봉기의 주모자들에 대하여 이 시를 쓸 때 누구보다도 먼저 그녀를 의식하고 있었으리라는 것은 쉽게 짐작이 간다.[6]

---

5) 모드 곤의 생애 및 예이츠와의 관계에 대해서는 필자의 논문 「예이츠와 모드 곤」(『한국예이츠저널』 11-12[1999년 9월/12월]: 13-46) 참고.

그러나 이 시에서 마키에비츠 백작부인에 대한 시인의 묘사를 살펴보면서 필자가 모드 곤을 떠올리게 되는 보다 중요한 이유는, 예이츠의 다른 시 작품들에 나타난 모드 곤에 대한 묘사가 이 시에서의 백작부인에 대한 묘사와 매우 비슷하기 때문이다. 그 예로서 필자가 간단히 살펴보고자 하는 작품은 「내 딸을 위한 기도」("A Prayer for My Daughter")와 「학교 아이들 사이에서」("Among School Children")이다. 예이츠가 늦게나마 결혼을 한 후 갓 태어난 딸 앤(Anne Butler Yeats)을 위해 쓴 「내 딸을 위한 기도」에서 시인은 자신의 딸이 닮지 않기를 바라는 가장 부정적인 여성의 모습을 이렇게 노래한다.

지적인 증오야말로 가장 나쁜 것, 그래서
의견이란 빌어먹을 것이라고 그녀가 생각하게 하라.
풍요의 뿔의 입에서 태어난 가장 아름다운 여인이,
자기 의견만을 고집하는 성격 때문에,
그 뿔과 조용한 성품을 가진 자들이
잘 알아보는 모든 좋은 것들을
화난 바람으로 가득한 낡은 풀무와
맞바꾸는 것을 보아 오지 않았던가?

An intellectual hatred is the worst,
So let her think opinions are accursed.
Have I not seen the loveliest woman born
Out of the mouth of Plenty's horn,
Because of her opinionated mind
Barter that horn and every good
By quiet natures understood

---

6) 모드 곤의 딸인 이솔트 곤(Iseult Gonne)에 의하면, 부활절봉기가 일어났을 때 예이츠와 모드 곤은 그 봉기의 의미에 대하여 심하게 다투었다고 한다 (Ellmann, *Yeats* x).

For an old bellows full of angry wind? (*VP* 405)

물론 여기에서 "가장 아름다운 여인"은 모드 곤을 지칭한다. 그러니까 정치적 투쟁이 가져온 "증오" 때문에 그녀는 자신이 갖고 태어난 모든 좋은 것들을 버리고 분노만 내뿜어대는 "낡은 풀무"처럼 되어버렸다는 것이다. 여기에서 특히 그녀의 잘못된 삶, 혹은 잘못된 삶의 선택을 보여주기 위하여 시인이 사용하고 있는 "화난 바람으로 가득찬 낡은 풀무"의 이미지는 "지적인 증오"가 그녀의 마음을 얼마만큼 황폐화 시켰는가를 매우 인상적으로 보여주는 이미지로서, 앞에서 살펴본 마키에비츠 백작부인의 "날카로워진" 목소리를 연상시킨다. 예이츠의 초기 시에서는 호메로스가 노래했던 절세의 미인 헬레네로까지 표현되었던 모드 곤이 이처럼 추락해버린 것이다.

이러한 모드 곤에 대한 생각 혹은 판단은 이 시의 의미의 구조에 있어서 핵심을 이루고 있는 것으로 보인다. 그리고 이러한 의미에서 이 시는 그 제목대로 딸에 대한 이야기라기보다는, 혹은 은근히 모드 곤과 비교하여 칭찬하고 있는 듯한 아내 조지(George Yeats)에 대한 이야기라기보다는, 오히려 모드 곤에 대한 이야기로 읽힌다. 그러나 여기에서 보다 더 중요한 것은, 그녀에 대한 시인의 비판이 앞에서 살펴본 예이츠의 글들에 언급된 "증오"와 "날카로운 목소리"와 관련된 내용으로 되어 있다는 점이다. 그렇게 보면 그녀의 경우에 있어서도 이러한 현상의 이면에 성적 욕망의 억제나 거부와 같은 육체적, 심리적 문제가 존재하고 있다고 볼 수 있는 것이다. 실제로 이 시기 그녀가 철저히 금욕적인 생활을 하였고, 그것이 그녀를 사랑하는 예이츠에게는 고통을 주었으리라는 사실을 생각하면, 이러한 맥락의 이해는 충분한 근거를 갖는다고 할 수 있다.

「내 딸을 위한 기도」에 나타난 모드 곤의 이미지, 어떤 의미에서

"무서운 미"의 여인이 되어버린 모드 곤의 이미지는 좀 더 뒤에 쓰인 작품 「학교 아이들 사이에서」에서도 엿볼 수 있다. 그리고 이 작품에서도 여전히 그녀는 중심적인 위치를 차지하고 있는 듯하다. 어느 여학교를 방문하여 교장 수녀의 안내를 받으며 수업중인 아이들을 둘러보던 시인 화자는 문득 모드 곤을 생각하게 되고, 그 생각의 진행과정이 곧 이 시의 중심 이야기가 되고 있다. 그런데 이러한 아주 자연스러운 생각의 흐름이 하나의 문제에 봉착하게 된 것은, 어린 학생들 또래의 아름다운 소녀였을 시절의 그녀를 머릿속으로 생각해보던 시인이 갑자기 현재의 그녀의 모습을 떠올리게 되면서부터이다.

> 그녀의 현재 모습이 마음속에 떠오른다--
> 15세기의 손가락이 그렇게 만들었을까?
> 마치 바람을 마시고 고기 대신에 한 접시의
> 그림자를 먹은 듯 두 뺨이 홀쭉하다.
>
> Her present image floats into the mind--
> Did Quattrocento finger fashion it
> Hollow of cheek as though it drank the wind
> And took a mess of shadows for its meat? (*VP* 444)

사실 이 부분에 묘사된 그녀의 모습은, 가끔 우리가 책에서 마주치곤 하는 이 시기 그녀의 사진을 보면 전혀 과장된 것이 아님을 알게 된다. 실제로 그녀의 말년의 모습은 아일랜드 최고의 미녀로서 그녀 곁을 지나가는 아일랜드 젊은이들로 하여금 "갑자기 숨을 멈추게"(*VP* 355) 했던 젊은 시절의 모습과는 너무 대조적인 모습이어서 우리를 놀라게 한다.

그처럼 아름답던 그녀가 왜 이러한 모습으로 변해버린 것일까? 늙었기 때문일까? 그렇지만 그녀의 홀쭉한 뺨을 우유와 고기 대신에 바람과 그림자를 먹은 탓으로 돌리고 있는 것을 보면, 단순히 나이 때문만이 아니라 그녀가 제대로 음식을 먹지 못하기 때문임을 암시하는 듯하다. 물론 그녀가 정치투쟁을 하면서 단식을 한 것도 사실이긴 하지만, 그러나 이 시가 전체적으로 다루고 있는 주제인 영혼과 육체의 조화로운 관계의 관점에서 보면, 그녀가 굶었다는 것은 단순히 음식을 먹지 못한 사실을 말한다기보다는 성적 욕망의 억제나 억압을 암시하고 있다고 할 수 있다. 그러니까 "영혼을 즐겁게 하기 위하여"(to pleasure soul) 육체가 "상처를 입는"(bruised) 상황에서는 진정한 삶의 조화와 행복이 불가능하다는 것을 그녀의 이미지는 말해주고 있는 것이다. 물론 모드 곤에 대한 이러한 판단은 사실과 다를 수도 있고, 따라서 그녀 자신은 여기에 동의하지 않을 수도 있을 것이다. 그러나 육체적 욕망과 그 만족의 중요성을 말하고자 하는 그 메시지는 분명한 것으로 보인다.7) 이처럼 이 시는 모드 곤의 홀쭉한 뺨의 모습을 성적 욕망의 억제와 연결시키고 있는 점에 있어서 아일랜드 민족주의자들을 바라보는 예이츠의 기본적인 시각이 그대로 드러난 것이라고 할 수 있다.

지금까지 살펴본 두 여성 마키에비츠 백작부인과 모드 곤에 대한 묘사가 드러내고 있는 부정적인 의미가 비단 그 두 여성에게만 해당되는 것이 아니고 아일랜드 민족주의자들과 그들을 지지하는 아일랜드 가톨릭 대중들 전체에게 해당되는 것임을, 따라서 이 시의 경우에서 보면 봉기의 주모자들에게도 그대로 해당되는 것임을 이 시의 3연이 보여준다. 즉 봉기 주모자들이 탄생시킨 미가 왜 "무서운" 것일

7) 이 시에 나타난 이러한 생각이 결국 예이츠의 후기 시에서 여성의 육체와 성적 욕망을 강조하여 노래하게 하고, 미친 제인(Crazy Jane)과 같은 여성인물을 만들어내도록 하였을 것이다. 특히 「젊었을 때와 늙었을 때의 여자」("A Woman Young and Old") 시편들과 미친 제인 시편들이 그것을 잘 보여준다.

수밖에 없는가에 대해 따져보는 시인이 사실은 두 여성을 바라보는 시각과 비슷한 시각으로 그들을 바라보고 있음을 보여준다. 필자가 보기에 이 시의 중심부라고 할 수 있는 3연의 전문은 다음과 같다.

여름 겨울 내내 하나의
목적에만 매달린 마음은
살아 있는 시냇물을 방해하는
돌에 매혹된 것처럼 보인다.
길에서 돌아오는 말,
그 말을 탄 사람, 구름에서
흩어지는 구름으로 나르는 새들,
시시각각 그들은 변한다.
흐르는 물 위의 구름 그림자도
시시각각 변한다.
물가에서 말발굽이 미끄러지고,
그 속에서 말이 물을 튀긴다.
긴 다리 수탉은 물속으로 뛰어들고,
암탉은 수탉을 부른다.
시시각각 그들은 살아 있고,
그들 한가운데에 돌이 있다.

Hearts with one purpose alone
Through summer and winter seem
Enchanted to a stone
To trouble the living stream.
The horse that comes from the road.
The rider, the birds that range
From cloud to tumbling cloud,
Minute by minute they change;
A shadow of cloud on the stream

Changes minute by minute;
A horse-hoof slides on the brim,
And a horse plashes within it;
The long-legged moor-hens dive,
And hens to moor-cocks call;
Minute by minute they live:
The stone's in the midst of all. (*VP* 393)

“여름 겨울 내내” 아일랜드의 독립이라고 하는 “하나의 목적에만 매달린” 그들의 마음을 시냇가의 돌에 비유한 것은, 그들의 마음이 돌처럼 움직이지 않고 언제나 변함없기 때문이다. 그러나 이 돌은 “살아있는 시냇물을 방해하는” 돌이다. 움직이지 않고 언제나 그 자리에 서있는 돌이 부활절봉기의 주모자들의 굳센 마음이라면, 그 돌이 막고 있는 흐르는 시냇물은 무엇을 의미할까? 이것을 말해주기 위하여 시인은 길위를 달리는 말과 그 말을 탄 사람, 구름 사이를 나는 새들과 시냇물 위의 구름의 그림자, 물가에 미끄러지며 첨벙대는 말, 물가에서 놀며 서로를 부르는 암탉과 수탉들을 보여주고, 그 모든 것들이 흐르는 시냇물처럼 시시각각 변하면서 살아가고 있다는 사실을 강조한다. 특히 맨 마지막에 제시한 암탉과 수탉의 이미지는 사랑도 그러한 것임을 말하고 있다. 그러니까 돌을 제외한 모든 것들은 그렇게 시시각각 움직이며 살아가고 사랑하고 있지만, 돌은 그 변화와 흐름을 가로막고 방해함으로써 자연과 생명과 사랑의 이치를 거스르고 있는 것이다. 이처럼 시인은 시냇가의 돌의 비유를 통하여 봉기 주모자들의 영웅적인 행위 뒤편에 숨은 그들의 마음, 오직 아일랜드의 독립을 위하여 변화와 생명과 사랑의 세상을 가볍게 버린 그들의 독한 마음을 본다. 즉 그 이미지를 통해서 부활절봉기의 무서움, 혹은 그 끔찍함을 표현하고자 한 것이다. 그래서 돌의 이미지는 3연의 한가운데에, 아니 이 시 전체의 한가운데에 버티고 서서 부활절봉기가 가져온 새로운 미의 탄생을 그 근저에서부터 뒤흔들어버리려는 듯 위협하고 있는 것처럼 보인다.

물론 이와는 다르게 말할 수도 있을 것이다. 만일 그들에게 그러한 돌과 같은 마음이 없었다면 어떻게 그들의 영웅적인 행위가 가능했겠는가, 변화와 생명과 사랑을 소중히 하고 그 흐름을 따라갈 줄 아는 시인의 마음만을 가지고서 어떻게 대영제국의 총칼 앞에 두려움 없이 설 수 있었겠는가라고 반문할 수 있을 것이다. 예이츠가 그렇게 사랑했던 모드 곤도 그녀의 자서전의 시작 부분에서 이렇게 쓰지 않았던가?

> 피곤했지만 벅찬 가슴으로 나는 기차 창밖으로 점점 희미해져가는 빛 속에서 단지 작은 호수들만이 빛나고 있는 어두운 늪지를 바라보았다. 그때 나는 바람에 머리카락을 날리고 있는 한 크고 아름다운 여인을 보았고, 그녀가 캐슬린 니 훌리한임을 알아보았다. 그녀는 산으로 가기 위해 거친 물 위에서 돌에서 돌로 뛰며 늪을 건너고 있었고, 작은 흰 돌들은 그녀가 지나간 길로 보였다가 어둠 속에서 사라져갔다. 나는 어떤 목소리가 말하는 것을 들었다. "너는 자유의 나라로 가는 길에 여왕님의 발이 머문 작은 돌들 가운데 하나이다."

> Tired but glowing I looked out of the window of the train at the dark bog land where now only the tiny lakes gleamed in the fading light. Then I saw a tall, beautiful woman with dark hair blown on the wind and I knew it was Cathleen ni Houlihan. She was crossing the bog towards the hills, springing from stone to stone over the treacherous surface, and the little white stones shone, marking a path behind her, then faded into the darkness. I heard a voice say: "You are one of the little stones on which the feet of the Queen have rested on her way to Freedom." (9)

이 이야기는 그녀가 메이요(Mayo)에서 빈민구제 활동을 마치고 돌아오는 기차 안에서의 체험을 기록하고 있는 것으로서 여기에서 그녀는 자신을 아일랜드를 상징하는 여인 캐슬린 니 훌리한이 물을 건너 "자유"의 땅으로 갈 때 딛고 가는 "작은 돌들" 가운데 하나로 여기고 있다. 그것도 당당하게, 마치 「1916년 부활절」의 "돌"의 이미지에 대하여 항변이라도 하는 듯이, 깊은 애정과 헌신의 감정으로 말하고 있다. 그렇지만 곰곰이 다시 생각해보면, 그 돌이 모드 곤의 비유대로 아일랜드가 독립과 해방의 땅으로 건너가는 데 필요한 징검돌이 될 수 있다고 해도, 그것이 살아있는 물의 흐름을 막고 있는 것 또한 누구도 부정할 수 없는 분명한 사실일 것이다.

이처럼 시냇물 속의 돌의 이미지를 통해서 부활절봉기의 주모자들의 삶이 아일랜드의 독립이라고 하는 한 가지 목적에만 매달린 결과 생명과 사랑의 흐름을 거스르는 것이라는 사실을 말하고 있는 3연의 내용은, 앞에서 살펴본 것처럼 마키에비츠 백작부인과 모드 곤 같은 여성이 정치적 투쟁에만 몰두한 나머지 여성적인 아름다움과 풍성함을 잃고 불모의 여성처럼 되어버렸다는 내용과 같은 의미로 읽히고, 결국 그가 그들을 바라보는 시각이 그 여성들을 바라보는 시각과 같은 것임을 말해준다. 그런 관점에서 보면, 봉기 주모자들의 마음을 사로잡아 그들로 하여금 변화하는 삶의 흐름을 거스르게 하고 사랑의 부름을 거부하게 하는 것은, 두 여성의 경우와 마찬가지로, 다름아닌 그들 마음속의 증오라고 할 수 있을 것이다. 사실 이 시에 직접 표현되고 있지는 않지만, 또 그들의 영웅적인 죽음 앞에서 그렇게 표현할 수도 없는 노릇이지만, 시인이 정말 말하고 싶은 것은 이러한 점인지도 모른다. 이처럼 이 시의 핵심에 놓여 있는 "돌"이, 그리고 그것이 의미하고 있는 모든 부정적인 사실들이 사실은 봉기 주모자들의 마음속에 존재하는 증오와 깊이 관련되어 있다는 데에 그들의 비극이 있고, 바로 그것이 그들이 일으킨 부활절봉기의 “무서움”인 것이다.

아일랜드에 대한 봉기 주모자들의 사랑이 필연적으로 증오를 수반할 수밖에 없고, 그 증오가 그들의 마음을 고갈시켜 오히려 삶과 사랑의 자연스러운 흐름을 거스르게 만든다는 이러한 사실은 이 시가 말하고자 하는 내용의 핵심으로 보인다. 방금 앞에서 살펴본 것처럼 이 시의 3연에서 돌의 이미지를 통하여 시인이 말하고자 하는 바가 바로 그러한 의미일 것이다. 이렇게 보면 돌에 대한 언급에 앞서 2연에서 마키에비츠 백작부인을 등장시켜 그녀의 목소리의 변화를 강조하여 노래하고 있는 것은 돌의 이미지가 갖는 부정적인 의미를 미리 암시하기 위한 것으로 볼 수 있다. 아마도 그러한 의미를 구체적인 인물묘사를 통해 드러내는 데 있어서 그녀와 같은 아름다운 여성의 경우가 남성들의 경우보다도 더 적절하다고 생각했기 때문에 그녀를 선택하였을 것이며, 앞에서 살펴본 것처럼 모드 곤에 대한 예이츠의 여러 비슷한 표현들은 그러한 짐작을 가능케 한다.

필자는 앞에서 마키에비츠 백작부인과 4연에 나타나는 어머니의 이미지 외에 다른 두 여성의 이미지를 이 시 안에서 찾아볼 수 있음을 지적하였다. 그 두 여성 가운데 모드 곤에 대해서는 이미 살펴보았기 때문에 이제 캐슬린 니 훌리한에 대해 생각해 보고자 한다. 그녀는 방금 앞에서 인용한 바 있는 모드 곤의 자서전에서 모드 곤 앞에 모습을 드러내며 말을 건넨 “한 크고 아름다운 여인” 바로 그녀이다. 그녀 역시 모드 곤과 마찬가지로 「1916년 부활절」 안에 모습을 드러내놓고 있지는 않지만 그녀의 이미지를 이 작품 속에서 찾을 수 있다고 생각하는 것은, 상징적인 이미지로 보면 그녀의 부름에 따라 부활절봉기의 주모자들이 기꺼이 죽음의 현장으로 나선 것으로 여겨지기 때문이다. 전통적으로 아일랜드인들의 노래 속에 자주 등장하였고 18세기에 와서부터는 아일랜드를 상징하는 인물로 여겨져 온 그녀,[8] 그리고 예이츠가 특히 그의 희곡 작품 『캐슬린 니 훌리한』에서 다시 생생한 인물로 살려내고 무대 위의 공연에서는 모드 곤이 그녀의 역을 맡아 성공적으로 연기함으로써 아일랜드인에게 엄청난 영향을 주었던 바로 그녀에 대한 사랑 때문에 그들은 그렇게 싸우다가 죽어간 것이다.

우리는 『캐슬린 니 훌리한』 안에서 그 사실을 직접 확인할 수 있다. 1902년에 초연된 이 작품에서, 그녀는 아일랜드의 독립을 위하여 싸우다 죽을 젊은이들을 구하러 다니는 늙은 여인의 모습으로 등장한다. 때는 1798년, 아일랜드에서 영국에 대항하여 혁명이 일어나고 그들을 돕기 위하여 프랑스 군대가 아일랜드 해안에 상륙한 상황에서 아일랜드 서부 킬라라(Killala) 지방의 한 마을에 그녀가 나타난다. 그리고 그녀의 부름에 따라 결혼을 하루 앞둔 청년 마이클(Michael)이 신부와 가족을 버리고 죽음의 현장으로 달려가는 것으로 짤막한 이 작품은 끝이 난다. 이 작품에서 그녀가 아일랜드를 상징하는 여인이라는 사실은 분명하게 드러난다. 무엇 때문에 괴로워하느냐고 묻는 마이클의 어머니에게 그녀는 "나의 땅을 빼앗겼"기 때문이라고 대답한다. 그리고 많은 아일랜드인들이 "나에 대한 사랑 때문에 죽었다"라고 말하면서, "그럼에도 그들은 충분히 보상받았다고 생각할 것이오"라고 말한다. 이러한 그녀의 모습은, 그녀를 다루고 있는 예이츠의 시 「아일랜드에 대한 레드 한라한의 노래」("Red Hanrahan's Song

8) 오랜 기간 동안 영국의 식민 지배를 받아왔던 아일랜드인들이 자신들의 조국을 여성화하여 표현한 이름들은 캐슬린 니 훌리한 이외에도 "Shan Van Vocht", "Dark Rosaleen", "Mother Ireland" 등이 있었지만, 가장 대표적인 것은 역시 캐슬린 니 훌리한 일 것이다.

about Ireland")에 나타난 지극히 순결한 여인으로서의 이미지보다 훨씬 더 적극적이며 강렬한 성격의 여인의 이미지로 보인다. 그녀는 아일랜드인들이 "영원히 기억"되고 "영원히 살"기 위해서는 자신을 사랑해야 한다고 말하면서 당당히 그러한 사랑을 요구한다.[9)]

이처럼 수많은 아일랜드 젊은이들에게 자신에 대한 사랑의 대가로 죽음을 요구하는 그녀이지만, 그녀는 "나를 사랑하는 연인들 어느 누구와도 잠자리를 함께 한 적은 없다"고 말한다. 자신을 사랑하는 남성들에게 육체적 쾌락을 통한 사랑의 기쁨이 아니라 죽음과 그 죽음을 통한 영원한 삶을 주겠다고 한다. 이 말은 곧 그녀가 그녀를 사랑하는 아일랜드인들에게 철저한 성적 욕망의 절제를 요구하고 있다는 말이다. 결혼을 바로 목전에 둔 마이클이 아름다운 신부를 놔두고 캐슬린 니 훌리한을 따라가는 것도 같은 의미로 보인다. 이처럼 캐슬린 니 훌리한에 대한 아일랜드인들의 사랑 안에 이미 성적 욕망의 억제와 거부가 내포되어 있는 것이다. 그런데 그녀에 대한 사랑이 곧 아일랜드에 대한 사랑을 상징하고 있고, 따라서 그 사랑은 영국에 대한 아일랜드인들의 증오의 또 다른 표현일 수 있다는 사실을 생각하면, 그녀의 사랑이 요구하는 성적 욕망의 억제나 거부는 결국 증오에 의한 것이라고 말할 수 있다. 이렇게 보면 아일랜드인들의 증오가 성적 욕망의 억제와 깊이 관련되어 있다는 예이츠의 생각은 이미 캐슬린 니 훌리한의 성격 안에 표현되어 있는 셈이고, 다만 그는 이 작품을 쓰고 난 뒤에 아일랜드 가톨릭 민족주의자들과의 갈등이나 부활절봉기를 겪으면서 이러한 사실을 보다 확실하게 인식하게 된 것으로 보

9) 이 작품에 대한 보다 자세한 분석에 대해서는 필자의 논문 「예이츠 희곡의 정치적 측면에 대한 고찰」(『한국예이츠저널』 10[1999년 5월]: 11-40)과, 필자가 2003년 1월 25일 한국영어영문학회 학술발표회에서 발표한 「캐슬린 니 훌리한과 미친 제인」 참고.

인다.[10)]

그렇다면 지금까지 필자가 살펴본 세 여성, 이 작품에 직접 모습을 드러낸 마키에비츠 백작부인과, 그녀 뒤에 모습을 감추고 있는 모드 곤, 그리고 그들 두 여성을 마치 자신의 "시녀"[11)]처럼 거느리면서 부활절봉기의 주모자들을 투쟁과 죽음의 현장으로 몰고간 또 하나의 여성 캐슬린 니 홀리한, 그들의 공통점은 무엇일까? 그리고 그들에 대한 암시를 통해서 예이츠가 말하고자 하는 바는 무엇일까? 두말할 나위 없이 그들 모두가 아름다운 여성이라는 사실이 가장 먼저 지적될 수 있는 공통점이다. 따라서 그들은 수많은 남성들의 사랑을 받을 수 있는, 그런 의미에서 축복받은 여성들이다. 실제로 모드 곤에 대한 예이츠의 사랑이나 캐슬린 니 홀리한에 대한 모든 아일랜드인들의 사랑이 그것을 말해준다. 그러나 그들은 불행하게도 하나의 정치적인 목적만을 생각한 나머지 삶과 사랑의 자연스러운 흐름을 거스르고 있는 돌과 같은 존재들이 된다. 이러한 의미에서 그들은 바로 부활절봉기의 주모자들의 심리적, 정신적 상황을 가장 극적으로 드러내고 있는 인물들이라고 할 수 있고, 따라서 "무서운 미"의 존재들인 것이다.

이 시는 마지막 4연에서 또 하나의 여성인 어머니의 이미지를 보여준다. 그렇지만 이 어머니의 이미지는 앞에서 살펴 본 "무서운 미"의 여성들, 특히 아일랜드인들의 영원한 어머니로서 아일랜드의 젊은이들에게 사랑과 헌신의 대가로 죽음을 당당하게 요구하는 "무서

10) 예이츠가 훗날 그의 시 「사람과 메아리」("The Man and the Echo")에서 "나의 그 연극은 사람들을 내몰아 / 영국인들의 총에 맞아 죽게 했던가?"라고 노래하고 있는 것을 보면, 그는 이러한 사실에 대해서 자신도 어느 정도 책임이 있다는 사실을 인정한 듯하다.

11) 모드 곤의 자서전 부제목은 "A Servant of the Queen"으로 되어 있다.

운” 어머니 캐슬린 니 훌리한의 이미지와는 다른 모습이다.

너무 오랜 기간의 희생은
마음을 돌로 만들 수 있으리라.
아, 언제쯤이면 충분할 것인가?
그것은 하늘의 몫, 우리의 몫은
한 사람씩 이름을 읊조리는 일.
심하게 뛰어놀던 아이의 사지에
마침내 잠이 왔을 때
어머니가 그의 이름을 부르듯.

Too long a sacrifice
Can make a stone of heart.
O when may it suffice?
That is Heaven's part, our part
To murmur name upon name,
As a mother names her child
When sleep at last has come
On limbs that had run wild. (*VP* 394)

여기에서 놀라운 것은, 남성 시인인 예이츠가 여성인 어머니의 이미지를 자신의 것으로 하고 있다는 점이다.[12] 즉 시인 자신이 실컷 뛰놀다가 밤이 되어 깊이 잠든 어린 아이의 이름을 부르는 어머니가 된 것이다. 물론 이러한 비유가 잘못된 것임을 시인 자신도 모르는 바는 아니다. 지금 그가 이름을 부르는 것은 잠든 아이가 아니라 죽은 자들이기 때문이다. 그래서 곧 이어 “아니, 아니, 밤이 아니라 죽

12) 이러한 관점에서 볼 때, 예이츠 후기의 대표적인 애정시인 미친 제인 시편들이나 「젊었을 때와 늙었을 때의 여자」(“A Woman Young and Old”) 시편들의 화자가 모두 여성으로 되어 있는 점은 주목할 만하다.

음인 것을"이라고 수정하고 있다. 그렇지만 지금 죽은 봉기 주모자들의 이름을 부르고 있는 시인의 심정이 잠든 아이의 이름을 부르고 있는 어머니의 심정과 조금도 다를 바가 없다면, 이 비유는 매우 적절하고 감동적인 것임에 틀림없다고 여겨진다. 시인은 그들을 죽음으로 부른 상징적인 어머니 캐슬린 니 훌리한이 아니라 실제로 살아있는 어머니가 되어, 그 심정이 되어, 영원히 잠든 그들의 이름을 부르는 것이다. 설사 사랑하는 자식이 나라를 구하는 대의명분을 위해 싸우다 죽었다고 해도, 그것을 안타까워하며 슬퍼하지 않을 어머니가 어디에 있겠는가? 사실 앞에서 살펴보았던 희곡 작품 『캐슬린 니 훌리한』도 캐슬린 니 훌리한의 부름에 따라 죽음의 현장으로 달려가는 아들 마이클을 말리려고 애쓰는 그의 어머니 브리지트(Bridget)의 모습을 보여주고 있지 않는가?

바로 이러한 살아 있는 어머니의 존재, 그 따뜻한 마음 때문에 시인은 방금 인용한 4연의 앞부분에서 주모자들에 대한 비판적인 시각에도 불구하고 결국 그들의 마음이 돌처럼 굳어진 것은 "너무 오랜 기간의 희생" 때문이었을 것이라고 이해하고 용인하는 듯한 태도를 보여준다. 그리고 한 걸음 더 나아가 그들을 돌과 같은 존재로 만든 것이 다름 아닌 그들의 아일랜드에 대한 "지나친 사랑"이었을 것이라고 너그러이 인정하며 그들의 이름을 하나씩 부른다.

> 그것은 결국 불필요한 죽음이었을까?
> 행하고 말한 모든 것에 대해
> 영국이 약속을 지킬지도 모르니까.
> 우리는 그들의 꿈을 안다. 그들이 꿈꾸었고
> 그래서 죽었음을 아는 것으로 충분하리라.
> 그리고 만약 지나친 사랑이 그들을 혼미케 하여
> 죽게 했다 하다라도 어찌할 것인가?

나는 그것을 한 편의 시로서 노래한다--
맥도나와 맥브라이드
코노리와 피어스
지금 그리고 앞으로,
녹색 휘장을 다는 곳마다,
변한 것이다, 완전히 변한 것이다.
무서운 미가 태어났다.

Was it needless death after all?
For England may keep faith
For all that is done and said.
We know their dream; enough
To know they dreamed and are dead;
And what if excess of love
Bewildered them till they died?
I write it out in a verse--
MacDonagh and MacBride
And Connolly and Pearse
Now and in time to be,
Wherever green is worn,
Are changed, changed utterly:
A terrible beauty is born. (*VP* 394)

그러니까 바로 앞 3연에서 아일랜드의 독립이라고 하는 하나의 목적에만 매달린 그들의 마음이 결국 물의 흐름을 가로막고 있는 시냇가의 돌처럼 되었음을, 즉 정치적 투쟁이 가져온 증오 때문에 고갈된 그들의 마음이 삶과 사랑의 흐름을 거스르게 되었음을 날카롭게 비판한 시인이 이제는 그것이 결국 그들의 아일랜드에 대한 "지나친 사랑" 때문이었음을 인정하고 있다. 물론 그 사랑이 그들을 "혼미케 하여 죽게 했다"고 표현함으로써 그들에 대한 비판이 어느 정도 남아 있음을 엿볼 수 있지만, 그래도 그가 이해와 인정의 태도를 보이고 있는 것은 분명해 보인다. 그렇다면 그는 왜 이러한 제스처로서 이 시를 끝맺으려는 것일까? 그동안 부활절봉기 주모자들의 투쟁과 그 결과로서의 죽음의 의미를 헤아려보면서, 그들의 영웅적인 행위가 사실은 삶과 사랑의 흐름을 가로막고 있는 돌과 같은 "무서운" 마음에 의하여 가능한 것임을 밝혀내던 그가 왜 이제 어머니가 잠든 아이의 모든 잘못을 사랑으로 너그러이 용서해주듯 마지막으로 그들을 감싸 안으려는 것일까? 그렇게나마 시와 정치, 혹은 시와 역사 사이의 끝날 수 없는 긴장을 풀어두고 싶은 것은 아니었을까?

03

늙음, 욕망, 그리고 상상력
–『탑』의 세 작품을 중심으로

1928년에 출판된 예이츠의 시집 『탑』(*The Tower*)은 그가 발표한 시집들 가운데에서 최고의 시집으로 여겨질 뿐만 아니라, 심지어는 영어로 쓰인 20세기 최고의 시집으로까지 여겨진다(O'Donnell 89). 이 시집의 시들은 예이츠 전성기의 작품들로서 흔히 그의 대표작으로 널리 알려진 「비잔티움으로의 항해」("Sailing to Byzantium"), 「탑」("The Tower"), 그리고 「학교 아이들 사이에서」("Among School Children")를 포함하여 총36편으로 되어 있다. 이 글은 이 세 편의 시들을 함께 읽어봄으로써 그 작품들이 공통적으로 다루고 있는 주제인 늙음과 욕망의 문제, 그리고 그것과 상상력과의 관계에 대해 살펴보려고 한다.[1] 이 작품들이 모두 늙음의 문제를 다루고 있는 것은 무엇보다도 예이츠가 이미 60대의 나이에 들어선 뒤에 이 작품들을 썼다는 사실과 관련이 있어 보인다. 그렇지만 나이가 들어 훌륭한 작품들을 쓴 여러 시인들의 경우에 그 작품들이 모두 늙음의 문제를 다루고 있는 것은

---

1) 필자가 확인한 바로는, 국내에서 예이츠 시의 늙음의 주제에 대한 연구는 신현호교수의 논문 「예이츠 시에 나타난 노년과 사후」(『한국예이츠저널』 24[2005년 12월]: 27-56)가 유일한 듯하다. 이 논문은 전반부에서 『탑』을 중심으로 하여 늙음의 문제와 상상력의 관계에 대해 살피고 있다.

아니라는 것을 생각하면 예이츠가 『탑』의 세 작품들에서 보여준 늙음에 대한 관심과 태도는 좀 유별나게 느껴지기도 한다. 그러나 인간의 성과 사랑이 시 창작의 주된 동기이자 주제가 되고 있는 예이츠에게 있어서는 늙음에 따른 육체의 노쇠가 단순히 생리적인 현상에 그치는 것이 아니라 시 창작의 위기로까지 느껴질 수 있었으리라 생각된다.

세 작품 가운데 제일 늦게 쓰인 것으로 보이는 「비잔티움으로의 항해」는 창작 순서와는 상관없이 『탑』의 첫머리에 자리함으로써 마치 시집 전체를 선도하고 있는 듯한 인상을 주는 작품으로서, 그만큼 널리 알려지고 자주 언급되는 작품이기도 하다.[2] 이 시의 제목부터가 이 작품을 유명하게 만드는 데 크게 기여한 듯하다. 과거 동로마제국의 수도였던 비잔티움이라는 도시 자체가 매우 낭만적이고 환상적인 분위기를 자아낼 뿐 아니라, 더욱이 배를 타고 망망대해를 건너먼 미지의 세계로 나아가는 항해의 이미지도 멋있어 보이기 때문이다. 그러면 시인 화자는 왜 그러한 항해를 하게 된 것일까? 작품의 전반부가 되는 첫 두 연에서 바로 그 이유를 말하고 있다. 먼저 1연에서 시인 화자는 지금의 세상이 노인들이 살 수 없는 곳이기 때문에 떠날 수밖에 없다고 한다. 그런데 노인들이 살 수 없다는 그 이유가 재미있다. 서로 팔을 껴안고 있는 젊은이들로부터 시작하여 노래하고 있는 나무의 새들과 바다에서 우글거리는 연어와 고등어떼 등 육체를 갖고 있는 모든 것들이 오직 "잉태되고, 태어나고, 죽어가는" 것들만을 노래하기 때문에, 즉 그것들이 오직 "관능적인 음악"에만 사로잡혀 "죽지 않는 지성의 기념비들"을 거들떠보지 않기 때문에 살

2) A. Norman Jeffares에 의하면 「비잔티움으로의 항해」는 1926년 가을에, 「탑」은 1925년 10월에, 그리고 「학교 아이들 사이에서」는 1926년 6월에 쓰였다 (211, 216, 250).

수 없다는 것이다.

> 저곳은 늙은이들이 살 나라가 아니다. 서로
> 껴안고 있는 젊은이들, 노래하고 있는
> 나무의 새들--저 죽어가는 세대들--
> 연어폭포, 고등어 우글거리는 바다,
> 물고기, 짐승, 혹은 조류는 여름 내내 찬미한다,
> 온갖 잉태되고, 태어나고, 죽어가는 것들을.
> 저 관능적인 음악에 사로잡혀 모두가
> 늙지 않는 지성의 기념비들을 소홀히 한다.

> That is no country for old men. The young
> In one another's arms, birds in the trees
> --Those dying generations--at their song,
> The salmon-falls, the mackerel-crowded seas,
> Fish, flesh, or fowl, commend all summer long
> Whatever is begotten, born, and dies.
> Caught in that sensual music all neglect
> Monuments of unageing intellect. (*VP* 407)

그러나 여기에서 화자가 떠나는 이유로 제시하고 있는 내용은 그저 자연스러운 성과 사랑과 욕망의 현상일 뿐이다. 그렇기 때문에 그것들에게 있어서 "늙지 않는 지성의 기념비들"은 어디까지나 이차적이고 부수적인 것일 수밖에 없다. 그런데도 왜 시인은 이의를 제기하는 것일까? 한마디로 그가 늙어 성과 사랑과 욕망의 세계로부터 멀어졌기 때문이다. 2연의 첫 부분에 나오는 허수아비의 이미지가 그것을 말해준다.

> 늙은이는 다만 하나의 하찮은 물건,
> 막대기에 걸친 누더기 옷, 만일

영혼이 손뼉 치며 노래하지 않는다면, 죽어갈 옷의
조각조각을 위하여 더욱 소리 높이 노래하지 않는다면.
또한 영혼의 장엄한 기념비를 배우지
않는다면 노래를 배울 곳은 없다.
그래서 나는 바다를 건너
성스러운 도시 비잔티움으로 왔다.

An aged man is but a paltry thing,
A tattered coat upon a stick, unless
Soul clap its hands and sing, and louder sing
For every tatter in its mortal dress,
Nor is there singing school but studying
Monuments of its own magnificence;
And therefore I have sailed the seas and come
To the holy city of Byzantium. (*VP* 407-08)

여기에서 시인이 자신의 늙은 육체를 묘사하기 위하여 은유로서 사용하고 있는 허수아비의 이미지가 매우 적절하게 느껴지는 것은 그 모습 자체가 인간의 늙은 육체와 비슷할 뿐 아니라 노인이 지니고 있는 무기력이나 불능과 같은 속성을 잘 드러내고 있기 때문이다. 마치 허수아비가 새 한 마리 쫓을 힘도 없는 것처럼 노인 역시 1연에 나타난 젊은이들처럼 사랑을 나눌 힘이 그에게는 없다. 사랑에 대한 욕망이 없는 것이 아니라 그 욕망을 충족시킬 수 있는 힘이 없는 것이다. 이렇게 보면 겉으로는 그가 단호한 어조로 서로 껴안고 있는 젊은이들을 비판하고 있는 듯이 보이지만 내심으로는 그들을 부러워하거나 시샘하고 있는 것 같기도 하다.

그렇다면 허수아비 같은 이 늙은 육체를 가지고 어떻게 할 것인가? 온통 누더기가 된 이 육체를 가지고도 시인으로 살아남을 수 있는 길은 무엇일까? 그것은 육체가 아니라 영혼이 노래하는 것이다. 시인 화자는 "만일 영혼이 손뼉 치며 노래하지 않는다면" 육체는 허수아비에 지나지 않는다고 말한다. 비록 그의 육체는 노쇠하여 허수아비처럼 되었지만 죽어갈 육체의 옷 조각조각을 위하여 영혼이 소리 높여 노래한다면 늙은 육체를 초월하여 새로운 창조적인 삶이 가능할 수 있다는 말이다. 사실 그가 비잔티움으로 가겠다는 것도 1연이 보여주고 있는 것처럼 지금의 세상이 온통 "관능적인 음악"에만 사로잡혀 있어 이곳에서는 영혼의 노래를 배울 수 없기 때문에 그것이 가능한 비잔티움으로 가겠다는 것이다. 그러나 비잔티움으로의 이동이 이루어진다고 해도 그의 영혼이 육체에 묶여 있는 상태에서 어떻게 영혼이 소리 높여 노래할 수 있겠는가? 더군다나 그의 늙은 육체는 "죽어가는 동물"과도 같지 않는가? 그가 특히 자신의 심장을 가리켜 "욕망으로 병들고"라고 표현하고 있는 것은, 심장이 느끼는 욕망이 노쇠한 육체로 인하여 충족되지 못할 때 그 욕망은 오히려 병이 되고 만다는 의미일 것이다. 따라서 비잔티움에 도착한 화자는 "신의 거룩한 불 속에 서 있는 현인들"에게 자신의 늙은 육체를 불태워 "영원한 예술품"으로 만들어 달라고 기도한다.

> 아 마치 벽의 황금 모자이크 속에 있듯이
> 신의 거룩한 불 속에 서 있는 현인들이여,
> 성화로부터 나와, 감돌며 내려와,
> 내 영혼의 노래 스승이 되라.
> 내 심장을 태워 없애라, 욕망으로 병들고
> 죽어가는 동물에 얽매어
> 스스로를 깨닫지 못하는 심장을. 그리하여
> 나를 거두어 영원한 예술품으로 만들어라.

> O sages standing in God's holy fire

As in the gold mosaic of a wall,
Come from the holy fire, perne in a gyre,
And be the singing-masters of my soul.
Consume my heart away; sick with desire
And fastened to a dying animal
It knows not what it is; and gather me
Into the artifice of eternity. (*VP* 408)

이러한 시인의 의지와 기도가 이루어진 것일까? 이 시의 마지막 연은 마치 그의 육체가 죽어 변화되기라도 한 것처럼 한 마리 황금 새의 이미지를 보여준다. 그 새는 희랍의 금세공들이 만든 것으로서 영원히 죽지 않고 살아 황제의 잠을 깨우거나 비잔티움의 귀족들과 부인들을 즐겁게 하기 위하여 황금 나뭇가지 위에서 노래한다.

한번 자연을 벗어나면 난 결코 내 육체의 모습을
어떤 자연의 것으로부터 취하지 않고,
오직 희랍의 금세공들이
졸리는 황제를 깨우기 위하여
두드린 황금과 황금에나멜로 만든,
혹은 비잔티움의 귀족들과 귀부인들에게
과거, 현재, 혹은 미래를 노래하도록
황금가지 위에 앉혀놓은 그런 형상이 되리라.

Once out of nature I shall never take
My bodily form from any natural thing,
But such a form as Grecian goldsmiths make
Of hammered gold and gold enamelling
To keep a drowsy Emperor awake;
Or set upon a golden bough to sing
To lords and ladies of Byzantium

Of what is past, or passing, or to come. (*VP* 408)

이 황금 새의 의미는 무엇일까? 물론 그것은 늙고 병든 육체를 벗어난 시인의 영혼, 혹은 그 영혼이 부르는 노래의 이미지이다. 그리고 1연에 나오는 나무의 새들이 "죽어가는 세대들"인 것과는 달리 이 새는 영원히 죽지 않고 살아 존재한다는 점에서, 그리고 자연의 새들이 우리의 감각에 직접 노래하는 것과는 달리 이 새는 우리의 마음에 노래한다는 점에서, 이 황금 새는 시인의 유한한 삶 이후에도 영원히 존재하게 될 시 혹은 예술 자체의 이미지이기도 하다. 또한 그것은 그것을 만든 금세공의 상상력의 산물이면서 동시에 그것을 바라보는 자들(비잔티움의 황제나 귀족들)의 상상력을 자극한다는 점에서 상상력의 이미지이기도 하다. 이렇게 보면 황금 새만이 아니라, 그것으로 변하기 위하여 시인 화자가 사전에 해야 했던 비잔티움으로의 항해 역시 시인의 상상력의 움직임에 대한 비유적 표현이라고 할 수 있다. 이러한 의미에서 이 시는 결국 늙음이라고 하는 피할 수 없는 상황에 직면한 시인이 조금도 위축됨이 없이 계속해서 시인으로서의 삶을 살아가겠다는 강한 의지를 표현하고 있는 것으로 보인다.

늙음과 그에 따른 육체의 노쇠, 그리고 그것과 상상력의 관계를 보다 직접적으로 보여주고 있는 작품이 「비잔티움으로의 항해」 다음에 실려 있는 「탑」이다. 이 시와 이 시가 실려 있는 시집의 공통된 제목으로 사용되고 있는 탑은 실제로 아일랜드의 서부 골웨이(Galway) 근처에 존재하고 있는 발릴리 탑(Thoor Ballylee)을 가리키는 것으로서, 여기에서뿐만 아니라 다른 여러 후기 작품들에서도 중요한 상징의 하나로 사용되고 있다.[3] 그 제목이 그대로 시집명으로까지 사용됨으

---

3) 『탑』에 이어 1933년에 출판된 예이츠의 시집 『나선 계단과 기타 시들』(*The Winding Stair and Other Poems*) 역시 그 제목을 이 발릴리 탑에서 가져온 것이

로써 대표성이 돋보이는 「탑」은 각각 다른 형식으로 쓰인 세 부분으로 구성되어 있다. 먼저 1부의 서두에서 시인 화자는 육체의 노쇠와 그럼에도 불구하고 점점 강렬해지는 상상력에 대하여 노래한다.

> 이 부조리를 어찌할까--
> 아 마음이며, 아 괴로운 마음이여--이 우스꽝스러운
> 모습을, 개꼬리에 매달린 듯 나에게 달라붙은
> 늙어빠진 나이를?
> 　　　　　　　　　　　　나는 이보다 더 흥분된,
> 정열적인, 환상적인 상상력을 가져본 적도 없었고,
> 그리고 불가능한 것들을 이보다 더 기대하는
> 귀나 눈을 가져본 적도 없었다--
>
> What shall I do with this absurdity--
> O heart, O troubled heart--this caricature,
> Decrepit age that has been tied to me
> As to a dog's tail?
> 　　　　　　　　　　　　Never had I more
> Excited, passionate, fantastical
> Imagination, nor an ear and eye
> That more expected the impossible-- (*VP* 409)

육체는 늙어 가는 데도 상상력은 점점 더 "흥분된, 정열적인, 환상적인" 것이 되고, 그의 감각 역시 더 예민하고 대담하게 되어가는 것은 무엇 때문일까? 왜 시인 화자는 그렇게 느끼는 것일까? 그것은 그의

다. 과거 노르만(Norman) 시대에 군사적인 수비의 목적으로 세워진 이 탑은 예이츠가 젊은 시절부터 자주 방문하였던 쿨 파크(Coole Park)의 일부를 이루고 있었지만, 그가 결혼하기 직전인 1917년 초에 구입하여 대대적인 수리를 한 후 그곳에 거주함으로써 그의 실제적인 주거지가 된 동시에 그의 시에 있어서도 중요한 이미지의 하나로 자리 잡게 된다.

"마음"과 "늙은 나이" 사이의 부조화 혹은 불일치 때문이다. 여전히 그의 마음속에 존재하고 있는 욕망을 그의 늙은 육체가 충족시켜 줄 수 없는 "괴로운" 상황이 아이러니컬하게도 그의 상상력과 감각을 그렇게 만든 것이다.

그렇다면 이러한 상황에서 시인 화자가 할 수 있는 일은 무엇일까? 선택할 수 있는 두 개의 길이 있다고 그는 말한다.

뮤즈여신에게 가버리라고 말하고,
상상력, 귀와 눈이 논쟁으로 만족하고
추상적인 것들을 다룰 수 있을 때까지
플라톤과 플로티너스를 친구로 택하든지,
아니면 발뒤축에 매달린 찌그러진 주전자 같은
것에게 조롱당하는 수밖에 없을 것 같다.

It seems that I must bid the Muse go pack,
Choose Plato and Plotinus for a friend
Until imagination, ear and eye,
Can be content with argument and deal
In abstract things; or be derided by
A sort of battered kettle at the heel. (*VP* 409)

첫 번째 길은 늙은 육체에 걸맞게 "뮤즈여신에게 가버리라고 말하고" 플라톤과 플로티너스를 친구로 삼아 철학적 논쟁에나 매달리는 것으로서, 이렇게 하면 마음은 편할지 모르지만 그 대신 시를 포기해야 한다. 이는 결국 늙음으로 인한 육체의 노쇠가 단순한 생리적인 현상을 넘어 시 창작의 위기로까지 이어질 수 있고, 그에 대한 대응으로서 추상적이고 관념적인 철학세계에 대한 탐구가 선택될 수도 있다는 것을 암시한다. 또 하나의 다른 길은 늙은 육체를 무시하고 여전히 상상력에 매달리는 것이다. 이 경우에는 시를 쓸 수는 있겠지만 그 대신 늙은 육체로부터 조롱받기 십상이다. 실제로 늙은 육체가 조롱한다기보다는 시인 화자 스스로가 늙은 나이에 걸맞지 않는 일이라고 자조적으로 생각한다는 의미일 것이다. 「비잔티움으로의 항해」에 나오는 허수아비의 이미지와 마찬가지로 노쇠한 육체를 비유하고 있는 "발뒤축에 매달린 찌그러진 주전자"의 이미지 역시 늙음에 대한 시인 화자의 과도한 자의식의 표현으로 보인다.

이처럼 늙음이 가져온 위기적 상황과 그것에 대처할 수 있는 두 가지의 가능성을 놓고 고민에 빠진 시인 화자는 다음 2부에서 바로 제목이 가리키고 있는 발릴리 탑 위에 오른다. 그리고 바로 앞의 1부에서 그를 당혹스럽게 만든 그 상상력을 "내보내어" 과거의 이미지들과 기억들을 불러낸다.

> 그리고 기울어가는 햇살 아래
> 상상력을 내보내어
> 폐허 혹은 오랜 나무들로부터
> 이미지들과 기억들을 불러낸다.
> 그들 모두에게 한 가지 묻고 싶어서다.

> And send imagination forth
> Under the day's declining beam, and call
> Images and memories
> From ruin or from ancient trees,
> For I would ask a question of them all. (*VP* 410)

물론 시인 화자가 이러한 행동을 하는 것은 물론 그것들을 불러내어 질문을 던짐으로써 지금 자신이 직면하고 있는 문제, 즉 두 개의 선택 가능한 길 중에서 어느 것을 택해야 할 것인가에 대하여 적절한 답을 찾기 위함이다. 그러나 그것들을 불러와 질문을 하고 그 반응을 알아보기 이전에 이미 그의 선택은 결정되었다고 할 수 있다. 만일 그가 시를 쓰는 일을 그만두지 않을 작정이라면 늙은 육체로부터의 조롱을 각오하고서라도 계속해서 상상력에 의존할 수밖에 없기 때문이다. 다만 지금 그에게 필요한 것은 자신을 당혹스럽게 하고 있는 상상력에 대한 믿음을 다시 확인하는 일이며, 2부의 내용이 그 과정이라고 할 수 있다.

이러한 사실은 시인 화자가 상상력을 통하여 불러들인 구체적인 인물들의 성격에서부터 드러난다. 자신이 존경하는 부인의 소원을 상상만으로 "알아채고"(divine) 그녀에게 무례한 농부의 귀를 정원용 가위로 잘라 그녀에게 갖다 바치는 하인, 고대 그리스의 대시인 호메로스처럼 "눈이 먼"(blind) 상태에서도 한 시골처녀의 아름다움을 노래하여 그 노래를 들은 농부들이 그녀를 보기 위하여 앞 다투어 몰려들게 한 시인, 그 시인의 노래에 취한 나머지 그녀를 직접 보고 그녀의 아름다움을 확인하기 위하여 달려가다가 "환한 달빛을 평범한 햇빛으로 착각하여"(mistook the brightness of the moon / For the prosaic light of day) 늪에 빠져 죽은 사나이, 그리고 카드를 사냥개와 산토끼로 바꿔버린 노인의 "요술"(jugglerie s)에 빠져 그 짐승들을 뒤쫓아 간 한라한(Hanrahan) 등, 그들이 공통적으로 보여주고 있는 것은 한마디로 그들 모두가 상상력이 뛰어난 인물들이라는 점이다. 다시 말해서 그 인물들에 관한 이야기는 모두 평범한 삶의 일상성을 뛰어넘는 상상력의 놀라운 힘에 대한 이야기이다.

또한 이 인물들에 대한 이야기 속에는 그들의 성격이나 능력에 관한 것 이외에도 상상력을 암시하는 것으로 볼 수 있는 것들이 있다. 예를 들어, 무례한 농부의 귀를 자른 하인의 경우에 그가 섬기고 있는 주인여자의 저택의 실내를 밝히고 있는 은촛대와 벽촛대의 불빛은 스스로 불타며 주위를 밝혀 사물들을 보이게 해준다는 의미에서 상상력에 대한 암시로 볼 수 있고, 시골처녀의 아름다움을 노래한 시인의 경우에는 그의 눈멂이 오히려 상상력을 더욱 강하게 하여 보다 뛰어난 노래가 가능하도록 했을 수도 있다는 의미에서 육체적 감각을 초월하여 작용하는 상상력에 대한 암시일 수 있는 것이다. 마찬가지로 물에 빠져 죽은 사나이의 경우에도 그가 낮의 햇빛으로 착각한 환한 달빛은 자연 풍경을 전혀 다르게 보이게 한다는 의미에서 상상력에 대한 암시일 수 있고, 한라한의 경우에도 그를 감쪽같이 속게 만든 노인의 요술이 그러할 것이다. 그러니까 이러한 것들은 언뜻 보면 별다른 의미가 없는 것처럼 보이지만 여기에 나오는 인물들과 상상력과의 관련성에서 보면 상상력의 어떤 측면 혹은 특성을 드러내는 것으로 볼 수 있다.

상상력을 내보내어 유달리 상상력이 뛰어난 여러 인물들의 이미지와 기억들을 떠올린 화자는 2부의 마지막 부분에서 그들에 대하여 질문을 던진다.

> 이 바위들 위를 거닐었거나 이 문을 지나쳤던
> 모든 늙은 남자와 여자들은, 부자거나 가난하거나,
> 여러 사람 앞에서나 혹은 비밀리에,
> 내가 지금 그러하듯이 늙음을 한탄했던가?
>
> Did all old men and women, rich and poor,
> Who trod upon these rocks or passed this door,
> Whether in public or in secret rage
> As I do now against old age? (*VP* 413)

물론 화자가 이 질문을 하는 것은 그것을 통하여 상상력이 유달리 강하였던 그들과 자신을 동일시함으로써 상상력에 대한 의지를 확인하려는 것이라고 할 수 있다. 그러나 중요한 것은 이 인물들을 떠올리는 과정에서 이미 상상력에 대한 확인이 이루어지고 있다는 점이다. 따라서 이 질문에 대한 해답이 무엇인가는 그에게 크게 문제되지 않는다고 할 수 있다. 그가 "그러나 나는 빨리 사라지고 싶어 안달하는 / 저 눈들 속에서 해답을 찾았으니"라고 애매하게 말하고 있는 것은 그 때문일 것이다.

이 질문에 비하면 시인 화자가 던지는 두 번째 질문은 보다 더 직접적으로 상상력과의 관련성을 드러낸다. 그는 자신의 상상력이 불러낸 여러 인물들을 보내고 다만 한라한만을 남게 한 후 그에게 묻는다.

> 상상력이 가장 잘 머무는 것은
> 얻은 여인에게 혹은 잃은 여인에게인가?
> 만일 잃은 여인이라면, 그대가 오만, 비겁,
> 어리석도록 지나치게 예민한 어떤 생각, 혹은
> 한때 양심이라고 부르는 어떤 것 때문에
> 하나의 거대한 미궁으로부터 돌아섰음을 인정하라.
> 그리고 기억이 되살아나면, 태양의
> 일식으로 대낮이 깜깜해진다는 것을.
>
> Does the imagination dwell the most
> Upon a woman won or woman lost?
> If on the lost, admit you turned aside
> From a great labyrinth out of pride,
> Cowardice, some silly over-subtle thought
> Or anything called conscience once;
> And that if memory recur, the sun's
> Under eclipse and the day blotted out. (*VP* 413-14)

물론 여기에서 시인 화자가 자신이 창조한 인물로서 특히 사랑에 능하였던 인물, "바람이 불 때마다 사랑을 하는 늙은 호색가"(Old lecher with a love on every wind)였던 한라한에게 던지고 있는 질문의 내용은 사실은 시인 자신과 모드 곤의 관계에 대해 묻는 것으로 볼 수 있다. 그녀 역시 그에게는 거의 평생에 걸쳐 사랑한 여인이면서도 끝내 "잃은 여인"이기 때문이다. 그런데 시인이 그 질문에 대한 답을 "잃은 여인"으로 암시하고 있는 것은 무슨 의미일까? 그것은 비록 그녀가 그의 사랑을 거부함으로써 그에게 많은 고통과 아픔을 주었지만 그만큼 그의 상상력을 크게 키워줬다는 의미일 것이다. 다시 말해서, 그녀에 대한 이루지 못한 욕망과 사랑이 오히려 더 강하게 그의 시적 상상력을 키워줬다는 의미이며, 이는 이 시의 1부에서 늙어가는 나이에도 불구하고 상상력이 점점 강렬해지는 것은 바로 노쇠해가는 육체 자체가 욕망의 충족을 점점 어렵게 만들기 때문이라는 것과 같은 맥락으로 보인다.

이처럼 2부에서 탑과 그 주변에 살았던 다양한 인물들과 시인 자신이 창조한 한라한, 그리고 모드 곤까지 포함한 여러 인물들에 대한 기억을 통하여 자신이 지금 직면하고 있는 절박한 문제에 대한 해답을 찾아보려는 시도를 보여준 시인은 다음 3부에서 이제 자신의 "유언장"(will)을 쓸 시간이 되었다고 말한다. 육체적 노쇠가 필연적으로 가져 올 죽음을 생각하며 그가 시로 써서 남기고자 하는 유언이란 다름 아닌 시인으로서의 "긍지"(pride)와 "믿음"(faith)이다. 그 긍지와 믿음은 여러 자연적 이미지들과 인간들, 그리고 인간이 창조한 예술품들을 통하여 표현된다. 먼저 시인은 새벽 시냇물을 거슬러 올라가 물이 솟아나는 곳에서 낚싯줄을 던지는 사람들을 가리키며 그들이야말로 자신의 긍지를 물려받을 자들이라고 말한다. 그리고 그 긍지는 "버크(Burke)와 그라탄(Grattan)의 사람들"의 긍지이며, 소유자가 원하는 것이면 무엇이든지 준다는 전설적인 풍요의 뿔과, 여명의 아침, 황혼녘의 구름들, 가문 날의 소나기, 시냇물 위를 멀리 떠가서 최후의 노래를 부르는 백조의 긍지라고 말한다.

여기에서 시인이 아름다운 자연의 이미지들과 함께 특별히 새벽녘 시냇물에서 낚시하는 사람들과 버크와 그라탄의 사람들을 언급하고 있는 점이 주목된다. 먼저 낚시꾼의 경우, 그는 "올곧은"(upstanding) 인간, 혹은 예이츠의 중기 시의 하나인 「낚시꾼」("The Fisherman")이 노래하고 있는 "어질고도 순박한"(wise and simple) 인간의 전형적 이미지이다. 그러나 역시 「낚시꾼」이 노래하고 있듯이 그는 실제로 "존재하지 않는 인간, / 단지 꿈에 지나지 않는 인간"(A man who does not exist, / A man who is but a dream)의 이미지이다. 즉 시인이 꿈꾸는 이상적인 인물의 이미지일 뿐이다. 그렇다면 예이츠는 어떻게 해서 그러한 인간의 이미지를 추구하게 된 것일까? 그것은 오랜 기간에 걸쳐 아일랜드 가톨릭 중산층과 잦은 마찰과 갈등을 겪으면서, 즉 그들의 물질주의적 속성과 편협함에 대하여 끊임없는 분노와 환멸을 느끼면서 그 대안적 인간 유형으로서 소박하면서도 어디에도 얽매임 없이 자유스럽고 긍지에 찬 낚시꾼의 이미지가 자연스럽게 그의 마음속에 게 된 것으로 보인다. 그런 의미에서 이 이미지는 어디까지나 시인 예이츠의 상상력의 산물인 셈이다.

낚시꾼의 이미지가 당시의 아일랜드 가톨릭 중산층에 대한 예이츠의 비판적 반응의 결과라고 한다면, 버크와 그라탄의 사람들에 대한 언급은 아일랜드의 역사에 대한 이해의 결과라고 할 수 있다. 예이츠에 있어서 이 두 사람은 그가 "어둠과 혼란으로부터 벗어난 아일랜드의 한 세기"라고 불렀던 18세기 앵글로아일랜드 사회를 대표하고 있는 인물들이기 때문이다(*Ex* 345).

대의명분에도 국가에도,
침 뱉음을 당한 노예에게도
침을 뱉은 폭군에게도 얽매이지
않았던 사람들, 마음대로 거절할 수
있었음에도 주기만 했던
버크와 그라탄의 사람들의 긍지--

The pride of people that were
Bound neither to Cause nor to State,
Neither to slaves that were spat on,
Nor to the tyrants that spat,
The people of Burke and of Grattan
That gave, though free to refuse-- (*VP* 414)

사실 예이츠의 후기 시에서 18세기 앵글로아일랜드 전통에 대하여 긍정적이고 우호적인 태도를 보이고 그 전통의 흐름에 자신을 포함시키려는 시도를 보여주고 있는 것은 비단 이 작품에 국한된 것은 아니지만, 이 부분은 그가 어떻게 그 전통을 미화하고 이상화하고 있는가를 확실하게 보여준다.

그렇다면 실제로 그들은 시인이 여기에서 노래하고 있는 것과 같은 그러한 사람들이었을까? 영국의 식민지배를 받아야 했던 당시의 아일랜드의 현실을 생각하면 그들의 실제 모습은 시인의 노래와는 다를 수도 있었을 것이다. 그러나 여기에 표현된 내용은 실제 역사에 대한 사실적 표현이라기보다는 아일랜드의 과거 역사에 대한 시인의 상상력의 표현이라고 할 수 있다. 다시 말해서 그것은 노년의 나이에도 불구하고 점점 확실해지는 상상력의 실체와 그 중요성에 대하여 확신을 갖게 된 시인이 그 상상력의 작용을 통하여 자신이 지금까지 추구해온 삶과 예술의 가치들을 재확인해가는 과정에서 아일랜드의 과거 역사를 재구성하고 재해석한 결과이다. 물론 그러한 재구성과 재해석이 필요한 것은 현대 아일랜드의 현실이 그에게 마치 노쇠해가는 자신의 늙은 육체나 무너져가고 있는 발릴리 탑처럼 불안하고 불만족스럽기 때문이며, 따라서 설사 약간의 왜곡과 오해가 존재한다고 해도 상상력을 통한 과거 역사의 이상화가 필요했다고 할 수 있다. 이렇게 보면 앞에서 살펴본 「비잔티움으로의 항해」에서 비잔티움이라는 도시와 그 문화에 대한 시인의 표현 역시 이와 비슷한 역사적 미화와 이상화의 결과로 보인다.

3부의 앞부분에서 자신의 "긍지"에 대해 노래한 시인은 이어 유언의 일부로서 자신의 "믿음"에 대해 노래한다, 한마디로 그 믿음은 상상력에 대한 믿음, 즉 자신의 늙어가는 육체나 지금 자신이 서 있는 쇠락한 탑처럼 무너지는 것들 속에서도 인간의 상상력만은 사라지지 않고 영원히 존재하리라는 믿음이다.

그리고 나는 나의 신념을 선언한다.
나는 플로티너스의 사상을 조롱하고
플라톤에 반대해서 소리친다.
인간이 그의 괴로운 영혼으로부터
전부를 만들어낼 때까지는,
자물쇠, 개머리판, 총신 모두를,
그렇다, 해와 달과 별 모두를 만들 때까지는
죽음과 삶은 존재하지 않으리라.
거기에 덧붙여 말하자면,
우리는 죽어 다시 일어나고,
꿈꾸고, 그렇게 천상의
낙원을 창조한다.

And I declare my faith:

I mock Plotinus' thought
And cry in Plato's teeth,
Death and life were not
Till man made up the whole,
Made lock, stock and barrel
Out of his bitter soul,
Aye, sun and moon and star, all,
And further add to that
That, being dead, we rise,
Dream and so create
Translunar Paradise. (*VP* 414-15)

여기에서 시인이 노래하고 있는 상상력에 대한 믿음은 곧 해와 달과 별은 물론이고 인간의 삶과 죽음까지도 모두 인간의 "괴로운 영혼으로부터" 상상력이 만들어낸 것이라는 믿음, 그리고 인간은 그 상상력의 힘에 의하여 영원한 "낙원"을 창조하고, 그렇게 창조된 낙원은 그것을 창조한 인간의 죽음 이후에도 영원히 존재하게 되리라는 믿음이다. 특히 시인이 1부에서 언급했던 플라톤과 플로티너스를 다시 거론하며 그들을 거부하고 있는 것은, 그 상상력과 그것의 산물인 영원한 낙원이 추상적인 관념이나 단순한 이상으로서가 아니라 실재로서 존재한다는 의미를 강조하기 위해서일 것이다.

이어 시인은 상상력의 위대한 산물이라고 할 수 있는 과거 이태리의 문화("learned Italian things")와 그리스의 위대한 예술("the proud stones of Greece"), 그리고 상상력의 가장 극적인 표현이라고 할 수 있는 시인의 꿈("Poet's imaginings")과 "사랑의 기억들"(memories of love)을 열거하며, 그것들을 통해서 "평화를 준비해 왔다"고 말한다. 그리고 이러한 준비의 행위는 마치 탑의 총안에서 둥우리를 짓고 있는 갈가마귀들(daws)의 행위와 같다고 말한다. 비록 무너져가고 있는 탑이긴 하지만 그 안에서 앞으로 태어날 새끼들을 위하여 나뭇가지들을 하나하나 물어다가 집을 짓고 있는 그 새들의 이미지는 그 자체로서도 평화로움과 아늑함을 느끼게 하지만, 노년에 이르러 육체의 노쇠와 죽음에 직면한 상황에서도 상상력의 위대한 힘에 대한 확신을 통하여 평화를 찾고, 그 믿음을 후대의 젊은이들("young upstanding men")에게 유언으로 남기고자 하는 시인의 간절한 마음을 잘 드러내준다. 이처럼 이 시는 늙음과 그에 따른 육체적 노쇠 때문에 필연적으로 겪게 되는 어려움을 다름 아닌 상상력의 작용을 통하여 극복하고 있다는 점에서 앞에서 살펴본 「비잔티움으로의 항해」와 비슷하다고 할 수 있다.

본 논문이 중점적으로 살펴보고자 하는 또 하나의 작품인 「학교 아이들 사이에서」 역시 지금까지 살펴본 두 작품과 마찬가지로 그 핵심적 주제로서 인간의 늙음과 욕망의 문제, 그리고 그것과 관련하여 상상력(이미지)과 현실(실재)의 관계에 대한 문제를 다루고 있다. 다만 이 작품의 경우에는 그러한 주제가 시인 화자의 개인적인 삶의 차원에 머무르지 않고 인간의 보편적인 삶의 영역으로까지 확대되어 다루어지고 있는 점이 다르다고 할 수 있다. 잘 알려져 있다시피 이 작품은 당시 상원의원이었던 예이츠가 1926년 2월 아일랜드의 워터포드(Waterford)에 있는 한 여학교(St. Otteran's School)를 방문한 경험을 바탕으로 하여 같은 해 6월에 쓴 작품이다. 몬테소리(Montessori) 교육방식에 따라 운영되고 있는 이 학교는 그가 높이 평가한 바 있는 학교였다. 따라서 이 시의 밑바탕에는 기본적으로 교육의 문제, 즉 어린 아이들의 미래의 행복하고 만족스러운 삶을 위한 올바른 교육방식은 무엇인가의 문제가 깔려 있다고 할 수 있다.

이 시의 시작 부분, 즉 60세의 늙은 시인이 "한 친절한 늙은 수녀"의 안내를 받으며 수업중인 교실을 둘러보는 것으로 시작하는 첫 부분은 그 두 사람 모두가 늙었다는 사실만으로도 이 시가 앞에서 살펴본 「비잔티움으로의 항해」나 「탑」의 경우처럼 늙음의 문제와 관련되어 있음을 암시한다. 이렇게 교실을 둘러보던 시인은 문득 모드 곤을 떠올린다. 즉 지금 자신이 바라보고 있는 여자 아이들과 같은 또래였을 시절의 그녀의 모습을 생각하게 된다. 이러한 생각은 거의 평생에 걸쳐 그녀를 사랑해 왔던 시인으로서는 당연한 일이며, 그 생각의 진행과정이 곧 이 시의 중심을 이루고 있다. 호기심을 가지고 자신을 바라보는 아이들의 얼굴을 하나하나 살피면서 모드 곤의 어린 시절의 모습을 상상하던 시인의 감정은 마침내 3연의 끝부분에서 그녀가 살아있는 어린 소녀의 모습으로 그 앞에 서 있음을 느끼는 순간 절정에 이르게 된다.

> 그 슬픔과 분노의 북받침을 생각하면서
> 나는 그곳의 이 아이 저 아이를 바라본다.
> 그리고 그녀도 저 나이에 저랬을까 생각해 본다--
> 백조의 딸들이라고 해도 모든 물새의
> 유전을 약간은 지닐 수 있으니--
> 그리고 뺨이나 머리칼도 저런 색깔이었을까 하고.
> 그러자 내 마음은 미칠 것만 같다.
> 그녀가 내 앞에 살아 있는 아이로 서 있다.

> And thinking of that fit of grief or rage
> I look upon one child or t'other there
> And wonder if she stood so at that age--
> For even daughters of the swan can share
> Something of every paddler's heritage--
> And had that colour upon cheek or hair,
> And thereupon my heart is driven wild:
> She stands before me as a living child. (*VP* 443-44)

그러나 이 절정의 순간은 시인의 생각에 있어서, 그리고 이 시의 진행과정에 있어서 하나의 전환점이기도 하다. 왜냐하면 학교 아이들 또래의 아름다운 소녀였을 시절의 그녀를 머릿속으로 상상해보던 시인이 갑자기 그녀의 "현재의 모습"을 떠올리게 되면서부터 그의 자연스러운 생각의 흐름은 하나의 위기적 상황에 봉착하게 되고, 그 상황을 타개해 가는 과정이 곧 이 작품의 후반부를 이루고 있기 때문이다.

> 그녀의 현재 모습이 마음속에 떠오른다--
> 15세기의 손가락이 그렇게 만들었을까?
> 마치 바람을 마시고 고기 대신에 한 접시의
> 그림자를 먹은 듯 두 뺨이 홀쭉하다.
>
> Her present image floats into the mind--
> Did Quattrocento finger fashion it
> Hollow of cheek as though it drank the wind
> And took a mess of shadows for its meat? (*VP* 444)

실제로 이 시기 모드 곤의 사진을 보면 이 부분에 묘사된 그녀의 모습이 전혀 과장된 것이 아님을 알게 된다. 이러한 그녀의 말년의 모습은 아일랜드 최고의 미녀로서 그녀 곁을 지나가는 아일랜드 젊은이들로 하여금 "갑자기 숨을 멈추게"(*VP* 355) 했던 젊은 시절의 모습과는 너무 대조적인 모습이어서 우리를 놀라게 한다.

그처럼 아름답던 그녀가 왜 이러한 모습으로 변해버린 것일까? 물론 그녀가 늙었기 때문이라고 말할 수 있다. 다시 말해, 이 시에 등장하고 있는 어린 아이들과 늙은 시인과 수녀의 대비가 보여주듯 인간의 삶을 지배하고 있는 시간의 힘이 그녀의 모습을 변화시켰다고 할 수 있다. 그렇지만 단순히 시간의 흐름 때문만이라고 말할 수 있을까? "바람을 마시고 고기 대신에 한 접시의 / 그림자를 먹은 듯 두 뺨이 홀쭉하다"는 시인의 표현은 그녀가 음식을 제대로 먹지 못한 것임을 말하고 있다. 이것은 무엇을 의미하는 것일까? 도대체 그 바람과 그림자는 무엇을 말하는 것일까? 여러 가지로 생각해 볼 수 있겠지만, 본 논문의 주제와 관련시켜 생각해 본다면 그것은 그녀에게 육체적, 성적 욕망과 관련된 어떤 결정적인 결핍이 존재하고 있으며, 그 결핍이 자연스러운 것이라기보다는 그녀의 잘못된 생각이나 태도 때문에 인위적으로 비롯되었음을 암시하는 것으로 볼 수 있다. 즉 예이츠가 모드 곤의 현재의 모습에 그녀의 금욕적인 성향의 삶이나 혹은 그가 아일랜드의 민족주의자들과 가톨릭 대중들의 공통된 특징으로 여겼던 성적 욕망의 억압과 그에 따른 심각한 결핍의 증상을 관련시키고 있는 것으로 볼 수 있다.[4)]

모드 곤에 대하여 이 시가 암시하고 있는 이러한 내용은 이 시가 바탕에 깔고 있는 아이들에 대한 교육의 문제와 관련시켜 생각해볼 수 있다. 비록 정치적으로 독립은 되었다고 하지만 절대적으로 궁핍한 아일랜드의 상황에서 아이들을 제대로 교육시키는 문제에 있어서 가장 먼저 고려되어야 할 것은 우선 그들을 배불리 먹여 영양결핍을 막는 일이었을 것이다. 사실 모드 곤이 아일랜드의 굶주린 아이들을 구하기 위하여 헌신적인 노력을 기울였던 것이나, 예이츠 자신이 그녀의 그러한 활동을 높이 평가한 것도 이러한 맥락에서 이해될 만하다. 그러한 모드 곤이 자신의 육체는 굶겨 과거의 아름다운 모습을 잃고 만 것이다. 그 이유가 되는 "바람"과 "그림자"가 아일랜드 민족

4) 필자의 논문 「「1916년 부활절」과 여성」(『한국예이츠저널』 24[2005년 12월]: 81-108) 역시 이와 같은 맥락에서 「학교 아이들 사이에서」를 살피고 있다. 따라서 이 글의 일부분은 「「1916년 부활절」과 여성」의 내용과 중복되어 있음을 밝혀둔다.

주의의 정치적 이데올로기이든 아니면 극도로 보수적인 아일랜드 가톨릭교회의 신앙이든 간에, 그녀는 자신의 육체를 굶김으로써 자신에게는 물론 그녀를 사랑한 예이츠에게 엄청난 고통을 주었을 뿐만 아니라, 더 나아가 삶이 주는 풍요로움과 행복의 가능성으로부터 멀어졌다고 할 수 있다.

이러한 맥락에서 우리는 이 시에서 시인 화자가 모드 곤을 고대 희랍신화에 나오는 여성인 레다(Leda)와 연결시키고 있다는 점에 대해서도 다시 생각해 볼 수 있다. 그녀는 "레다의 몸"(a Ledean body)으로 표현되기도 하고(2연), "백조의 딸들" 중의 하나로 불리는가 하면(3연), "레다의 족속"(Ledaean kind)으로 표현되기도 한다(4연). 고대 희랍신화에서 스파르타(Sparta)의 왕 틴다레우스(Tyndareus)의 아내였던 레다는 백조로 변한 제우스와 강제로 성관계를 갖게 되고 그 사이에서 트로이전쟁의 원인이 되었던 미모의 여인 헬레네가 태어난다. 따라서 이 시에서 예이츠가 모드 곤을 레다와 그녀의 딸인 헬레네에게 연결시키고 있는 것은 일차적으로는 그녀의 아름다움을 칭송하기 위한 것이라고 할 수 있다. 그렇지만 혹시 레다에 대한 언급의 이면에는 앞에서 살펴본 바와 같은 육체와 그 성적 욕망에 대한 시인의 인식이 깔려 있는 것은 아닐까? 이러한 질문은 자연스럽게 우리의 관심을 『탑』에 실려 있는 또 다른 작품 「레다와 백조」("Leda and the Swan")에게로 이끌어 간다. 「학교 아이들 사이에서」보다 3년 먼저 쓰인 이 작품은 제목 그대로 제우스가 레다를 겁탈한 희랍신화의 내용을 다루고 있는 작품이다. 이 작품은 우선 여성의 겁탈이라는 주제에 있어서나 그 주제를 매우 사실적으로 다루는 방식에 있어서 인간의 육체와 그 성적인 욕망을 전면에 드러내고 있는 점이 주목된다. 비록 이 작품에서 인간 여성인 레다의 경우는 겁탈의 희생자로서 피동적인 역할을 하고 있다고 할 수는 있겠지만, 겁탈 행위 자체의 세세한 묘사는 그러한 구분을 무의미하게 만들 만큼 성적 욕망의 실체를 강하게 부각시키고 있다. 이렇게 보면 「학교 아동들 사이에서」에서 시인이 모드 곤을 레다와 연결시키고 있는 것은 결국 인간의 육체와 성적 욕망의 실체를 부각시키려는 것으로 읽혀진다.

모드 곤의 현재의 모습에 대한 시인 화자의 생각은 곧바로 그 자신에 대한 생각으로 이어진다. 비록 그녀처럼 "레다의 족속"은 아니지만 한때는 "아름다운 깃털"(pretty plumage)을 지녔던 그 역시 지금 학교 아이들 눈에는 그저 하나의 "늙은 허수아비"로 비칠 것이라고 생각한다. 그가 자신의 늙은 모습을 허수아비에 비유하고 있는 것은 「비잔티움으로의 항해」에서 살펴본 대로 허수아비가 인간의 늙은 육체와 비슷하다는 점 때문이겠지만, 그것이 새들로 하여금 곡식을 먹지 못하도록 쫓는다는 점에 있어서도 욕망의 억제나 결핍의 주제와 관련되어 있다고 할 수 있다. 어쨌든 이 허수아비의 이미지는 두 뺨이 홀쭉한 모드 곤의 현재의 이미지와 결합하여 결국 5연에서 인간의 보편적인 삶에 대한 성찰을 가능케 한다. 아마도 이러한 시선의 확대는 화자 자신이 직면하고 있는 삶의 문제가 자기 자신이나 모드 곤에게만 해당되는 것이 아니라 모든 인간에게 공통된 것이라는 사실에 대한 인식 때문일 것이다.

그는 만약 어떤 젊은 엄마가 훗날 지금 자신의 모습처럼 60세 혹은 그 이상의 나이에 이른 아들의 늙은 모습을 보게 된다면 그를 출산의 고통과 양육의 어려움에 대한 "보상"(compensation)으로 여기겠는가라고 묻는다. 이 질문이 드러내고 있는 시인의 생각, 즉 인간의 삶은 어쩔 수 없이 시간의 흐름의 지배를 받는 것이어서 필연적으로 좌절과 실망으로 끝날 수밖에 없다는 생각은 출생에서부터 늙음에 이르기까지 인간의 총체적인 삶에 대한 그의 비전이 어둡고 비극적인 것임을 말해주는 듯하다. 그러나 앞에서 모드 곤의 변화된 모습에 대한 시인의 표현이 그렇듯이, 여기에서 젊은 엄마와 늙은 아들에 대한 표현 역시 단순히 시간의 흐름과 그에 따른 육체의 노쇠에 대해서만이 아니라 그 이상의 무엇인가에 대해서도 말하고 있는 것으로 보인다. 다시 말해서 이 질문은 시간의 흐름과 그에 따른 인간의 늙음뿐만 아니라 그것을 바라보고 받아들이는 인간의 마음과 태도에도 초점을 두고 있는 것으로 보인다. 단순한 시간의 흐름 때문만이 아니라 잘못된 음식을 먹어 모드 곤의 모습이 변한 것처럼 보이듯이, 젊은 엄마의 경우에도 단순히 시간의 흐름에 따른 아들의 늙음보다는 오히려 아들에 대한 그녀의 잘못된 기대나 소망 자체가 문제일 수 있다는 것이다.

그렇다면 시간의 지배하에 있는 삶이 필연적으로 좌절과 실망을 가져온다는 사실을 잘 알면서도 왜 인간은 있는 그대로의 삶을 받아들이지 못하고 헛된 기대와 희망에 매달리는 것일까? 그리고 이러한 잘못된 기대와 희망으로부터 벗어나 있는 그대로의 삶을 향유하며 행복해질 수 있는 길은 무엇일까? 6연부터 8연까지 마지막 세 연은 이러한 질문들에 대한 해답을 찾아보려는 시인의 모색이라고 할 수 있다. 먼저 6연에서 시인은 서양의 대표적 철학자인 플라톤과 아리스토텔레스, 그리고 피타고라스를 예로 들어 그들의 철학을 통하여 문제해결의 실마리를 찾아보려는 듯한 시도를 보여준다. 그러나 그가 결론적으로 도달한 것은 그들의 철학적 노력이 부질없다는 것이다. 그들 역시 늙은 시인과 마찬가지로 "새를 쫓기 위한 낡은 막대기 위의 낡은 옷"(Old clothes upon old sticks to scare a bird)에 지나지 않기 때문에 지금 시인이 당면하고 있는 삶의 문제 해결에는 아무런 도움이 되지 않는다는 의미이다. 세 철학자들에 대한 이러한 반응은 앞에서 살펴본 작품 「탑」이 말하고 있듯이 기본적으로 "추상적인 것들"을 다루는 철학에 대한 시인의 거부감에서 비롯된 것으로 볼 수 있다.

따라서 이 시의 7연에서 시인 화자의 시선이 철학자들로부터 수녀들과 어머니들, 그리고 연인들이 숭배하는 이미지들로 옮겨가고 있는 것은 자연스러울 뿐만 아니라 필연적인 것으로 보인다.

> 수녀들과 어머니들 모두 이미지를 숭배한다.
> 그러나 촛불이 밝히는 이미지들은 어머니의
> 환상을 생기 있게 하는 그것들 같지 않고,
> 대리석이나 청동의 고요함을 지니고 있다.
> 그렇지만 그것들 역시 가슴을 아프게 한다--아
> 정열, 경건, 혹은 애정이 알고 있는,
> 그리고 모든 천국의 영광을 상징하는 존재여--
> 아 스스로 태어나 인간의 일을 조롱하는 자여.

> Both nuns and mothers worship images,
> But those the candles light are not as those
> That animate a mother's reveries,
> But keep a marble or a bronze repose.
> And yet they too break hearts--O Presences
> That passion, piety or affection knows,
> And that all heavenly glory symbolise--
> O self-born mockers of man's enterprise; (*VP* 445)

물론 여기에서 숭배의 대상이 되는 이미지들은 각각 신의 이미지와 자식의 이미지, 그리고 사랑하는 사람의 이미지이다. 그리고 이 시의 전체적인 흐름으로 보면 이 이미지들은 5연에서 젊은 엄마가 지니고 있는 아들의 이미지의 연장선상에 존재하는 것으로 볼 수 있으며, 이 이미지들에 대한 화자의 논의 역시 5연에 제시된 삶의 근본적인 문제인 기대와 좌절, 혹은 이상과 현실의 관계에 대한 탐색의 연장으로 볼 수 있다. 다시 말해서, 왜 인간은 있는 그대로의 삶을 그대로 받아들이지 못하고 결국 그를 좌절과 실의에 빠뜨릴 수밖에 없는 헛된 기대와 희망에 사로잡혀 있는가에 대한 보다 본격적인 탐색인 것이다.

이미지를 숭배의 대상으로 마음속에 품고 살아가는 세 부류의 사람들 가운데에서 시인이 수녀의 경우를 예로 들고 있는 것은 "숭배"라는 말이 암시하듯이 그녀의 경우가 그의 의도에 가장 잘 부합된다고 생각했기 때문일 것이다. "촛불이 밝히는" 이미지, 즉 수녀가 섬기는 신의 이미지는 어머니가 갖고 있는 늙고 변해가는 자식의 이미지와는 달리 항상 고요함과 편안함을 지니고 있지만, 그 이미지 역시 어머니의 경우나 연인들의 경우처럼 결국 "가슴을 아프게" 한다. 왜 그럴까? 그 이미지들이 모두 삶의 실재가 아니라 관념이나 이상의 세계에 뿌리를 두고 있기 때문이다. 그 이미지들이 아무리 강한 힘을 갖고 있다고 해도 삶의 실재로부터 유리된 것이기에 결국은 인간에게 좌절과 슬픔을 가져올 수밖에 없고, 그런 의미에서 "인간의 일을 조롱하는 자"일 뿐이다. 그럼에도 불구하고 왜 우리는 그 이미지들을 숭배하는 것일까? 신에 대한 "경건함"과 자식에 대한 "사랑", 그리고 연인에 대한 "열정" 때문이다. 우리 삶을 고귀하고, 풍요롭고, 아름답게 만들어주는, 그래서 이 지상의 삶 가운데에서도 "천상의 영광"을 느끼게 해주는 경건함과 사랑과 열정이 바로 이미지들을 만들어내고 그 이미지들에 매달리게 한다.

이처럼 인간의 마음을 강하게 사로잡아 온갖 기대와 희망을 갖게 하면서도 삶의 실재로부터 유리되어 결국은 인간에게 좌절과 슬픔을 줄 수밖에 없는 이미지들에 대한 시인의 표현은 무엇을 의미하는 것일까? 특히 이러한 이미지들에 대한 생각이 모드 곤의 변화된 모습을 떠올리는 것으로부터 시작되었음을 생각할 때, 그것은 시인 자신과 모드 곤의 관계에 대한 반성적 사고의 일환은 아니었을까? 이렇게 보면, 이 이미지들에 대한 시인의 표현은 한편으로는 모드 곤이 오직 이미지들(바람과 그림자)만을 "먹고" 살아온 결과 현재의 모습으로 변했다는 생각과, 다른 한편으로는 그 역시 그동안 그녀의 이미지만을 가슴에 품고 사랑해왔다는 생각의 표현일 수 있다. 그리고 그러한 방식의 삶과 사랑이 잘못된 것이었음을, 즉 이미지만을 추구하며 산다는 것은 곧 삶의 실재라고 할 수 있는 육체와 욕망의 세계를 소홀히 하는 것이기에 잘못된 것일 수밖에 없다는 사실의 표현이기도 하다.

그렇다면 실재와 이미지가 분리되지 않고 하나로 통합된 삶은 어떠한 삶이며, 어떻게 가능할까? 마지막 8연은 그것을 보여준다.

> 노동이 꽃피거나 춤추는 그곳에선
> 영혼을 즐겁게 하기 위하여 육체가 상처입지 않고,
> 미는 그 자신의 절망에서 태어나지 않으며,
> 흐린 눈의 지혜는 한밤중 기름에서 태어나지 않는다.
> 아 밤나무여, 크게 뿌리박고 꽃피는 자여,
> 너는 잎이냐, 꽃이냐, 혹은 줄기냐?
> 아 음악에 맞춰 흔들리는 육체여, 아 빛나는 눈빛이여,
> 우리가 어떻게 춤추는 자와 춤을 구별할 수 있겠는가?
>
> Labour is blossoming or dancing where
> The body is not bruised to pleasure soul.
> Nor beauty born out of its own despair,
> Nor blear-eyed wisdom out of midnight oil.
> O chestnut-tree, great-rooted blossomer,
> Are you the leaf, the blossom or the bole?
> O body swayed to music, O brightening glance,
> How can we know the dancer from the dance? (*VP* 445-46)

여기에서 그러한 통합된 삶("labour")에 대한 비전 역시 이미지의 형태

로 제시되어 있는 것은, 여기에 등장하는 두 이미지 가운데 하나인 무용수가 자신의 춤을 통해서만이 자신을 표현할 수 있는 것처럼 시인인 화자 역시 구체적인 이미지를 통해서만이 자신의 생각을 표현할 수 있다는 사실을 말해준다. 또한 시인에게 있어서 이미지를 만들어 내는 힘이 곧 상상력이라고 한다면, 그가 상상력을 발동하여 두 이미지를 만들어냄으로써 자신이 직면하고 있는 삶의 문제를 해결하려는 것으로 볼 수 있다. 이는 마치 앞에서 살펴본 두 작품들에서 시인이 상상력의 작용을 통하여 비잔티움으로의 항해를 실행하거나, 상상력을 내보내어 탑 주변의 인물들에 대한 기억들을 불러냄으로써 시인으로서의 긍지와 믿음을 확인하는 것과 같다고 할 수 있다.

그런데 시인이 통합된 삶의 이미지인 꽃피는 밤나무와 춤추는 무용수의 이미지를 보여주는 데 있어서 밤나무와 무용수 자체보다는 진행형의 동사를 사용하여 "꽃피거나 춤추는"(blossoming or dancing) 동작이나 행위를 강조하고 있는 것은 무엇 때문일까? 물론 그것은 인간의 삶 자체가 끊임없이 계속되는 하나의 과정이라는 것, 따라서 삶으로부터 유리된 이미지들에 의하여 속거나 상처입지 않고 제대로 살기 위해서는 있는 그대로의 삶의 순간들을 그대로 받아들이며 거기에 온 몸을 맡기며 살아가는 수밖에 없다는 것을 말하기 위함이다. 그리고 그러한 방식의 삶만이 삶의 모든 요소들을 분리시킴이 없이 통합적으로 체험하게 해줄 수 있다는 것을 말한다. 이렇게 보면 앞의 7연에서 시인 화자가 수녀와 어머니와 연인들의 경우를 예로 들어 그들이 숭배하는 이미지들에 대하여 비판적으로 말한 것도, 그러한 이미지들은 전체적인 삶의 과정들, 삶의 순간순간으로부터 자연스럽게 생성된 것이라기보다는 삶의 실재와는 거리가 있는 헛된 기대와 희망에서 비롯된 것이어서 잘못될 수 있다는 의미일 것이다.

본 논문이 다루고 있는 늙음과 욕망, 그리고 상상력의 관계의 관점에서 볼 때, 마지막 연의 결론부에서 특히 주목되는 것은 "영혼을 즐겁게 하기 위하여 육체가 상처입지 않고"라는 표현이다. 이 표현이 말하고 있는 바, 즉 육체의 만족이 없는 영혼만의 기쁨으로는 어떠한 삶의 행복도 불가능하다는 사실은 이미 앞에서 모드 곤에 대한 언급에서 암시되어 있기는 하지만, 이제 이미지(상상력)와 실재(현실)의 관계라고 하는 보다 확대되고 일반화된 맥락에서 거듭 확인되고 있다. 한마디로 이미지 혹은 상상력이 진정으로 삶을 위한 것이 되기 위해서는 인간의 영혼만이 아니라 육체까지도 함께 포함해야 한다는 것을 말하고 있다. 이처럼 「학교 아이들 사이에서」의 마지막 부분이 드러내고 있는 육체의 실재성, 혹은 육체와 영혼의 통합에 대한 비전이 이미 60세의 나이에 이른 늙은 시인에 의해 제시되고 있는 점은 어떻게 생각해야 할까? 왜 그는 늙은 나이에 이르러 육체가 노쇠해진 뒤에야 육체의 실재성을 강하게 의식하는 것일까? 물론 시인이 이러한 의식을 갖게 된 데는 육체의 노쇠와 그로 인한 고통과 갈등이 우선적으로 작용하였을 것이며, 오랜 기간 독신으로 금욕적인 생활을 하다가 늦은 나이에 젊은 여성과 결혼하여 부부생활을 하게 된 점도 작용하였을 것이다. 특히 그러한 독신생활과 금욕적인 삶이 모드 곤에 대한 일방적인 사랑에서 비롯된 것이라면 그 사랑의 좌절이 가져온 깊은 회한의 감정도 육체와 성적 욕망에 대한 그의 의식을 더욱 강하게 하였을 것으로 여겨진다.

「학교 아이들 사이에서」가 보여주고 있는 삶의 실재에 대한 강조, 특히 육체와 그 욕망에 대한 강조가 주목되는 또 하나의 이유는 그것이 비단 이 작품에만 국한된 것이 아니라는 점 때문이다. 그것은 이 작품 이후의 예이츠의 시에 있어서 하나의 주된 흐름을 이루게 된다. 이러한 의미에서 이 작품은 그의 시의 발전과정에서 하나의 전환점을 이루면서 그 이후로 전개될 작품세계의 출발점이라고 할 수 있다.

이 점은 그의 삶에 있어서도 마찬가지이다. 예이츠의 후기의 삶, 특히 1934년 소위 회춘수술(Steinach operation)을 받고, 그 뒤에 여러 젊은 여성들과 사랑의 관계를 갖는 등의 전기적 사실들이 이것을 말해준다. 따라서 우리는 이 작품을 쓴 시기를 전후하여 인간의 성과 욕망, 그리고 사랑에 대한 그의 생각이 바뀐 것이 아닌가 짐작하게 된다. 『탑』 이후의 작품들, 특히 곧바로 이어 발표된 시집 『나선 계단과 기타 시들』에 실려 있는 여러 작품들이 있는 그대로의 삶의 세계, 특히 육체와 성적 욕망에 대하여 매우 적극적이고도 개방적인 태도와 경향을 보여주고 있는 것은 이러한 시인의 변화된 삶과 생각들이 그 작품들에 그대로 반영된 것이라고 할 수 있다. 예이츠의 대표작의 하나로서 자주 인용되는 「자아와 영혼의 대화」("A Dialogue of Self and Soul")라든가, 각각 여러 편의 작품들로 이루어져 있는 미친 제인(Crazy Jane) 시편들과 「젊었을 때와 늙었을 때의 여자」("A Woman Young and Old") 시편들이 그 좋은 예가 된다.[5)]

지금까지 살펴본 바와 같이 세 작품들이 모두 늙음의 문제를 다루고 있지만 작품에 따라 조금씩의 차이를 보이고 있는 점이 흥미롭다. 첫 번째 작품 「비잔티움으로의 항해」는 지금의 세상이 늙은이들이 살 곳이 못되니 당장 떠나겠다는 시인 화자의 단호한 외침으로 시작한다. 그가 온통 성과 사랑과 욕망에만 사로잡혀 있는 세상을 떠날 수밖에 없다고 느끼는 것은 한마디로 그의 늙은 육체가 그 욕망의 충

---

5) 특히 미친 제인 시편들과 「젊었을 때와 늙었을 때의 여자」 시편들은 사랑과 욕망을 주제로 하고 있다는 점 외에도, 독립 이후의 아일랜드 사회를 지배하게 된 극도로 보수적인 가톨릭문화에 대한 저항의 의미라는 공통점을 갖고 있다. 즉 『탑』으로부터 『나선 계단과 기타 시들』로 이어지는 예이츠 시의 변화 과정에서 점점 강해져 가는 육체와 욕망의 실체에 대한 의식이 당시 아일랜드의 정치, 문화적 상황과 맞물리면서 지금까지의 작품 세계와는 사뭇 다른 사랑의 시들이 쓰이게 된다.

족을 불가능하게 만들기 때문이다. 그래서 육체의 노래가 아닌 영혼의 노래를 부를 수 있는 곳, 죽어가는 육체를 벗어나 영원히 노래할 수 있는 비잔티움으로의 항해가 이루어지고, 그곳에서 그의 늙은 육체는 한 마리 황금 새로 변하게 된다. 이러한 화자의 소망과 의지가 이루어져가는 전 과정은 사실 시인의 시적 상상력의 움직임의 비유적 표현이고, 황금새로의 변화 역시 그 움직임의 최종 결과라고 할 수 있다. 다시 말해서 늙음이 가져온 불만스러운 상황이 오히려 상상력을 강하게 하여 그의 늙은 육체 대신 아름다운 한 편의 시가 존재하게 된다.

다음 작품 「탑」 역시 늙은 육체와 그럼에도 불구하고 점점 강렬해지는 상상력 사이에서 당혹감을 느낀 시인 화자의 고통스런 외침으로 시작한다. 그가 늙어 가는데도 상상력이 강렬해지는 것은 늙은 육체 때문에 충족되지 못한 욕망이 오히려 상상력을 강하게 만들기 때문이다. 이 문제를 해결하기 위하여 그는 탑 위에 올라 그 주변의 풍경을 바라보며 상상력을 내보내어 여러 인물들과 기억들을 불러온다. 그리고 그들에게 질문을 던진다. 이러한 과정 속에서 결국 그는 지금 자신을 당혹스럽게 하고 있는 상상력의 위대한 힘에 대한 확신을 얻게 되고, 그 확신을 바탕으로 하여 시인으로서의 긍지와 믿음을 젊은 세대들에게 유언으로 남길 수 있게 된다. 이처럼 늙음과 그에 따른 육체적 노쇠 때문에 필연적으로 겪게 되는 일종의 위기감을 다름 아닌 상상력의 작용을 통하여 극복하고 있다는 점에서는 「비잔티움으로의 항해」와 비슷하지만, 앞 작품이 영원히 늙지 않는 예술 세계로의 이동과 그 후에 가능하게 될 새로운 형태의 삶의 비전에 초점을 두고 있는 반면에 이 작품은 그러한 이동과 새로운 비전의 창조를 가능하게 해주는 원동력이라고 할 수 있는 상상력 자체에 대한 관찰과 탐색에 초점을 두고 있는 점에서는 약간의 차이를 보이고 있다.

"늙은" 시인 화자가 "어린" 학교 아이들을 둘러보는 것으로 시작하는 「학교 아이들 사이에서」는 모드 곤의 어린 시절의 아름다웠을 모습과 현재의 늙은 모습의 현저한 대조, 그리고 젊은 엄마와 늙은 아들에 대한 표현 등을 통하여 이 작품 역시 앞의 작품들과 마찬가지로 늙음의 문제를 기본 주제로 하고 있음을 보여준다. 그렇지만 그 문제를 다룸에 있어서 이 작품은 앞의 두 작품들과는 뚜렷한 차이를 보인다. 즉 단순한 시간의 관점만이 아니라 이미지와 실재의 관계라고 하는 새로운 관점을 끌어들인다. 이 새로운 관점에서 본다면, 우리의 삶은 단순히 시간의 흐름 속에서 그냥 늙어가는 것이 아니라 매 순간 무수한 이미지들을 추구하면서, 또 그 이미지들에 의하여 끊임없이 상처를 받으면서 늙어가는 것이라고 말할 수 있다. 왜 이미지들이 우리에게 상처를 주는가? 그것들이 삶의 실재로부터 떨어져 있기 때문이다. 이에 시인은 실재와 이미지가 분리되지 않고 하나로 통합된 형태의 삶은 과연 어떠한 삶일까를 모색하게 되고, 그 결과로서 춤추는 무용수와 꽃피는 나무의 이미지를 보여준다.

물론 이러한 이미지들의 창조 자체가 시인의 상상력의 작용의 결과임을 생각하면, 이는 상상력의 힘을 통하여 늙음의 문제를 해결하려고 하는 앞의 두 작품들의 경우와 비슷하다고 할 수 있다. 그러나 분명한 것은 앞의 작품들로부터 이 작품으로 이어지는 과정에서 시인의 상상력의 초점이 영혼과 초월적인 이상의 세계로부터 점차 육체와 일상적인 현실의 세계로 옮겨가고 있다는 사실이다. 이렇게 될 수밖에 없는 중요한 이유는, 이미지와 실재가 분리되지 않고 통합된 삶만이 진정으로 인간을 행복하게 할 수 있고, 그러기 위해서는 영혼과 영혼이 꿈꾸는 이상의 세계만이 아니라 육체와 그 욕망의 세계까지도 모두 고려되어야 한다는 것, 따라서 어떠한 경우에도 "영혼을 즐겁게 하기 위하여" 육체가 상처입어서는 안 된다는 것을 그가 깊이 깨달았기 때문이다. 그는 무엇보다도 모드 곤의 변화된 모습을 생각하면서, 그리고 그녀에 대한 자신의 좌절된 사랑의 전 과정을 되돌아보면서 이 사실을 깊이 깨달았으리라 여겨진다. 이 작품이 보여주고 있는 이러한 변화, 즉 영혼의 세계로부터 육체와 그 욕망의 세계로의 관심과 초점의 변화는 곧 그의 시의 방향이 이미 『탑』에서부터 조금씩 바뀌고 있음을 말해주면서 이 시집 이후 본격적으로 전개될 그의 시의 새로운 면모를 짐작케 한다.

04

미친 제인, 예이츠, 그리고 아일랜드

미친 제인(Crazy Jane)은 예이츠의 시, 구체적으로 말하면 1929년에서 1931년에 걸쳐 쓰여져 그의 시 전집의 『나선 계단과 기타 시들』(*The Winding Stair and Other Poems*) 부분에 실려 있는 일련의 시들에 등장하는 여성의 이름이다. 물론 그녀는 실존 인물이 아니고 예이츠가 창조해낸 가상의 인물이긴 하지만 여러 가지 점에서 매우 흥미 있는 인물로 보인다. 그녀의 이름에 붙은 "미친"(crazy) 이라는 수식어부터가 그렇지만[1], 이 시들이 보여주는 그녀의 구체적인 말과 행동은 흥미를 넘어 때로는 충격으로까지 느껴지기 때문이다.

예를 들어, 예이츠의 시 가운데에서 비교적 널리 알려져 있는 「미친 제인 주교와 얘기하다」("Crazy Jane talks with the Bishop")에서 그녀가 하는 말을 들어 보자. 제인과 주교 두 사람이 나누는 대화 형식으로 되어 있는 이 시에서 성적으로 문란하게 살고 있는 그녀를 향하여 "더러운 돼지우리 말고 천국의 저택에서 살"라고 충고하는 주교에게 그녀는 이렇게 말한다.

---

1) Barbara Hardy에 의하면 "Crazy Jane"이라는 이름은 아일랜드는 물론 영국에서 전통적으로 좋지 않은 의미를 지닌 이름으로서 흔히 늙거나 평판이 좋지 않는 여자, 거지, 혹은 사회로부터 따돌림 당한 여자를 가리키는 이름이었다 (33).

"여자가 사랑에 열중할 땐
오만한 새침데기가 될 수도 있지만,
사랑은 그 저택을
배설물이 나오는 곳에 지었지요.
찢긴 것이 아니면 어느 것도
신바닥도 완전함도 될 수 없으니까요."

'A woman can be proud and stiff
When on love intent;
But Love has pitched his mansion in
The place of excrement;
For nothing can be sole or whole
That has not been rent.' (*VP* 513)

여기에서 "완전함"을 의미하는 영어 단어 "whole"은 여성의 성기를 의미하는 "hole"과 동음이의어이며, "찢긴"을 의미하는 "rent"는 여성의 처녀막의 파열을 의미한다. 육체적 관계가 없는 사랑은 완전한 사랑이 될 수 없다는 말을 그녀는 이렇게 표현한 것이다. 더군다나 그녀는 이러한 말을 다른 사람이 아닌, 아일랜드 사회에서 막강한 힘을 갖고 있는 가톨릭교회의 주교에게 하고 있다.

그렇다면 이처럼 교묘한 성적 비유를 통하여 성과 사랑의 진실을, 그것도 주교 앞에서 당당하게 외치고 있는 미친 여자 제인은 어떠한 인물인가? 바꿔 말하면, 이 작품에서처럼 그녀가 주인공 화자로 등장하여 말하고 있는 모두 일곱 편의 미친 제인 시편들 안에서 그녀가 보여주고 있는 성적 욕망과 사랑의 표현은 어떻게 이해될 수 있는가? 또한 예이츠가 자신의 입을 통해서가 아니라 제인이라는 여성인물을 창조하여 그녀로 하여금 말하도록 구성한 이유는 무엇인가? 이러한 여성 화자의 설정에 얼마만큼 예이츠 자신의 모습이 숨어 있는가?

한 걸음 더 나아가, 그녀 안에서 아일랜드의 이미지를 찾아보는 것도 가능할 것인가? 본 논문은 연시 작품들의 꼼꼼한 읽기를 통하여 이러한 질문들에 대한 해답을 찾아보려는 것이다.

미친 제인과 관련된 시들 가운데 첫 작품인 「미친 제인과 주교」("Crazy Jane and the Bishop")에서 시인은 이 시들의 이야기를 구성하고 있는 세 인물, 즉 제인과 잭(Jack), 그리고 주교를 등장시키고 그들이 어떠한 관계에 있는가에 대해 밝혀주고 있다.[2)]

마른 떡갈나무 아래로 날 데려가 다오.
시계가 한 밤중을 알릴 때,
(*무덤 속에서는 모두 안전*)
죽은 내 연인 잭을 위하여,
그자에게 저주가 내리기를 빌 테니까.
바보얼간이라고 그는 곧잘 지껄였지.
건실한 남정네와 바보얼간이.

날품팔이 잭을 파문했을 때
그자는 아직 주교도 못 되었고,
(*무덤 속에서는 모두 안전*)
교구 신부조차도 아닌 주제에,
낡아빠진 책을 손에 꼭 쥐고서
우리더러 짐승같이 산다고 외쳤지.
건실한 남정네와 바보얼간이.

주교의 피부는 정말이지
거위 발처럼 쭈글쭈글하고,

---

2) 물론 이 세 사람의 이야기는 매우 느슨하게 짜여 있어서 이야기다운 이야기를 찾기는 어렵지만, 그래도 이 시들의 구성이 그 세 사람 각각의 성격과 그들 사이의 관계를 바탕으로 하고 있음은 분명하다.

(무덤 속에서는 모두 안전)
왜가리 같은 등의 혹은
검은 사제복으로 숨길 수 없지만,
나의 잭은 우뚝 선 자작나무였지.
건실한 남정네와 바보얼간이.

내 순결을 가졌던 잭,
밤이면 밖으로 헤매고
(무덤 속에서는 모두 안전)
떡갈나무 아래 쉼터를 찾아
그 나무 아래로 날 부르네.
그러나 다른 그자가 나타나면 침 뱉을 거야.
건실한 남정네와 바보얼간이.

Bring me to the blasted oak
That I, midnight upon the stroke,
(All find safety in the tomb.)
May call down curses on his head
Because of my dear Jack that's dead.
Coxcomb was the least he said:
The solid man and the coxcomb.

Nor was he Bishop when his ban
Banished Jack the Journeyman,
(All find safety in the tomb.)
Nor so much as parish priest,
Yet he, an old book in his fist,
Cried that we lived like beast and beast:
The solid man and the coxcomb.

The Bishop has a skin, God knows,

Wrinkled like the foot of a goose,
(All find safety in the tomb.)
Nor can he hide in holy black
The heron's hunch upon his back,
But a birch-tree stood my Jack:
The solid man and the coxcomb.

Jack had my virginity,
And bids me to the oak, for he
(All find safety in the tomb.)
Wanders out into the night
And there is shelter under it,
But should that other come, I spit:
The solid man and the coxcomb. (*VP* 507-09)

제목과는 달리 제인 혼자만의 말로 되어 있는 이 작품에서 우리는 잭이 그녀의 "순결을 가졌던" 그녀의 애인이라는 사실과, 그가 지금은 죽어 유령이 되어 그녀를 마른 떡갈나무 아래로 부르고 있다는 사실을 알 수 있다. 그리고 그에 대해 말하고 있는 그녀의 말투는 그녀가 지금도 여전히 그를 사랑하고 있음을 드러내고 있다. 반면에 제인을 사이에 두고 잭과 서로 대립적 관계에 있다고 할 수 있는 인물인 주교는 그녀의 증오와 멸시의 대상으로 나타난다. 한마디로 그녀는 "그자에게 저주가 내리기를 빌"고, "그자가 나타나면 침 뱉"겠다고 말한다. 이렇게 보면 이 작품의 주요 내용은 왜 그녀가 이처럼 주교를 증오하고 저주하는지에 대한 이야기라고 할 수 있다. 그녀가 그 이유를 설명하는 과정에서 세 사람의 성격이나 관계뿐만 아니라 그것을 바라보는 그녀의 시각이 드러남으로써 결국 이 시에서 시인이 의도하는 바가 무엇인지 알 수 있게 된다.

그렇다면 왜 제인은 주교를 저주하는가? 그녀는 "죽은 내 연인 잭을 위"해서라고 말한다. 즉 그가 그녀의 연인인 잭을 "파문"했기 때문이다. 그 파문의 이유는 그녀의 말대로 그들이 "짐승 같이" 살았기 때문이다. 주교의 입장에서 보았을 때 그 두 사람이 교회의 가르침을 따르지 않고 육체적 쾌락만을 따라 살았기 때문에 파문을 당해 마땅했을 것이다. 그러한 판단에 절대적인 권위를 부여해주는 것은 그의 손에 들려 있는 성경과 "검은 사제복"이다. 그러나 이러한 주교의 판단이나 권위는 그녀에게 아무런 힘도 갖지 못하고 오히려 증오와 멸시의 대상이 될 뿐이다. 잭을 파문할 당시의 주교를 가리켜 "아직 주교도 못 되었고," "교구 신부조차도 아닌 주제에"라고 빈정대는 것이나, 그가 손에 든 성경을 가리켜 "낡아빠진 책"이라고 한 것은 그러한 사실을 말해준다. 특히 그녀가 주교를 비판하면서 그의 "거위 발처럼 쭈글쭈글"한 피부와 "왜가리 같은 등의 혹"을 지적한 것은 단순한 육체적 결함을 의미하는 것을 넘어서서 주교의 뒤틀리고 위선적인 성격과 삶을 상징적으로 표현하고 있는 것처럼 보인다. 거기에 비해 잭을 가리켜 "우뚝 선 자작나무"라고 표현한 것은 얼마나 건강하고 당당하게 들리는가! 거기에 비유적으로 포함되어 있는 성적인 의미를 고려할 때, 이 말은 육체적으로 늙고 흉한 모습의 주교에게 얼마나 통쾌한 반격의 표현인가!

이러한 맥락에서 볼 때, 이 시의 후렴 "건실한 남정네와 바보얼간이"도 재미있게 읽힐 수 있다. 1연에서 주교가 곧잘 잭을 바보얼간이라고 불렀던 것으로 보아 당연히 건실한 남정네는 주교인 셈이 된다. 그러나 작품이 진행되면서 두 남자의 위치가 뒤바뀌는 듯한 느낌을 강하게 준다. 즉 앞에서 지적한 것처럼 주교의 육체적 결함에 대한 묘사나 잭을 가리켜 "우뚝 선 자작나무"로 묘사한 것 등은 두 사람의 위치의 변화를 가능케 한다. 이처럼 동일한 후렴이 시가 진행되면서 교묘하게 그 의미가 전도되어 잭을 바보얼간이라고 불렀던 주교 자신이 오히려 바보얼간이가 되어버리는 아이러니컬한 효과를 주고 있다. 이러한 효과는 이 시의 각 연의 중간부분 괄호 안에 들어 있는 또 하나의 후렴 "무덤 속에서는 모두 안전"이라는 말에 있어서도 마찬가지라고 할 수 있다. 여기에서 "안전"이라는 말은 주교가 가르치고 요구하는 삶의 방식과 관련되어 있는 말로 들린다. 그는 신자들에게 교회나 사회가 정해준 길을 따라 살아가는 데에서만 "안전"을 찾을 수 있다고 가르쳤기 때문이다. 그러나 그러한 안전은 주교에게, 그리고 그의 가르침을 충실히 따르는 사람들에게는 의미가 있을지 모르겠지만, 사랑하는 남자와 "짐승"처럼 살아온 그녀, 한 밤중 그 남자의 유령의 부름에 이끌려 마른 떡갈나무 아래로 나아가는 그녀에게는 아무런 의미가 없다. 그래서 안전을 찾으려거든 "무덤 속"에서나 찾으라고 말한다. 물론 이러한 반응은 사랑과 열정의 삶이 요구하는 수많은 위험과 상처를 두려움 없이 견디어 온 그녀로서는 지극히 당연한 것이리라.

다음 작품 「꾸중 듣는 미친 제인」("Crazy Jane Reproved")은 첫 작품에 비해서 더 모호하게 느껴진다. 하디에 의하면 이 작품은 "비평가들이 가장 어렵게 여겨온 작품"이라고 한다(43). 비교적 짤막한 두 연으로 되어 있는 이 시가 어렵게 느껴지는 것은 우선 이 시의 화자가 누구인지조차 확실하지 않기 때문이다. 미친 제인 시편들의 전체적인 의미 구조에서 보면 제인을 꾸중하는 사람은 주교로 보이지만, 그렇다고 해도 이 시의 화자가 그녀를 꾸중하고 있는 주교인지, 아니면 그 꾸지람에 응답하고 있는 제인인지는 여전히 불분명하다. 그러나 이 작품의 여러 형식적 요소들을 두고 볼 때 그 화자를 제인 자신으로 보는 것이 더 타당하지 않겠는가 하는 생각이 든다. 그렇게 본다면 이 시는 제인이 자신을 비난하고 꾸중하는 주교에 대하여, 그리고 그가 대변하고 있는 모든 것들에 대하여 반박하는 내용을 나타내고 있다고 할 수 있다.

먼저 1연에서 제인은 주교가 자신을 비난하는 근거라고 할 수 있는 잘못된 신의 개념에 대해 반박하고 있는 것으로 보인다. 그 반박의 예로 들고 있는 것이 바다의 폭풍우와 희랍신화의 유로파(Europa) 이야기이다.[3)]

뱃사람들 뭐라고 하던 난 상관없어.
그 무서운 뇌석이나
태양을 가려버리는 폭풍우도
하늘의 하품을 보여주는 것일 뿐.
애인을 황소와 맞바꾼 위대한 유로파도
바보노릇을 한 것일 뿐.
라랄 라 랄라, 라랄 라 랄라.

I care not what the sailors say:
All those dreadful thunder-stones,
All that storm that blots the day
Can but show that Heaven yawns;
Great Europa played the fool
That changed a lover for a bull.
Fol de rol, fol de rol. (*VP* 509)

바다를 항해하는 뱃사람들이 뇌석이나 폭풍우를 만날 때 그것들을 하늘 혹은 하늘에 존재하는 신의 뜻으로 생각할 수 있겠지만, 그것들

---

3) 그리스 신화에 의하면, 유로파는 고대 페니키아의 도시인 튀루스의 왕 아게노르의 딸이었다. 그녀를 사랑하게 된 제우스는 흰 황소로 변하여 그녀를 태우고 크레타섬으로 데려갔으며, 그녀와 제우스 사이에 미노스를 포함한 세 아들이 태어났다.

은 그저 하늘이 "하품"하는 것일 뿐, 하늘의 의지나 어떤 신의 뜻과는 아무 상관없는 일이다. 유로파의 경우도 마찬가지이다. 그녀가 인간 애인이 아니라 황소로 변한 신 제우스를 선택한 것도 폭풍우를 하늘의 뜻으로 생각한 것만큼 어리석고 우스운 일일 뿐이다. 즉 그녀와 제우스의 결합에 관한 신화도 결국은 바다의 폭풍우에 대한 미신적인 생각처럼 그저 사람들이 지어낸 이야기에 불과할 뿐이다. 이러한 사실을 근거로 한 제인의 반박은 결국 주교가 하느님의 이름과 뜻이라는 명분 아래 사실은 자신의 편협하고 왜곡된 잘못된 생각을 사람들에게 가르치고 강요하고 있으며, 마찬가지로 자신과 잭을 비난하고 있다는 의미로 이해된다.

이처럼 1연에서 자신에 대한 꾸중과 비난의 부당함을 호쾌하게 지적하고 있는 제인은, 그 대안을 제시하려는 듯 2연의 앞 네 행에서 신에 대한 자신의 생각을 보여준다.

> 저 조개껍질의 정교한 나선을 돌아가며
> 숨겨진 홈 하나하나 안에
> 고운 진주를 장식하는 일은
> 하늘의 관절을 금가게 했지.
> 그러니 고함치고 날뛰는 날품팔이에게
> 결코 마음을 두어서는 안 돼.
> *라랄 라 랄라, 라랄 라 랄라.*
>
> To round that shell's elaborate whorl,
> Adorning every secret track
> With the delicate mother-of-pearl,
> Made the joints of Heaven crack:
> So never hang your heart upon
> A roaring, ranting journeyman.

Fol de rol, fol de rol. (*VP* 509)

여기 묘사되어 있는 조개의 체내에서 진주가 형성되는 과정은 1연의 폭풍우나 뇌석처럼 자연으로부터 가져온 것이긴 하지만 그것들보다는 훨씬 더 정교하고 아름다운 것임에 틀림없다. 따라서 그만큼 더 힘든 일이어서 하늘의 하품 정도가 아니라 관절의 손상을 가져올 정도이다. 또한 그 과정의 신비함은 아름다운 여인을 유혹하기 위하여 황소로 변장하는 식의 신화와는 전적으로 다른 것이다. 이러한 비유는 곧 진주조개의 정교함을 통해 자연의 아름다움과 신비를 드러내기 위하여 힘쓰는 신의 모습을 보여줌으로써 화자가 생각하는 진정한 신의 모습과 뜻이 무엇인가를 암시하려는 것으로 보인다.[4)]

그런데 재미있는 것은 이 부분에 바로 이어 거칠고 협박하는 듯한 말투의 명령어가 뒤따르고 있다는 점이다. "그러니 고함치고 날뛰는 날품팔이에게 / 결코 마음을 두어서는 안 돼."라는 말은 그 말투나 내용으로 보아 분명히 주교의 것으로 보이지만, 정교한 진주조개의 이미지를 통해 드러난 자연의 신비와 그 이면에 작용하는 신의 섭리에 대한 제인의 발언 바로 다음에 이 말을 가져온 것은 무슨 이유일까? 그것은 잭에 대한 멸시와 비하의 의미를 내포하고 있는 주교의 발언을 제인의 말 바로 다음에 함께 둠으로써 오히려 주교의 말이 의도하는 바를 무효화시키려는 것은 아닐까? 이와 마찬가지의 맥락에서 이 시의 후렴 역시 재미있다. 이 시가 각 연의 끝에 별다른 의미가 없는 것으로 보이는 "라랄 라 랄라, 라랄라 랄라"(fol de

4) Nanda Hopenwasser가 "조개껍질의 정교한 나선"(shell's elaborate whorl)의 이미지에서 여성의 성기에 대한 암시를 읽고 있는 것은 흥미롭다(11). 그렇게 본다면, 이 이미지는 예이츠의 시에 나타난 또 하나의 비슷한 이미지인 "거대한 미궁"(great labyrinth)과 마찬가지로 여성의 성적 욕망의 세계에 대한 시인의 인식을 비유적으로 나타낸다고 할 수 있다.

rol, fol de rol)라는 후렴을 두고 있는 것은 컬링포드(Cullingford)가 잘 지적한 것처럼 주교의 훈계와 꾸중을 의도적으로 "경망스럽게 조롱하고"(flippantly derides) 있는 것이 아니겠는가(*Gender* 234)? 그렇게 본다면 이 후렴의 화자 역시 제인으로 보는 것이 타당할 것이다. 이러한 별 의미 없는 듯한 후렴의 사용은 그녀의 논리적인 주장과 함께 그녀에 대한 주교의 꾸중을 조롱하고 그 힘을 와해시킴으로써 「미친 제인과 주교」의 후렴 "건실한 남정네와 바보얼간이"의 경우와 마찬가지로 매우 아이러니컬한 효과를 주고 있다.

「꾸중 듣는 미친 제인」이 보여주고 있는 주교의 꾸중에 대한 제인의 반박은 다음 작품 「심판 날의 미친 제인」("Crazy Jane on the Day of Judgment")에서도 계속된다. 이 시의 네 연 모두가 그녀의 반박조의 말로 되어 있고 다만 후렴의 일부에서 "그"가 그녀의 말에 동의하는 것으로 되어 있다. 물론 그녀의 말에 동의하는 것으로 보면 후렴의 "그"를 잭으로 보는 것이 맞을 것 같다. 주교의 꾸중에 대한 그녀의 반박의 핵심, 따라서 이 시의 내용의 핵심은 육체와 영혼의 결합만이 진정으로 만족스러운 사랑을 가능하게 한다는 점이다. 바로 첫 연에서 그녀는 이렇게 노래한다.

"육체와 영혼을
통째로 받아들일 수 없는
사랑은 절대로
만족스럽지 못해요."
이것은 제인이 한 말.

'Love is all
Unsatisfied
That cannot take the whole

Body and soul';
And that is what Jane said. (*VP* 510)

물론 이러한 내용의 메시지는 우리에게 매우 낯익은 예이츠 시의 주제라고 할 수 있다. 그러나 여기에서 그녀의 말이 특별한 힘으로 다가오는 것은, 그것이 단순히 남녀의 사랑에 관한 진실이나 혹은 삶의 지혜의 하나로서 말해지고 있는 것이 아니라 자신과 사랑하는 잭을 가리켜 "짐승처럼 산다"고 비난한 주교를 향하여 항의와 분노의 제스처로서 말해지고 있기 때문이다.

영혼과 육체를 "통째로 받아들"이는 사랑에 대한 제인의 생각 혹은 믿음은 매우 확고한 것이어서, 그녀는 최후 심판의 날에 가면 자신의 생각이 옳다는 것이 분명하게 드러나리라고 말한다.

"풀밭을 침대 삼아
발가벗고 누웠던 나.
그 암흑의 날에도
발가벗고 숨겨지겠지요."
이것은 제인이 한 말.

"무엇이 드러날 수 있을까?
진실한 사랑은 무엇일까?
시간이 사라지기만 하면
모든 것이 알려지고 드러나겠지요."
"그건 분명 그래," 그는 말했다.

'Naked I lay,
The grass my bed;
Naked and hidden away,
That black day';

And that is what Jane said.

'What can be shown?
What true love be?
All could be known or shown
If Time were but gone.'
'That's certainly the case,' said he. (*VP* 510)

즉 최후의 심판의 날이 되면 영혼과 육체를 함께 받아들인 그녀의 사랑, 모든 가식을 벗어버리고 "풀밭을 침대 삼아 / 발가벗고 누웠던" 그녀의 사랑은 "진정한 사랑"이었음이 드러나고, 따라서 그녀와 잭더러 "짐승처럼" 살았다고 비난했던 주교는 그 거짓되고 위선적인 말과 행위로 인하여 하느님으로부터 진짜 "꾸중"을 듣고 "심판"을 받게 되리라는 말이다. 물론 이러한 일이 지금 이 순간, 그녀의 영혼과 육체가 살아있는 이 순간의 삶의 현실 속에서 일어나는 것이 아니라 최후의 심판이라고 하는 시간의 끝점에 가서야 이루어질 수 있다는 것이 아쉽긴 하지만, 그래도 그러한 일이 실제로 일어난다면 놀라운 역전의 드라마임에는 틀림없을 것 같다.

비록 현실 속에서는 제인과 잭의 사랑이 진정한 사랑으로 인정되지 못하고 특히 주교와 같은 자들로부터는 타락한 것으로 비난받고 있는 것이 사실이지만, 그래도 그녀는 다음 작품 「미친 제인과 날품팔이 잭」("Crazy Jane and Jack the Journeyman")에서 자신의 사랑이 어떠한 것인가를 보여주면서 그것을 옹호하고자 한다.

나는 안다. 두 눈이 마주칠 땐
뼈 속까지 떨리지만,
문의 빗장 벗겨 두면
그만큼 빨리 사랑도 사라지는 것을.

사랑이란 어둠과 새벽 사이에
풀리는 실타래에 지나지 않으니까.

외로운 영혼은 바로
하느님께 가는 영혼이겠지.
나는--땅위에서 사랑의 실타래,
육신이 무덤에 묻히면--
엄마의 자궁 속에서 잃어버린
빛 속으로 뛰어오를 거야.

비록 텅 빈 침대에
나 홀로 누워 있다 해도,
그 날 밤 그가 길을 가다가
머리를 돌렸을 때 실타래가
영혼과 영혼으로 우리를 묶었으니,
난 죽어서도 걸어 다녀야겠지.

I know, although when looks meet
I tremble to the bone,
The more I leave the door unlatched
The sooner love is gone,
For love is but a skein unwound
Between the dark and dawn.

A lonely ghost the ghost is
That to God shall come;
I--love's skein upon the ground,
My body in the tomb--
Shall leap into the light lost
In my mother's womb.

But were I left to lie alone
In an empty bed,
The skein so bound us ghost to ghost
When he turned his head
Passing on the road that night,
Mine must walk when dead. (*VP* 511)

우선 첫 연에서 "두 눈이 마주칠 땐 / 뼈 속까지 떨리지만"이라는 표현은 화자인 제인의 사랑이 얼마나 강렬한 것인가를 말하는 듯하지만, 그럼에도 불구하고 그녀는 연인이 언제든지 떠날 수 있도록 문의 빗장을 벗겨 둔다. 왜냐하면 그녀는 연인과의 육체적 결합을 통하여 사랑의 "실타래"(skein)가 풀렸음을 알기 때문이다. 이 실타래의 이미지는 다음 두 연에서도 계속 나오는데, 특히 마지막 연에서는 그녀가 처음 그(연시 전체의 맥락에서 보면 잭)를 만났을 때 그 사랑의 실타래가 두 사람을 "영혼과 영혼으로" 묶었다고 말한다. 그렇다면 이러한 사랑의 실타래의 감김과 풀림은 끊임없이 반복되고 지속되는 것이어서 심지어 죽음 이후에도 그녀의 영혼은 하느님에게로 가지 않고 "빛 속으로 뛰어 오르"며 잭의 영혼을 찾아 헤매겠다는 것일까? 마지막 행 "죽어서도 난 걸어 다녀야겠지."라는 표현은 「미친 제인과 주교」에서 어두운 밤을 헤매면서 제인을 떡갈나무 아래로 부르는 죽은 잭의 영혼을 상기시킨다.

이처럼 실타래의 이미지를 통하여 제시되는 그녀의 사랑에 있어서 중요한 것은, 앞의 「심판 날의 미친 제인」에서 노래한 바와 같이 그 사랑이 육체와 영혼이 결합된, 그 양자가 결코 구별될 수 없도록 유기적으로 통합된 것이라는 점이다. 그 사랑은 주교가 주장하고 있는 편협하고 왜곡된 형태의 사랑, 즉 오직 영혼만을 중시하면서 육체적 욕망을 비하시키는 잘못된 사랑에 비해서는 지극히 육체적이고 감각적인 것으로 보이지만, 육체의 한계를 넘어서서 죽음 이후의 세계에까지 지속되는 것이라는 점에서는 단순히 육체만을 내세우는 사랑과는 다른 것이다. 이는 결국 진정한 사랑이란 영혼과 육체의 이분법에 의해서는 정의될 수 없는 것임을 말하려는 것으로 보인다. 이 시가 보여주는 사랑에 있어서 또 하나의 중요한 사실은, 그것이 어떤 형태의 억압이나 구속도 요구하지 않는 자유로운 것이라는 점이다. 그것은 지극히 열정적이고 과격한 것으로 보이지만 동시에 항상 "문의 빗장을 벗겨 두는" 자유로움과 여유를 보여주는 것이기도 하다. 그녀가 열린 문밖으로 사라지는 연인을 붙잡지 않고, "텅 빈 침대에" "홀로 누워" 계속 사랑을 노래할 수 있는 것은 바로 그 때문이다.

다음 작품 「미친 제인 하느님에 대하여」("Crazy Jane on God") 역시 앞의 「심판 날의 미친 제인」이나 「미친 제인과 날품팔이 잭」이 노래하고 있는 영혼과 육체가 결합된 사랑의 주제를 다루고 있다고 할 수 있다. 먼저 1연에서 화자인 제인은 잭이 죽은 후 자신이 수많은 남자들과 성적인 관계를 가져온 사실을 이렇게 노래한다.

어느 날 밤의 연인은
오고 싶을 때 와서는
내가 원하든 말든
날이 밝자 가버렸다.
남자들 오고 남자들 가고,
만사는 하느님 안에 존재하는 것.

That lover of a night
Came when he would,
Went in the dawning light
Whether I would or no;
Men come, men go,

All things remain in God. (*VP* 512)

그녀의 의사와는 상관없이 제멋대로 그녀에게 왔다가 가버리는 많은 남자들, 그처럼 덧없는 그들의 사랑을 너무도 자연스럽고도 담담하게 "남자들 오고 남자들 가고"라고 노래한 그녀는 이어 마지막 4연에서 그들이 거쳐가는 자신의 몸을 사람들이 밟고 지나가는 "길" 같다고 말한다.

나의 연인은 난폭한 잭.
길 지나듯 남자들
내 위로 지나가지만,
내 몸은 신음하지 않고
계속 노래 부른다.
만사는 하느님 안에 존재하는 것.

I had wild Jack for a lover;
Though like a road
That men pass over
My body makes no moan
But sings on;
All things remain in God. (*VP* 512)

앞의 1연과 마찬가지로 여기에서도 그녀는 연인인 잭이 죽은 후에 많은 남성들에게 그들이 원하는 대로 자신의 육체를 내어주며 성적 관계를 갖는 여인의 모습으로 나타난다. 그리고 이러한 그녀의 모습은 마치 창녀와도 다를 바가 없어 보인다. 그러나 중요한 것은 이러한 사실에 대하여 그녀 자신은 전혀 불행하게 느끼거나 괴로워하지 않는다는 점이다. 남성들이 그녀의 몸을 "길 지나듯" 지나쳐감에도 불구하고 그녀가 "신음하지 않고 계속 노래부르"는 것을 보면 오히려 어떤 기쁨이나 행복감을 느끼는 것도 같다.

어떻게 이런 일이 가능할까? 이에 대한 해답을 암시하고 있는 것이 이 시의 중간부인 2연과 3연이다.

깃발들 하늘을 숨막히게 하고
병사들은 걸어간다.
큰 싸움 있었던
그 좁은 고갯길에서
무장한 말들 소리내어 우는데.
만사는 하느님 안에 존재하는 것.

그들의 눈앞에 나타난 것은
어릴 적부터 서 있던,
아무도 살지 않는 다 허물어진 집 한 채.
문에서 꼭대기까지
갑자기 불이 켜지고.
만사는 하느님 안에 존재하는 것.

Banners choke the sky;
Men-at-arms tread;
Armoured horses neigh
Where the great battle was
In the narrow pass:
All things remain in God.

Before their eyes a house
That from childhood stood
Uninhabited, ruinous,
Suddenly lit up
From door to top:

All things remain in God. (*VP* 512)

2연에 나타난 "깃발"과 "병사들"과 "무장한 말들"의 이미지는 곧 전쟁을 의미하고, 그 전쟁은 과거에 "큰 싸움 있었던" 바로 그 자리에서 다시 일어난다. 다시 말해서, 인간의 삶에 있어서 가장 격렬하면서도 비극적인 사건이라고 할 수 있는 전쟁을 두고 볼 때, 그것이 어떤 이유에서 비롯되고 또 어떤 형태의 것이든 간에 모든 오늘의 전쟁은 과거의 전쟁의 연속이자 반복일 뿐이다. 그러나 이처럼 삶의 연속성 혹은 반복성을 보여주는 것이 어찌 전쟁뿐이겠는가? 다음 3연에 나타난 불 켜진 폐가의 이미지는 예이츠의 희곡 작품인 『연옥』(*Purgatory*)에 나타난 폐가를 연상시킨다. 이 작품에서 주인공 노인은 오래 전 자신이 불 지르고 도망쳤던, 이미 폐가가 되어버린 자신의 옛집을 찾아가게 된다. 그리고 이미 세상을 떠난 자신의 부모의 영혼들이 그 집에 나타나 죽음 이전의 삶의 순간들을 다시 되풀이하고 있는 것을 보게 된다. 이것은 곧 인간의 삶이 죽음으로 끝나는 것이 아니라 그 이후에도 계속된다는 의미일 것이다. 이렇게 볼 때 이 시의 불 켜진 폐가 역시 앞의 전쟁의 이미지들과 마찬가지로 인간 삶의 지속성이나 영원성을 의미하는 것으로 볼 수 있다.

2연과 3연의 의미를 이렇게 해석해 보면, 이 시의 후렴 "만사는 하느님 안에 존재하는 것"도 같은 맥락에서 이해할 수 있다. 그것은 예이츠의 시 「재림」("The Second Coming")에 나오는 "우주의 혼"(Spiritus Mundi)처럼 이 세상 만물이 어느 것 하나 사라지지 않고 "하느님 안에" 이미지의 원형으로서 존재하고 있으며, 따라서 인간의 영혼이나 사랑도 결코 사라지는 것이 아님을 의미하는 듯하다. 아마도 시인은 이러한 관점에서 "미친" 제인의 행동을 보고 있는 것이 아닐까? 만일 인간의 삶이나 사랑이 죽음 이후에도 계속되는 영원한 것이라면, 설사 그녀의 애인 잭이 죽었다고 하더라도 그녀는 그를 잃은 것이 아니다. 마찬가지로 잭이 살았을 때 "짐승처럼" 살았던 그녀가 그가 죽은 이후에 다른 많은 남자들에게 자신의 몸을 내놓는다고 해도 아무것도 달라질 것은 없다. 다시 말해서 그녀는 잭에 대한 기억과 사랑을 금욕과 절제의 감방 안에 가두는 대신 육체적 욕망의 자연스러운 표현으로 해방시킴으로써 오히려 그 기억과 사랑을 영원히 지속시키고 있다고 할 수 있다. 물론 이러한 그녀의 태도는 사회의 인습과 도덕률, 특히 주교의 편협하고도 독단적인 종교적 관점에서 보면 도저히 용납될 수 없는 것이겠지만, 오히려 그녀는 이러한 방식의 사랑과 삶을 통하여 그 사회의 인습과 종교적 편견에 대하여 대항하고 있는 것으로 보인다.

다음에 살펴볼 작음으로 본 논문의 서두에서 언급한 바 있는 「미친 제인 주교와 얘기하다」는 미친 제인 시편들 중에서 가장 널리 알려진 시이다. 기본적으로 이 작품의 주제가 영혼과 육체의 완전한 결합을 다루고 있다는 점에서 앞에서 살펴본 「심판 날의 미친 제인」이나 「미친 제인과 날품팔이 잭」 등과 비슷하다고 할 수 있다. 그러나 이 작품에서는 제인과 주교 두 사람이 직접 대면하여 얘기를 나누고 그 얘기를 그대로 기록하여 보여줌으로써 훨씬 더 많은 긴장감과 극적 효과를 이루어내고 있다. 두 사람의 대화 내용뿐만 아니라 그들이 대화를 나누는 장소가 교회가 아니고 "길"이라는 사실도 그녀가 열린 공간에서, 그리고 주교와 대등한 위치에서 거리낌 없이 자신의 생각을 표현하고 있음을 말해준다. 먼저 1연에서 주교는 그녀에게 이렇게 말한다.

> "젖가슴이 오므라들어 늘어졌으니
> 혈관도 곧 말라버리겠지.

더러운 돼지우리 말고
천국의 저택에서 살도록 해."

'Those breasts are flat and fallen now,
Those veins must soon be dry;
Live in a heavenly mansion,
Not in some foul sty.' (*VP* 513)

가톨릭 사제인 그로서는 당연한 말 같기도 하다. 그러나 그의 말이 드러내고 있는 것은 무엇보다도 그가 여성, 특히 여성의 육체와 욕망에 대하여 매우 편협한 생각을 갖고 있다는 점이다. 사실 제인의 오므라든 젖가슴이나 점점 말라가는 혈관은 인간의 늙음에 따른 자연스러운 결과일 뿐이지만 그에게는 여성의 육체를 비하하기 위한 좋은 구실로 보인다. 그리고 그녀의 삶을 빗대기 위하여 그가 사용하고 있는 "돼지우리"와 "천국의 저택"의 비유도 그가 그녀의 삶을 비난하기 위하여 임의적으로 그어놓은 이분법적 사고의 표현일 뿐이다. 인간의 육체와 그 욕망을 벗어날 수 없는 것이 인간 삶의 조건이라면 도대체 어디까지가 돼지우리의 삶이고 어디서부터가 천국의 삶이란 말인가? 과연 그 구분이 가능한가?

아마 제인은 주교의 말이 드러내고 있는 이러한 이분법적 사고의 허위성을 곧바로 간파한 듯하다. 두 연에 걸친 그녀의 답변은 미친 제인 시편 전체를 두고 볼 때에도 가장 의미심장하면서도 멋있고 통쾌한 부분으로 읽힌다.

"아름다움과 더러움은 가까운 친척,
아름다움은 더러움을 필요로 해요." 난 소리쳤다.
"제 친구들은 가버렸지만, 그것은
무덤도 침대도 거부하지 못하는,

육체의 낮춤과 마음의 긍지로
배우는 진실이죠.

"여자가 사랑에 열중할 땐
오만한 새침데기가 될 수도 있지만,
사랑은 그 저택을
배설물이 나오는 곳에 지었지요.
찢긴 것이 아니면 어느 것도
신바닥도 완전함도 될 수 없으니까요."

'Fair and foul are near of kin,
And fair needs foul,' I cried.
'My friends are gone, but that's a truth
Nor grave nor bed denied,
Learned in bodily lowliness
And in the heart's pride.

'A woman can be proud and stiff
When on love intent;
But Love has pitched his mansion in
The place of excrement;
For nothing can be sole or whole
That has not been rent.' (*VP* 513)

2연에서 그녀가 "아름다움"과 "더러움"의 구분을 가지고 주교에게 반박하고 나서는 것은 물론 앞에서 주교가 "더러운 돼지우리"와 "천국의 저택"을 구분하여 언급했기 때문이다. 더러움을 버리고 아름다움을 선택하라고 충고하는 주교에게 그녀는 오히려 아름다움은 더러움을 필요로 한다고 말한다. 그리고 그 사실은 죽음(무덤)이나 사랑(침대)조차도 부인할 수 없는 진실이라고 말한다. 사실 아름다움이나 더러움이 서로 떨어져 있는 것이 아니라 동전의 양면처럼 인간 삶의 양면을 이루고 있는 것이라는 사실을 가장 극적으로 드러내고 있는 것은 죽음과 사랑이 아니겠는가? 아무리 아름다운 여인이라고 해도 그녀가 죽어 무덤에 묻히고 난 뒤 그녀의 육신이 어떻게 되는가를 알고 있는 자라면, 그리고 연인들이 침대 위에서 나누는 사랑의 행위도 "마음의 긍지"와 "육체의 낮춤"이 함께 하는 것이라는 점을 알고 있는 자라면, 아름다움과 더러움의 구분이 얼마나 무의미한 것인가를 잘 안다. 삶과 죽음의 순환에 있어서 죽음을 통한 "더러워짐"이 없이 어떻게 다시 새로운 생명의 탄생이 가능할 것이며, 남녀의 사랑에 있어서 침대 위에서의 "육체의 낮춤"이 없이 어떻게 진정한 사랑의 완성이 가능할 것인가?

그녀의 첫 번째 응답에 대하여 주교는 할 말을 잊은 듯하고, 그녀는 한 걸음 더 나아가 다음 마지막 연에서 더욱 더 구체적이고도 직설적으로 자신이 말하고자 하는 진실이 무엇인가를 밝히고 있다. 남녀의 사랑에 있어서 "사랑은 그 저택을 / 배설물이 나오는 곳에 지었"다는 그녀의 말만큼 그 진실에 가까운 말이 어디에 있겠는가? 그러나 그녀의 단언에도 불구하고, 지금까지 인간의 사회적 삶에 있어서 그녀 앞의 주교처럼 어떠한 이유에서든 그러한 진실을 은폐하고 왜곡하려는 시도 또한 끊임없이 계속되어 왔다는 것도 부인할 수 없다. 따라서 그녀가 "sole/soul"과 "whole/hole"의 동음이의어에 의한 성적 암시를 통하여 통렬한 풍자와 해학의 대상으로 삼고 있는 것은 바로 이러한 은폐와 왜곡의 시도, 특히 여성의 성적 욕망과 표현에 대한 비하와 억압의 시도라고 할 수 있다. 그리고 그것이 아일랜드의 상황에서는 막강한 권력과 영향력을 갖고 있으면서도 성과 사랑의 문제에 있어서는 지극히 보수적이고 편협한 가톨릭교회와 그 대표자격인 주교에 대한 비판과 풍자로 나타난 것이라고 할 수 있다.

「미친 제인 주교와 얘기하다」가 아름다움과 더러움이 서로를 필요로 한다는 사실을 말하기 위하여 죽음과 사랑을 관련시키고 있다면, 미친 제인 시편의 마지막 작품인 「미친 제인 늙어서 춤추는 자들을 바라보다」("Crazy Jane Grown Old Looks at the Dancers")는 춤추는 남녀의 이미지를 통하여 다시 사랑과 죽음의 관련성을 보여준다. 예이츠가 올리비아 셰익스피어(Olivia Shakespear)에게 보낸 편지에서 밝히고 있듯이, 이 시는 그가 실제로 꾸었던 꿈에 근거하고 있다. 그는 꿈속에서 서로 깊이 사랑하는 남녀가 춤추며 노래하는 것을 보는데, 이상하게도 남자는 손에 든 무기로 여자를 죽이려는 듯한 제스처를 취하고 있었다(*L* *795*). 이러한 꿈 속 이미지는 거의 그대로 이 시에서 늙은 제인이 바라보고 있는 사랑하는 두 남녀의 이미지로 나타난다.

> 난 보았다, 저기 상아빛 이미지의 여인이
> 그녀가 선택한 젊은이와 춤추고 있는 것을.
> 그렇지만 남자가 그녀를 교살하려는 듯
> 그녀의 새까만 머리털을 감았을 때, 난
> 소리칠 수도 움직일 수도 없었다.
> 눈꺼풀 아래 눈이 그렇게 반짝이고 있었다.
> *사랑은 사자의 이빨 같아.*
>
> 어떤 자들은 그녀가 장난하는 것이라 했어도
> 난 그녀가 마음의 진실을 춤추는 것이라고 했는데,
> 그녀가 그를 단칼에 죽이려고 칼을 빼들었을 때
> 난 그를 그의 운명에 맡길 수밖에 없었다.
> 왜냐하면 누가 뭐라고 말하든
> 서로 증오하는 그들은 모든 것을 가졌으니까.
> *사랑은 사자의 이빨 같아.*

그가 죽었는가? 혹은 그녀가 죽었는가?
죽은 것처럼 보였는가? 혹은 둘 다 죽었는가?
내가 본 것과 같은 춤을
출 수 있는 손발을 갖는 것 외에는
어떤 일에도 전혀 상관이 없던
그 시절에 하느님께서 함께 하시기를.
사랑은 사자의 이빨 같아.

I found that ivory image there
Dancing with her chosen youth,
But when he wound her coal-black hair
As though to strangle her, no scream
Or bodily movement did I dare,
Eyes under eyelids did so gleam;
Love is like the lion's tooth.

When she, and though some said she played
I said that she had danced heart's truth,
Drew a knife to strike him dead,
I could but leave him to his fate;
For, no matter what is said,
They had all that had their hate;
Love is like the lion's tooth.

Did he die or did she die?
Seemed to die or died they both?
God be with the times when I
Cared not a thraneen for what chanced
So that I had the limbs to try
Such a dance as there was danced--

Love is like the lion's tooth. (*VP* 514-15)

물론 춤 자체는 예이츠가 즐겨 사용하는 상징적 이미지의 하나이긴 하지만, 특별히 이 작품에서 그것은 남녀의 사랑의 행위를 의미한다고 볼 수 있다. 그런데 그러한 행위가 어떻게 서로를 죽이고자 하는 살인의 행위로 나타나게 된 것일까? 도대체 사랑과 죽음이 동일한 행위로 표현된 것을 어떻게 설명할 수 있는 것일까? 이러한 의문에 대한 해답은 "서로 증오하는 그들은 모든 것을 가졌으니까."라는 화자의 말에서 그 실마리를 찾을 수 있다. 즉 화자가 보기에, 그들이 서로를 죽이려고 한 것은 다름 아닌 사랑 때문이다. 예이츠는 앞의 편지의 꿈에 대한 언급에서 "성적 사랑은 정신적 증오에 기초하고 있다."라는 블레이크(Blake)의 말을 인용하고 있는데, 이 말 역시 증오에 대한 화자의 말과 관련되어 있는 듯하다. 그렇다면 결국 이 두 사람의 춤동작이 의미하는 것은 어떤 형태의 사랑이든 그것이 "마음의 진실"에서 비롯한 것이라면 그것은 죽음에 이를 만큼 격렬한 것일 수밖에 없으며, 그것이 가장 극적으로 드러나는 것은 오히려 증오를 통해서라는 것이 아닐까? 그렇게 보면 사랑과 증오는 우리가 흔히 생각하듯이 서로 대립되는 것으로 떨어져 있는 것이 아니라 인간의 열정 속에 함께 존재하고 있다고 할 수 있다. 이처럼 이 시는 사랑하는 두 남녀의 춤동작을 통하여 죽음까지도 두려워하지 않는 열정의 격렬함을 보여주고 있으며, 후렴에 나오는 "사자의 이빨" 역시 이러한 사랑과 열정의 격렬함을 상징하고 있는 것으로 생각된다.

이러한 맥락에서 특히 주목되는 것은 춤추는 두 남녀를 바라보는 화자 제인의 반응이다. 첫째 연에서 그녀는 여자를 교살하려는 듯한 남자의 동작을 보고도 "소리칠 수도 움직일 수도 없었다"고 말한다. 그리고 둘째 연에서는 여자가 남자를 죽이려고 칼을 빼들었을 때 다른 관객들("some")은 여자가 "장난하는"(played) 것으로 보는데 반하여 그녀는 여자가 "마음의 진실을 춤추는 것"으로 생각한다. 이러한 일련의 반응은 화자인 그녀가 두 사람의 행위에 대하여 깊이 공감할 뿐만 아니라 더 나아가 어떤 종류의 만족감을 느끼고 있음을 말해 주는 것으로 볼 수 있다. 이 시의 마지막 연에서 그녀가 두 남녀의 죽음과는 상관없이 자기 자신도 실제로 그들처럼 격렬한 춤을 출 수 있었던 시절, 즉 죽음을 두려워하지 않을 만큼 격렬한 열정의 삶을 살았던 시절을 그리워하며 그에 대한 신의 축복을 기원하는 것은 바로 그러한 이유 때문이리라.

그렇다면 지금까지 살펴본 작품들에 나타난 제인의 사랑과 성적 욕망의 표현들은 전체적으로 볼 때 무엇을 의미할까? 혹은 그녀를 통하여 시인이 말하고자 하는 바는 무엇일까? 아주 간략하게 말한다면, 그것은 인간의 성, 특히 여성의 육체적 욕망과 사랑에 대한 새로운 인식과 긍정의 의미로, 그리고 그러한 육체적 욕망과 사랑을 죄악시하고 비하하는 모든 것들에 대한 비판과 풍자의 의미로 읽혀질 수 있을 것 같다. 물론 이러한 의미는, 이 작품들과 비슷한 시기에 쓰여진 또 하나의 연시인 「젊었을 때와 늙었을 때의 여자」("A Woman Young and Old") 시편들의 경우와 마찬가지로, 당시의 아일랜드 사회에서 성적 욕망에 대한 억압이 상당히 심각한 문제의 하나였다는 역사적 사실에 근거하고 있다고 할 수 있다.[5] 특히 이 작품들에서 여성의 성적 욕망과 그 표현에 대한 긍정과 옹호가 하필이면 가톨릭교회의 성직

5) 「젊었을 때와 늙었을 때의 여자」 연시는 모두 11편의 시들로서 역시 예이츠 시 전집의 『나선 계단과 기타 시들』에 실려 있다. 주제나 형식면에서 이 시들은 "미친 제인" 시들과 비슷하여 함께 읽어 보는 것도 의미 있으리라 여겨진다. 본인의 글 「예이츠의 시에 나타난 성: 「젊었을 때와 늙었을 때의 여자」 읽기」(『한국예이츠저널』 13[2000년 6월]: 35-63)는 정치 · 사회적 맥락에서 이 시편들에 나타난 여성의 성적 욕망과 사랑에 대한 읽기를 시도한 것이다.

자인 주교에 대한 비판과 저항의 형태를 취하고 있는 것은 당시의 아일랜드 사회에서 가톨릭교회가 수행하고 있었던 역할과 기능의 부정적인 측면에서 비롯된 것이라고 할 수 있다. 이혼이나 검열과 같은 구체적인 이슈들을 통하여 그 부정적인 속성들을 여실하게 드러낸 가톨릭교회와 그 문화가 철저한 금욕주의를 내세우며 모든 성적 표현과 논의 자체를 금기시하는 상황에서, 예이츠는 미친 제인으로 하여금 자신의 성적 욕망과 육체적 사랑을 당당하게 표현하게 함으로써 궁극적으로는 억압되고 왜곡된 인간의 성과 사랑을 해방시키고 그런 과정에서 자유롭고도 인간적인 성문화의 창조에 기여하고자 한 것으로 보인다.

이러한 의미에서 본다면, 이 시의 화자 제인은 시인 예이츠의 또 다른 자아라고 할 수 있을 것 같다. 즉 예이츠는 이 시들 안에서 당시의 아일랜드 사회와 문화에 대한 자신의 생각을 표현하는 데 있어서 그를 대신해서 말해줄 인물로 그녀를 만들어냈다고 할 수 있다. 사실 당시의 아일랜드 사회에서 막강한 힘을 갖고 있는 가톨릭교회에 대하여 시인의 입장이 비판적일 수밖에 없었다면, 이처럼 창조된 가상인물의 목소리를 사용하는 것이 보다 더 안전한 방식일 수도 있었을 것이다. 그러나 이 시의 화자를 시인 자신이 아닌 제인으로 한 이면에는 단순히 가톨릭교회에 대한 비판의 측면 외에도 개인적인 차원에서 예이츠 자신의 심리적 요인도 함께 작용한 것으로 보인다. 다시 말해서, 그는 제인이라고 하는 가상의 인물을 통하여 자신의 내부에 감추어진 성적 욕망 혹은 그것과 관련된 불안을 표현하고 있는 것으로 볼 수 있다. 예이츠의 후기 시들이 잘 보여주고 있듯이, 그는 점점 늙어가면서 육체의 노쇠함에 따라오는 성적 능력의 감퇴를 매우 예민하게 느꼈고, 이는 그로 하여금 더욱 더 성과 사랑의 문제에 관심을 갖게 했다. 따라서 그는 자신처럼 "늙은" 여인인 제인의 육체적 욕망과 사랑의 표현을 통하여 자신의 내면에 잠재되어 있는 성적인 불안감으로부터 벗어나고자 했던 것 같다. 이는 그가 제인이라는 가상인물을 통하여 그의 후기 시의 중요한 주제의 하나인 늙음의 문제, 특히 육체적 노쇠와 그에 따른 성적 욕망의 문제를 객관적이고도 비개인적인(impersonal) 방식으로 다루고 있음을 말해준다.

물론 제인에게서, 언뜻 보면 한편으로는 마녀 같기도 하고 한편으로는 창녀 같기도 한 그녀에게서, 환갑이 지나고 노벨문학상 수상에다가 상원의원 경력까지 지닌 점잖은 대시인의 모습을 찾는다는 것은 좀 무리인 것 같기도 하다. 하지만 바로 그 점 때문에 그녀는 시인에게 유용한 하나의 마스크가 될 수 있었던 것은 아닐까? 그렇다면 시인은 왜 자신의 성이 아닌 여성의 마스크를 쓰고 있는 것일까? 이 문제에 대해서도 여러 측면에서 얘기해 볼 수 있겠지만, 여기에도 시인 자신의 깊은 심리적 요인이 작용한 것으로 볼 수 있다. 즉 예이츠는 제인이라는 인물을 창조하여 방해받지 않고 억제되지 않는 여성의 목소리를 그녀에게 부여함으로써 사실은 자기 자신의 내부에 숨겨져 있는 "여성성"의 발현을 의도한 것은 아니었을까? 그리고 그러한 여성성의 발현은 그가 평생을 두고 갈망하였던 소위 "존재의 통합"(unity of being)을 성취하기 위하여 필요로 했던 것은 아니었을까? 이 점과 관련하여 글로리아 클라인(Gloria Kline)이 "아니마"(anima)의 개념을 사용하여 제인과 예이츠의 관계를 설명하고 있는 것은 흥미롭다. 그녀에 의하면, 제인은 예이츠의 내부에 고 있는 아니마적 요소가 표현된 것이다(Hopenwasser 10).[6]

이처럼 제인이 예이츠의 또 다른 자아 혹은 마스크로서의 의미를

---

6) "anima"는 융의 심리학에서 남성의 성격 속에 존재하는 여성적인 면을 가리키는 말이다. 이와 반대로 "animus"는 여성의 성격 속에 존재하는 남성적인 면을 가리킨다.

가질 수 있다고 한다면, 한 걸음 더 나아가 그녀를 아일랜드와 연결하여 생각해보는 것은 어떨까? 그녀에게서 아일랜드의 이미지를 찾아보는 것도 가능할 것인가? 예이츠의 작품세계에서 아일랜드를 상징하는 이미지로서의 여성을 생각하면 얼른 떠오르는 인물이 캐슬린 니 훌리한(Cathleen ni Houlihan)이다. 그는 그의 시 「아일랜드에 대한 레드 한라한의 노래」("Red Hanrahan's Song about Ireland")나 희곡 『캐슬린 니 훌리한』(*Cathleen Ni Houlihan*) 등에서 매우 인상적으로 그녀를 그려냄으로써 그녀를 그의 문학세계를 구성하는 중요한 인물 가운데 하나로 만들고 있다. 그렇다면 캐슬린 니 훌리한과는 달리 늙고 얼빠진 여인 제인에게서도 아일랜드의 이미지를 찾는 것이 가능할 것인가? 이러한 맥락에서 볼 때, 최근에 발표된 캐리 에터(Carrie Etter)의 논문은 특히 주목할 만하다. 그녀의 글 「"나를 선택하려면 신맛을 받아들여요"--예이츠의 미친 제인을 아일랜드로 읽기」("'Take the Sour if You Take Me': Reading Yeats's Crazy Jane as Ireland")는 그 제목에서부터 제인을 아일랜드를 상징하는 인물로 읽어보려는 시도를 분명하게 밝히고 있다. 그녀는 예이츠를 아일랜드의 위대한 민족시인으로 보는 사이드(Edward W. Said)의 입장에 입각하여, 영국에 의한 아일랜드 식민지배와 그에 대한 아일랜드의 대응의 관점에서 이 시들을 읽어보려 한다. 다시 말해서, 미친 제인을 오랜 기간에 걸쳐 지속되어온 영국과 아일랜드 사이의 갈등과 투쟁이라고 하는 정치적 맥락에 연결시킴으로써 결국 그녀가 아일랜드의 상징적 인물로 읽힐 수 있음을 밝히고자 한다.

먼저 그녀는 제인이 남성이 아닌 여성이라는 기본적인 사실에서 출발하여 작품들에 드러난 그녀의 여러 성격상의 특징들에 주목한다. 그녀는 제인이 그녀의 이름 앞에 붙은 말 그대로 "미친" 여인이고, 무모할 정도로 거칠면서 열정적인가 하면, 지극히 세속적이고 심지어는 저속한 여인으로까지 보인다는 사실을 지적한다. 여기에 덧붙여 에터가 재미있는 사실로서 강조하고 있는 것은, 바로 이러한 제인의 특성들 모두가 영국인들이 오래 전부터 아일랜드인들의 고유한 성격으로 지목해 온 것들이라는 점이다. 물론 이러한 특성들의 지목에 아일랜드인들에 대한 영국인들의 비하와 멸시가 들어 있음은 물론이다. 그러나 에터가 보기에, 예이츠는 이러한 특성들을 자신이 창조한 인물인 제인에게 당당하게 부여함으로써 그것들이 오히려 긍정적이고 적극적인 의미를 갖도록 한다. 그리고 그 결과로서 아일랜드인들에 대한 영국인들의 시각 자체를 부정하고 해체시키는 효과를 노리고 있다. 말하자면 제국주의 영국의 식민주의적 도전에 대하여 아일랜드 시인으로서의 예이츠가 취한 나름대로의 대응의 제스처인 셈이다.

그렇지만 여기에 몇 가지 의문은 남는다. 첫째로, 이 시들이 쓰여진 1920년대 말에서 1930년대 초에 이르는 기간은 비록 완전한 독립은 아니었다고 하더라도 아일랜드가 이미 영국으로부터 독립된 시기인데, 이러한 상황에서 제인의 증오와 저주가 영국을 대상으로 하고 있다는 것인가? 다음으로, 앞에서 살펴본 바와 같이 이 시들이 적어도 표면적인 의미에 있어서 영국보다는 아일랜드 가톨릭교회를 비판의 대상으로 하고 있다는 사실이 분명하다면 에터의 입장은 그것을 어떻게 설명할 수 있을 것인가? 이 점에 대하여 그녀는 아일랜드의 식민지화에 있어서 기독교 역시 영국과 마찬가지의 작용을 한 것으로 보고 있는 듯하다. 물론 아일랜드 역사의 너른 시각에서 보면 그녀의 생각이 이해가 가지 않는 것은 아니다. 그러나 가까운 역사의 맥락에서 본다면, 아일랜드의 독립운동에 있어서 주도적 역할을 한 것이 바로 가톨릭 중산층이 아니었던가? 이렇다 보니 미친 제인의 모습 속에서 아일랜드의 이미지를 읽을 수 있다는 에터의 주장에 한편으로는 수긍하면서도, 그녀가 그 근거를 일관되게 식민주의 관점에서 찾고 있는 점에 대해서는 의문이 생기는 것 같다.

사실 제인에게서 아일랜드의 모습을 찾는 것은 에터의 경우처럼 식민주의나 제국주의의 관점을 갖지 않더라도 가능한 일처럼 보인다. 늙고, 얼빠지고, 거친 말투에, 난잡하기 그지없으며, 똑같이 아일랜드를 상징하면서도 순결하고 고상한 아름다운 여인 캐슬린 니 훌리한의 모습과는 너무나 동떨어진 그녀의 모습 속에서, 또한 거칠고 무절제한 성격과 삶의 방식 때문에 사회로부터 인정받지 못하여 사회의 밑바닥과 주변을 헤매면서 자신의 성적 욕망과 사랑을 위하여 온갖 사회적 편견과 억압에 맞서 싸우며 견뎌야 하는 그녀의 모습 속에서 당시의 아일랜드의 모습을 떠올리는 것은 어려운 일이 아닌 듯하다. 그것은 곧 혁명과 전쟁의 희생을 통해 독립은 되었으되 결국 남부만의 반쪽 독립으로 끝나버려 예이츠를 비롯한 많은 아일랜드인들에게 실망과 환멸을 안겨주게 된 아일랜드, 그리고 독립과 함께 물러간 제국주의 영국 대신에 지극히 보수적이고 폐쇄적인 가톨릭교회의 통제와 억압을 받게 된 아일랜드의 모습이다. 두말할 나위 없이 이 아일랜드는 시인 예이츠가 실제로 살아가야 했던 아일랜드이고, 동시에 이 작품들 안에서 그가 창조한 여인 미친 제인이 살아가야 했던 아일랜드이다. 이러한 맥락에서 볼 때, 미친 제인 연시들은 이 시들의 여성 화자인 제인과, 그녀의 창조자인 시인 예이츠와, 그리고 그들이 함께 살아가는 공간인 아일랜드의 상호관계 속에서 이해될 수 있으리라 여겨진다.

05

「젊었을 때와 늙었을 때의 여자」의 성적 욕망과 정치적 글읽기

예이츠 시 전집의 『나선 계단과 기타 시들』(*The Winding Stair and Other Poems*) 끝부분에 실려 있는 「젊었을 때와 늙었을 때의 여자」("A Woman Young and Old")는 모두 11편의 짤막한 시들로 이루어져 있다. 이 글은 이 시들의 분석을 통해 예이츠가 성의 주제, 특히 여성의 성적 욕망의 주제를 어떻게 구체적으로 표현하고 있는가를 살펴보려고 한다. 우리가 예이츠의 시에 나타난 성에 대하여 관심을 갖게 되는 것은 무엇보다도 먼저 그것이 그의 예술에 있어서 커다란 비중을 차지하고 있기 때문이다. 한마디로 그에게 있어서 성은 문학창작의 주요 동기의 하나였다고 할 수 있다(Praz xv). 그의 많은 시가 사랑을 주제로 한 애정시의 형태를 취하고 있는 것은 이러한 사실을 말해 준다. 그러나 1929년에서 1931년에 걸쳐 쓰여진 이 시들이 성의 문제, 특히 여성의 육체와 성적 욕망의 문제를 중점적으로 다루고 있는 것은 기본적으로 이러한 주제가 예이츠에게 익숙했기 때문만은 아니었다. 그에 못지않게, 그가 이러한 성의 문제를 당시의 아일랜드사회가 직면한 매우 심각하고도 절실한 정치, 사회적 문제로 인식했기 때문이다.

이 시기의 아일랜드는 1922년 영국으로부터의 독립과 함께 새로운 국가건설의 중차대한 과업을 목전에 두고 있었기 때문에 성을 포함한 삶의 모든 영역들은 자연히 정치에 종속될 수밖에 없었다. 특히 새로운 국가의 틀이 전통적으로 보수적인 가톨릭교회와 중산층을 기반으로 짜여가는 상황에서 성에 대한 사회의 일반적인 인식은 보수적이고 억압적일 수밖에 없었다. 이러한 상황에 대한 예이츠의 인식은 이 작품들 안에서 당시의 지배적 가톨릭문화에 대한 비판으로 나타난다. 이 가톨릭문화야말로 당시의 아일랜드사회를 전체적으로 지배하면서 특히 성과 관련된 모든 개인적·사회적 문제에 있어서 절대적인 권한과 영향력을 갖고 있었기 때문이다. 사실 이 작품들은 당시의 지배적 가톨릭문화가 인간의 성적 욕망과 특히 여성의 성적 표현을 죄악시하여 그것들이 인간 영혼의 구원을 위협하는 것으로 여기며 그러한 엄격한 청교도적 금욕주의를 영국과 대립하는 아일랜드 민족성의 한 부분으로 규정하려고 하는 데 대한 예이츠의 강한 비판적 대응이라고 할 수 있다. 다시 말하면, 예이츠는 이 작품들 속에서 가톨릭 아일랜드의 금욕주의적 관점에 대항하여 오히려 인간의 육체와 성적 욕망 그 자체를 대담하고도 긍정적인 방식으로 표현함으로써 편협하고 억압적인 가톨릭 성문화에 대한 효과적인 비판을 가하고 있는 것으로 보인다.

이러한 맥락에서 보면, 이 시들의 화자가 남성이 아니 여성으로 되어 있는 것도 어떤 특별한 효과를 노린 것으로 볼 수 있다. 우선 시인자신의 생물학적 성과 다른 여성 화자를 사용함으로써 일반적으로 시 장르가 갖고 있는 자전적 틀, 즉 시인자신의 개인적인 체험과 내면적 진실의 표현이라는 틀로부터 자유스러울 수 있게 된다. 또한 오랜 서양문학의 전통에서 애정시가 주로 남성위주의 시각에서 쓰여지고 읽혀져 온 것을 보면, 여성 화자의 사용 자체가 변화와 도전의 의미를 갖는다고 할 수 있다. 거기에 덧붙여, 아일랜드사회에서 금욕주의적이고 권위주의적인 가톨릭 성문화의 보다 큰 희생자는 바로 여성이었다는 점을 생각하면, 시인이 이 시들 안에서 여성 화자를 등장시켜 그녀의 성과 욕망의 세계를 대담하게 드러내고 있는 것은 분명한 정치적 의도의 표현으로 보인다. 여성 화자의 사용이 갖는 이러한 정치, 문화적 의미는 이 시들이 발라드(ballad) 형식을 취하고 있는 점과도 관련된다. 처음부터 문학의 대중성에 대해 깊은 관심을 갖고 있었던 예이츠로서는 당연한 것으로 보이지만, 그가 이 시들에서 특별히 발라드 형식을 사용한 것은 무엇보다도 그것이 오랜 기간 동안 민중에 의하여 애송되면서 입에서 입으로 전해져 내려온 문학형식이며, 흔히 아일랜드인들이 그것을 통해 영국에 대한 민족적 저항의식을 표현해 왔기 때문이다. 그는 이러한 민중적이고 저항적인 기반을 갖고 있는 발라드 형식을 이 시들에 사용함으로써 자신이 의도하는 아일랜드 지배적 가톨릭 성문화에 대한 비판과 저항의 효과를 극대화하려고 한 것 같다.

「젊었을 때와 늙었을 때의 여자」가 이 작품들이 쓰여진 당시의 아일랜드 사회, 특히 보수적인 가톨릭교회의 성윤리와 성문화에 대항하여 여성의 육체와 성적 욕망을 도전적으로 드러냄으로써 그 윤리와 문화를 비판하고 있는 점은 분명 이 시들의 진취적이고 긍정적인 측면이라고 할 수 있다. 이는 우리가 이 시들을 어떤 맥락에서 읽든간에 인정하지 않을 수 없는 것 같다. 다시 말해서 여성과 성문제에 대하여 매우 보수적이고 억압적이었던 당시의 아일랜드의 상황에서 볼 때, 이 작품들이 여성과 성의 해방이라는 역사적 흐름에 크게 기여하고 있는 점은 어느 누구도 부정할 수 없는 명백한 사실로 보인다. 그러나 우리는 이 작품들 속에서 여성의 육체와 성적 욕망에 대한 긍정적이고도 진취적인 제스처와 함께 여러 형태의 한계와 문제점을 발견하게 된다. 그 한계와 문제점은 한편으로는 시인으로서 그가 살았던 시대와 사회의 탓일 수도 있고, 다른 한편으로는 그가 남성 시인으로서 어쩔 수 없이 의존해야 했던 남성위주의 문학전통이나 혹은 기본적으로 낭만적이고 이상주의적인 그의 미학적 이데올로기의 탓일 수도 있다. 그러나 중요한 것은, 이 작품들에 드러난 문제점이나 한계 혹은 모순이 꼭 이 작품들의 가치를 손상시키는 것은 아니라는 점이다. 작품의 부정적이고 모순적인 측면과 긍정적이고 진취적인 측면은 복잡한 작품의 구조 안에 불가분의 관계로 함께 존재하면서 작품의 미학적 가치를 구성하고 있기 때문이다. 컬링포드의 지적대로, 결국 우리는 예이츠 시의 올바른 이해와 평가를 위해서 그의 시의 진취적인 면과 보수적인 면을 함께 파악하고 이해해야 하는 것이 아닐까 생각된다(*Gender* 224).[1)]

「젊었을 때와 늙었을 때의 여자」의 첫 작품 「아버지와 자식」("Father and Child")은 제목 그대로 아버지와 딸 사이의 짤막한 대화로 되어 있다.

---

1) 예이츠의 시에 나타난 성의 주제, 특히 여성의 성적 욕망과 사랑의 주제에 대한 연구는 그 방법론에 있어서 상당부분 페미니즘적이기 쉽겠지만, 지금까지의 예이츠 연구에 있어서 실제로 그의 작품을 페미니즘적인 관점에서 고찰하고 있는 경우는 다른 관점들에 비해서 흔치 않은 것 같다. 1980년대까지를 두고 보면 겨우 Spivak이나 Kiberd의 연구를 들 수 있고, 1990년대에 들어 와서야 이러한 성격의 연구 결과들이 발표되고 있는 것 같다. 필자가 보기에 특히 Cullingford의 *Gender and History in Yeats's Love Poetry*(1993)와 Howes의 *Yeats's Nations: Gender, Class, and Irishness*(1996)는 주목할 만하며, 두 사람 모두 예이츠 시에 나타난 여성과 성의 문제를 역사, 민족, 계급 등의 정치·사회적 주제와 관련하여 고찰하고 있다. 이 연구들은 지금까지 이루어져 온 예이츠 시의 정치적 주제에 대한 연구 성과들을 바탕으로 하여 거기에 페미니즘적 시각에서의 고찰을 덧붙인 것이라고 할 수 있다. 본 논문이 그들의 연구에 크게 힘입고 있음을 밝혀둔다.

내가 책상을 치며 그녀에게
하는 말. 못된 중에서도 가장 못된
녀석과 함께 입에 오르내리니
모든 좋은 사람들의
비난을 받을 수밖에 없다고.
그러자 내 딸아이 대답하기를,
그의 머리카락은 아름답고,
눈은 삼월 바람처럼 시원해요.

She hears me strike the board and say
That she is under ban
Of all good men and women,
Being mentioned with a man
That has the worst of all bad names;
And thereupon replies
That his hair is beautiful,
Cold as the March wind his eyes. (*VP* 531)

도덕적으로 나쁜 남자 친구 때문에 뭇 사람들로부터 평판이 좋지 않다고 딸을 나무라는 아버지와, 그런 아버지에게 오히려 애인의 아름다운 외모를 자랑하는 딸의 대화로 되어 있는 이 시는, 비록 아버지가 화자로 되어 있지만 그 중심은 마지막 부분의 딸의 대답에 놓여 있다고 할 수 있다. 그런 의미에서 「젊었을 때와 늙었을 때의 여자」의 다른 시들과 마찬가지로 이 작품 역시 여성의 성적 욕망에 대한 긍정과 옹호를 주제로 하고 있는 것으로 보인다. 우선 이 시의 화자인 아버지가 한 가정의 가장(예이츠 자신을 포함하여)을 의미하면서 동시에 아일랜드 가톨릭교회의 신부("Father"로 불리는)를 의미함은 이 시가 비판의 대상으로 삼고 있는 아일랜드 가부장제 사회와 가톨릭교회에 대한 분명한 암시로 보인다. 호칭뿐만 아니라, 그가 딸을 나무라면서 들이대는 "좋은"(good)이나 혹은 "못된"(bad) 등의 기준 역시 여성의 성적 욕망을 비하하고 죄악시한 가부장제 사회와 가톨릭교회의 기본적인 인식과 가르침을 드러내기 위한 것으로 보인다. 이러한 딱딱한 청교도적 도덕주의에 근거한 아버지의 나무람에 대항하여 남자 친구의 "아름다운" 모습을 내세우는 딸아이의 대답은 대조적으로 미학적인 기준에 근거하면서 그 표현 역시 감각적이고 비유적이다. 그녀가 예로 들고 있는 아름다운 머리카락과 바람처럼 시원한 눈은 성적 욕망을 상징하면서 동시에 기존의 억압적인 도덕률에 대한 저항의 상징으로 읽힌다.

컬링포드가 지적한 것처럼, 이 시는 여러 의미에서 예이츠의 시 「나의 딸을 위한 기도」("A Prayer for my Daughter")를 연상시킨다 (*Gender* 206). 우선 두 작품이 아버지와 딸의 관계, 특히 모든 아버지들이 갖기 마련인 딸에 대한 염려와 그녀의 행복에 대한 소망을 다루고 있다는 점이 비슷하다. 또한 두 시에서 아버지가 보기에 딸의 행복을 위협하는 대상이 모두 바람의 이미지로 표현되어 있는 점도 비슷하다. 「나의 딸을 위한 기도」에서 집밖에 몰아치는 "바다 바람"과 모드 곤 같은 여인들의 "요란한 풀무"가 뿜어내는 "분노의 바람"이 실제적으로 혹은 상징적으로 딸의 미래의 삶을 위협하는 것처럼, 「아버지와 자식」에서 아름다운 청년의 눈은 "삼월 바람"이 되어 딸을 유혹한다. 그러나 이러한 유사점에도 불구하고 두 시 사이에는 근본적인 차이점이 존재한다. 즉 「나의 딸을 위한 기도」에서는 모든 것이 아버지(시인)의 관점에서 판단되고 결정되면서 그가 이상적으로 생각하는 삶, 즉 "모든 것이 관습화되고 격식을 갖춘" 형태의 삶이 미래의 딸을 위하여 제시되어 있지만, 「아버지와 자식」에서는 아버지와 거기에 도전하는 딸아이가 동등한 자격과 권위를 갖고 맞서고 있다. 앞에서 말한 대로 오히려 이 시의 중심은 딸아이의 답변에 드러난 성적 상상력과 그 힘에 있다고 할 수 있다. 이렇게 보면, 시인은 이 시에서 인간의 성적 욕망, 특히 여성의 욕망은 더 이상 관습이나 격식과 같은 사회적 인습이나 도덕률로 억압되고 통제될 수는 없다는 것을 보여주고 있는 셈이다. 물론 이러한 해석을 가능케 하는 요인 중의 하나는 이 시가 화자인 아버지의 일방적인 생각과 느낌을 기술하고 있는 「나의 딸을 위한 기도」의 형식을 버리고 아버지와 딸 두 사람의 대화를 그대로 기술하면서 오히려 딸의 말에 무게의 중심을 두고 있는 형식을 취하고 있는 점이다.

「세상이 만들어지기 전」("Before the World was Made")은 여성의 아름다움과 사랑의 표현에 대한 사회의 통념과 시각이 어떻게 잘못되어 있는가를 보여주는 시이다. 재미있는 것은 여기에서 화자가 그 비판의 수단으로서 여성을 영원한 미의 상징으로 이상화하는 시적 관례 혹은 전통을 이용하고 있다는 점이다. 먼저 첫 연에서 화자는 자신의 얼굴을 아름답게 하기 위하여 화장을 하고 거울에 비춰보면서 그러한 행위가 결코 남자들이 비난하듯이 "허영"의 표시가 아니라고 말한다. 왜냐 하면 그녀는 화장의 행위를 통하여 "세상이 만들어지기 전의 내 얼굴," 즉 영원한 미의 상징으로서의 자신의 얼굴을 찾고 있기 때문이다.

> 눈썹을 짙게 하여
> 눈을 더 밝게 하고
> 입술 더 붉게 칠하여,
> 이리저리 거울 보며
> 잘 되었는지 살펴보아도,
> 어디에도 허영은 없네.
> 세상이 만들어지기 전의

내 얼굴 찾고 있으니.

If I make the lashes dark
And the eyes more bright
And the lips more scarlet,
Or ask if all be right
From mirror after mirror,
No vanity's displayed:
I'm looking for the face I had
Before the world was made. (*VP* 531-32)

여성의 아름다움, 혹은 영원한 미의 상징으로서의 여성의 아름다움의 주제는 예이츠가 초기 시부터 다루어 온 주제이기도 하다. 대표적으로 그의 시 「세상의 장미」("The Rose of the World")는 아름다운 여성의 이미지를 통하여 그 아름다움이 영원한 미의 상징적 표현이며, 그 영원의 미는 하늘의 천사들보다도 먼저 존재했음을 노래한다.

머리를 숙여라, 어둠 속의 천사들이여.
그대들이 있기 전에, 어떠한 생명의 심장도 뛰기 전에,
고단하고 상냥한 한 여인이 신의 옥좌 곁에 서성거렸고,
그녀의 헤매는 발길 앞에
신은 이 세상을 푸른 풀밭 길로 만들었으니.

Bow down, archangels, in your dim abode:
Before you were, or any hearts to beat,
Weary and kind one lingered by His seat;
He made the world to be a grassy road
Before her wandering feet. (*VP* 112)

또한 「아담의 저주」("Adam's Curse")에서는 "여성으로 태어난다는 것"

은 곧 "아름다워지기 위하여 노력해야 한다는 것"이며, 그것은 시를 쓰는 일이나 사랑하는 일과 마찬가지로 타락한 이 세상에서 몇 안 되는 아름답고 가치 있는 일이라고 노래한다. 이러한 맥락에서 보면, 「세상이 만들어지기 전」은 지극히 육체적이고 외면적인 여성의 화장 행위를 영원한 미의 추구라고 하는 정신적이고 내면적인 행위와 결합시킴으로써 여성의 육체를 이상적으로 드높이는 것으로 볼 수 있다. 그와 동시에, 여성의 육체와 그 욕망을 비하하고 규제하려는(화장을 "허영"의 표시로 보는 것과 같은) 사회의 잘못된 시각을 비판하고 있는 것으로 볼 수 있다.

다음 연은 1연의 화장의 이미지를 발전시켜 그것을 사랑의 문제에 연결한다.

> 사랑하는 임을 보듯이
> 남자를 바라보아도
> 피는 뜨겁지 않고
> 가슴 뛰지 않으니 어이할까?
> 왜 그는 내가 잔인하고
> 자기를 배신했다고 생각할까?
> 세상이 만들어지기 전에 있었던
> 그것을 그가 사랑했으면 좋으련만.

> What if I look upon a man
> As though on my beloved,
> And my blood be cold the while
> And my heart unmoved?
> Why should he think me cruel
> Or that he is betrayed?
> I'd have him love the thing that was
> Before the world was made. (*VP* 532)

여성의 화장과 사랑은 무슨 관계가 있는가? 우리는 그것을 화자가 추구하고 있는 영원한 미의 관점에서 생각해 볼 수 있다. 1연이 보여주고 있듯이 이 시의 화자에게 있어서 화장은 세상이 만들어지기 전에 존재하였던 영원한 미에 대한 추구의 한 양상일 뿐이다. 그러나 그러한 사실을 이해하지 못한 남성들은, 그녀의 화장을 단순한 허영의 표시를 보듯이, 단지 겉으로 드러난 그녀의 감정이나 태도만을 보고 그것을 사랑이라고 잘못 생각한다. 그 결과 그들은 결코 여성의 "피"와 "가슴"을 뜨겁게 움직일 수도 없고, 오히려 그녀가 "잔인한" 여자이며 "자신을 배신했다"고 불평만 하기 마련이다. 그래서 화자는 남성에게 1연에서처럼 "세상이 만들어지기 전에 있었던 그것" 즉 영원한 미를 여성에게서 찾고 사랑하라고 말하는 것이리라.

그러나 다른 각도에서 생각해보면, 이 시의 화자가 여성의 화장에 대한 사회의 비난에 대하여 영원한 미의 추구라는 이유를 들어 변호하고 있는 것은 전혀 문제가 없는 것일까? 사실 화장이라고 하는 것이 결국은 실제의 얼굴 위에 쓰는 일종의 가면(마스크)과 같은 것이라고 한다면, 어떻게 그것이 진정한 의미에서 영원한 미의 구현에 이르는 길이 될 수 있겠는가? 그리고 한 걸음 더 나아가, 도대체 영원한 미의 상징으로서의 여성의 의미라는 것은 무엇인가? 한편으로 그것은 여성의 존재를 한없이 드높이고 이상화하는 제스처로 보일 수도 있지만, 다른 한편으로 그것은 현실 속에 실제로 존재하는 여성의 삶의 진실들을 가리고 있는 하나의 낭만적 이데올로기에 지나지 않는 것은 아닌가? 특히 이 시가 성적으로 매우 보수적이고 억압적인 1920년대 아일랜드의 상황을 배경으로 하고 있는 사실을 염두에 두고 볼 때, 영원한 미의 상징이라는 개념을 통한 여성의 이상화는 진정한 여성의 지위 향상과 억압으로부터의 해방과는 거리가 먼, 남성위주 사회의 또 하나의 성적 이데올로기에 지나지 않을 수도 있지 않을까?

또한 화장을 통해 영원한 미를 찾고 있는 여성의 내면적 진실은 보지 못한 채 단지 겉으로 드러난 것만을 사랑으로 착각하고 있는 남성 사회의 잘못된 시각에 대한 비판에 대해서도 마찬가지의 문제점을 지적할 수 있을 것 같다. 진정으로 그녀의 피가 뜨겁지 않고 그녀의 가슴이 뛰지 않는 것은 남성이 그녀에게서 영원한 미를 찾지 않기 때문인가? 만약 그녀가 바라는 바대로 남성이 그녀 자신에게서 "세상이 만들어지기 이전에 있었던" 영원한 미를 찾아 사랑한다고 한다면 그것만으로 그들의 사랑은 완전한 것이 될 것인가? 그녀가 말하는 영원한 미의 화신으로서의 여성의 존재가 실제 살아 있는 인간으로서의 여성을 대신할 수 있겠는가? 한마디로 그것이 사랑의 문제의 진정한 해결책은 아니지 않는가? 이처럼 이 시는 영원한 미의 상징으로서의 여성의 아름다움이라는 매우 추상적이고 비현실적인 시적 개념을 사용하여 여성의 육체와 사랑에 대한 남성 사회의 잘못된 시각을 비판함으로써 어쩔 수 없이 그 개념이 갖고 있는 한계점과 문제점을 드러내고 있는 것으로 보인다. 다시 말해서 예이츠 자신이 그의 초기 시에서부터 즐겨 사용하였던 중요한 미학적 이데올로기의 하나인 영원한 미의 상징의 개념은 이 시의 텍스트 안에서 긍정적인 기능과 부정적인 기능을 동시에 수행하고 있는 셈이다.

「최초의 고백」("A First Confession")은 여성 화자가 자신의 성적 욕망과 그 체험에 대하여 처음으로 고백하는 내용으로 되어 있다.

> 제 머리카락에 엉킨
> 가시나무에 제가 다친 게
> 아니라는 걸 고백합니다.
> 제가 움츠리고 떤 것은
> 단지 아픈 척 했을 뿐,
> 단지 아양 떤 것뿐이지요.

저도 진리를 갈망하지요. 허지만
제 양심이 거부한 것을
멀리할 수가 없습니다.
왜냐하면 남자들의 시선이
제 뼈 속 갈망을 더없이
만족시켜 주기 때문이에요.

제가 황도대로부터
끌어오는 밝은 빛,
저를 응시하며 묻고 있는
저 눈은 웬 까닭이지요?
만일 공허한 밤이 대답하면
그들은 저를 피하는 수밖에 없겠지요?

I admit the briar
Entangled in my hair
Did not injure me;
My blenching and trembling,
Nothing but dissembling,
Nothing but coquetry.

I long for truth, and yet
I cannot stay from that
My better self disowns,
For a man's attention
Brings such satisfaction
To the craving in my bones.

Brightness that I pull back
From the Zodiac,

Why those questioning eyes
That are fixed upon me?
What can they do but shun me
If empty night replies? (*VP* 532-33)

1연에서 화자가 전혀 아프지도 않으면서 움츠리고 떨며 아픔을 가장하는 것은 그녀의 말마따나 일종의 "아양 떪"에 지나지 않는 것이지만, 그녀는 이러한 행동이 사랑하는 남자의 "시선"을 끌고 그의 사랑을 얻는 데 필요한 것임을 안다. 특히 여성의 성에 대하여 보수적이고 억압적인 사회에서, 따라서 그만큼 여성에게 사랑의 가능성과 기회가 적은 사회에서 여성이 사랑하는 남자를 얻기 위해서는 그러한 행동과 제스처가 하나의 유효한 전략이 될 수 있기 때문이다. 이렇게 보면 그녀의 행동은 남성위주 사회의 위선적인 성문화에 그녀가 순응하고 있는 것으로 보이기도 하지만, 다른 한편으로 그녀가 자신의 행위의 의미를 잘 알고 있다는 점에서 보면 그녀의 행위는 사회의 위선적인 성문화에 대한 조롱과 풍자의 제스처로 보이기도 한다. 이어 2연에서 그녀는 자신의 노력에도 불구하고 그녀가 남성에 대한 욕망을 결코 멀리 할 수 없는 것은 사랑하는 남자의 "시선"이 그녀의 "뼈속 갈망"을 만족시켜 주기 때문이라고 고백한다. 이는 자연스러운 생리적 현상이라고 할 수 있는 성적 욕망이 그녀로 하여금 양심이나 분별력에도 불구하고 남자의 관심과 시선을 끌기 위하여 시치미 떼고 아양 떠는 여자가 되게 한다는 점을 그녀가 대담하게 밝히는 것이라고 할 수 있다. 이 부분 역시 한편으로는 여전히 남성의 "시선"에 붙잡혀 있는 그녀의 모습을 보여 주지만, 다른 한편으로는 대담한 성적 욕망의 표현을 통하여 억압적이고 위선적인 사회에 대해 도전적인 제스처를 취하고 있는 그녀의 모습을 보여준다.

이 시에서 가장 난해한 부분으로 보이는 마지막 연에서 여성의 욕망은 단순히 자연적이고 생리적인 세계를 벗어나 우주적인 세계와 연결된다. 2연에서 자신의 육체적 욕망을 "뼈 속 갈망"으로 표현한 화자는 여기에서 자신의 육체와 그 욕망의 아름다움을 "황도대로부터 끌어오는 빛"으로 표현한다. 마치 「세상이 만들어지기 전」에서 화자가 자신의 얼굴의 아름다움을 위한 화장의 행위를 세상이 만들어지기 전의 영원한 미에 연결시키는 것과 같다고 할 수 있다. 이처럼 자신의 육체적 아름다움과 욕망을 적극적인 방식으로 우주적 차원으로까지 확대하고 이상화한 화자는 이러한 사실을 전혀 이해하지 못한 채 자신을 응시하며 무엇인가를 묻고 의심하는 "눈"에게 왜 그러는가를 묻는다. 물론 그 눈은 그녀의 진실을 이해하지 못하는 사랑하는 남자의 눈이지만, 더 나아가 그녀의 사랑의 표현을 못마땅하게 생각하는 사회 전체의 눈이기도 하다. 그렇게 보면 그녀의 첫 번째 물음은 자신의 육체와 성적 욕망을 이해하지 못하고 오히려 의혹의 시선으로 바라보는 "눈들"에 대한 도전적 태도의 나타남이라고 할 수 있다. 그러나 이러한 사실에도 불구하고 다음에 이어지는 그녀의 질문, 즉 만일 그녀에게 사랑과 욕망이 없는 "공허한 밤"만이 존재한다면 결국 그 눈들은 자신을 피할 수밖에 없지 않겠느냐는 물음은 여전히 그녀가 자신의 욕망과 사랑을 통하여 그 눈들을 붙잡아 두기를 원하고 있음을 말해준다.

이처럼 이 시에는 화자의 적극적인 성적 욕망의 표현을 통한 보수적이고 억압적인 사회에 대한 비판과 함께, 사회의 시선과 비판을 지나치게 의식하고 있는 그녀의 소극적인 태도와, 더 나아가 그러한 사회의 비판적인 시각 때문에 결국 자신의 사랑이 실패하지 않을까 하는 두려움과 불안함이 함께 드러나 있는 것으로 보인다. 물론 그 소극적인 태도와 불안의 원인이 한편으로는 사회의 억압적인 인식과

규범에 있는 것이 사실이다. 예를 들어 제목이 말하듯 "고백"을 요구하는 사회의 종교 체제 자체가 그 원인일 수도 있다. 그러나 다른 한편으로는 그러한 사회의 인식과 체제로부터 완전히 벗어나지 못하고 거기에 사로잡혀 있는 그녀에게도 일정 부분의 원인이 있다고 할 수 있다. 이렇게 보면 그녀가 자신의 욕망과 사랑을 우주적 질서에 연결시키는 제스처도 이중적인 의미를 갖는다고 할 수 있다. 즉, 한편으로는 그것은 화자의 욕망을 단순히 육체의 생리적인 차원으로부터 인간을 초월한 우주적인 차원으로까지 확대하여 끌어올림으로써 육체와 욕망을 비하하는 사회의 편협한 인습에 대하여 비판을 가하는 것일 수 있지만, 다른 한편으로 인간의 가장 실제적인 문제라고 할 수 있는 사랑과 욕망을 현실 세계로부터 유리시켜 추상화해버리는, 소극적이고 부정적인 의미의 낭만적 제스처에 지나지 않는 것일 수도 있다. 이러한 점은 앞에서 살펴 본 「세상이 만들어지기 전」이 영원한 미의 개념을 통하여 남성위주 가부장제 사회의 성윤리를 비판하면서 동시에 그 개념 자체의 한계성을 드러낸 것과 비슷하다고 할 수 있다.

「그녀의 승리」("Her Triumph")는 여성에게 있어서 진정한 사랑의 "승리"가 어떠한 것인가를 보여주고 있는 작품으로 보인다. 즉, 전통적인 모티브의 하나인 납치된 여성을 구하는 용감한 남성의 이야기를 이용하여 잘못된 사랑의 굴레 혹은 억압으로부터 진정한 사랑으로의 해방을 다루고 있다. 이 시의 전반부 6행은 용에게 붙잡혀 있는 여성 화자의 상태를 묘사하고 있고, 후반부 6행은 남성에 의하여 그 용으로부터 해방된 그녀의 모습을 그리고 있다. 전반부에서 그녀가 용에게 붙잡혀 "용의 뜻"을 따랐던 것은 사랑을 "그때 그때의 즉흥적인 놀이"나 "정해진 게임"으로 잘못 생각했기 때문이다.

당신이 올 때까지 전 용의 뜻을 따랐습니다.
사랑을 그때 그때의 즉흥적 놀이나,
수건을 떨어뜨리기만 하면 뒤따라오는
정해진 게임으로 생각했기 때문입니다.
위트를 부리기만 하면 세세한 날개와
천상의 음악이 주어져 참 멋있었답니다.

I did the dragon's will until you came
Because I had fancied love a casual
Improvisation, or a settled game
That followed if I let the kerchief fall:
Those deeds were best that gave the minute wings
And heavenly music if they gave it wit; (*VP* 533)

이런 상황에서 "당신"이 구원자로서 나타난다. 그녀는 처음에는 "제정신이 아니어서" 그를 "조롱"하지만, 그는 그것을 "극복"하고 마침내 그녀를 해방시킨다. 그래서 그는 용을 물리치고 여자를 구한 행위로 유명한 영국의 수호성인인 성 조지(Saint George)나 혹은 그리스 신화의 페르세우스(Perseus)로 불려진다. 이어 마지막 두 행에서 "이제 우리는 놀라운 눈으로 바다를 바라봅니다. / 그리고 경이로운 낯선 새 한 마리 우리에게 우짖습니다."라고 두 사람의 진정한 사랑의 "승리"를 노래한다.

언뜻 보면 이 시의 이야기의 구조는 간단하게 보이지만, 그러나 그 의미를 따져 보면 그렇게 간단한 것만은 아닌 것 같다. 우선 이 시의 화자가 사랑을 놀이나 게임으로 잘못 생각했기 때문에 용에게 붙잡혀 그의 뜻을 따랐다는 것을 어떻게 이해해야 할까? 흥미롭게도 앞의 두 작품 「세상이 만들어지기 전」과 「최초의 고백」에서 여성 화자는 이 시의 전반부에 표현된 것과 비슷한 사랑의 게임을 했던 것이 아닌가? 그들은 일종의 마스크라고 할 수 있는 화장 행위를 통하여, 혹은 거짓으로 아픈 척하면서 아양 떠는 행위를 통하여 남성들의 시선을 끌고 그들의 사랑을 획득하려고 한 것이 아닌가? 그리고 그러한 방식의 사랑 게임이 그들에게 비록 제한된 범위에서나마 육체적 욕망의 표현과 만족을 가능하게 한 것이 아닌가? 그렇다면 이 시가 그러한 여성 화자의 상황을 용에게 붙잡혀 묶여 있는 부정적인 상황으로 표현하고 있는 것은 무슨 의미인가? 이 점은 시의 마지막 부분에 나타난 바다와 새의 이미지를 통해 이해해볼 수 있을 것 같다. 그것들은 모두 인간과는 다른 자연의 이미지로서 자연의 조화로움이나 신비를 드러내고 있는 것들이다. 시인은 이러한 자연의 이미지들을 통하여 앞부분에 나타난 즉흥적인 게임과 유희 같은 인위적인 사랑의 한계와 문제점을 드러냄과 동시에 그것과는 다른 보다 자연적이고 원초적인 사랑을 암시하려고 한 것은 아닐까? 그리고 그러한 피상적이고 인위적인 남녀의 사랑이 근본적으로는 억압적이고 위선적인 가부장제 사회에서 비롯하고 있다는 점을 용의 사슬을 통해 보여주려 한 것이 아닐까?

이처럼 이 시는 용으로부터의 해방이라는 상징적인 체험을 보여줌으로써 성과 육체적 욕망의 충족을 통한 여성의 해방이라는 메시지를 전달하고 있는 것으로 볼 수 있다. 그러나 그 해방이 바람직한 것이라고 하더라도 그것이 전적으로 남성의 행위에 의존하고 있는 것은 어떻게 생각해야 할까? 왜 그녀는 스스로 해방되지 못하고 성 조지나 페르세우스 같은 초인적 남성에 의해서만 해방될 수 있는 것일까? 컬링포드는 이 시가 비슷한 내용을 그린 두 개의 그림에 기초하고 있다는 사실을 지적하면서, 그 중 하나인 엥그레(Jean-Auguste-Dominique Ingres)의 그림 『안젤리카를 해방시키는 루기에로』(*Ruggiero Freeing Angelica*)를 자신의 책에 직접 옮겨 싣고 있다(*Gender* 214). 그녀는 이 그림 속에서 발가벗고 바위의 사슬에 묶인 채 고통스러운 듯 몸을 비틀고 있는 안제리카와 그 곁에서 갑옷을 입고 바다 괴물의 입 안으로 긴 창을 내리꽂고 있는 루기에로의 모습을 그가 그녀를 겁탈하는 행위를 암시하는 것으로 보고 있는데, 거기에는 성적 욕망의 만족을 통한 여성의 해방이라는 측면 외에 남성의 힘의 과시와 그에 대한 여성의 복종과 의존이라는 부정적 측면도 포함되어 있는 듯하다. 이런 맥락에서 보면, 이 시가 사용하고 있는 기본 모티브인 붙잡힌 여성을 구하는 영웅적인 남성의 이야기는 아무래도 그 자체가 남성 위주 가부장제 사회의 흔적을 담고 있는 것은 아닐까? 보다 원초적인 성의 해방이라는 명분 아래 여성을 다시 용의 사슬에 묶어 두고 그녀를 구해줄 남성을 기다리게 하는 것은 아닐까?

다음 작품 「위로」("Consolation")는 앞의 작품보다는 더 평이하고 직접적인 방식으로 육체적 욕망의 충족이 주는 "위로"를 노래한다. 그리고 그 위로를 현인들의 말씀의 "지혜"와 대조시킨다.

아! 현인들의 말씀에는
지혜가 들어 있지요.
그러나 잠시 몸을 펴고
머리를 눕히세요.
사람이 어디에서 위로 받는지를
내가 그들에게 말할 때까지.

만일 이 세상에 태어난 죄가
우리의 운명을 어둡게 한다고
내가 생각하지 않았더라면
어떻게 그리 열정적일 수 있었겠어요?
그러나 죄가 범해진 곳에서
죄는 잊혀 질 수 있는 걸요.

O but there is wisdom
In what the sages said;
But stretch that body for a while
And lay down that head
Till I have told the sages
Where man is comforted.

How could passion run so deep
Had I never thought
That the crime of being born
Blackens all our lot?
But where the crime's committed
The crime can be forgot. (*VP* 534)

육체적 욕망을 멀리하고 그 대신 영혼의 평화와 기쁨을 찾도록 가르치는 현인들의 말씀은 모든 종교의 기본적인 내용이지만 특히 예이츠가 비판적으로 바라보는 아일랜드 가톨릭교회의 가르침이기도 하다. 물론 그 가르침이 지혜일 수 있는 것은, 인간이 추구하는 육체적 욕망의 만족에는 쾌락뿐만 아니라 수많은 고통과 속박, 그리고 허망함이 뒤따르기 때문이다. 그래서 화자자신도 그 지혜를 어느 정도는 인정하는 듯하다. 그러나 문제는 고통과 슬픔이 상당 부분 육체로부터 오는 것이 사실이라고 하더라도 인간이 육체를 떠나서는 살 수 없다는 점이다. 그렇다면 육체를 지니고 살아가야 하는 인간이 그 고통과 슬픔에 대하여 "위로" 받을 수 있는 길은 어떻게 가능할 것인가? 결국 현인들의 가르침대로 육체를 버리고 영혼을 따르는 것 외에 다른 길은 없는 것일까?

2연에서 화자가 언급하고 있는 바와 같이 인간이 이 세상에 태어나는 일, 혹은 그것을 가능하게 하는 남녀의 성행위를 인간의 삶을 어둡게 만드는 죄악의 하나로 보는 것은 1연에서 말하고 있는 현인들의 지혜의 또 다른 표현이라고 할 수 있다. 화자 자신도 그렇게 생각했다고 말하고 있다. 그러나 그러한 출생과 욕망의 죄악으로부터 "위로" 받을 수 있는 방식에 대해서는 화자와 현인들의 견해가 다른 듯하다. 아마도 현인들은 그러한 것들로부터 멀리 벗어나 초월적인 삶의 방식에서 그 답을 찾겠지만, 그녀는 한마디로 "죄가 범해진 곳에서" 그것이 "잊혀 질 수 있"다고 결론짓고 있기 때문이다. 이는 설사 인간의 욕망이 기독교의 원죄처럼 피할 수 없는 불행의 원인이라고 하더라도 그것에 대하여 진정으로 위로 받을 수 있는 길은, 혹은 그것을 잊고 자유로울 수 있는 길은 그 욕망의 억제와 비하가 아니라 오히려 그 충족에 있다는 말로 이해된다. 이러한 의미에서 볼 때, 화자가 내세우고 있는 위로의 방식은 육체적 욕망을 죄악시하고 금기시하는 현인들이나 가톨릭교회의 "지혜"와는 다른, 사랑하는 연인들의 "지혜"라고 할 수 있을 것 같다. 여기에서 화자가 "이 세상에 태어난 죄가 / 우리의 운명을 어둡게 한다고" 생각했기 때문에 더욱 더 "열정적일 수 있었"다고 말하고 있는 것은 조금은 모순되게 보일 수도 있지만 전혀 이상한 것은 아니다. 왜냐 하면 그녀가 육체적 욕망의 고통과 속박을 깊이 인식하는 그만큼 상대적으로 그 욕망의 충족이 주는 기쁨과 해방감도 커질 것이기 때문이다.

「위로」가 성적 욕망의 충족이 주는 위로와 해방감을 다루고 있다면, 다음 작품 「선택」("Chosen")은 그것이 주는 일체감 혹은 완전과 초월의 느낌을 다루고 있다. 앞의 작품이 사랑의 행위가 주는 쾌락을 통하여 삶의 비극성을 망각하거나 극복하고자 하는 제스처를 보여주고 있다면, 이 작품은 그 사랑의 행위가 사랑하는 사람들에게 비록 순간적인 것이긴 하지만 일체감과 초월감을 갖게 해준다는 점을 표현하고 있다. 그 일체감과 초월감이 더욱 의미 있는 것은 인간의 육체적 사랑이 필연적으로 순간적이며 변화할 수밖에 없다는 것, 즉 사랑의 행위가 끝나면 사랑하는 사람들은 결국 헤어질 수밖에 없다는 단순하면서도 고통스러운 사실 때문이다. 이러한 느낌을 효과적으로 전달하기 위하여 이 시가 사랑과 성의 세계를 우주적 차원으로까지 확대하고 있는 것은 앞의 시 「첫 고백」과 마찬가지이다. 이 시의 첫 부분에서 화자는 사랑이 자신이 "선택"한 운명임을 단언한다. 그리고 우주적 비유를 통하여 자신과 사랑하는 사람의 관계를 지구와 태양의 관계로 묘사한다. 또한 "한밤중 내 모성의 젖가슴"이라는 표현을 통하여 어머니와 자식의 관계로 묘사하기도 한다. 다시 말해서 그녀가 사랑하는 남자를 사랑하여 껴안는 행위는 지상의 대지가 자신의 주위를 돌고 있는 태양을 껴안는 것이나 혹은 어머니가 사랑하는 자식을 품에 안는 것과 같은 것이다.

사랑의 운명은 선택되는 것. 선회하는
황도대의 궤도 위에 한 모습 찾으려고
애쓰면서 그걸 알았네.
그가 내 몸에 닿자마자,
그가 서쪽으로부터 가라앉자마자,
혹은 한밤중 내 모성의 젖가슴 위에서
지하의 휴식을 찾자마자,
곧 나는 북쪽 길 위에 그를 알아보았고,
침대에 누워 있어도 서 있는 듯 했네.

The lot of love is chosen. I learnt that much
Struggling for an image on the track
Of the whirling Zodiac.
Scarce did he my body touch,
Scarce sank he from the west

Or found a subterranean rest
On the maternal midnight of my breast
Before I had marked him on his northern way,
And seemed to stand although in bed I lay. (*VP* 534-35)

그러나 이러한 사랑도 결국 순간적인 것일 수밖에 없다. 마치 밤이 지나고 날이 밝으면 태양이 대지를 떠나 서로 헤어지듯이, 사랑의 시간이 지나면 사랑하는 남녀도 결국 서로 헤어질 수밖에 없기 때문이다. 그래서 2연에서 화자는 자신이 "여명의 공포와 싸운 것"이라고 말한다. 그러나 이러한 "여명의 공포"에도 불구하고 그녀는 자신이 체험한 사랑의 "즐거움"에 대해, 즉 사랑의 쾌락 뒤에 오는 "정적의 순간"에 사랑하는 두 사람이 마치 하나가 된 것처럼, 그리고 완전하고도 초월적인 존재가 된 것처럼 느꼈음을 갓 결혼한 신부에게 가르쳐주겠다고 말한다. 그러한 합일과 초월의 순간을 "황도대가 구체로 바뀌는" 우주적 현상에 비유하여 표현한 것은 1연과 마찬가지다.

내가 여명의 공포와 싸운 것도
내가 선택한 운명이 아니던가! 남자와 함께 한
가장 큰 즐거움이 무엇이냐고
갓 결혼한 신부가 묻는다면, 나는
정적의 순간에 대해 말하리라.
그때 그의 마음은 내 마음 같았고,
어느 박식한 점성가가 기록했듯이,
황도대가 구체로 바뀌는 불가사의한 물결 위를
두 사람이 떠가는 듯하였다고.

I struggled with the horror of daybreak,
I chose it for my lot! If questioned on
My utmost pleasure with a man

By some new-married bride, I take
That stillness for a theme
Where his heart my heart did seem
And both adrift on the miraculous stream
Where--wrote a learned astrologer--
The Zodiac is changed into a sphere. (*VP* 535)

다른 작품들과 마찬가지로 이 작품의 경우에도 문제가 없는 것은 아니다. 우선 여성으로서 화자를 묘사하고 있는 표현 자체가 기성 사회의 관념과 인식을 크게 벗어나지 못하고 있다. 즉, 그녀는 여전히 "지하의" 어두운 곳에 존재하는, 그리고 사랑하는 자식이나 연인에게 기쁨을 줌으로써 기쁨을 느끼는 "모성적인" 존재로 표현되고, 남성(태양)이 떠나는 것을 두려워하거나 그를 떠나보내고 그 고통을 감수하는 여성(대지)의 지극히 수동적인 이미지로 표현되어 있다. 그러나 이러한 여성적 특성들이 비록 오랜 기간에 걸쳐 이루어진 여성에 대한 성차별의 결과로 형성된 것이라고 하더라도 이 작품에서 전적으로 부정적인 것으로만 이해돼서는 안 될 것 같다. 오히려 화자는 그러한 특성들을 자신의 것으로 받아들이고 거기에 근거한 사랑을 적극적으로 자신의 운명으로 "선택"함으로써 사랑의 즐거움과 축복을 느끼고 있기 때문이다.

다음 작품 「이별」("Parting")은 그 제목이 말해주듯이 밤새 사랑을 나누다가 날이 밝아오자 헤어져야 하는 사랑하는 두 사람을 그리고 있는 작품이다. 이 시가 두 사람 사이의 대화의 형식을 취하고 있는 것도 그들이 서로 떨어져 분리되어 가는 상황을 암시하는 것으로 볼 수 있다(Unterecker 238). 문학 장르에 있어서 이 작품은 날이 밝아오는 시각에 사랑하는 연인들의 헤어지는 슬픔을 노래하는 "아침 노래"(aubade)에 속한다고 할 수 있고, 총 14행의 소네트 형식을 취하고 있는 점도 이 작품을 매우 형식적이고 전통적인 작품으로 보이게 한다. 그러나 이러한 외관상의 특성에도 불구하고 그 내용면에서 이 시는 기존의 비슷한 시들과는 달리 상당히 충격적이고 도전적인 작품으로 보인다. 이 점은 특히 시의 마지막 부분의 여성 화자의 말에 잘 드러난다.

> *여자.*　　　　　그[새]는 계속 노래하게 내버려두세요.
> 사랑놀이를 위하여 저의 어두운
> 내리받이 비탈을 드릴게요.
>
> *She.*　　　　　Let him sing on,
> I offer to love's play
> My dark declivities. (*VP* 536)

물론 이 대화는 여성 화자가 새벽이 되어 떠나가려는 연인에게 떠나지 말고 함께 사랑놀이를 계속하기를 바라면서 하는 말이다. 이런 점에서 보면 이 시는 그 제목과는 달리, 그리고 같은 장르로 쓰인 작품들의 일반적인 결말과는 달리, 실제로 두 연인의 "이별"로 끝을 맺는 대신에 오히려 지속적인 사랑의 유희를 암시하며 끝을 맺고 있는 셈이다. 그러나 그들의 사랑이 편안하고 즐거운 것만은 아니다. 그것이 금지된 따라서 위험한 사랑놀이임은, 남자가 날이 밝기 전에 떠나려고 하는 이유, 즉 "밤이 집안 감시자들의 / 눈을 가리고 있는 동안에 / 떠나야 한다"는 말에서나, 혹은 그 말에 대한 여자의 답변인 "그[새]의 요란한 노래 소리는 / 잔혹하게 슬쩍 다가오는 낮을 꾸짖고 있네요."라는 말에서 알 수 있다. 따라서 남성 화자가 불안감을 드러내 보이며 떠나려고 하는 것은 당연한 일인지도 모른다. 그러나 여성 화자의 경우는 어떠한가? 앞에서 인용한 그녀의 마지막 대화에서 보듯이 그녀는 다가오는 시간의 흐름이나 그것을 알리는 새의 노래 소리를 무시하고 거부하면서, 그리고 그들의 사랑놀이의 지속이 가져올지도 모르는 위험도 전혀 개의치 않으면서, 오히려 대담하게 자신의 몸의 은밀한 부분까지를 드러내어 남자에게 "제공"하며 사랑을 추구하고 있는 것이 아닌가? 이러한 여성 화자의 도전적인 태도가 주는 놀랍고도 즐거운 충격은 이 시의 형식이 주는 전통적이고 관례적인 느낌을 적절하게 조절하고 보완해 주고 있는 것으로 보인다.

「숲에서 본 그녀의 환상」("Her Vision in the Wood")은 앞의 작품들과는 달리 "늙었을 때의 여자"를 화자로 등장시켜 그녀에게 있어서 사랑과 성의 의미가 무엇인가를 다루고 있는 작품이다. 그녀는 숲에 놓여 있는 "마른 통나무"처럼 "남자와 사랑을 나누기에는 너무 늙은" 여자이다. 이처럼 자신의 육체의 늙음에 "분노"하는 그녀는 대신 "상상" 속에서 과거의 남자들을 생각하며 자신의 몸에 상처를 낸다. 즉 스스로 몸에 상처를 내서 "말라버린 혈관에서 피가 흐르는" 것을 보고 자신의 육체를 다시 확인하면서 거기에 남아있는 과거 "사랑하는 사람의 입술"을 상기하려고 한다. 이는 자신의 몸에 상처를 내어 지나간 사랑의 기억을 상기하는 고통을 통해 육체의 늙음에서 오는 보다 큰 고통을 잊으려는 것이라고 할 수 있다. 이어 그녀는 마치 마술이라도 하는 듯이 피에 물든 손바닥을 들어 올리며 한 무리의 여인들을 불러들인다. 횃불과 요란한 음악 속에서 그들은 상처 입은 한 남자를 들것에 싣고 가며 그에게 상처를 입힌 짐승에 대해 노래한다. 15세기 이탈리아 화가가 그린 여인 군상("a Quattrocento painter's throng")과도 같은 그 여자들은 "풀어헤친 머리와 슬픔에 젖은 이마"를 보이며 음악에 맞추어 움직이고 있다. 마침내 그들의 슬픔에 전염된 듯 그녀 자신도 피에 물든 그 남자를 응시하고 그들과 함께 저주의 노래를 부르게 된다.

늙어 가는 육체의 현실에 분노하는 여성 화자가 상상력을 통하여 불러내는 이러한 환상, 즉 이 여자들과 그들이 벌이고 있는 신비한 의식은 무엇을 의미하는 것일까? 여러 가지로 생각해볼 수 있겠지만, 우선 이 작품이 보여주고 있는 신비한 의식은 고대사회의 아도니스(Adonis) 신화나 다른 풍요신화의 내용을 상기시킨다. 특히 그 신화에 나타난 신의 희생과 죽음의 의미를 시인이 염두에 둔 것이 아닌가 생각된다. 다시 말해서 시인이 이 작품 속에 그러한 신화의 의식을 재현시키고 여성 화자를 그 의식에 참여시키고 있는 것은, 고대 풍요신화의 의식에서 신의 희생과 죽음, 그리고 재생을 통하여 계절의 순환과 풍요를 빈 것처럼 이 시의 여성 화자는 자신의 몸에 상처를 입히는 행위를 통해서 과거의 사랑과 그 즐거움을 기억하고 되돌리려고 한다는 의미로 읽힌다. 이렇게 보면, 그녀의 "환상"은 이제는 현실적으로 불가능해 보이는 자신의 육체적 사랑에 대한 갈망과 좌절을 초현실적인 신화의 틀 속에 투영하여 "상상적으로" 해결하려는 것이라고 말할 수 있을 것 같다. 여자들의 무리가 15세기 화가의 그림이나 혹은 동전에 나오는 여인 군상처럼 표현된 것은 이러한 상상의 측면을 강조하기 위한 것으로 보인다.

그러나 중요한 것은, 이러한 투영 혹은 상상의 과정에서 매우 의미있고 놀라운 일이 실제로 일어난다는 사실이다.

> 피와 진흙투성이로 짐승에 찢겨 망가진 그가
> 반쯤 머리를 돌려 흐릿한 눈으로 나를 보았다.
> 그러자 사랑의 쓰고 달콤함이 모두 되돌아 왔다.
> 그러나 그림 혹은 동전에서 빠져 나온 여인들은
> 내가 넘어지는 것도 비명을 지르는 것도 몰랐다.
> 술에 취한 듯 노래에 빠진 그들은, 그들이
> 거기에 데려온 것은 어떤 신화의 상징이 아니라
> 내 마음의 희생자와 그의 학대자라는 것을 몰랐다.

That thing all blood and mire, that beast-torn wreck,
Half turned and fixed a glazing eye on mine,
And, though love's bitter-sweet had all come back,
Those bodies from a picture or a coin
Nor saw my body fall nor heard it shriek,
Nor knew, drunken with singing as with wine,
That they had brought no fabulous symbol there
But my heart's victim and its torturer. (*VP* 537)

짐승에 찢겨 죽어 가는 남자가 여성 화자를 바라보고, 그들의 눈이 마주치는 순간 그녀가 그의 눈빛 속에서 자신의 사랑하는 연인의 모습을 보며 이미 떠나버린 것으로 생각했던 자신의 사랑이 되돌아 온 것으로 느끼는 것은 좀 뜻밖의 일로 보이기도 하지만, 이미 피흘림의 행위를 통해 자신의 좌절과 고통을 그의 고통과 죽음에 투영한 그녀에게 있어서는 이미 예견된 당연한 결과라고 할 수 있다. 이러한 의미에서 보면, 그 남자의 끔찍한 고통과 죽음을 노래하는 의식 자체가 과거의 사랑의 기억을 되돌리기 위한 개인 차원의 행위를 사회적이고 종교적인 차원으로 확대하여 재현하고 있는 것으로 보인다. 그러나 그의 눈빛 속에서 되돌아 온 사랑을 확인하는 순간 그녀가 비명을 지르며 쓰러지는 것은 그 사랑이 영원히 지속될 수 없는, 그들의 눈빛이 마주치는 한순간에 끝나고 마는 것임을 암시하는 듯하다. 그렇다면 결국 그녀는 한 순간의 눈맞춤을 위하여, 그것을 통한 자신의 사랑의 기억과 재생을 위하여 그를 신화의 세계로부터 불러와 또 다시 희생과 죽음의 의식을 치르게 하는 것이 아닌가? 그녀가 그를 "내 마음의 희생자"라고, 그리고 자신을 "그의 학대자"라고 부르는 것은 바로 그 때문이리라.

다음 작품 「마지막 고백」("A Last Confession")은 제목 그대로 여성 화자가 죽음에 임박하여 신부에게 마지막 고백을 하는 내용으로 되어 있다. 앞에서 살펴본 「첫 고백」과 마찬가지로, 여성 화자의 대담한 성적 체험을 노래하면서 1920년대 아일랜드 가톨릭교회의 보수적이고 억압적인 성문화를 비판하고 있는 이 작품이 바로 그 가톨릭교회의 중요한 의식 가운데 하나인 고백성사의 형식을 사용하고 있는 점은 흥미롭다. 인생의 마지막 순간에 신부에게 고백하면서 "나와 함께 잤던 모든 남자들 중 / 어떤 활기찬 젊은이가 나를 가장 즐겁게 해주었느냐고요?"라고 묻고 있는 시의 시작부터가 충격적이다. 그리고 이에 대한 대답도 아주 간결하면서 솔직하다.

> 저의 대답은 이래요. 제 영혼을 바쳐
> 사랑할 때는 불행했지만
> 몸으로 사랑한 젊은이와의 관계는
> 무척 즐거웠어요.
>
> I answer that I gave my soul
> And loved in misery,
> But had great pleasure with a lad
> That I loved bodily. (*VP* 538)

영혼을 통한 사랑보다는 육체적인 관계가 주는 사랑이 훨씬 더 많은 즐거움을 주었다는 말이다.

육체적 쾌락에 대한 그녀 고백의 솔직성과 대담성은 계속해서 "짐승은 짐승에게 받은 만큼 주었지요"라든가, 혹은 "제가 준 것은 다른 여인들이 / 옷을 벗고 준 것이지요."라는 표현에 드러난다. 물론 가톨릭 신부에게 향한 이러한 여성 화자의 고백을 통하여 시인이 의도한 것은 "영혼을 즐겁게 하기 위하여 육체가 상처를 받는" 가톨릭교회의 금욕주의적 가르침에 대한 비판이다. 이러한 교회의 가르침이 아일랜드인들에게 상당한 영향력을 갖고 있다는 사실은 두 번째 연에서 화자가 그녀의 육체적 사랑의 파트너인 젊은이에 대하여 "우리의 육체가 닿기만 하면 / 그는 내가 영혼을 준 것으로 생각했다."라고 말하고 있는 데서도 확인된다. 그러나 그의 생각과는 상관없이 그녀는 그와 함께 단지 한 마리의 "짐승"처럼 육체적인 사랑의 쾌감을 즐겼을 뿐이라고 말한다. 여성 화자가 직접 자신의 성적 체험을 거리낌없이 말하고 있는 이러한 시적 표현이 갖는 성적, 정치적 의미는 당시의 가톨릭교회에 대한 비판적 관점에서뿐만 아니라, 더 나아가 서양문학의 전통적 관점에 비추어 볼 때에도 분명해진다. 전통적으로 여성은 낭만적이고 이상적인 사랑의 성적 대상으로서 항상 수동적이고 비주체적인 위치와 역할만을 차지해왔기 때문이다.

여기까지는 비교적 뜻이 분명하지만 이 작품의 후반부에 이르면 그 의미가 모호해진다. 따라서 우리는 이해의 어려움을 겪게 된다.

> 그러나 이 영혼이 육체를 벗어나,
> 알몸이 되어 알몸에게로 가면,
> 내 영혼이 찾아낸 그는 그 안에서
> 누구도 알지 못하는 것을 찾고,
>
> 자신의 것을 주고 자신의 것을 취하며
> 당당하게 지배할 것입니다.
> 그러면, 비록 전에는 사랑으로 불행했지만,
> 떨어질 수 없이 꼭 붙어
> 감히 어떤 낮 새도 그 기쁨을
> 없애지는 못할 것입니다.
>
> But when this soul, its body off,
> Naked to naked goes,
> He it has found shall find therein

What none other knows,

And give his own and take his own
And rule in his own right;
And though it loved in misery
Close and cling so tight,
There's not a bird of day that dare
Extinguish that delight. (*VP* 538)

우선 영혼이 육체를 벗어버리고 알몸이 된다는 것은 무슨 의미인가? 그것이 죽음을 의미한 것이라면, 죽음 이후에 영혼만으로 나누게 되는 사랑이란 무엇을 말하는가? 그때 육체로부터 벗어난 그녀의 영혼이 사랑을 나누게 되는 "그"는 누구를 말하는가? 우리가 죽은 다음에 우리의 영혼이 어떤 절대자와 다시 하나로 결합되는 것을 의미하는가? 그리고 그러한 천상에서의 영혼의 사랑은 날이 새었음을 알리는 새 소리와 함께 끝나고 마는 지상에서의 육체적 사랑과는 달리 영원한 것이라는 의미인가? 이런 관점에서 보면 이 부분은 죽음 이후의 세계에 대한 전통적인 기독교 신앙의 관점을 그대로 표현하고 있다고 할 수 있다. 그렇다면 앞부분에서 대담하게 육체적 사랑의 즐거움을 노래한 여성 화자의 태도가 죽음에 대한 생각에 이르자 갑자기 바뀐 것인가? 평생을 기독교 문화 속에서 살아온 그녀로서는 그럴 수도 있을 것 같다.

그러나 이 부분을 달리 해석해볼 수도 있을 것 같다. 여기에서 화자가 인간이 육체를 벗어버린 이후에도 사랑은 지속되며 그 사랑은 육체를 벗어난 것이기에 오히려 시간의 속박으로부터 자유스러울 수 있다는 것을 말하면서도 "알몸이 되어 알몸에게로 가면"이나 "떨어질 수 없이 꼭 붙어"와 같은 말들로 표현하고 있는 것은, 육체를 벗어버린 이후의 사랑 역시 그 본질에 있어서는 지상에서의 육체적 사랑과 결코 다르지 않음을 강조하려는 것이라고 할 수 있다. 그리고 이러한 화자의 의도는 결국 지상에서의 삶에서는 물론이고 죽음 이후의 세계에서도 철저하게 인간의 육체적 욕망을 부정하고 비하하는 가톨릭 교회의 가르침에 대한 비판적 사고의 표출로 이해된다. 특히 시인이 가톨릭교회의 가르침을 비판하면서 기독교 사상의 기본적 틀이라고 할 수 있는 영혼과 육체의 이분법을 그대로 사용하고 있는 것은 그 비판의 효과를 더욱 더 높이기 위한 것으로 보인다. 그러나 이 시가 보여주고 있는 이러한 진취적이고 긍정적인 면에도 불구하고 좀 의아스럽게 느껴지는 것은 이 마지막 부분에 나타난 여성 화자의 자세와 태도이다. 시의 앞부분에서 솔직하고 대담하게 자신의 성적 욕망을 표현하고 있는 그녀가 뒷부분에 이르러 "내 영혼이 찾아낸 그"가 "당당하게 지배할 것입니다"라고 말하며 사랑하는 남성에게 자신을 지배의 대상으로 내맡기는듯한 태도를 보여주고 있는 것은, 컬링포드의 지적대로 "정신적인 굴종"(spiritual submission)으로 읽혀지고, 이 점이 긍정적이고 진취적인 시 내용을 약화시키고 있음은 부정할 수 없을 듯하다(*Gender* 223).

「마지막 고백」에서 보여준 육체와 영혼의 이분법은 다음 작품 「만남」("Meeting")에서 그대로 이어진다. 그러한 기본적인 구조 안에서 이 작품은 사랑과 성의 주제를 늙음의 문제에 직접적으로 연결시킨다. 즉 인간이 늙어 보기 흉하게 되었을 때 육체적 욕망과 사랑은 무엇일 수 있는가를 보여준다.

가면극 배우의 외투와 두건을 쓰고
늙은 나이로 잠시 속마음을 감춘 채,
서로 상대방이 좋아하는 것을 미워하면서,

우리는 얼굴을 대하고 마주섰다.

Hidden by old age awhile
In masker's cloak and hood,
Each hating what the other loved,
Face to face we stood: (*VP* 539)

여기에서 인간의 늙은 나이를 가면무도회의 의상에 비유한 것은, 가면무도회의 의상이 착용자의 정체를 감추듯이 인간의 늙은 나이, 곧 늙은 육체가 인간 내면의 마음이나 영혼을 감추고 있기 때문이다. 따라서 늙은 남녀는 서로 얼굴을 대하고 있어도 그들의 영혼을 감추는 늙고 추한 육체 때문에 그들의 사랑은 증오로 바뀌고 만다. 이 시의 중간 부분(5-10행)이 두 사람의 증오와 분노를 나타내는 대화로 되어 있는 것은 바로 이를 말해준다.

그러나 시의 마지막에 이르면 화자는 두 사람의 관계에 대해 나름대로 문제의 해결책을 제시한다.

그러나 나 같은 사람에겐 그런 남자지요--
다만 이 거지같은 옷을
우리 두 사람이 버릴 수만 있다면--
보다 정다운 말을 찾았겠지요.

But such as he for such as me--
Could we both discard
This beggarly habiliment--
Had found a sweeter word. (*VP* 539)

즉 "거지같은 옷"이라고 할 수 있는 늙은 육체 때문에 두 사람의 관계가 사랑이 아닌 증오의 관계로 바뀐 것이니 과감하게 늙은 육체를 벗어버리기만 하면 증오는 사라지고 “보다 정다운 말”을 나눌 수 있게 되리라는 말이다. 이는 늙음에 따라오는 사랑과 욕망의 문제를 육체가 아닌 내면적 영혼의 존재에 의존하여 해결하려는 것이라고 할 수 있다. 그렇지만 어떻게 영혼과 육체가 분리된 사랑이 존재할 수 있겠는가? 아무리 늙어 보기 흉하게 된 육체라고 하더라도 그것을 벗어 던져버리고 영혼과 영혼만의 사랑을 나누는 것이 인간으로서 어떻게 가능할 수 있겠는가? 설사 그것이 가능하다고 해도, 앞의 시 「마지막 고백」에서 살펴본 것처럼, 그러한 영혼만의 사랑도 그 본질에 있어서는 육체적인 사랑과 다를 바가 없지 않는가? 사실 따지고 보면 잘못된 것은 늙은 육체가 아니라, 육체와 영혼의 이분법에 사로잡혀 그 육체를 영혼을 가리고 있는 “거지같은” 누더기 옷쯤으로 생각하여 그것 때문에 서로를 증오하는 것이 아니겠는가? 이렇게 본다면 이 작품은 늙음에 따른 성과 욕망의 문제를 육체와 영혼의 이분법을 통하여 해결하려는 화자의 시도를 보여줌으로써 결국 그 이분법 자체가 갖고 있는 한계점과 문제점을 드러내고 있다고 할 수 있다.

「『안티고네』로부터」(“From the ‘Antigone’”)는 제목 그대로 예이츠가 소포클레스의 비극 작품인 『안티고네』의 일부분을 고쳐 쓴 시이다.[2] 원래 소포클레스의 작품에서 크레온(Creon)과 그의 아들 하이몬(Haemon) 사이의 논쟁이 해결 없이 끝난 후 합창단이 그 젊은이를 사로잡고 있는 사랑의 힘에 대해 노래하고 있는 내용을 시인은 자유스럽게 옮겨와서 「젊었을 때와 늙었을 때의 여자」의 마지막 작품으로

2) 『안티고네』는 소포클레스가 쓴 고대 희랍 비극의 대표적인 작품이다. 오이디푸스왕의 딸 안티고네는 오빠 폴리네이케스의 장례를 금지한 크레온왕의 명을 어기고 몰래 오빠의 장례를 지낸다. 이를 안 크레온은 그녀를 죽이려 하고, 그녀는 인간인 왕의 법보다 더 높은 신의 법을 따랐을 뿐이라며 항변한다. 그녀를 사랑한 크레온의 아들 하이몬이 그녀를 구하려 하지만 실패하고, 결국 안티고네와 하이몬 모두 자살한다.

삼고 있다. 한마디로 사랑의 힘에 대한 찬가라고 할 수 있는 이 작품이 여성의 성과 욕망의 주제를 다루고 있는 시편들의 마지막을 차지하고 있는 것은 지극히 당연하다고 할 수 있다.

극복하라--오, 처녀의 부드러운
뺨에 깃들인 쓰고도 달콤한 사랑이여--
부자와 그의 관심사들,
살찐 양들과 비옥한 논밭들,
수부들, 거친 추수꾼들을.
극복하라, 파르나서스산 위의 신들을.

극복하라, 하늘 높은 곳에 사는 자를.
천지를 뒤흔들어 내던져버려라.
그리하여, 그 위대한 영광에 미쳐
똑같은 재난 속에서
형과 동생이, 친구와 친구가,
가족과 가족이,
도시와 도시가 서로 싸우도록 하라.

Overcome--O bitter sweetness,
Inhabitant of the soft cheek of a girl--
The rich man and his affairs,
The fat flocks and the fields' fatness,
Mariners, rough harvesters;
Overcome gods upon Parnassus;

Overcome the Empyrean; hurl
Heaven and Earth out of their places,
That in the same calamity
Brother and brother, friend and friend,

Family and family,
City and city may contend,
By that great glory driven wild. (*VP* 540)

소포클레스의 작품에 비해 훨씬 더 낭만적으로 사랑에 대해 노래하고 있는 이 작품에서 재미있는 것은 사랑이 이중적이며 모순적인 것으로 표현되고 있다는 점이다. 그것은 「숲에서 본 그녀의 환상」에 나타난 "사랑의 쓰고 달콤함"처럼 "쓰고도 달콤한" 것으로 묘사된다. 또한 그것은 "처녀의 부드러운 뺨에 깃들인" 아주 미약하고도 섬세한 감정의 움직임에 지나지 않은 것이면서도 동시에 부자, 양떼들, 들판, 수부들, 추수꾼들이 나타내는 모든 자연과 인간 세계는 물론 파르나서스산과 하늘 높은 곳의 신들이 나타내는 모든 신화·우주적 세계 질서에 능히 맞설 수 있는 힘으로 묘사된다. 그래서 사랑은 "천지를 뒤흔들" 수도 있고, 인간 개인이나 집단이 서로 싸울 수도 있게 한다. 사랑이 "재난"이면서 동시에 "위대한 영광"인 것은 바로 그 때문이다.

그러나 마지막 3연에 이르면서 이 시는 급격한 변화를 보여준다. 앞의 두 연에서 안티고네의 부드러운 뺨에 깃들인 사랑의 힘과 영광을 위하여 "기도"하고 "노래"한 화자는 이제 그녀를 위하여 눈물을 흘린다.

나는 기도하리라, 그리고 노래해야 한다.
그러나 눈물이 난다--에디푸스의 아이가
사랑 없는 먼지 속으로 꺼져가는구나.

Pray I will and sing I must,
And yet I weep-- Oedipus' child
Descends into the loveless dust. (*VP* 540)

물론 여기에서 화자의 눈물은 한 여성으로서 안티고네의 불행한 삶과 죽음에 대한, 특히 그녀의 불행한 사랑에 대한 슬픔과 한탄의 눈물이라고 할 수 있다. "사랑 없는 먼지"라는 표현이 극적으로 말해주듯이, 하이몬을 사랑하면서도 그녀에게 보다 더 중요한 문제였던 가족에 대한 애정과 의무, 그리고 양심의 자유를 지키기 위하여 그 사랑을 희생하고 비극적 죽음을 선택한 그녀의 불행한 운명을 슬퍼함이다. 그렇다면 「젊었을 때와 늙었을 때의 여자」의 결말을 이루고 있는 이 시는 결국 그 사랑을 이루지 못하고 비극적인 죽음을 선택한 한 처녀의 불행한 삶을 슬퍼하는 것으로 끝나고 마는 것일까? 도대체 그녀와 「젊었을 때와 늙었을 때의 여자」 시편들의 여성 화자 사이에는 어떤 관련이 있는 것일까?

이러한 맥락에서 다시 생각해보면, 안티고네를 통하여 이 작품이 제시하고 있는 여성의 성과 욕망의 문제는 우리가 흔히 생각하는 것보다 훨씬 더 복잡하고 확대된 의미를 갖는 듯하다. 한마디로 그녀는 단순히 성적 욕망의 성취와 그 결과를 통해서가 아니라 오히려 그와는 다른 정치적이고 윤리적인 목적을 위하여 그것을 과감하게 희생함으로써 자신의 정체성을 획득한 여성이다. 다시 말해서, 그녀의 삶과 죽음은 육체적인 사랑과 욕망의 관점에서는 철저하게 희생되고 실패한 것이었지만 그 희생과 실패를 통해 더할 나위 없이 권위적이고 억압적인 가부장제 사회체제에 대한 대담한 저항과 도전을 보여준다는 점에서 고전비극의 주인공으로서, 그리고 한 여성으로서의 정체성을 획득한 것이라고 할 수 있다. 이렇게 보면 그녀의 비극적인 삶과 죽음의 이야기는 곧 성의 자유로운 표현과 성취를 통하여 억압적 사회구조에 대항하는 「젊었을 때와 늙었을 때의 여자」의 화자들의 이야기와 같은 의미를 갖게 된다. 아마도 그녀가 시인 예이츠의 마음을 사로잡아 「젊었을 때와 늙었을 때의 여자」의 마지막 부분에 등장할 수 있게 된 것은 바로 이러한 점 때문이 아니었을까 싶다.

마지막 작품에 대한 이러한 이해는 결론적으로 「젊었을 때와 늙었을 때의 여자」 시편들에 대한 정치적 읽기의 근거와 필요성을 말해준다. 지금까지 살펴본 것처럼, 이 시편들에서 시인이 표현하고자 한 다양한 형태의 여성의 사랑과 성적 욕망은 단순히 개인적인 차원에서 생리적이고 심리적인 현상으로서만 의미를 갖는 것이 아니다. 즉, 이 작품들은 여성의 성적 욕망과 정체성의 주제를 통하여 1920년대 아일랜드의 억압적인 사회구조, 특히 여성의 지위와 역할에 대하여 매우 보수적이고 편협한 가톨릭교회와 남성 가부장제 사회에 대한 비판을 보여주고 있다는 점에서 매우 정치적이고 사회적인 의미를 갖는다. 이렇게 보면, 「젊었을 때와 늙었을 때의 여자」가 첫 작품 「아버지와 자식」에서 아버지의 반대와 비판에 대항하여 대담하게 성의 자유를 주장하는 딸아이의 제스처로 시작하여 마지막 작품 「『안티고네』로부터」에서 가족에 대한 사랑과 양심의 자유를 위하여 사랑의 희생을 무릅쓰며 왕의 권위에 도전하는 또 다른 딸아이("Oedipus' child")의 제스처로 끝나고 있는 것은 단순히 우연의 일치만은 아닌 듯하다.

06

예이츠의 마지막 생애와 시

이 글은 성과 사랑의 주제를 통하여 예이츠의 마지막 시기의 삶과 시를 이해해 보려는 것이다. 물론 성과 사랑의 주제는 예이츠가 전 생애를 통하여 끊임없이 추구해온 주제 중의 하나이기는 하지만, 특히 그의 마지막 시들에 있어서 큰 비중을 차지하고 있는 중요한 주제이다. 예를 들어 예이츠 시 전집의 마지막 작품인 「정치」("Politics")에서 화자가 "저기 서 있는 저 소녀"를 보며 "아 다시 젊어져서 / 그녀를 팔에 안고 싶어라"라고 노래하고 있는 것을 보면, 한마디로 그의 시 세계는 여인에 대한 성적 욕망과 사랑의 갈망으로 끝나고 있다고 할 수 있다. 이러한 사실은 인간이 나이 들어감에 따라 자연스럽게 성적 욕망의 세계로부터 점점 멀어지는 것이며 또 당연히 그래야 하는 것이라고 생각하는 우리들의 일반적인 생각과는 다른 것이어서 때로는 뜻밖의 놀라운 것으로 보이기도 한다. 그러나 세상을 떠나기 전 수년 동안 예이츠의 삶과 시가 성과 사랑의 문제에 대해 보여준 끊임없는 관심과 솔직하고도 대담한 표현들은 확실히 예이츠 특유의 것으로서, 이 주제에 대한 이해는 이 시기의 시인을 이해하는 데 있어서 꼭 필요한 일로 여겨진다.

이러한 관점에서 맨 먼저 우리의 관심을 끄는 것은 그가 받았던 소위 회춘수술이다. 그의 나이 68세 때인 1934년 4월 6일, 예이츠는 런던의 외과의사 노르만 헤어(Norman Haire)에게 스타이나하 수술(Steinach operation)을 받는다. "포드 차에 캐딜락 엔진을 붙인 셈"이라고 프랭크 오코너(Frank O'Connor)가 농담을 했다는 이 사건은, 그 당사자가 노벨상까지 수상한 대시인이자 아일랜드의 상원의원까지 지낸 저명인사인 예이츠이고 보면 당시의 사회에 커다란 화젯거리였으리라고 쉽게 짐작이 간다(Maddox 277). 그럼에도 불구하고 예이츠가 이 수술을 받기로 한 데에는 항상 성적인 능력과 예술창작의 능력을 동일시했던 그의 생각이 작용한 것으로 보아야 할 것이다. 실제로 스타이나하 수술을 받기 2년여 전부터 그는 거의 한 편의 시도 쓰지 못할 정도로 시적 상상력의 고갈을 느꼈고, 그 이유를 무엇보다도 자신의 성적 능력의 저하에서 찾았던 것으로 보인다.

그렇다면 이 수술은 시인에게 실제로 육체적인 회춘을 가져다 준 것일까? 예이츠 자신은 그것이 "제2의 사춘기"(the second puberty)를 가져온 것으로 말하고 있지만 수술을 집도한 노르만 헤어가 엘만(Richard Ellmann)에게 밝힌 내용을 보면 그런 것 같지는 않다(Ellmann, *Dubliners* 40). 그러나 이 수술 이후에 예이츠가 왕성한 창작 활동을 한 것을 보면, 이 수술이 시인의 육체적 회춘을 가져오지는 못했다고 하더라도 다른 형태의 심리적 혹은 정신적 효과는 가져온 것 같다. 브랜다 매독스(Brenda Maddox)의 지적대로, 예이츠가 수술을 받고 나서 세상을 떠날 때까지 생애의 마지막 5년 동안에 고령의 나이와 좋지 않는 건강에도 불구하고 50여편 이상의 시를 썼다는 것은 분명 놀라운 일이다. 1920년대 전체에 걸쳐 그가 쓴 시가 70여편이라는 사실과 비교하면 더욱 그렇다(303). 어쨌든 수술 이후에 그의 예술적 상상력이 보다 활발하게 움직이게 된 것만은 분명하다.[1)]

---

1) Ellmann에 의하면, 예이츠부인도 이 점에 대해서는 동의했다고 한다(*Dubliners* 40).

예이츠가 회춘수술을 받고 얼마 되지 않아 쓴 작품 가운데 하나인 「노년을 위한 기도」("A Prayer for Old Age")는 이 시기 예이츠의 심경을 잘 노래한 시로서, 수술 후 기력을 회복한 예이츠가 부인과 함께 이탈리아를 방문하면서 에즈라 파운드(Ezra Pound)를 만났던 사실과 관련된 작품이다. 즉 파운드가 예이츠의 희곡 작품 『큰 시계탑의 왕』(*The King of the Great Clock Tower*)에 대해 한마디로 "역겹다"(putrid)라고 혹평한 것을 듣고 그에 대한 반응으로 쓴 작품이다. 따라서 여기에서 시인 화자가

> 신이여 사람들이 머릿속으로만 생각하는
> 상념들로부터 저를 지켜주소서.
> 불멸의 노래 부르는 자는
> 뼛골 속에서 생각하니까요.
>
> God guard me from those thoughts men think
> In the mind alone;
> He that sings a lasting song
> Thinks in a marrow-bone. (*VP* 553)

라고 노래하는 것은 파운드와 같은 시인들의 시를 염두에 둔 것으로서, 머리나 마음만으로 쓴 시가 아니라 온 몸으로 쓴 시가 진짜 가치있는 시라는 것을 의미한다고 할 수 있다. 그가 마지막 연에서 존경받는 "현명한 노인"(a wise old man)이 아니라 "어리석은, 열정적인 인간"(a foolish, passionate man)으로 늙어가기를 기원하는 것도 바로 그러한 시를 쓰기 위함이다.

이러한 노인의 이미지는 이 작품 이후에 쓰인 시들, 예를 들면 「박차」("The Spur")나 「거칠고 사악한 노인」("The Wild Old Wicked Man")과 같은 작품들 속에 계속 모습을 드러내면서 예이츠의 마지막 시의 한

축을 이루고 있다. 한마디로 그것은 노년에 이른 예이츠가 어떠한 생각과 느낌으로 시를 쓰려고 했는가를 단적으로 말해준다. 물론 이러한 이미지는 실제 예이츠 자신의 모습이라기보다는 노년에 이른 그가 시를 쓰기 위하여 필요로 하는 하나의 마스크라고 할 수 있겠지만, 어쨌든 그 이미지가 당시 서구의 전반적인 문학적 풍토나 분위기뿐만 아니라 당시 아일랜드의 보수적인 사회·문화적 분위기와도 사뭇 다른 것임은 분명하다. 「박차」는 단 4행만으로 되어 있는 짧은 시인데, 여기에서 시인 화자는 "늙은 나이에 비위를 맞추는 듯 따라 다니는" 그의 "욕망과 분노"(lust and rage)가 사람들 눈에는 끔찍하게 보이겠지만 "그것들 말고 무엇이 나로 하여금 노래하게 하겠는가?"라고 단호하게 말한다. 반면에 「거칠고 사악한 노인」은 모두 63행의 비교적 긴 작품으로 제목의 "거칠고 사악한 노인"과 한 여인 사이의 대화로 이루어져 있다.[2] 예이츠가 후년에 쓴 발라드 가운데 가장 유명한("the most notorious") 것이라고 할 수 있는 이 시에서 우리는 주인공 노인의 입을 통하여 다시 한 번 예이츠의 생각을 엿보게 된다(Cullingford, *Gender* 262).

먼저 시의 서두에서 노인은 자신이 마음 내키는 대로 자연을 찾아 떠도는 것도 여자를 사랑하기 때문이라고 말함으로써("Because I am mad about women / I am mad about the hills"), 「박차」에서처럼 성적 욕망이 자신의 삶과 노래의 원동력이 되고 있음을 밝힌다. 그렇지만 사랑하는 여인을 성적 욕망의 세계로 유혹하는 데 있어서 이미 노쇠한 자신의 육체가 젊은이들과 비교하여 불리할 수도 있다는 사실을 의식해서인지, 그는 자신이 그들보다 유리할 수도 있다고 생각되는 점을 찾아 이렇게 말한다.

2) Jeffares에 의하면 이 시는 예이츠가 Lady Elizabeth Pelham이라는 여인과 함께 인도를 방문하기를 원했던 시기에 쓰여졌다(390).

젊은이는 지나치게 사랑하기 때문에
가질 수 없는 것을 나는 가졌다.
심장을 꿰뚫을 수 있는 말을 나는 가졌다.
그는 만지는 것 말고 무엇을 할 수 있겠는가?

I have what no young man can have
Because he loves too much.
Words I have that can pierce the heart,
But what can he do but touch? (*VP* 588)

즉 여인의 육체만을 만족시키는 젊은이들의 힘있는 육체(성기)에 비하여 자신의 말(노래)은 여인의 심장까지 파고드는 힘이 있기 때문에 여인을 더 깊이 사랑할 수 있다는 말이다.

그러나 아이러니컬하게도 자기가 구애하고 있는 여인이 자신의 유혹을 거절하는 것은 젊은이들 때문이 아니라 "하늘에 있는 노인"(old man in the skies), 즉 신 때문임을 알게 된 노인은 그 여인으로부터 눈을 돌려 뱃사람들이 즐겨 찾는 "바닷가의 처녀들"에게로 향한다. 이러한 행위는, 이 시의 마지막 부분이 노래하고 있는 것처럼, 그가 하늘의 신에게 의지함으로써 삶의 "고통"을 "태워버릴" 수 있는 최선의 길을 선택하는 대신에 여인과의 육체적 사랑이라는 "차선"의 길을 선택하는 것임을 의미한다.

나는 차선을 선택한다.
여인의 젖가슴 위에서
잠시 그 모두를 잊는다.

I choose the second-best,
I forget it all awhile
Upon a woman's breast. (*VP* 590)

이러한 육체적 사랑의 쾌락을 노인에게 줄 수 있는 바닷가의 처녀들은 인간 삶의 "어두움을 알"고 있는, 즉 그들이 많은 남자들에게 제공하는 "음란한 이야기"와 "춤"과 "잠자리"(beds)로 요약될 수 있는 삶을 살아가는 여인들이라는 점에서, 그리고 그녀들 곁에는 하늘의 신 대신에 "사마귀 투성이의 젊은이들"(warty lads)이 누워 있다는 점에서, 신 때문에 노인의 사랑을 거절한 앞의 여인과는 다르다고 할 수 있다. 그렇지만 앞의 여인의 경우와 마찬가지로 이번에도 역시 노인은 그 젊은이들보다도 자신이 더 사랑에 적임자일 수 있음을 노래한다. 그 이유는 젊은이들이 알지 못하는 것들, 즉 "아주 오래 전부터 / 그녀들의 뼛골 속에 숨어 있는 것들을" 노인은 "타고난 지혜로 만질 수"(Can touch by mother wit) 있기 때문이다.

이처럼 이 시에서 되풀이하여 강조되고 있는 노인과 젊은이의 차별성은 이미 노년에 이른 시인이 회춘수술과 같은 노력에도 불구하고 어쩔 수 없이 겪어야 했던 육체적 노쇠와 그에 따른 성적 기능의 저하에 대한 불안감의 표현이라고 할 수 있다. 이 시의 후렴 "새벽녘과 촛동강 하나"(Day-break and a candle end)가 보여주고 있는 새벽녘 타다 남은 촛토막의 이미지도 그러한 불안감의 표현으로 읽을 수 있다. 그러나 시인 화자는 단순한 육체적 결합만으로 끝나는 젊은이들의 사랑에 대하여 그것과는 다른 형태의 사랑을 자신의 것으로 내세움으로써, 그리고 그러한 사랑으로 인하여 자신이 젊은이들보다도 더 유리할 수도 있다는 생각을 자신 있게 밝힘으로써 그러한 불안감을 극복하려는 듯하다. 그리고 이러한 시인의 제스처는 이 시기 예이츠의 성과 사랑에 관한 태도에 있어서 매우 특징적인 것으로서, 그가 실제로 도로시 웰스리(Dorothy Wellesley)나 에디스 새클튼 힐드(Edith Shackelton Heald)와 같은 레즈비언적 성향을 지닌 여성들과 교제하였던 사실과도 깊이 관련되어 있는 것 같다.

「노년을 위한 기도」와 함께 예이츠 시 전집의 『파넬의 장례식과 기타 시들』(*Parnell's Funeral and Other Poems*) 부분에 실려 있는 「초자연의 노래」("Supernatural Songs") 시편들 역시 예이츠가 수술을 받고 나서 곧바로 쓴 작품이다. 이 시들이 그처럼 난해하지 않았다면 아마도 아일랜드 정부의 검열에 걸렸을지도 모른다는 매독스의 지적대로(285), 이해하기가 쉽지 않은 작품이기는 하지만 예이츠가 수술 이후에 시 창작력을 회복하였음을 분명히 확인시켜준 작품이라고 할 수 있다. 예이츠는 이 연시의 앞부분 네 편에서 립(Ribh)이라는 인물을 화자로 등장시켜 사랑과 죽음의 문제라든가 육체와 정신의 문제 등에 대한 자신의 생각을 표현하고 있다. 이러한 의미에서 립은 마치 미친 제인(Crazy Jane)이 그렇듯이 예이츠 자신을 대변하고 있는 인물로서 시인이 사용하고 있는 하나의 마스크라고 할 수 있다. 또한 예이츠 자신이 립을 가리켜 "성패트릭에 대한 가상의 비판자"(an imaginary critic of St. Patrick)라고 부르며, "그의 기독교는 아마도 초기 아일랜드 기독교의 상당부분이 그렇듯이 이집트에서 온 것으로 기독교 이전의 사상을 반영하고 있다."라고 말한 것을 보면(Jeffares 351), 미친 제인의 경우와 마찬가지로 결국 시인이 아일랜드의 가톨릭교회와 그 문화를 염두에 두고 만들어낸 가공의 인물이라고 할 수 있다.

그 제목이 말해주듯이 이 시들이 공통적으로 다루고 있는 세계는 초자연의 세계이다. 그런데 중요한 것은, 성과 사랑의 관점에서 볼 때 그 초자연의 세계는 인간 삶의 세계와 크게 다르지 않다는 사실이다. 다만 다른 점이라면 그 세계가 보다 더 완전한 형태의 것이라는 점이리라. 예를 들어 이 연시의 첫 작품인 「볼리야와 일린의 무덤에서 립」("Ribh at the Tomb of Baile and Aillinn")에서 화자인 립은 볼리야와 일린의 무덤 앞에서 그 두 연인들의 영혼이 서로 사랑을 나누는 것을 목격하고 그 사랑의 행위를 이렇게 표현한다.

이러한 몸들이 결합할 때는
여기를 만지는 것도, 저기를 만지는 것도 없고,
몸부림치는 쾌락도 없고, 전체와 전체가 결합한다.
천사들의 교접은 하나의 빛이어서 그 순간
둘 다 불타서 사라지는 듯 보이기 때문이다.

when such bodies join
There is no touching here, nor touching there,
Nor straining joy, but whole is joined to whole;
For the intercourse of angels is a light
Where for its moment both seem lost, consumed. (*VP* 555)

이어 시인은 이 두 영혼의 사랑의 행위가 이 세상에서는 서로 지극히 사랑하였으면서도 불행한 운명으로 인하여 비극적 죽음으로 생을 마감하였던 그 두 남녀의 영혼이 바로 자신들이 죽은 날을 기념하여 자신들의 무덤 위에서 나누는 사랑의 행위임을 밝힌다.[3] 이처럼 이 시는 유명한 아일랜드의 전설 속의 두 남녀를 등장시켜 우리의 일반적인 생각과는 달리 죽은 자들의 영혼도 살아 있는 인간과 마찬가지로 성관계를 갖는다는 것, 그리고 그 행위는 마치 천사들의 그것처럼 전 존재와 전 존재의 결합이기 때문에 육체를 갖고 있는 살아있는 자들의 행위보다도 오히려 더 완벽하고 "순화된"(purified) 것이라는 사실을 말해주고 있다.

3) 볼리야와 일린은 아일랜드 전설에 나오는 남녀의 이름이다. 그들은 서로 사랑하는 사이였지만, 어떤 낯선 자로부터 상대방이 죽었다는 거짓 얘기를 전해 듣고 각각 슬픔에 겨워 죽고 만다. 그들이 죽은 후 볼리야의 무덤 위에서는 주목이, 올린의 무덤 위에서는 사과나무가 자라나 서로 뒤엉켰다고 한다. 이 두 사람의 불행한 사랑의 이야기는 아일랜드 전설에 있어서 가장 유명한 것으로서, 예이츠는 이미 초기에 『볼리야와 일린』(*Baile and Aillinn*)이라는 서사적인 시를 써서 발표하기도 했다.

이러한 내용은 다음 시 「립은 패트릭을 비난한다」("Ribh denounces Patrick")에서 더욱 더 발전되어 나타난다. 이 시 제목대로 립이 성패트릭을 비난하는 것은 기독교의 핵심교리라고 할 수 있는 삼위일체론에 대해서이다.

> 희랍의 추상적인 엉터리 하나가 그 사람을 미치게 만들었으니,
> 전적으로 남성위주의 삼위일체. 남자, 여자, 어린이
> (딸 혹은 아들),
> 모든 자연 혹은 초자연의 이야기들은 그렇게 되어 있다.
>
> An abstract Greek absurdity has crazed the man,
> A Trinity that is wholly masculine. Man, woman, child
> (daughter or son),
> That's how all natural or supernatural stories run. (*VP* 556)

여기에서 립이 주장하고 있는 바는 한마디로 "성부, 성자, 성신"의 기독교 삼위일체론은 "남성위주의" 것이어서 말도 안 되는 엉터리이며, 그것은 인간의 경우와 마찬가지로 "남자[부], 여자[모], 어린이[자녀]"로 되어야 마땅하다는 의미로 이해된다. 이러한 주장은 기독교의 성모 마리아가 처녀의 몸으로 예수를 잉태한 것과는 달리 신의 세계에 있어서도 인간 세계의 남녀관계와 마찬가지로 성적 결합에 의한 잉태가 존재한다는 의미로도 이해된다. 다만 인간의 사랑은 신의 경우처럼 완전하지 못하기 때문에 그 결과 끊임없이 별개의 개체인 자식을 낳은 것에 반하여, 신의 삼위는 완전한 결합을 이루고 있어 그 사랑의 결과로 자신만을 잉태한다는 점이 다르다고 할 수 있다. 다음 시 「환희 속의 립」("Ribh in Ecstasy")은 신이 신을 잉태하는 성행위의 격렬한 동작("sexual spasm")과 소리("amorous cries")를 들으며 순간적으로나마 "환희"(ecstasy)에 빠지는 립의 모습을 보여준다.

립을 화자로 등장시키고 있는 이 세 작품이 죽은 자들의 영혼이나 혹은 신들의 세계에 있어서 그들의 사랑과 성이 인간의 세계와 전혀 다르지 않고 오히려 인간의 사랑보다 완전한 것으로 볼 수 있다는 점을 드러내고 있다면, 또 하나의 작품 「립은 기독교의 사랑이 불충분하다고 생각한다」("Ribh considers Christian Love insufficient")는 불완전한 인간의 영혼이 어떻게 완전한 신에게 이를 수 있는가를 보여주면서, 결국 그 관계 역시 본질에 있어서 인간 남녀의 성적인 사랑의 관계와 같은 것으로 이해될 수 있음을 말해준다. 그렇다면 인간의 영혼은 어떻게 신에 대한 이해에 도달할 수 있을까? 이러한 질문에 대하여 기독교의 가르침은 당연히 신에 대한 "사랑"을 통해서라고 대답할 것이다. 그러나 화자인 립은 그러한 사랑은 한마디로 "불충분하다"고 말한다. 왜 그럴까? 이 시의 서두에서 화자는 사랑에 대하여 "그것은 신에 속하는 것이어서 인간의 이해력을 넘어서는 것이다."(It is of God and passes human wit.)라고 노래한다. 따라서 불완전한 육체에 갇혀있는 인간이 신에 대하여, 그리고 신에 대한 인간의 사랑에 대하여 생각한다는 것은 근본적으로 잘못될 수밖에 없다. 이렇게 보면, 신에 대하여 그동안 기독교 교회가 가르쳐온 많은 생각들은 사람들에게 "공포와 기만"(terror and deception)만을 키워줌으로써 인간이 신에게로 나아가는 데 있어 도움을 주기보다는 오히려 방해가 되어 왔다고 할 수 있다. 따라서 립이 말한 대로 그러한 사랑보다는 오히려 "증오"(hatred)가 필요한 것인지도 모른다.

인간의 영혼과 신의 결합을 노래하는 이 시의 화자가 사랑을 거부하고 증오를 선택하고 있는 것은 분명 하나의 역설적인 제스처로 이해된다. 다시 말해서, 여기에서 화자가 부정하는 것은 기독교가 가르치고 있는 신에 대한 사랑 자체가 아니라, 그 사랑을 부족한 인간의 이해력으로 제멋대로 해석하고 단정한 인간의 편협한 생각들이라고 할 수 있다. 그리고 그러한 편협한 생각들이 신과의 완전한 결합을 가로막고 있기 때문에 인간의 영혼으로부터 그러한 잘못된 생각의 "불순물들"(impurities)을 쓸어버릴 수 있는 증오의 "빗자루"(besom)가 필요하다는 의미로 이해된다. 그렇다면 증오를 통해 "구제된 영혼"(delivered soul)은 어떻게 신과 결합하는 것일까? 이것을 보여주기 위하여 이 시의 후반부에서 시인이 의존하고 있는 것이 바로 신랑과 신부의 결합의 비유이다. 즉 이제 인간의 영혼은 신부가 되어 한밤중 모든 "생각"의 "의상"을 벗어버린 채 신랑인 신이 나타나 자신을 사랑해 주고 그 사랑을 통해 하나로 결합되기만을 기다리게 된다.

> 생각은 의상이고 영혼은 그런 너절하고
> 값싼 것에 몸을 가릴 수 없는 신부.
> 신에 대한 증오는 영혼을 신에게로 데려가리라.
>
> 한밤중 종소리 울릴 때 영혼은
> 육체나 정신의 가구를 견딜 수 없다.
> 주인님이 주실 때까지 그녀는 무엇을 가질 수 있겠는가!
> 그가 보여주실 때까지 그녀는 어디를 볼 수 있겠는가!
> 그가 알기를 명하실 때까지 그녀는 무엇을 알 수 있겠는가!
> 그가 그녀의 핏속에 사실 때까지 그녀는 어떻게 살 수 있겠는가!

> Thought is a garment and the soul's a bride
> That cannot in that trash and tinsel hide:
> Hatred of God may bring the soul to God.
>
> At stroke of midnight soul cannot endure
> A bodily or mental furniture.
> What can she take until her Master give!
> Where can she look until He make the show!

What can she know until He bid her know!
How can she live till in her blood He live! (*VP* 558)

이 비유에서 특별히 주목되는 것은 신랑(신)에 대한 신부(영혼)의 완전한 복종이다. 그녀는 신랑의 허락이 있기 전까지는 "가질 수"도, "볼 수"도, "알 수"도, 그리고 "살 수"조차도 없다.

물론 이러한 비유의 사용을 통하여 이 시가 말하고자 하는 것은 결국 인간의 신에 대한 이해나 사랑의 어떤 측면에 대해서이겠지만, 본 논문의 관점에서 볼 때 그것은 신에 대한 인간의 사랑 역시 그 본질에 있어서는 인간 남녀의 성적인 사랑과 같은 것으로 이해될 수 있다는 점이다. 특히 마지막 부분의 표현에 드러난 강한 성적 암시는 그러한 점을 강조하려는 것처럼 보인다. 사실 이러한 비유의 사용이나 그 근거를 이루는 생각은 예이츠 특유의 것이라기보다는 종교시의 경우에 흔히 발견되는 일반적인 것이라고 할 수 있다. 성서에서부터 단(Donne), 허버트(Herbert), 그리고 홉킨스(Hopkins)에 이르기까지 많은 서구의 시인들과 종교사상가들은 신과 인간의 결합을 설명하기 위하여 흔히 인간의 세속적인 성과 사랑의 비유를 사용해왔다. 아마도 그것이 사람들에게 인간과 신의 관계를 보여주고 이해시킬 수 있는 가장 적절하고도 효과적인 방법이 아니었을까 생각된다. 다만 이 시의 경우에는 이러한 비유의 사용이 "기독교의 사랑"에 대한 비판적 맥락에서 이루어지고 있기 때문에 보다 더 강렬한 의미를 갖게 된 것으로 보인다.

이렇게 볼 때, 립을 화자로 하고 있는 네 작품은 우리가 흔히 인간의 세계와는 전혀 다른 것으로 생각하는 "초자연적인" 세계가 사실은 인간의 세계와 크게 다를 바가 없다는 것, 특히 성과 사랑의 관점에서 볼 때 인간을 초월한 존재들 사이의 사랑이나 그들에 대한 인간의 사랑도 결국은 인간의 육체적이고 성적인 사랑에 근거하고 있다는 것을 그 주된 내용으로 하고 있다고 할 수 있다. 그리고 이러한 내용을 립과 성패트릭의 대립구도와 연결하여 생각해보면 결국 이 시들을 통해서 시인 예이츠가 말하고자 하는 바가 무엇인가를 짐작케 한다. 그는 아일랜드 가톨릭교회가 성적 욕망을 죄악시하면서 순결과 금욕을 아일랜드인들의 가장 중요한 덕목이자 민족적 정체성의 표현으로까지 내세우며 그들에게 강압적으로 강요하고 있는 것을 보면서 그 잘못을 지적하기 위하여 모든 종교가 지니고 있는 "성적인 토대들"(erotic foundations)을 드러내고 있는 것으로 보인다(Cullingford, *Gender* 260). 즉 모든 종교가 추구하고 있는 신에 대한 사랑이나 혹은 신과의 합일이라는 것도 그 본질적인 구조를 헤아려 본다면 성적인 결합을 통하여 두 사람이 하나가 되는 인간의 세속적 사랑에 근거하고 있음을 보여주고 있다. 이것은 그가 조금 앞선 시기에 「젊었을 때와 늙었을 때의 여자」("A Woman Young and Old") 시편이나 미친 제인 시편에서 그랬던 것처럼 성문제에 대한 아일랜드 가톨릭교회의 잘못된 가르침에 대하여 단순히 인간의 욕망을 긍정하고 대담하게 표현하는 것으로 만족하지 않고, 그 가르침이 근거하고 있는 종교 자체의 본질에 대한 검토를 통하여 그에 대한 비판과 대항을 한층 더 심화시켰다고 할 수 있다.

스타이나하 수술이 예이츠에게 끼친 것으로 여겨지는 효과와 관련하여 왕성한 창작활동과 함께 주목되는 또 하나의 사실은 그가 이 수술 이후에 적잖이 네 명의 여성들과 깊은 애정 관계를 갖게 된다는 점이다. 비록 그들과의 관계가 성적으로 완전한 결합에 이른 것은 아니었으리라고 짐작한다 하더라도, 적어도 그녀들과의 애정 관계가 존재할 수 있었다는 사실 자체는 분명히 그 수술의 효과로 여겨진다. 예이츠 생애의 마지막 5년 동안 그의 곁에 존재하였던 네 명의 여성,

마곳 러닥(Margot Ruddock), 도로시 웰스리, 에델 매닌(Ethel Mannin), 그리고 에디스 새클튼 힐드는 모두 영국 출신의 비교적 젊고, 아름답고, 재능 있는 여성들로서 지적인 활동을 하며 독립적인 삶을 살아가고 있는 여성들이었다. 이들 중 맨 먼저 예이츠와 관계를 맺은 사람은 마곳 러닥이었다. 그가 그녀를 처음 만난 것은 스타이나하 수술을 받았던 1934년 가을이었고, 그녀는 당시 27세의 젊은 여성이었다. 그녀는 배우이면서도 시를 썼기 때문에 예이츠와의 접촉이 쉽게 이루어졌을 것이고, 예이츠가 스스로 편찬한 『옥스퍼드 현대시선』(*The Oxford Book of Modern Verse*)에 그녀가 쓴 일곱 편의 작품을 포함시킨 것을 보면 그런 대로 웬만한 수준의 시인은 되었던 것 같다. 그러나 그녀는 자신의 시인으로서의 능력에 불안을 느끼게 되고 특히 자신의 시에 대한 예이츠의 호의적이지 않는 반응에 실망하여 자살 소동을 벌임으로써, 뒷날 예이츠가 그의 시 「사람과 메아리」("Man and the Echo")에서 "나의 말이 그 여인의 어지러운 / 머리에 너무 무거운 짐이 되었는가?"(Did words of mine put too great strain / On the woman's reeling brain?)라고 스스로 묻게 한다. 그녀는 1937년 영국 비비씨(BBC) 방송이 3회에 걸쳐 마련한 예이츠 시 프로그램에 출연하여 그의 시를 낭송하기도 했다.

예이츠가 러닥을 만난 직후인 1934년 겨울, 그는 에델 매닌이라는 여성을 만난다. 그때 그녀는 30대 중반의 소설가로서 상당한 명성을 누리고 있었다. 비록 그녀는 예이츠와는 성격이나 정치적인 성향이 달랐지만 두 사람은 곧 사랑하는 사이가 되었다. 이어 몇 개월 뒤인 1935년 5월, 예이츠는 또 다른 여성 도로시 웰스리를 만나게 된다. 그녀는 귀족부인으로서 매우 개성이 강하고 강렬한 성격을 소유한 여인이었다. 러닥과 마찬가지로 그녀도 시인이었기 때문에 예이츠와 쉽게 가까워질 수 있었다. 특히 서섹스(Sussex)에 위치한 그녀의 저택

(Penns in the Rocks)은 예이츠에게 있어서 마치 이전의 쿨 파크(Coole Park)와 같은 곳으로서, 그는 그곳을 드나들면서 다시 한번 자신이 갈망해 마지않는 귀족적인 삶의 편안함과 질서를 느낄 수 있었다. 다른 여성들보다도 더 늦게, 1937년 4월 예이츠와 관계를 갖기 시작한 에디스 새클튼 힐드는 당시 53세의 여성으로서 직업은 저널리스트였다. 그녀가 죽었을 때 런던의 『더 타임즈』(*The Times*)지가 그녀를 "당대의 주요 여성 저널리스트 가운데 한 사람"이라고 불렀던 것을 보면 상당한 능력을 소유한 여성이었던 것 같다(Hassett 65). 비록 그녀는 네 여성 가운데 가장 나이가 많았지만 미혼여성으로서 매우 지적이면서도 소녀 같은 인상을 지닌 여성이었다. 그녀는 거의 비서처럼 예이츠 곁에서 함께 지내면서 그의 죽음의 순간을 지켰고, 장례식에서도 예이츠의 아내와 함께 자리했다. 서섹스의 스타이닝(Steyning)에 있는 그녀의 집(Chantry House)에서 늙은 시인 예이츠는 그녀로부터 사랑과 보살핌을 받으며 행복감을 느꼈고, 많은 시 작품들을 쓸 수 있었던 것으로 보인다.

아름답고 지적인 이 네 여성들로부터 시인 예이츠가 얻을 수 있었던 것은 무엇이었을까? 이미 70대의 나이에 이른 그가 그녀들로부터 단순한 성적 만족만을 기대했으리라고는 생각되지 않는다. 그렇다면, 일찍 세상을 떠난 싱(J. M. Synge)이 오래 살아서 받을 수 있었더라면 좋았을 것이라고 예이츠가 생각했던 바로 그 것, 즉 "한가하고, 매력적이며 교양 있는 여성들과의 교제"를 통하여 얻을 수 있는 "큰 위로"(chief consolation)를 그는 그 여성들로부터 받았던 것일까(*Au* 509)? 혹은 예이츠 부인이 예이츠에게 "당신이 죽으면 사람들은 당신의 연애 사건들에 대하여 얘기들 하겠지요. 그러나 전 아무 말도 않을 겁니다. 당신이 얼마나 자랑스러워했는가를 기억할 테니까요."라고 말했던 것처럼(Ellmann, *Yeats* 41), 그 여성들은 예이츠로 하여금 자신의 삶에 대한 긍지와 자신감을 갖게 해준 것일까? 하셋이 지적한 대로, 이 여인들이 예이츠의 삶에 있어서 어떤 역할을 했느냐의 문제는 쉽게 답할 수 있는 간단한 문제는 아니겠지만, 적어도 그녀들과의 사귐이 예이츠의 내부에서 "억압되어 버릴 수도 있는 생각들"이 제대로 발전될 수 있도록 일종의 "촉매"(catalyst) 역할을 한 것만은 분명한 것 같다(56).

예이츠가 러닥과 관련하여 쓴 세 편의 작품들 중 맨 먼저 쓰인 「마곳」("Margot")은, 다른 두 작품 「아름다운 무희」("Sweet Dancer")와 「미친 여자」("A Crazed Girl")가 그의 생전에 발표된 것과는 달리 알려지지 않은 채로 있다가 1970년에 가서야 그와 그녀 사이의 편지들과 함께 출판된 작품이다. 이 작품은 예이츠의 애정시 가운데에서도 특이하게 사랑하는 여인의 이름을 시 제목으로 사용하고 있고, 시인 화자("I")가 여인("you")에게 직접 말을 건네는 형식을 취함으로써 매우 친밀하고도 고백적인 분위기를 이루고 있다. 게다가 시의 내용도 스타이나하 수술 이후 자신의 성적 능력의 회복에 대한 희망과, 그러면서도 아직 20대의 젊은 여성인 마곳의 "관대한"(generous) 사랑에 의지할 수밖에 없는 늙은 시인의 심정을 솔직하게 표현하고 있는 것이어서 컬링포드(Cullingford)의 지적처럼 조금은 감상적으로 느껴지기도 하는 작품이다(*Gender* 265).

> 완전히 굶주린 채 내가 앉아 있는데, 그때
> 그 관대한 두 눈은 내 눈을 향했다.
> 다른 나이든 사람들처럼
> 넋을 잃고, 잃어버린 사랑의 기회만으로
> 가득한 듯한 과거를
> 바라보며 앉아 있는데.

All famine-struck sat I, and then
Those generous eyes on mine were cast,
Sat like other aged men
Dumfoundered, gazing on a past
That appeared constructed of
Lost opportunities to love. (*LMR* 33)

물론 그녀의 사랑이 "관대한" 것은 지난날 수많은 사랑의 기회를 놓친 채 살아 왔던, 그리고 이제는 이미 늙어 죽을 날이 멀지 않은 자신에게 그녀처럼 젊고 아름다운 여인의 사랑이 너무나 과분한 것임을 시인 자신이 잘 알고 있기 때문이다.

그렇지만 다음 2연에서 화자는 그의 간절한 소망대로 그녀의 시선을 계속 붙잡아두는 것이 어떻게 가능할 것인가를 스스로에게 묻고 있다.

아 어떻게 저 관심을 붙잡아 둘 수 있을까?
바라보는 두 눈에 무엇을 내줄 것인가?
마음은 젊어도 몸은 늙어가는구나.
그녀의 눈이 반쯤 감겨 있을 때
어떤 숨겨진 광채가 이 구부러진
어깨 주위로 쏟아져 내리는 것이겠지.

O How can I that interest hold?
What offer to attentive eyes?
Mind grows young and body old;
When half closed her eye-lid lies
A sort of hidden glory shall
About these stooping shoulders fall. (*LMR* 33)

여기에서 화자가 "그녀의 눈이 반쯤 감겨 있을 때"라고 말하고 있는 것은 곧 그녀가 화자의 늙음에 대한 진실을 똑바로 보지 못할 때에만 그녀의 "관대한" 시선이 그에게 머물 수 있다는 사실을 의미하는 듯하다. 그리고 이러한 아이러니를 잘 알고 있기에 시의 마지막 부분(3연)에서 그는 자신의 "짧은 마지막 세월이 다 끝날 때" "두 눈을 뜨고" 자신으로부터 "돌아서"게 될 그녀의 모습을 노래할 수 있는 것이라 여겨진다.

마곳 러닥에 대한 다른 두 편의 시 「아름다운 무희」와 「미친 여자」는 우선 그녀를 "그대"(you)라고 부르지 않고 삼인칭 대명사인 "그녀"(she)를 사용하여 부르고 있는 점에서부터 앞의 시와 구별된다. 즉 앞의 시가 보다 친숙하고도 고백적인 분위기를 이루고 있다면, 뒤의 두 작품은 시의 화자가 그녀로부터 어느 정도의 거리를 둔 상태에서 그녀를 노래하고 있다고 할 수 있다. 두 작품 모두 그 내용에 있어서 그녀의 "춤"(dancing)에 대해 노래하고 있고, 그 춤이 단순한 춤이 아니라 그녀의 "광기"(crazy/crazed)에서 비롯한 것으로 표현된 점이 주목된다. 특히 「미친 여자」는 1936년 봄에 있었던 그녀의 자살 소동, 예이츠 자신이 직접 관련되었고 따라서 그를 곤혹스러운 상황에 처하게 했던 바로 그 사건을 직접적으로 다루고 있다는 점에서 흥미로운 작품이다. 이 사건 이후 예이츠가 올리비아 셰익스피어(Olivia Shakespear)에게 보낸 편지에서 비교적 상세하게 쓰고 있듯이, 마곳은 자신의 시에 대한 예이츠의 반응을 듣고자 어느 이른 새벽 그의 거처를 방문하였고, 그로부터 기대에 어긋난 답을 듣게 되자 곧바로 자살 결심을 하고 바다로 가지만 막상 바닷물 속으로 뛰어들지는 못하고 그 대신 이 작품에서처럼 춤을 추었다. 그리고 곧바로 바르셀로나로 간 그녀는 이번에는 창문 밖으로 뛰어내려 슬개골을 부러뜨린 후 뱃짐 사이에 몸을 숨기고 자신의 시를 노래했다(*L* 856). 어떻게 보면 한 재능 있는 젊은 여성의 광기의 표현이라고 할 수 있는 이 일련의 행위 속에서 예이츠는 무엇을 느꼈던 것일까? 비록 그녀의 행위가 광기에 의한 것이라고 해도, 그녀는 그가 사랑했던, 그래서 앞에서 살펴본 시 「마곳」에서 시인 화자로 하여금 "기적의 시대가 다시 열려 / 내가 아직도 젊은이인 양 사랑 받게 해다오."(The Age of Miracles renew,/ Let me be loved as though still young.)라고 기원하게 했던 바로 그 여인이 아닌가?

이러한 맥락에서 「미친 여자」를 읽을 때, 우리는 시인이 그 광기에도 불구하고 그녀의 행위를 매우 긍정적인 시각으로 바라보고 있음을 발견한다. 보다 구체적으로 살펴본다면, 시의 앞부분인 1연의 첫 여섯 행에서 그녀의 광기의 행위를 비교적 상세하게, 그리고 실제 일어난 그대로에 가깝게 묘사한 시인은, 이어 1연의 마지막에서 그녀야말로 "아름답고 숭고한 것, 혹은 영웅적으로 잃어버리고, 영웅적으로 되찾은 것"(A beautiful lofty thing, or a thing / Heroically lost, heroically found)이라고 분명하게 말하고 있다. 그렇다면 어떻게 그녀의 광기의 행위가 "아름답고 숭고한," 따라서 "영웅적"인 차원의 것이 될 수 있는 것일까? 우리는 그 해답을 2연에서 찾을 수 있다.

어떠한 재난이 일어난다 해도
그녀는 절망적인 노래에 휘감겨, 휘감겨,
휘감겨 서 있었다. 그리고 짐 꾸러미와 바구니들
쌓인 곳에서 의기양양하게 부르는 것은
평범한 알기 쉬운 소리가 아닌
노래였다. "오 바다에 굶주린 허기진 바다여."

No matter what disaster occurred
She stood in desperate music wound,
Wound, wound, and she made in her triumph

Where the bales and the baskets lay
No common intellectual sound
But sang, 'O sea-starved, hungry sea.' (*VP* 578)

여기에서 특히 주목되는 것은 비록 광기에 의한 것이라고 하더라도 그녀의 노래는 보통 세상 사람들이 부르는 "평범한 알기 쉬운" 노래와는 다르다는 점이다. 바로 그 점 때문에 그녀의 노래는 아름다움과 숭고함을 간직할 수 있고, 그녀의 행위는 "승리"(triumph)의 행위가 될 수 있음을 시인 화자는 말하고 있는 듯하다. 물론 그녀에게 이러한 일이 일어나게 한 것은 인간적으로 생각하면 불행의 원인이라고 할 수 있는 광기임을 시인이 모르는 바는 아닐 것이다. 그렇지만 그는 그녀의 행위를 단순히 광기의 표현으로 보는 것이 아니라 어떤 아름다움과 숭고함의 표현으로까지 승화시켜 보고 있는 듯하다. 한 걸음 더 나아가 이 작품에 나타난 여성(마곳)의 행위가 "노래"와 "시"와 "춤"의 통합된 형태로 묘사되고 있는 점에 비추어 생각해보면, 그녀의 광기와 그 결과로서의 그녀의 행동에 대한 시인의 표현 속에는 시 혹은 예술 일반에 대한 생각이 함께 들어있는 것이 아닌가 짐작되기도 한다. 다시 말해서, 광기에 의한 그녀의 춤과 노래는 예술가가 예술작품을 생산하는 행위의 가장 원초적인 형태를 암시하는 것으로 볼 수도 있을 것 같다. 그렇게 보면 이 시는 단순히 마곳 러닥이라는 여성에 대한 애정시의 범위를 넘어 시 창작 행위 자체에 대한 어떤 암시의 메시지이기도 하다.[4)]

마곳에 대한 시인의 이러한 생각이나 태도는 다음 시 「아름다운 무희」에서도 그대로 이어진다. 다만 그녀가 춤을 추는 장소와 배경이

---

4) 광기와 시 혹은 예술의 연관성에 대한 암시를 보여주고 있는 작품의 예를 하나 더 든다면 예이츠의 초기 시 「골왕의 광기」("The Madness of King Goll")를 들 수 있다.

바뀌었을 뿐이다. 아마도 그녀는 지금 어느 정신병원에 입원한 환자로서 병원의 잘 깎여진 잔디밭 위에서 춤을 추고 있는 듯하다. 앞의 시 「미친 여자」에서 그녀의 춤이 인간의 평범한 일상의 삶을 초월한, 따라서 고귀하고 영웅적인 것임을 강조한 시인은 이번에는 그 춤이 그녀의 과거 삶의 모든 것으로부터 "벗어난" 자유와 해방의 몸짓임을 강조한다.

그 여자는 거기 나뭇잎 흩어진,
새로 깎은 매끄러운 정원의
잔디밭에 가서 춤을 춘다.
젊은 날의 괴로움으로부터 벗어나,
그녀의 관객들로부터, 혹은
그녀의 검은 구름으로부터 벗어나.
아 무희여, 아 아름다운 무희여!

The girl goes dancing there
On the leaf-sown, new-mown, smooth
Grass plot of the garden;
Escaped from bitter youth,
Escaped out of her crowd,
Or out of her black cloud.
Ah dancer, ah, sweet dancer! (*VP* 568)

그녀의 춤이 그러한 것이기에 시인은 그녀를 데리러 나온 병원직원으로 보이는 사람들에게 두 번이나 되풀이하여 "그녀가 마지막까지 춤추게 하라"라고 말하며 이 시를 끝맺는다. 그렇지만 여기에서 시인이 "그녀가 미쳐서 행복하다고 / 말하지는 말라"(do not say / That she is happy being crazy)라고 말하고 있는 것은 무슨 의미일까? 그것은 결국 그녀의 춤의 아름다움에도 불구하고 지금 정신병원에 갇혀 있는 그녀의 비극적 상황에 대한 시인의 착잡하고 아픈 마음의 표현이 아니겠는가? 그리고 그러한 감정 속에는 그러한 상황에 대한 책임이 어느 정도는 자신에게 있는지도 모른다는 자책감도 들어 있는 것이 아닐까? 이러한 맥락에서 볼 때 이 시의 후렴 "아 무희여, 아 아름다운 무희여" 역시 한편으로는 그녀에 대한 시인 화자의 놀라움과 사랑을, 그리고 다른 한편으로는 그녀의 불행한 삶에 대한 안타까움을 함께 드러내고 있는 것처럼 보인다.

마곳 러닥과 함께 예이츠의 마지막 시기의 시에 깊은 영향을 준 것으로 보이는 도로시 웰스리의 경우 특별히 주목되는 것은, 그녀가 레즈비언이었고 그녀 주위에는 다른 레즈비언 여성들이 존재했다는 점이다. 이 점은 비단 웰스리와 그녀 주위의 여성들뿐만 아니라 2년여 뒤에 만난 에디스 새클튼 힐드의 경우도 마찬가지였다. 이런 여성들과의 만남을 통하여 예이츠는 레스비언들의 세계에 접하게 되고, 그런 과정에서 자신의 성적 정체성에 대한 새로운 인식을 갖게 된 것으로 보인다. 그 예로, 비평가들이 자주 인용하곤 하는 웰스리에게 보낸 편지에서 그는 이렇게 적고 있다.

> 사랑하는 이여, 사랑하는 이여, 그대가 남자 같은 몸짓으로 방을 건너왔을 때 그대를 바라본 것은 남자가 아니고 내 안의 여자였습니다. 나는 과거 어느 때보다도 더 잘 여자로 하여금 자신을 표현하게 할 수 있을 것 같습니다. 나는 그녀의 눈으로 보아 왔습니다. 나는 그녀의 욕망을 함께 나누어 왔습니다.

> My dear, my dear—when you crossed the room with that boyish movement, it was no man who looked at you, it was the woman in me. It seems that I can make a woman express herself as never before. I have looked out of her eyes. I have shared her desire. (*LDW* 108)

또 다른 편지에서는 그녀의 시에 대하여 "그대의 시가 그처럼 훌륭한 것은 넘치는 여성적 매력에 남성적 요소가 결합되어 있기 때문입니다. 그대의 글은 그대의 남자 같은 몸의 당당함을 지니고 있습니다." 라고 적고 있다(*LDW 113*). 이런 글들을 보면 예이츠는 웰리스와의 관계 속에서 자신의 여성성을 발견하고, 그 여성성을 통해서 그녀를 바라보았던 것으로 보인다. 그리고 그 여성성은 예이츠가 웰스리에게서 발견하는 남성성과 통합을 이룸으로써 그의 개인적인 성격에 있어서 새로운 창조력의 근원으로 작용했다고 할 수 있다.

자신의 성적 정체성에 대한 이러한 예이츠의 새로운 이해와 태도는 이제 육체적인 힘을 통하여 여성과 성적 관계를 갖는 것이 불가능한 상황에 이른 시인이 그 대안으로서 자신의 내부에서 여성성과 남성성의 결합을 통하여 새로운 창조력을 획득하려는 것으로 볼 수 있을 것 같다. 그리고 그러한 시도를 통해서 노년에 이른 예이츠가 겪을 수밖에 없었던 성적 능력의 감퇴에 대한 불안과, 그로 인하여 자신의 예술적 창조력이 함께 감퇴되는 것이 아닌가 하는 보다 심각한 불안을 극복하려는 것으로 보인다. 그의 시의 관점에서 볼 때, 이러한 사실은 결국 그의 시가 새롭게 여성성을 갖게 된 것을 의미한다. 물론 그의 시의 여성성은 컬링포드의 지적대로 그의 초기 시에도 드러나 있기는 하지만 보다 남성적인 시학을 추구하였던 그의 중기 시에서는 억압될 수밖에 없었고, 그러다가 다시 이러한 과정을 통해 그의 후기 시에서 회복되었다고 할 수 있다(*Gender* 269). 그리고 이러한 변화에는 개인의 성격에 있어서와 마찬가지로 시에 있어서도 남성성과 여성성이 함께 존재하여 통합을 이루는 것이 이상적이라는 예이츠의 생각이 작용하였을 것으로 여겨진다.[5] 이렇게 보면 이 시기 예

5) Cullingford는 예이츠의 이러한 생각에 버지니아 울프의 영향이 작용한 것으로 보고 있다. 울프는 그녀의 책 『자신만의 방』(*A Room of One's Own*)에서 인

이츠의 삶과 시가 보여준 새로운 여성성은 이보다 조금 앞선 시기에 쓰여진 「젊었을 때와 늙었을 때의 여자」 시편들이나 미친 제인 시편들에서 여성 화자의 등장을 통해서 보여준 것보다 한 걸음 더 나아간 것으로 볼 수 있을 것 같다.

도로시 웰스리를 직접 다루고 있는 시 「도로시 웰스리에게」("To Dorothy Wellesley")의 본래 제목이 「친구에게」("To a Friend")로 되어 있었던 것은, 그들의 관계가 두 남녀 사이의 열정적인 사랑의 관계라기보다는 같은 시인으로서 친구이자 동업자의 관계로 이루어졌던 점으로 미루어 보아 쉽게 이해가 간다. 이 시는 한마디로 예이츠가 웰스리에 대하여 가졌던 인간적인 존경과 그녀의 성격과 삶에 대한 긍정적 평가를 표현한 작품이라고 할 수 있다. 이 작품에 드러난 웰스리의 모습은 물질적 부와 창조적 능력을 소유한 여성의 모습이다. 이는 이 시의 1연과 2연에서 그녀가 살고 있는 저택의 묘사나 시인이 그녀에게 요구하는 행위의 내용을 통해 드러난다고 할 수 있다. 달빛조차도 없는 어두운 한밤, 주위의 집들로부터 멀리 떨어져 조용하기 그지없는("지평선까지 매수하여 낯선 개들 짖지 않으니") 그녀의 저택에 홀로 깨어 있는 웰스리에게 시인 화자는 어둠 속 나무들을 향하여 손을 뻗으라고 말한다. "마치 그 나무들이 서있는 곳에까지 닿아 / 그들이 유명한 고가구처럼 감미롭게 만져지는 듯이" 손을 내밀라고 한다. 그리고 "그 나무들을 보다 가까이 잡아당기듯이 / 손에 힘을 주라"고 말한다. 이러한 제스처는 자연으로부터 예술을 생산하는 예술가로서의 그녀의 삶을 의미하는 것이고, 더 나아가 그러한 삶을 가능케 하는 그녀의 창조적인 힘을 의미하는 것으로 여겨진다.

간은 누구에게나 남성성과 여성성이 공존하기 때문에 그 양자가 조화를 이룰 때만이 정상적이고 편안한 성격을 이룰 수 있다고 말하고 있다. 또한 순전히 남성적이거나 여성적인 성격은 창조적일 수 없다고 말하고 있다(*Gender* 270).

이어 시인 화자는 그녀에게 책으로 가득한 그녀의 서재로 올라가 기다리라고 말한다. 무릎 위에 어떤 책도 놓지 말고, 다만 깊이 잠들어 있는 덴마크종 개 한 마리만을 곁에 둔 채 기다리라고 말한다. 그렇다면 그녀가 기다리는 것은 무엇일까? 시인 예이츠의 상상력 속에서 한밤중 웰스리의 서재를 향하여 계단을 오르고 있는 존재는 누구란 말인가? 마지막 연에서 시인은 이렇게 노래한다.

> 무엇이 계단을 오르는가?
> 만약 당신이 나의 희망을 저버리지 않는 자라면
> 평범한 여성들이 생각하는 것들은 결코 아니리라! 만족감도
> 양심의 만족도 아닌, 저 위대한 가족,
> 옛날의 몇몇 유명한 작가들이 잘못 표현했던
> 저마다 횃불을 높이 든 당당한 복수의 여신들.
>
> What climes the stair?
> Nothing that common women ponder on
> If you are worthy my hope! Neither Content
> Nor satisfied Conscience, but that great family
> Some ancient famous authors misrepresent,
> The Proud Furies each with her torch on high. (*VP* 579)

여기에서 "평범한 여성들이 생각하는 것들"이라는 표현은 앞에서 살펴 본 「미친 여자」에서의 "평범한 알기 쉬운 소리"라는 표현을 상기시키면서, 마곳의 경우와 마찬가지로 웰스리의 삶이 평범한 여성들의 삶과는 다른 것임을 암시한다. 이어 시인은 보다 구체적으로 그녀의 삶이 평범한 여성들이 추구하고 의존해 살아가는 "만족감," 특히 "양심의 만족" 같은 것으로부터 벗어나 있는 것임을 밝힘으로써 그녀가 사회의 평범한 가치관이나 도덕률로부터 자유로운 삶을 살고 있

는 데 대한 긍정과 찬사를 보내고 있는 것으로 보인다. 시인으로서, 그리고 여성으로서의 그녀의 삶은 다른 평범한 여성들의 삶보다 우월한 것이라는 예이츠의 생각이 드러나 있는 셈이다. 특히 지금 그녀의 저택을 둘러싸고 있는 깜깜한 밤의 어두움과 침묵을 밝혀줄 횃불을 높이 들고 계단을 오르고 있는 "당당한 복수의 여신들"의 "저 위대한 가족"의 이미지는 남편으로부터 독립하여 레즈비언으로서 살아가고 있는 웰스리와 그녀 주위의 뛰어난 여성들에 대한 시인의 긍정적인 시각을 드러내고 있는 매우 파격적이면서도 효과적인 이미지로 보인다. 물론 여기에서 시인이 제시하고 있는 복수의 여신들은 과거의 작가들이 보여준 것처럼 단순히 복수와 저주만을 가져다주는 존재가 아니라 환희와 축복, 그리고 긍지와 힘까지도 가져다주는 존재로서, 특히 웰스리와 같은 여성들에게는 수호신과도 같은 존재이리라.

「도로시 웰스리에게」 외에 웰리스와 관련하여 흔히 논의되는 작품이 「세 그루 나무」("The Three Bushes")이다. 이 작품은 그 주제나 내용면에서보다는 창작과정에 있어서 그녀와 관련되어 있다고 할 수 있다. 즉 예이츠와 웰스리가 동일한 소재를 놓고 각각 시를 짓고 그 결과를 편지로 주고받는 과정을 통해 완성된 작품이다. 이 시가 쓰여지던 시기에 그가 그녀에게 보낸 편지에서 "아 사랑하는 이여, 내가 그대의 시를 다시 고쳐 쓸 때 그것이 바로 당신의 시라는 것을 깨닫고 얼마나 큰 흥분을 느끼는지 모릅니다. 당신과 나 자신을 하나의 존재로 다시 만드는 것이지요."라고 쓴 것을 보면(*LDW* 82), 이러한 창작과정에 대하여 특히 예이츠 편에서 보다 더 깊은 관심과 흥미를 느꼈던 것으로 보인다. 컬링포드가 두 사람의 문학적 협동 작업을 가리켜 "일종의 성행위"(a version of sexual act)라고 한 것은 쉽게 수긍이 간다(*Gender* 274). 발라드 형식으로 쓰여진 이 작품은 아주 간단한 줄거리로 되어 있다. 한 시인을 사랑하는 여인은 그 사랑에도 불구하고 자신의 순결을 지키기 위하여 그와의 육체적 관계를 삼가고 그 대신 자신의 하녀를 보내 밤의 어둠을 이용하여 자신인 것처럼 속여 연인과 성관계를 갖게 한다. 그렇게 지내던 중 술집에서 노래를 마치고 밤늦게 돌아오던 여인의 연인이 말에서 떨어져 죽고, 그의 죽음을 슬퍼한 나머지 그녀 자신도 곧 죽고 만다. 두 사람의 주검을 거둔 하녀는 그들의 무덤에 각각 장미를 심게 되고 그것들은 자라면서 한 뿌리에서 나온 듯 합쳐진다. 시간이 흘러 그 하녀도 늙어 죽게 되었을 때 그녀의 고백을 통하여 모든 것을 알게 된 신부는 그녀의 시신을 시인의 무덤 곁에 묻게 하고 그 무덤 위에 장미를 심는다. 그리고 그 장미 역시 옆의 장미와 하나인 듯 합쳐진다.

좀 황당하게 느껴지기도 하는 이 이야기가 의미하는 바는 무엇일까? 이 작품의 주제라고 할 수 있는 중심적 의미는 첫 연에서 여인("lady")의 입을 통해 이렇게 표현된다.

> "적절한 음식이 부족한 사랑은
> 어느 누구도 믿을 수 없지요.
> 그리고 만약 당신의 사랑이 사라진다면
> 어떻게 당신이 사랑의 노래를 부를 수 있겠어요?
> 비난받을 사람은 저이지요, 젊은이."
>
> 'None can rely upon
> A love that lacks its proper food;
> And if your love were gone
> How could you sing those songs of love?
> I should be blamed, young man.' (*VP* 569)

즉 육체적 욕망의 만족이 없이는 어떠한 사랑도 오래 지속될 수 없다는 말이다. 완전한 사랑이 이루어지기 위해서는 영혼의 순결함 못지 않게 육체적 욕망의 충족이 필요하다는 내용의 메시지는 이미 예이츠가 「최후의 심판일의 미친 제인」(“Crazy Jane on the Day of Judgment”)에서 미친 제인의 입을 통하여 “육체와 영혼을 / 통째로 받아들일 수 없는 / 사랑은 절대로 / 만족스럽지 못해요.”(Love is all / Unsatisfied / That cannot take the whole / Body and soul.)라고 간결하고도 분명하게 표현한 것이기도 하다.[6] 다만 이 작품에서 주목되는 것은 화자인 여인이 연인의 육체적 욕망의 만족과 그의 노래(시)하는 행위를 연결시키고 있다는 점이다. 즉 만약 그가 육체적 만족을 얻지 못하게 되면 그의 사랑도 사라질 것이고, 그렇게 되면 그의 노래하는 힘도 사라지게 될 것이라는 말이다. 이러한 사실은 7연에서 사람들이 그의 노래를 “웃고, 울고, 거룩한 노래, / 방탕한 노래”(A laughing, crying, sacred song, / A leching song)라고 말하는 데서도 확인된다.

이처럼 이 작품은 성과 사랑에 있어서 육체와 영혼의 갈등 혹은 통합의 문제, 그리고 그것이 시적 창조력과 어떻게 관련되는가의 문제를 다루고 있는 것으로 보이지만, 그 세부적인 의미의 구조에 있어서는 다소 복잡한 양상을 보여주고 있는 것 같다. 먼저 여인의 경우를 보자. 만일 그녀의 말대로 육체적 만족이 없는 사랑이 불완전한 것이라면 그녀는 왜 사랑하는 연인과의 육체적 관계를 기피하는가? 물론 표면적인 이유는 그녀의 “순결”(chastity)을 잃지 않기 위한 것으로 보인다. 그렇지만 순결을 지키면서, 즉 육체적 사랑이 없이 “그녀의 영혼만으로” 그를 온전히 사랑한다는 것이 도대체 가능하다는 것인가? 이것은 앞에서 밝힌 그녀 자신의 사랑의 정의에도 어긋난 것이

---

6) 이러한 의미에서 Edward Malins는 “세 그루 나무”를 사랑의 알레고리로 보고 있다. 이 때 여인과 하녀는 사랑을 구성하는 두 요소, 즉 영혼과 육체를 나타낸다(99-100).

다. 그리고 자신에게는 절대적으로 중요한 문제인 순결의 상실이 하녀의 경우에는 전혀 문제되지 않는 것처럼 행동하는 것도 의아스럽기는 마찬가지다. 이러한 사실은 마치 그녀가 지체 높은 부인으로서 계급의식에 사로잡혀 있는 것이 아닌가 하는 생각을 갖게 한다. 거기에 덧붙여 이 시의 5연에서 "그러나 하녀가 하루 종일 졸린 듯 보이면 / [여인은] 한숨을 쉬었다."라는 표현은 하녀에 대한 여인의 질투를 드러냄으로써 그녀 내부에 자리 잡고 있는 허위의식과 위선을 느끼게 한다.

반면에 하녀의 경우는 어떤가? 자신의 의사와는 상관없이 여주인의 명령대로 여주인의 애인과 성관계를 가져야 하는 그녀는 한마디로 계급사회의 희생자처럼 보인다. 그러나 그러한 사실에도 불구하고 여주인과 그녀의 애인이 죽은 이후에 그들의 무덤을 돌보는 그녀는 오히려 여주인보다도 더 인간적인 심성을 가진 여성으로 보이기도 한다. 다른 한편으로, 나중에 그녀가 세상을 떠날 때 그녀의 고백을 듣게 된 신부가 그녀를 여주인의 연인 곁에 묻게 한 것을 보면 그녀 역시 그를 사랑했던 것 같기도 하다. 다시 말해서 자신의 전부를 내주어 진정으로 그를 사랑한 것은 오히려 하녀가 아니었는가 생각되기도 한다. 그렇게 보면, 이 시의 후렴("*O my dear, O my dear*")은 처음에는 분명히 여주인을 향한 것으로 보이지만 뒷부분에 가서는 오히려 하녀를 향한 것으로 볼 수 있을 것 같다. 다음에 여인의 연인의 경우를 보면, 그가 너무 밤늦게까지 노래 부르다가 돌아오는 길에 죽는 것은 그의 노래(시)를 위하여 여인이 하녀를 그에게 보내 함께 자게 한 사실에 비추어볼 때 매우 아이러니컬하다. 마지막 부분에 등장하는 신부의 경우에도, 하녀의 최후의 고백을 듣고 "오래도록 그녀의 얼굴을 들여다보며" "그녀의 사정을 이해한" 그의 태도는 성문제에 대하여 극도로 보수적이었던 그 당시 아일랜드의 대부분의 신부들과 분명한 대조를 이룸으로써 오히려 그 가톨릭교회와 문화에 대한 비판적 역할을 수행하고 있는 듯하다.

지금까지 살펴본 예이츠의 마지막 시기의 삶과 시, 특히 회춘수술과 그 이후 몇몇 여성들과의 교제로 나타난 그의 성에 대한 관심과 그 관심의 시적 표현은 전체적으로 볼 때 어떻게 이해해야 하는 것일까? 일차적으로 그것은 시인의 성적 능력의 감퇴와 그에 따른 예술적 창조력의 감소에 대한 대응의 차원에서 이해된다. 그리고 한 걸음 더 나아가 정치·사회적 맥락에서 볼 때, 시인의 보다 깊고 광범위한 현실인식의 결과로도 이해된다. 자신의 생각이나 이상으로부터 점점 멀어져 가는 아일랜드의 정치적 현실을 보면서, 특히 성과 사랑의 문제에 있어서 점점 극단적인 보수화의 방향으로 가고 있는 아일랜드 사회의 현실을 보면서, 예이츠는 오히려 그 반대 방향의 극단적인 지점까지 나아감으로써 아일랜드 사회에 대한 나름대로의 비판과 저항을 수행하고 있는 것으로 보인다. 다시 말해서, 아일랜드의 정치·사회적 현실에 대해 점점 더 깊은 절망과 환멸만을 느끼게 된 그는 인간 의식과 체험의 가장 원초적이고 근원적인 영역이라고 할 수 있는 성과 사랑의 문제에 눈을 돌림으로써 당시의 아일랜드 사회가 보여주고 있는 결핍과 모순을 드러내고자 한 것으로 이해된다.

이러한 예이츠의 모습은 적어도 그가 노년의 시기를 보통 사람들의 경우와는 달리 어느 것에도 구애받지 않는 자유로움과, 집요함에 가까운 적극성을 가지고 살려고 했음을 보여준다. 삶의 마지막 순간까지 그처럼 진지하게 삶의 의미를 추구하면서 그것을 뛰어난 예술의 형식 속에 담고자 노력했던 그의 모습은 확실히 대시인의 면모를 유감없이 보여준다. 그러면서도 나이나 사회적 위치에 어울리지 않게 성과 사랑의 문제에 과도하게 집착하고 있는 듯한 모습은 시인으로서나 인간으로서나 결코 아름다운 모습으로 볼 수만은 없을 것 같다. 이는 마치 이와 비슷한 시기에 그가 파시즘과 우생학에 관심을 갖고 지지를 보냈던 사실에 대해서 우리가 혼란과 저항감을 느끼는 것과 같다고 할 수 있다. 그렇다면 이러한 혼란감이나 저항감 때문에 그의 시의 가치가 손상되는 것은 아닐까? 다시 말해서, 요즈음 예이츠의 전기 작가들과 연구자들에 의해서 새롭게 드러나고 있는 아름답지만은 않는 그의 삶의 모습들이 시인으로서의 그의 위대함을 훼손시키는 것은 아닐까? 아마도 그렇지는 않을 것 같다. 오든(W. H. Auden)이 예이츠의 죽음을 애도한 시("In Memory of W. B. Yeats")에서 노래했듯이, 예이츠 역시 인간이었기에 우리와 마찬가지로 어리석었을 수도 있었겠지만, 중요한 것은 예술가로서의 그의 재능이 그 어리석음보다 더 오래 살아남게 된다는 점이다(53). 따라서 여전히 예이츠의 시를 읽고 사랑하는 우리들은 그의 삶의 모든 사실들을 그대로 받아들이면서 그것들이 어떻게 그의 시의 창조에 관련되어 있는가를 깊이 있게 살펴봄으로써 궁극적으로 그의 시세계의 이해에 도움을 얻고자 하는 것이리라.

07

예이츠 희곡의 정치적 주제

이 글은 예이츠의 몇몇 희곡 작품의 분석을 통하여 거기에 나타난 정치적 요소들을 다양한 각도에서 살펴보고, 더 나아가 그러한 요소들이 아일랜드의 역사나 사회 현실과 어떻게 관련되어 있는가를 살펴보려고 한다. 우리가 흔히 예이츠 문학에 대해 말할 때 대시인으로서의 그의 모습을 떠올리는 것은 너무도 당연하다. 그렇지만 모두 26편의 작품이 실려 있는 그의 희곡 선집은 그가 시인인 동시에 희곡작가이기도 했음을 보여준다. 그의 연극에 대한 관심은 비단 희곡작품을 쓰는 것으로 그치지 않았다. 그는 희곡작품의 공연과 극장의 운영 같은 실제적인 연극 활동에 적극적으로 참여하였고, 이러한 활동을 통하여 아일랜드 문예부흥운동에 크게 기여하고자 했다. 이러한 사실에도 불구하고 지금까지 예이츠 문학의 정치적 측면에 대한 연구가 주로 시를 중심으로 이루어져 온 점을 생각하면, 이 글이 시도하고 있는 희곡에 대한 고찰은 그의 문학에 대한 보다 총체적인 이해를 위해서도 필요하리라 여겨진다.

잘 알려져 있는 바와 같이, 그의 연극 활동은 1899년 아일랜드문예극장(Irish Literary Theatre)의 창설과 함께 시작된다. 그리고 이 극장이 성공적으로 운영되어가면서 예이츠는 이러한 연극 활동이 아일랜드를 위한 명분 있는 일에 자신의 재능을 바칠 수 있는 적절한 방법이

자 기회임을 깨닫게 된다. 이는 파넬(Parnell)의 죽음 이후 아일랜드의 민족주의운동이 정치로부터 문화적인 방향으로 바뀌어가는 상황에서 새로운 아일랜드 문학의 가능성을 모색하던 그가 바로 민족극의 발전 속에서 그 구체적인 방안을 찾게 된 것이라고 할 수 있다.[1] 이 운동에 참여한 다른 인물들과 마찬가지로 그는 연극을 통하여 아일랜드 민족정신을 확립하고, 아일랜드 사회 안에 문화의 통일(unity of culture)을 이루고자 했던 것 같다. 특히 연극이 다른 문학 장르에 비하여 직접적으로 관객을 상대로 한 대중적인(public) 성격의 예술이라는 점이 더욱 더 이러한 시도를 북돋아 주었던 것으로 보인다.

예이츠에게 있어서 희곡작품의 창작과 극장 운영 등의 활동이 갖고 있는 또 다른 의미는, 신비주의에 대한 지나친 관심에서 비롯된 그의 시의 난해성의 문제를 극운동이 해결해 줄 것으로 그가 생각했다는 점이다. 그 자신이 "설사 아일랜드인들이 문학작품을 읽으려고는 하지 않는다고 해도 들으려고는 할 것이다. 왜냐 하면 정치와 교회가 청중들을 모아 왔기 때문이다."라고 말하고 있듯이(*Au* 396), 그의 깊은 정치적 신념과 열정에도 불구하고 자신의 시가 일반 아일랜드인들에게 쉽게 이해되지 못하고 있으며, 심지어 일부 민족주의자

1) Charles Stewart Parnell(1846-91)은 아일랜드 민족주의운동의 지도자로서, 비록 자신은 프로테스탄트였지만 여러 다양한 세력들을 규합하는 데 성공함으로써 막강한 영향력을 발휘한 정치가였다. 흔히 그를 가리켜 "아일랜드의 무관의 제왕"(the uncrowned king of Ireland)이라고 불렀을 정도였다. 그러나 유부녀였던 Katharine(Kitty) O'Shea와의 관계가 커다란 사회적 이슈가 되면서 갑작스럽게 몰락하게 된 불운의 인물이기도 했다. 그의 실각과 곧 이은 죽음은 아일랜드인들을 지지자(Parnellites)와 반대자(anti-Parnellites)로 양분시켰고, 특히 젊은 세대들에게 정치에 대한 환멸과 혐오감을 느끼게 했다. 이는 사회변혁을 위한 에너지가 정치로부터 문화영역으로 옮아가는 결과를 가져왔고, 곧 문학으로 하여금 "이러한 문화적 민족주의의 주된 통로"가 되게 했다(Lyons 38).

들의 눈에는 비민족적인 것으로 받아들여지고 있다는 점 때문에 고민하고 있던 예이츠에게 있어서, 연극은 아일랜드인들에게 쉽게 접근할 수 있는 예술형식으로 새롭게 인식되었던 것으로 보인다. 이는 결국 연극에 대한 예이츠의 생각이 기본적으로 민족적이고도 민중적인 것이었으며, 그러한 의미에서 그것은 정치적인 것이기도 했음을 말해준다.

19세기말에서 20세기 초반에 이르는 기간 동안 아일랜드의 정치적·사회적 격변 속에서 시대적 소명이라고 할 수 있는 정치적 독립과 문화적 부흥을 위해 아일랜드의 대표적 문인의 하나로서 책임과 역할을 다 하고자 했던 예이츠에게 있어서, 이처럼 문학과 정치는 불가분의 관계였다고 할 수 있다. 한마디로 아일랜드의 역사적 상황이 문학과 정치의 구분을 어렵게 만든 것이다. 그러나 연극 활동을 통하여 아일랜드의 대표적 문인으로서의 책임과 사명을 다하고자 했던 예이츠의 의도가 그렇게 쉽게 이루어질 수는 없었던 것 같다. 그가 아무리 뛰어난 예술가라고 하더라도 그 개인으로서는 어쩔 수 없는 수많은 요인들이 장애물로서 작용했기 때문이다. 무엇보다도 먼저, 그가 오랜 기간에 걸친 영국과 아일랜드간의 투쟁과 반목의 역사 속에서 영국과 아일랜드 어느 쪽에도 전적으로 속할 수 없었던, 따라서 근원적으로 갈등과 불화의 씨를 갖고 있었던 앵글로아일랜드인(Anglo-Irish)이었다는 사실 자체가 가장 핵심적이고도 중요한 요인이었다고 할 수 있다. 이러한 상황에서 그가 시도한 문학을 통한 정치적 의도의 실현은 그에게 영광과 존경을 가져다 준 것 못지않게 무수한 갈등과 상처를 가져다 줄 수밖에 없었던 것으로 보인다. 다만 확실한 것은, 그가 이러한 갈등과 상처를 두려워하거나 피하려 하지 않고 끝까지 작가로서 최선을 다하려고 했다는 점이며, 이러한 갈등과 상처가 오히려 그의 예술적 창조에 하나의 원동력으로 작용했다는 점이다.

그의 희곡 전집에 실려 있는 작품들 중에 가장 먼저 쓰여지고, 1899년 아일랜드문예극장의 개막공연 작품이기도 한 『캐슬린 백작부인』*(The Countess Cathleen)*은 예이츠가 우연히 접하게 된 키티 오코너(Kitty O'Connor) 백작부인의 이야기에 바탕을 두고 있다.[2)] 작품의 줄거리를 간단히 살펴보면, 오래 전 아일랜드에 심한 기근이 들어 많은 가난한 사람들이 굶어 죽을 형편에 처하게 된다. 먹을 것이 없는 사람들은 "황량한 바람에 흩날리는 낙엽처럼 무리지어 이리저리 떠돌고" 자연히 그들의 소박한 심성이나 신앙심까지도 흔들림을 보여준다. 이 때 두 악령(Demon)이 상인(Merchant)으로 변장하고 나타나 사람들에게 돈을 주며 영혼을 팔라고 유혹한다. 그래서 굶주림을 피하기 위하여 사람들은 조금씩 그 유혹을 받아들이게 되는데, 그 내용을 알게 된 캐슬린 백작부인은 굶주린 사람들을 구하려는 생각에서 악령에게 자신의 영혼을 팔고 그 대가로 받은 돈으로 사람들을 구하면서 죽어 간다. 이러한 그녀의 행위는 신에 의해서 용서되고 이 작품은 끝을 맺는다.

한 고귀한 인간이 자신의 영혼을 악마에게 팔아 그 대가로 사람들을 구한다는 이 작품의 이야기는 종교적으로 다분히 논란의 소지를 안고 있다고 할 수 있다. 이 작품이 처음 공연되었을 때 일부 아일랜드인들이 비판적으로 나왔던 것은 바로 이러한 종교적인 이유 때문이었다. 특히 프랭크 휴 오도넬(Frank Hugh O'Donnell)은 두 가지 이유를 들어 이 작품을 비난했는데, 첫 번째는 어느 누구도 자신의 영혼을 팔 자유가 없다는 것이고, 두 번째는 어느 아일랜드인도 그런 짓

---

2) 예이츠는 아일랜드 농부들 사이에 전해져 내려온 요정 이야기와 전설 등을 수집하던 중에 신문에서 이 이야기를 읽었고, 사실은 그것이 어느 프랑스인이 쓴 이야기의 번역임을 얼마 뒤에 알게 되었다(Jeffares and Knowland 3-5).

을 하지 않으리라는 것이었다. 나중에 예이츠 자신도 아일랜드 가톨릭교도들의 종교적 정서를 고려하지 못한 자신의 잘못을 인정하고 작품의 일부분을 수정하기도 했다(Cullingford, *Yeats* 48). 그렇지만 이러한 논쟁은 이 작품의 주제를 너무 종교적인 것으로만 이해한 결과가 아닌가 싶다. 그 주제는 기독교의 범위를 넘어선 보편적인 것으로 볼 수 있고,[3] 예이츠 역시 이 작품에서 백작부인의 행위를 하나의 보편적인 상징으로 사용하고 있는 것으로 보이기 때문이다.

그렇다면 이 작품의 주제가 갖는 정치적 의미는 무엇일까? 먼저 이 작품의 이야기는 1840년대의 아일랜드 대기근(the Great Famine)을 배경으로 하고 있음이 주목된다. 아일랜드의 역사에 있어서 엄청난 사회적·경제적 영향을 끼쳤을 뿐만 아니라 아일랜드인들의 상상력 속에 지울 수 없는 흔적을 남긴 이 대사건은 어떤 의미에서는 단순한 자연의 재난으로 여겨질 수 있었겠지만, 아일랜드인들의 눈으로 볼 때에는 분명히 영국에 의한 아일랜드의 착취의 결과로 여겨질 수 있는 사건이었다. 여기에서 자세하게 다룰 수는 없지만, 1846년부터 1848년에 걸쳐 진행되었던 이 재난으로 거의 200만 명에 가까운 아일랜드인들이 죽었고, 그 이후 50여년에 걸쳐 100만 명 정도가 국외로 이민한 사실을 보면 그것이 얼마나 끔찍한 사건이었는가를 짐작케 한다. 이러한 재난의 근본 원인은 당시 아일랜드 인구의 절반가량이 주식으로 의존하고 있던 감자가 병으로 말라죽었기 때문이었지만,

---

3) 예이츠의 지적대로, 이러한 주제의 표현은 멀리 고대 희랍신화의 알케스티스의 이야기까지 거슬러 올라간다(Jeffares and Knowland 4). 그녀는 테살리아의 왕 아드메토스의 왕비였다. 누군가가 그녀의 남편을 대신하여 죽는다면 그는 결코 죽지 않으리라는 아폴로신의 약속을 믿고 그녀는 남편에 대한 사랑으로 자신이 기꺼이 죽기로 나섰지만, 이 사실을 알게 된 헤라클레스가 그녀를 이승으로 데려왔다. 유리피데스의 비극 『알케스티스』는 이 이야기를 작품으로 쓴 것이다.

이러한 상황에 대처하는 영국정부와 아일랜드내의 지주들의 잘못된 경제관념과 비인도적이고 무능한 처사가 상황을 더욱 더 악화시켰음은 분명하다. 한마디로 "19세기 유럽 국가들에서 일어난 가장 큰 사회적 재난"이었던 이 사건이 두고두고 아일랜드인들의 마음속에 영국에 대한 증오와 불신을 키워왔음은 물론이다(Fraser 548-50). 이러한 사건을 배경으로 하고 있다는 사실 자체가 아직도 영국의 식민지 상태에 있던 당시 아일랜드 관객들에게는 다분히 정치적인 의미로 이해되었을 것이고, 예이츠 자신도 그 점을 의식했다고 볼 수 있다.

또한 이 작품은 모드 곤(Maud Gonne)에게 헌정되고 있는데, 그녀는 예이츠가 깊이 사랑하고 있는 여인으로 이 작품 속에서 이상화되어 있음을 알 수 있다. 실제로 그녀는 1880년대와 1890년대에 걸쳐 기근에 허덕이고 있는 아일랜드 서부 해안지방에서 주민들을 위하여 일하다가 폐결핵에 감염된 적이 있었으며, 1897년에는 다른 민족주의 지도자들과 함께 리플릿을 발행하여, 가난한 자는 생명을 유지하기 위하여 훔칠 권리가 있다는 내용을 주장하기도 했다(Cullingford, *Yeats* 47-48). 이는 마치 이 작품에서 백작부인이

> 굶어 죽어가는 자가 무엇이든 필요한 것을
> 가져가는 것은 죄가 아닐 수 있다고
> 어느 유식한 신학자는 주장했다.
>
> A learned theologian has laid down
> That starving men may take what's necessary,
> And yet be sinless. (*VPL* 67-69)

라고 말하고 있는 것과 비슷하다. 이런 점에서 이 작품을 그녀에게 헌정한 것은 특별한 의미가 있었던 것으로 보인다.

캐슬린 백작부인이 굶주린 농민들을 위하여 자신의 목숨을 바치는

행위는 영국의 식민지 통치하에서 고통 받고 있는 아일랜드 민중을 구하기 위하여 목숨을 바치는 모든 형태의 정치적 행위와 연결될 수 있다는 점에서 이 작품은 아일랜드인의 민족주의적인 정서에 잘 부합되는 작품으로 읽혀질 수 있을 것 같다. 따라서 앞에서 말한 바와 같이 일부 아일랜드인들이 이 작품에 대해 비난하고 나선 것은 좀 아이러니컬하게 보이기도 한다. 아일랜드의 현실과 관련하여 이 작품에서 읽을 수 있는 또 하나의 정치적 의미는, 이 작품이 아일랜드 사회에 점차적으로 나타나게 되는 하나의 새로운 경향, 즉 근대화의 과정을 겪어 가면서 점점 아일랜드인들의 삶을 지배해가고 있는 천박한 물질만능주의와 이기주의의 성향에 대한 비판으로 읽힐 수 있다는 점이다. 다시 말해서, 영국의 식민지 치하에서 영국의 지배를 싫어하고 영국인들을 증오하면서도 다른 한편으로는 영국이 대변하고 있는 경제적 부와 물질주의적 가치관에 대해 선망의 눈길을 보내며 점점 영국화되어 가고 있는 아일랜드인들의 모순된 삶의 모습에 대한 비판으로 볼 수 있다는 점이다. 이는 예이츠가 문예부흥운동의 초기부터, 그리고 시간이 흐르면서 점점 강도를 높여가며 아일랜드 중산층의 물질주의적이고 편협한 사고방식과 삶의 태도가 아일랜드의 이상과 문화적 통일의 달성을 방해하고 있다고 주장했던 것과 같은 맥락이라고 할 수 있다.

이렇게 보면, 이 작품의 배경이 되는 기근도 앞에서 살펴본 바와 같이 뜻밖의 자연 재해에 식민지배의 착취가 더해진 정치·경제적 대사건인 동시에 인간이 물질적 유혹에 빠져 자신의 영혼을 악마에게 파는 정신적 빈곤의 상징으로 읽을 수도 있을 것 같다. 구체적으로 말한다면, 상인의 모습으로 변장하여 나타나 계속 반복하여 "와서 거래하자"고 외쳐대는 악령들의 모습이나, 황금을 "이 세상에서 가장 아름다운 것"이라고 부르며 악령들의 유혹을 거절하지 못하는 농부들의 모습, 그 중에서도 특히 "맹금의 눈을 번뜩이며" 가장 적나라하게 돈에 대한 탐욕을 드러내고 있는 쉬무스(Shemus) 부자의 모습 등, 이 작품의 많은 요소들은 작가 예이츠가 의도한 바를 충분히 짐작케 한다. 이러한 점에서 보면, 이 작품에 대한 일부 아일랜드인들의 비판도 단순한 종교적인 이유만으로 볼 수는 없을 듯하다. 그들은 예이츠가 의도한 이러한 정치적 의미를 꿰뚫어 보고 있었기 때문에 이 작품을 비난과 의심의 눈빛으로 바라보았던 것이고, 이러한 상황은 그의 연극 활동 내내 계속되었다고 할 수 있다.

이어서 살펴보고자 하는 작품 『캐슬린 니 훌리한』*(Cathleen Ni Houlihan)*은 앞의 작품 『캐슬린 백작부인』보다도 더 직접적으로 아일랜드인들의 독립을 위한 투쟁과 희생을 주제로 하면서 그들의 전투적 애국심에 호소하고 있는 작품이다. 때는 1798년, 그 해는 실제로 아일랜드에서 영국에 대항한 혁명이 일어나고 그들의 혁명을 돕기 위하여 프랑스 군대가 아일랜드 해안에 상륙한 사건이 있던 해였다. 작품은 바로 이러한 역사적 사실을 배경으로 아일랜드 서부 킬라라(Killala)의 한 가정에서 일어난 비극적 사건을 다루고 있다. 작품의 무대가 되는 가정은 집밖에서 일어나고 있는 사회적 소요와는 대조적으로 큰아들의 결혼을 하루 앞두고 기대와 축제의 분위기 속에서 더할 나위 없이 행복한 모습을 보여주고 있다. 아버지는 아들의 신부가 가져온 지참금으로 땅을 살 계획에 부풀어 있고, 어머니는 아들이 결혼식에 입게 될 멋진 예복과 작은아들을 장차 신부로 만들 생각으로 들떠 있으며, 작은아들조차도 형수가 가져올 어린 사냥개 생각에 빠져 있다. 이러한 지극히 평범하면서도 일상적인 모습의 행복한 가정에 캐슬린 니 훌리한이 늙은 여인의 모습으로 찾아들면서 비극은 시작된다. 그녀는 때로는 매우 신비적이고 상징적이면서 때로는 매우 직설적인 말과 노래로 아일랜드의 독립을 위하여 싸우다 죽을 젊은

이들을 구하러 다니고 있음을 밝힌다. 그리고 자신을 따라 나서는 자는 모든 것을 바쳐야 한다고 단호하게 요구한다. 결국 그녀가 전통적으로 아일랜드인들의 마음과 노래 속에 전해져 내려온 아일랜드 자체를 상징하는 여인임이 드러나고, 그녀의 부름에 따라 큰 아들 마이클(Michael)은 부모와 신부의 만류를 뿌리치고 이제 막 상륙한 프랑스 군대와 합류하기 위하여 뛰쳐나간다. 밖에서 들어온 작은아들 패트릭(Patrick)에게 "늙은 여인이 길을 가는 것을 보았느냐?"고 묻는 아버지에게 그는 "아니오. 한 젊은 여자를 보았는데 그녀가 걸어가는 모습은 마치 여왕 같았어요."라고 대답하면서 이 작품은 끝을 맺는다.

예이츠 자신도 이 작품의 주제가 "아일랜드와 그 독립을 위한 투쟁"이었음을 밝히고 있지만(*VPL* 234), 이 작품이 실제로 무대에서 공연되었을 때 아일랜드 관객들이 받았을 감동과 놀라움은 충분히 짐작이 간다. 특히 캐슬린 니 훌리한의 역을 맡은 모드 곤의 연기는 그 효과를 더욱 높였을 것이다. 그 선동적 효과가 하도 컸기 때문에 일주일 뒤에는 당국이 공연을 중지시켜야 할 정도였다. 이 작품의 공연을 관람한 스트롱(L. A. G. Strong)은 "이 작품은 그 첫마디부터 끝에 이르기까지 관객들을 설득시키고 . . . 관객들의 척추에 전율을 느끼게 한다".라고 하였고(Moore 71), 스티븐 그윈(Stephen Gwynn) 역시 이 연극을 보고 나서 "『캐슬린 니 훌리한』의 효과는 너무나 커서 나는 집에 돌아오면서 사람들이 밖으로 나가 총을 들고 싸우다가 맞아 죽는 사태에 대비하지 않고는 이런 연극은 공연되어서는 안 되지 않는가 하고 스스로에게 물었다. . . . 무엇보다도 미스 곤의 배역은 내가 지금까지 본 어떤 경우보다도 더 관객들을 감동시켰다."라고 기술하고 있다(Jeffares and Knowland 30). 예이츠가 먼 훗날 그의 시 「사람과 메아리」("The Man and the Echo")에서 "나의 그 연극은 사람들을 내몰아 / 영국인들의 총에 맞아 죽게 했던가?"라고 노래했던 것도 이 작품이 당시의 아일랜드인들에게 주었을 감동과 영향을 염두에 두었기 때문이었으리라 여겨진다.

한마디로 이 작품은 아일랜드 민족주의운동의 대변자가 되기를 원하였던 예이츠의 열망이 가장 분명하고도 직접적으로 나타난 작품이라고 할 수 있다. 따라서 이 작품은 그에게 아일랜드인들로부터의 높은 인기와 존경을 가져다 준 작품이기도 했다. 그렇다면 이 시기의 예이츠에게 이러한 일이 가능할 수 있었던 것은 무엇 때문이었을까? 다시 말하면, 이 작품에 극명하게 드러난 과격한 애국적 민족주의는 어떻게 가능할 수 있었던 것일까? 물론 이 질문에 답하는 것은 간단한 일이 아니지만 우리는 두 가지 측면에서 생각해 볼 수 있을 것 같다. 먼저 사회·문화적 측면에서, 예이츠가 속했던 프로테스탄트 앵글로아일랜드들의 일반적인 상황에 대해 생각해 볼 필요가 있다. 그들은 아일랜드 사회 내부에서 가톨릭 아일랜드 민족주의가 점점 거세어져 가면서 과거에 누려왔던 기득권과 지배력을 잃어갔고, 그 결과 힘없는 소수 계층으로 전락할 수밖에 없었다. 이는 곧 아일랜드 사회로부터의 소외와 고립을 의미했기 때문에, 그들에게는 이러한 상황으로부터 벗어날 수 있는 어떤 방안이 필요했다. 사실 그들이 주도하게 된 아일랜드 문예부흥운동 자체도 이러한 인종적·문화적 고립으로부터 벗어나고자 하는 그들의 마지막 몸부림 같은 것이었다고 할 수 있다. 이러한 의미에서 왓슨(G. J. Watson)은 이 작품을 가리켜 "타협할 수 없는 '아일랜드 정신'(Irishness)과의 일체감을 천명하려는 시도"라고 말하고 있다(Harrington 417).

또 다른 측면은 예이츠의 개인적 성향 혹은 기질 문제이다. 그의 타고난 낭만적 이상주의적 성격은 민족주의운동 속에 내재된 낭만적 이상주의와 쉽게 맞아 들어갈 수 있었던 것으로 보인다. 특히 가톨릭 아일랜드 중산층의 물질주의와 이기주의가 심지어는 민족주의 전통마저도 더럽히고 있다고 생각한 그는 과거 혁명투사들의 희생과 죽음의 행위를 매우 낭만적이고 이상적인 것으로 바라보았던 것 같다. 이러한 시각은 이 작품 안에서 노파의 말 속에 잘 나타난다.

> 나로 인하여 그들의 붉은 뺨은 창백해질 것이며, 그럼에도 그들은 충분히 보상받았다고 생각할 것이오.
>
> *[그녀는 퇴장하고, 밖에서 노래 부르는 그녀의 목소리가 들린다.*
>
> 그들은 영원히 기억될 것이고,
> 그들은 영원히 살 것이고,
> 그들은 영원히 말할 것이고,
> 사람들은 영원히 그들의 말을 들으리라.

> They that have red cheeks will have pale cheeks for my sake, and for all that, they will think they are well paid.
>
> *[She goes out; her voice is heard outside singing.*
>
> They shall be remembered for ever,
> They shall be alive for ever,
> They shall be speaking for ever,
> The people shall hear them for ever. (*VPL* 229)

확실히 이 작품은 컬링포드의 지적대로 예이츠가 "민족주의를 위하여 바치는 가장 인상적이면서 가장 잘 알려지고 가장 사랑받는 작품"이라고 할 수 있다(*Yeats* 52). 그렇다면 이 작품이 주는 예술적 감동과 호소력은 어디에서 오는 것일까? 우선 이 작품이 1798년 프랑스군의 상륙과 뒤이은 혁명을 배경으로 하고 있다는 점이다. 비단 이 시기뿐만 아니라 오랜 기간 동안 영국에 대항하는 혁명과 투쟁의 과정 속에서 아일랜드인들은 수차례에 걸쳐서 마치 이 작품의 마이클처럼 조국의 독립을 위하여 희생을 치러왔고, 이러한 아일랜드의 불행한 역사적 상황은 대부분의 아일랜드인들의 의식 속에 하나의 커다란 감정적 공감대를 형성해 왔다고 할 수 있다. 이 작품은 바로 이러한 공감대에 호소하면서, 그것도 매우 시적이고도 상징적인 방법으로 호소하고 있다. 그러나 이러한 역사적 배경 못지않게, 이 작품의 구성에 있어서 핵심을 이루고 있는 주인공 마이클의 행위 속에서도 우리는 이 작품의 강력한 효과의 원인을 찾을 수 있다. 확실하게 삶 자체까지도 버릴 것을 각오하고 따라오기를 요구하는 노파의 말에 끌려 결혼할 신부와 가족을 버리고 집을 나서는 그의 행위와 그에 따르는 희생은, 흔히 보이는 애국자들과 민족주의자들의 화려한 수사나 선전문구와는 달리 지극히 시적이고 순수하며 진실한 것으로 보인다.

『캐슬린 니 훌리한』이 1798년 독립혁명을 배경으로 하고 있다면, 다음에 살펴보고자 하는 작품 『백골의 꿈』*(The Dreaming of the Bones)*은 보다 가까운 역사적 사건인 1916년 부활절봉기를 배경으로 하고 있다. 그 두 작품이 모두 아일랜드의 역사적 사건을 배경으로 하고 있다는 점에서는 비슷하지만, 그들 사이에는 커다란 차이점이 존재한다. 즉 전자가 보다 직접적이고도 단순한 방식으로 역사적 사건을 다루고 있다면, 후자는 1916년의 사건을 디아르뮈드(Diarmuid)와 데르보르길라(Dervorgilla)의 생애와 관련된 아일랜드 초기 역사의 먼 시점으로까지 연결시킴으로써 훨씬 더 복잡한 구조를 보여 준다. 동시에 뒤의 작품에서는 이러한 정치적 내용을 죽은 자의 꿈의 이야기와 연결시키고 있다는 점에서도 다른 면을 보여주고 있다. 이 작품은 크게 두 부분으로 나눌 수 있는데, 전반부는 주인공 젊은이(Young Man)에 대한 이야기가 중심을 이루고 있다. 즉 그가 어떤 인물이며 어떻게 두 젊은 남녀(Stranger와 Young Girl)의 혼령을 만나게 되는가를 보여주고 있다. 먼저 젊은이의 등장에 앞서 이 작품을 시작하고 있는 가수의 서정적인 노래와 말을 통하여 우리는 이 작품의 배경을 이루는 시간과 장소뿐만 아니라 기본적인 주제와 분위기까지를 이해하게 된다. 때는 1916년 어느 날, 달마저도 구름에 가려진 동트기 전의 어두운 밤이며, 장소는 아일랜드 서부 애비(Abbey)의 시골마을로 커다란 돌들 사이에서 새들이 고적하게 울고 있는 곳이다. 이 어둡고 적막한 곳을 죽은 자들의 영혼이 꾸는 환상적인 꿈들만이 가득 채우고 있을 뿐이다. 이처럼 작자는 작품의 배경이 되는 시간과 공간을 설정하는 과정에서 자연스럽게 작품의 기본적인 주제를 이루는 죽은 자의 꿈의 이야기를 제시하고, 그것이 이미 오래 전부터 전해 내려온 것이라고 말한다.

> 죽은 자들의 마른 뼈에서
> 어지러운 꿈이 생겨날 수 있음을
> 옛 작가들이 말하지 않았던가?
> 그래서 숱한 밤
> 환상적인 꿈들이 온 골짜기를
> 가득 채우는 듯하구나.
>
> Have not old writers said
> That dizzy dreams can spring
> From the dry bones of the dead?
> And many a night it seems
> That all the valley fills
> With those fantastic dreams. (*VPL* 763)

여기에 등불을 든 젊은이가 나타나고, 이어 옛날 복장에 탈까지 쓴 낯선 남녀 두 사람이 나타남으로써 전반부의 이야기가 시작된다. 그리고 그들의 대화 속에서 이 젊은이가 1916년 부활절 주간에 수도 더블린에서 중앙우체국을 중심으로 일어났던 그 유명한 사건인 부활절봉기에 참여한 후 당국의 눈을 피하여 도피중인 자임이 드러난다.

> *낯선 자.* 당신은 더블린에서 싸웠소?
> 젊은이. 나는 우체국에 있었소. 그래서 만약 잡히면
> 벽 앞에 세워져 총살당할 겁니다.

> *Stranger.* You have fought in Dublin?
> Young Man. I was in the Post Office, and if taken
> I shall be put against a wall and shot. (*VPL* 764)

우선 이 젊은이가 부활절봉기에 참가한 사실에서부터 작품의 정치적 주제는 분명하게 드러나지만, 아일랜드를 침략한 영국인들이 이곳의 숲을 불태워버려 이제 숨을 곳조차 찾기 어려워졌다고 불평하는 그의 말이나, 부활절봉기 때 영국인들과 총을 겨누고 싸운 일에 대한 그의 직접적인 언급은 이러한 정치적 주제를 더욱 부각시키고 발전시킨다. 이어 그들의 대화가 자연스럽게 죽은 자들의 영혼에 대한 이야기, 즉 어떤 사람들은 죽음 이후에도 영혼의 형태로 이 지상에 머물면서 꿈속에서 다시 이전의 삶을 되풀이하며, 특히 그들이 사는 동안에 저지른 잘못에 대하여 한없이 고통을 받게 된다는 이야기로 이어진다. 이러한 대화의 발전은 작품의 구성상 서두의 노래에서 제시된 죽은 자의 꿈의 주제를 다시 드러내고, 더 나아가 작품의 후반부에서 이 주제가 정치적 주제와 상호 연결되어 복잡한 형태로 발전될 수 있는 형식적 틀을 마련하는 것으로 볼 수 있다.

작품의 전반부와 후반부 사이에는 처음처럼 가수의 말과 노래가 다시 나오는데, 말로 된 부분은 주로 젊은이가 낯선 두 남녀에 이끌리어 산의 정상을 향하여 움직이는 상황을 말해주고, 노래로 된 부분은 젊은이가 처해 있는 물리적·심리적 상황을 서정적으로 묘사하고

있다. 특히 이 노래의 후렴부인 "삼월의 붉은 새여, 울기 시작하라"는 어둡고 적막한 밤과 혼령들의 환상적인 꿈의 세계가 빨리 끝나고 아침이 빨리 밝아와 현실의 세계가 시작되기를 기대하는 젊은이의 마음을 드러내는 것으로 볼 수 있다. 가수의 노래에 이어지는 작품의 후반부는 낯선 남녀로 모습을 드러낸 두 영혼의 이야기가 중심을 이루고 있다. 우리는 그들의 대화를 통하여 이 두 젊은 남녀가 바로 과거 아일랜드의 역사에서 아일랜드인들에게 엄청난 잘못을 저지른 디아르뮈드와 데르보르길라의 영혼임을 알게 된다. 그들은 7세기 전 자신들의 사랑을 위하여 영국군대를 아일랜드에 불러들임으로써 오랜 기간 동안 아일랜드가 영국의 식민지적 지배를 받게 되는 계기를 마련한 장본인들로서, 자신들의 조국을 이민족에게 팔아넘긴 잘못 때문에 저주받아 결국 죽음 이후에도 영원한 안식을 찾지 못하고 이곳을 떠돌고 있는 자들이다. 중요한 것은 이러한 "죄악의 기억"으로 인하여 그들의 사랑의 성취마저도 불가능해졌다는 점이다. 다만 그들의 저주와 고통을 조금이라도 덜어줄 수 있는 길은 아일랜드인 누군가가 그들을 용서해주는 것뿐이다. 그러나 부활절봉기에 참가한 후 경찰을 피하여 도피중인 젊은이가 그들을 용서하는 것이 가능할 수가 있겠는가?

젊은 여자. 예, 예, 저는 가장 비참하고
가장 저주받은 바로 그 두 사람에 대해 얘기한 겁니다.
그들은 자신들의 고국을 노예로 팔았지요. 그렇지만
만약 같은 민족으로서 누군가가 마침내
"나는 그들을 용서했다"라고 말한다면
완전히 비참하고 저주받은 것만은 아닐 것입니다.
젊은이. 아, 결코, 결코
디아르뮈드와 데르보르길라는 용서받지 못할 것입니다.

Young Girl. Yes, yes, I spoke
Of that most miserable, most accursed pair
Who sold their country into slavery; and yet
They were not wholly miserable and accursed
If somebody of their race at last would say,
'I have forgiven them.'
Young Man. O, never, never
Shall Diarmuid and Dervorgilla be forgiven. (*VPL* 773)

과거 역사의 불행한 연인이었던 두 혼령과 이러한 대화를 나누며 산의 정상에 이르게 된 젊은이는 밝아오는 새벽 빛 속에 모습을 드러내는 아일랜드의 땅들을 내려다보며 왜 그들이 용서될 수 없는가를 웅변적으로 말한다.

당신이 나더러 용서하라고 한
그 두 사람만 아니었더라면, 모두들 찬탄해 마지않은
옛 이탈리아 마을들처럼 저 마을은
그 박공과 흉장들 사이에 놓여 있었겠지요.
비록 우리나라는 석탄도 철광석도 없어
가난하고 공기오염도 없지만,
만약 그 죄악만 없었더라면
아주 아름다웠을 테니까요.

That town had lain,
Bur for the pair that you would have me pardon,
Amid its gables and its battlements
Like any old admired Italian town;
For though we have neither coal, nor iron ore,
To make us wealthy and corrupt the air,
Our country, if that crime were uncommitted,

Had been most beautiful. (*VPL* 774)

비록 작품의 마지막 부분에서 자신과 함께 있는 두 젊은 남녀가 실은 그들이 얘기하고 있는 디아르뮈드와 데르보르길라의 영혼이라는 사실을 알게 되고 그들의 슬픈 운명을 이해하게 된 젊은이가 그들의 잘못을 용서하는 듯한 제스처를 보여주긴 하지만("I had almost yielded and forgiven it all"), 결국 그는 그들을 용서할 수 없음을 재차 확인한다. 그리고 이 젊은이로부터 자신들의 죄를 용서받을 수 없게 된 두 영혼이 괴로운 춤동작과 함께 사라지면서 작품의 이야기는 끝을 맺는다.

이처럼 작품의 후반부에서 두 젊은 남녀가 살아 있는 인간이 아니라 생전의 죄 때문에 고통을 받고 있는 죽은 인간의 영혼이라는 사실은 작품의 서두에서 노래한 죽은 자의 꿈의 주제를 드러내면서, 거기에 덧붙여 바로 그들이 아일랜드의 역사에 있어서 중요한 의미를 갖는 인물인 디아르뮈드와 데르보르길라의 영혼으로 설정된 것은 마치 주인공 젊은이의 정체가 부활절봉기에 참여한 인물로 설정된 것처럼 이 작품의 정치적 주제를 강하게 부각시키고 있다고 할 수 있다. 그러나 보다 중요한 것은, 단순히 이 두 인물의 생전의 삶이 갖는 의미 그 자체라기보다는 그들의 행위가 지금 이 시점에서 특히 젊은이에게 어떤 의미를 갖느냐 하는 것이다. 왜냐 하면 이 작품의 구성으로 볼 때 그들의 행위는 젊은이 혹은 그가 참여한 부활절봉기와의 관계 속에서 조명되고 해석되고 있기 때문이다. 이렇게 보면, 이 작품의 의미의 중심은 이들 두 인물군(젊은이와 두 남녀), 혹은 그들이 관련된 두 역사적 사건(부활절봉기와 아일랜드의 식민지배) 사이의 관계에 있다고 할 수 있을 것 같다. 그렇다면 아일랜드의 역사에 있어서, 그리고 작품의 젊은이를 포함한 대다수의 아일랜드인들의 삶에 있어서 이 두 사건은 어떠한 관련을 갖는 것일까? 이 작품에서 예이츠는 이 점에 대하여 어떠한 암시를 주고 있는 것일까?

이 자리에서 두 역사적 사건의 자세한 내막을 살펴보는 것은 어려운 일이겠지만, 다만 확실한 것은 그 사건들이 모두 영국에 의한 아일랜드의 식민지배와 깊이 관련되어 있다는 점이다. 앞에서 언급한 대로 디아르뮈드와 데르보르길라가 자신들의 사랑 때문에 영국군대를 아일랜드에 불러들인 사건은 결국 아일랜드에 대한 영국의 침략과 지배의 길을 처음으로 열어 주었고, 1916년의 부활절봉기는 비록 7세기가 지난 이후의 사건이지만 그 두 남녀의 행위의 결과로 빚어진 식민지배로부터 벗어나기 위한 아일랜드인들의 정치적 투쟁이었기 때문이다. 특히 1916년 부활절 주간에 영국에 대항하여 일어난 민중봉기는 많은 희생자를 내고도 군사적으로는 비록 실패한 사건이었지만, 아일랜드가 자치 국가를 세우는 데 있어서 그 첫걸음이 됨으로써 현대 아일랜드 역사에 있어서 하나의 분수령을 이룬 사건이었다. 이러한 맥락에서 본다면, 부활절봉기는 7세기 전에 있었던 디아르뮈드와 데르보르길라 사건의 연속선상에서 이루어진 것이며, 단적으로 말해 그 결과라고 할 수 있다. 다시 말해서, 이 작품의 젊은이가 고통스럽게 살아가고 있는 오늘의 아일랜드의 현실은 바로 과거에 그 두 남녀가 저질은 행위의 결과라는 점에서 그 두 사건은 뗄 수 없이 연결되어 있다고 할 수 있다. 나단(Leonard E. Nathan)이 이 작품의 주제를 가리켜 "한 민족으로서 아일랜드의 정신적인 삶"이라고 한 것이나(210), 블룸(Harold Bloom)이 이 작품을 "자기 민족에 대한 예이츠의 가장 대담하고도 강력한 우화"라고 한 것은(309) 모두 이런 의미에서였으리라 생각된다.

이러한 맥락에서 볼 때, 이 작품이 두 남녀의 행위에 대한 젊은이의 용서의 가능성을 제기하고 있는 점이 주목된다. 우선 두 사람의 혼령이 아일랜드인 누군가로부터 용서를 받아야만 저주로부터 벗어날 수 있다는 설정부터가 흥미롭다. 그러나 그 두 영혼의 애절한 간청에도 불구하고 그 젊은이가 그들을 용서하는 것이 과연 가능할 것인가? 그러기에는 오랜 기간에 걸친 영국의 식민지배로 인하여 아일랜드인들이 겪어야 했던 희생과 고통이 너무 무겁고, 그에 따라 영국인들에 대한 그들의 증오와 원망이 너무 큰 것임을 작가 자신도 모르지는 않을 것이다. 그러나 다른 각도에서 생각해 보면, 도저히 불가능해 보이는 그 용서의 화해가 있지 않고는 두 영혼은 저주로부터 벗어나 사랑의 완성을 이룰 수 없고, 더 나아가 아일랜드에 진정한 통합과 평화는 존재할 수 없다는 것도 쉽게 수긍이 간다. 그렇다면 한 사람의 아일랜드인으로서 더군다나 목숨을 걸고 영국과 싸우고 있는 상황에서 그 두 사람의 잘못을 결코 용서할 수 없는 젊은이에게 그럼에도 불구하고 그들의 영혼의 평화를 위하여 그들의 잘못을 용서할 수 있겠는가를 묻고 있는 작가의 의도는 무엇일까?

이러한 문제들과 관련하여 우리의 관심을 끄는 것은 예이츠가 부활절봉기를 겪고 나서 쓴 시 「1916년 부활절」이다. 제목 그대로 이 시는 부활절봉기 자체를 다루고 있지만 단순하게 그 희생자들을 애도하고 칭송하는 시만은 아니다. 거기에는 이 사건에 대한, 더 나아가 아일랜드 민족주의운동 자체에 대한 예이츠의 입장과 태도가 매우 복합적으로 표현되어 있다고 할 수 있다. 따라서 이 시와 『백골의 꿈』을 함께 비교하며 읽어보는 것도 좋을 것 같다. 모두 4연으로 된 이 시에서 시인은 먼저 1연과 2연에서 봉기를 주도하였던 인물들에 대하여 언급하면서, 그들이 이 사건을 통하여 어떻게 일상적이고 희극적인 세계로부터 비극적인 세계로 변화하였는가를 노래한다. 즉 시인 화자의 눈에 "가벼운 희극"의 배우들로만 보이던 그들이 한 순간 아일랜드 독립을 위한 영웅적 순교자로 변화함으로써 비극과도 같은 "무서운 미가 탄생했다"라고 노래한다. 그러나 이처럼 희극으로부터 비극으로의 변화를 긍정적으로 바라보는 시인의 태도는 이어 3연과 4연에 이르면 조금 달라지는 듯하다. 여기에서 시인이 강조하여 드러내 보이고 있는 것은 아이러니컬하게도 이러한 변화가 갖는 "무서운" 비극적 측면이다. 흐르는 물과 그 물의 흐름을 막고 있는 돌의 이미지를 통하여 시인은 봉기의 주모자들이 돌과 같은 마음을 가졌기에 비극의 주인공으로 변화할 수 있었겠지만, 동시에 바로 그 마음 때문에 변화하는 모든 만물 한 가운데에서 오직 그들만이 변화를 모른 체 생동하는 삶의 흐름을 막고 있다고 말한다. 물론 "너무 오랜 동안의 희생"이 그들의 마음을 돌로 만들 수 있었으리라는 것을 시인이 모르는 것은 아니지만, 그리고 이제 그가 시인으로서 할 수 있는 일은 잠든 아기의 이름을 부르는 엄마처럼 그 희생자들의 이름을 부르며 그들을 감싸 안는 일 뿐임을 모르는 것은 아니지만, 그가 이처럼 봉기 주모자들의 영웅적인 행위 속에서 돌과 같은 마음을 읽고 있는 것은 분명 그가 그들을 포함한 아일랜드 민족주의자들에 대하여 비판적인 시각으로 보고 있음을 말해준다.

비교적 관점에서 볼 때 이러한 시인의 비판적인 시각은 『백골의 꿈』의 젊은이의 경우에도 마찬가지라고 할 수 있다. 그가 두 남녀의 고통의 모습에 안타까워하며 그들의 잘못에 대하여 너그러움을 보이는 듯하면서도 그들의 이름 앞에서는 그토록 단호하게 용서를 거부하고 있는 것은 물론 그의 현재의 상황으로 볼 때에는 너무나 자연스러운 반응일 수 있겠지만, 자신의 거부의 행위가 두 남녀 영혼에게 어떤 비극적 결과를 가져오리라는 것을 모르고 있다는 점에서는 그 젊은이 역시 자신들의 열정적인 사랑이 아일랜드에 어떤 비극적 결과를 가져오리라는 것을 전혀 예견하지 못했던 두 남녀와 다를 바가 없어 보인다. 이는 부활절봉기의 주모자들과 마찬가지로 그 역시 돌의 마음을 가지고 있기 때문이라고 할 수 있다. 이 작품의 마지막을 이루는 노래부분이 한편으로는 끝내 용서받지 못한 두 영혼이 사라진 후 밤이 지나고 날이 밝아옴을 알리는 수탉 울음소리에 안도하는 듯한 젊은이의 심정을 노래하면서도, 다른 한편으로는 그 가능성의 암시에도 불구하고 결국 용서하지 못하는 젊은이의 정신적 한계와 궁핍함을("Our luck is withered away") 함께 노래하고 있는 것은 바로 이러한 사실을 말해주는 듯하다. 그렇게 보면 이 작품 역시 용서와 사랑이 불가능하고 오직 증오와 회한만이 끝없이 되풀이되는 아일랜드의 비극적 상황을 말하려는 것이라고 할 수 있다.

마지막으로 살펴보고자 하는 『연옥』*(Purgatory)*은 예이츠의 후기 작품으로서, 흔히 그의 가장 뛰어난 희곡 작품의 하나로 여겨진다. 작품의 등장인물은 이름조차도 밝혀지지 않은 노인(Old Man)과 소년(Boy)뿐이다. 이 작품이 이미 오래 전에 죽은 인간의 영혼이 나타나 사는 동안에 지은 잘못된 행위 때문에 고통을 받고 그 행위를 끝없이 반복하는 내용을 기본 주제로 삼고 있다는 점에서는 앞에서 살펴본 『백골의 꿈』과 아주 유사하다. 다만 다른 것은 앞의 작품의 경우에는 두 남녀의 사랑 때문에 외국인들을 불러들인 것이 잘못이었지만, 이 작품의 경우에는 신분이 낮은 남자와의 결혼으로 인하여 명예로운 가문의 몰락을 가져온 것이 잘못이었다는 점이다.

앞에서 살펴본 다른 작품들과 마찬가지로 『연옥』도 그 줄거리는 아주 간단한 내용으로 되어 있다. 어느 무너진 저택 앞에 한 늙은 남자가 아들인 소년을 데리고 나타난다. 그들은 행상인으로 여기저기를 떠돌다가 이 집 앞에 이르러 대화를 나누기 시작한다. 그러나 그들의 대화는 마치 동문서답처럼 서로 겉돌고 상호이해와는 거리가 멀다. 이 집과 그 앞에 서 있는 나무를 잘 살펴보라고 말하는 노인에게 소년은 "어리석은 늙은이"이라고 일축해 버릴 뿐이다. 이런 식의 대화는 이 작품의 끝까지 계속되지만, 우리는 그것을 통해 이들 부자 관계가 원만하지 못함을 알 수 있다. 이러한 두 사람의 관계 혹은 차이는 이 빈 집안에 와 있는 누군가의 혼령에 대해 그들이 서로 다르게 반응하는 데서 더욱 단적으로 드러난다. 그 혼령의 존재를 바로 알아보는 노인과는 달리 소년은 그것을 알아보지 못할 뿐만 아니라 옛집을 다시 찾아오는 연옥 영혼들에 대한 노인의 이야기가 한낱 헛소리로 들릴 뿐이다.

노인. 그러나 무엇이 사라지든
무엇이 남아 있든 개의치 않는 자들도 있으니,
살던 곳, 낯익은 곳으로 다시 돌아오는
연옥 영혼들이 그렇다.
소년. 또 미쳐 가는군.
노인. 그들의 잘못을
다시 사는데, 그것도 한 번이 아니라
여러 번을. 그들은 마침내
그 잘못의 결과가 다른 자들에게 있는지
혹은 자신들에게 있는지를 알게 된다.
다른 자들에게 있다면, 다른 자들이 도울 수 있으리라.
왜냐하면 그 결과가 끝장이 날 때
그 꿈도 끝날 테니까. 만약 자신에게 있다면,
자신밖에는, 그리고 신의 자비밖에는
다른 도움이 없는 것이다.

Old Man. But there are some
That do not care what's gone, what's left:
The souls in Purgatory that come back
To habitations and familiar spots.
Boy. Your wits are out again.

Old Man. Re-live
Their transgressions, and that not once
But many times; they know at last
The consequence of those transgressions
Whether upon others or upon themselves;
Upon others, others may bring help,
For when the consequence is at an end
The dream must end; if upon themselves,
There is no help but in themselves
And in the mercy of God. (*VPL* 1042-43)

노인의 이 말은 작품의 구성상 중요한 의미를 갖는다고 할 수 있다. 이 작품의 중심을 이루는 노인의 행위, 즉 어머니가 저지른 잘못의 결과를 마감하고 그녀의 영혼을 회한의 고통으로부터 구하기 위하여 아들을 죽이는 행위는 바로 여기에 나타난 노인의 연옥 영혼에 대한 인식에 근거하고 있고, 그런 행위마저도 소용이 없음을 깨닫고 결국 신의 자비를 구하는 작품의 결말 역시 이 말에 암시되어 있기 때문이다.

이어 노인은 이 저택이 사실은 자신이 태어난 집임을 밝히고 자신의 출생과 성장과정에 대한 얘기와 함께 이 저택이 몰락하게 된 과정을 얘기한다. 여기에서 중요한 것은 노인이 자신의 가문의 몰락의 원인을 집안의 반대를 무릅쓰고 낮은 신분의 남자(마부)와 결혼한 어머니의 잘못에서 찾고 있는 점이다. 노인의 말 속에 웅변적으로 기술된 그의 가문의 위대한 조상들과 그들이 살았던 삶의 모습은 결혼 후 주색잡기로 재산을 탕진해버린 비천한 출신의 그의 아버지의 삶의 모습과는 극명하게 대조를 이룬다. 한마디로 그의 아버지는 그의 "가문을 죽인"(to kill a house) 것이며, 노인에게 있어 이것은 "죽을 죄"(a capital offence)에 해당된다. 결국 노인이 16세 되던 해 그의 아버지는 술에 취해 집에 불을 지르게 되고, 이 순간을 이용하여 노인은 그의 아버지를 살해한 후 도주하여 현재의 모습대로 행상인이 된 것이다. 두 사람의 대화의 이 시점에서 말발굽 소리가 들리고, 밤늦게 달려온 아버지가 그를 기다리던 어머니와 함께 열정적으로 사랑의 행위를 벌이는 장면이 유리창을 통해 비쳐진다. 물론 이 장면이 반복되어 비쳐지는 것은 그 사랑의 행위가 성적 쾌락을 동반한 것이기에 그의 어머니의 영혼이 이 반복되는 꿈의 고통으로부터 벗어나는 일이 근본적으로 어렵다는 점을 암시하고, 이는 이 작품의 결말, 즉 그의 어머니의 영혼을 구하고자 하는 노인의 필사적인 노력이 결국 실패로 돌아가고 마는 것과도 관련이 있는 듯하다. 이어 노인은 이러한 사랑의 행위를 통하여 자신이 잉태되었고, 그가 성인이 되어 길거리에서 만난 "땜장이 딸"(a tinker's daughter)과 관계를 맺어 소년이 태어난 것임을 밝힘으로써, 결국 위대한 가문의 파멸이라는 죄악의 결과가 지금 이 순간까지 지속되어 온 것임을 드러낸다.

이 작품의 끝부분에서 노인이 자신의 어머니를 위하여 소년을 죽이는 행위를 행하기에 앞서 먼저 노인과 소년이 돈주머니를 놓고 다투는 장면이 나오고, 이어 유리창을 통하여 다시 모습을 드러낸 노인의 아버지를 소년이 알아보고 그 끔찍한 모습에 놀라 눈을 감는 장면이 이어진다. 이러한 소년의 모습은 마치 그를 그의 할아버지와 동일시함으로써 노인이 그를 살해하는 데 대한 정당성을 부여하고 있는 것처럼 보인다. 자식을 살해함으로써 어머니의 죄악의 결과가 끝나리라고 믿고 있는 노인의 눈에 몰락한 가문을 상징하는 듯 저택 앞에 벌거벗은 채 서 있는 나무도 이제는 그의 어머니의 "정화된 영혼"처럼 보인다.

저 나무를 살펴보아라.
완전히 차갑고, 감미롭고, 반짝거리는 빛으로,
정화된 영혼처럼 저기에 서 있다.
사랑하는 어머니, 창문이 다시 어둡습니다.
그러나 당신은 빛 속에 계십니다.
제가 그 모든 결과를 끝장냈으니까요.

Study that tree.
It stands there like a purified soul,
All cold, sweet, glistening light.
Dear mother, the window is dark again,
But you are in the light because
I finished all that consequence. (*VPL* 1049)

그러나 그의 희망도 잠시일 뿐, 노인의 귀에 다시 그의 아버지의 말발굽 소리가 들린다. 그리고 그의 두 번에 걸친 살인 행위에도 불구하고 그의 어머니의 영혼을, 그리고 자신을 괴롭히고 있는 그 사랑의 행위는 다시 되풀이된다. 이러한 사실을 깨달은 노인의 절망적인 탄식과 함께, 이제 마지막 수단으로 신에게 어머니의 영혼의 구원을 비는 간절한 기도로 이 작품은 끝을 맺는다.

그녀의 마음은 그 꿈을 막을 수가 없구나.
두 번이나 살인을 하고도 아무 소용이 없다니!
그녀는 그 죽은 밤을 다시 살려야 한다.
그것도 한 번이 아니라 여러 번을.
오 하나님,
저의 어머니의 영혼을 그 꿈으로부터 구해 주소서!
인간은 어찌 할 수가 없습니다. 살아 있는 자들의
불행과 죽은 자들의 회한을 달래 주소서.

Her mind cannot hold up that dream.
Twice a murderer and all for nothing,
And she must animate that dead night
Not once but many times!
O God,
Release my mother's soul from its dream!
Mankind can do no more. Appease
The misery of the living and the remorse of the dead. (*VPL* 1049)

이 작품의 제목도 그렇지만, 우리가 간략히 살펴본 그 내용에 있어서도 이 작품은 종교적인 의미가 강한 작품으로 읽혀질 수 있을 것 같다. 그 핵심점인 내용이 한 귀족가문의 몰락을 통하여 인간의 비극적 실존상황을 드러내고, 더 나아가 죄의 용서를 통한 인간 영혼의 구원은 인간의 어떤 노력으로도 불가능하고 오직 신의 은총에 의해서만 가능할 뿐이라는 기독교 신앙의 기본을 말하고 있는 것으로 이해될 수 있기 때문이다. 그러나 이러한 종교적인 의미 이외에도 이 작품은 많은 정치적 의미를 보여주고 있다. 우선 이 작품에서 노인의 부모, 특히 어머니의 영혼을 고통과 회한 속에 빠뜨린 원인이 되고, 따라서 노인의 두 번에 걸친 살인, 그것도 아버지와 아들을 죽인 행위의 근거가 되는 대가문의 몰락이라는 것부터가 매우 복합적으로 아일랜드의 정치적 상황과 관련되어 있다. 이 작품이 쓰여지고 처음 공연된 1938년 여름 예이츠는 한 인터뷰에서 이렇게 말하고 있다.

> 저의 희곡에서는 어떤 영혼이 생전에 명예로운 가문의 몰락에 한 몫을 한 것 때문에 고통을 받습니다. 그러한 몰락이 오늘날 아일랜드 전체에 일어나고 있습니다. 때로는 가난이 그 이유이지만, 보다 흔히는 새로운 개인주의적인 세대가 옛날의 신성한 것들에 대한 관심을 잃어버린 이유 때문입니다.

> In my play, a spirit suffers because of its share, when alive, in the destruction of an honoured house; that destruction is taking place all over Ireland today. Sometimes it is the result of poverty, but more often because a new individualistic generation has lost interest in the ancient sanctities. (Torchiana 357-58)

이는 그가 이 작품에서 대저택의 몰락이라는 상황을 하나의 허구적 사실로서만 다루고 있는 것이 아니라 실제로 그 당시의 아일랜드에서 벌어지고 있는 현실적 문제로서 다루고 있으며, 그 원인을 단순히 가난만이 아니라 아일랜드인들의 변화된 의식 속에서 찾고 있음을 말해준다.

그렇다면 그는 왜 당시 아일랜드에서 벌어지고 있는 역사적 현실이라고 할 수 있는 귀족가문의 몰락에 대하여 이처럼 깊은 관심을 가졌던 것일까? 이러한 질문에 답하기 위해서는 아일랜드의 역사나 사회에 대한 예이츠의 개인적인 생각 혹은 입장에 대한 이해가 필요할 것 같다. 간단하게 말한다면, 한편으로는 점점 아일랜드 사회에서 주도권을 잡아가는 가톨릭 중산층의 편협하고도 물질적인 속성에 대해 강한 거부감을 느끼게 되면서, 그리고 다른 한편으로는 부활절봉기 이후 영국과의 전쟁에 이어 아일랜드 내부의 전쟁, 그리고 제1차 세계대전 등의 극도의 혼란스러운 상황을 겪으면서 그는 점점 과거의 귀족계급에 대한 관심과 호감을 갖게 되었다고 할 수 있다. 특히 18세기 프로테스탄트 앵글로아일랜드 전통에 대해서는 그것을 공공연히 자신의 것으로 받아들일 만큼 강한 애착을 가졌던 것으로 보인다. 물론 이러한 배경에서 형성된 그의 귀족주의적 이데올로기가 과거의 역사에 대한 이상화 혹은 왜곡을 피할 수 없었다고 하더라도, 어쨌든 그것이 예이츠가 현실 정치 속에서 겪어야 했던 갈등과 모순들을 해결하기 위해 필요로 했던 것임은 분명하다.

이처럼 이 작품에 드러난 예이츠의 과거 귀족가문에 대한 관심, 특히 그들의 대저택(Big House)에 대한 관심과 애착은 그의 귀족주의적 성향의 일면이라고 할 수 있지만, 아일랜드의 현실 속에서 그들은 역사의 현장으로부터 점점 사라져갈 운명에 처해 있었기 때문에 그들에 대한 예이츠의 관심은 결국 비극적인 형태로 나타날 수밖에 없었다고 할 수 있다. 이 작품이 한 귀족가문의 이야기를 다루면서도 그 몰락과 그에 따른 물리적 · 심리적 상처와 고통에 초점을 맞추고 있는 것은 그 때문이다. 그러나 보다 중요한 것은, 이러한 귀족가문의 몰락을 가져온 상황의 변화를 바라보는 작가의 시선 속에 앞의 인터뷰에 드러난 것과 같은 새로운 아일랜드, 혹은 "새로운 세대"의 성향에 대한 비판적 시각이 함께 들어있다는 점이다. 이러한 세대간의 변화는 작품에서 노인의 어머니와 노인 자신, 그리고 그의 아들이 보여주는 삼대에 걸친 변화의 내용을 보면 분명해진다(노인의 아버지는 사실 이 전통의 흐름에서 제외된 인물이라고 할 수 있다). 노인의 어머니는 비록 마부와의 결혼을 통해 가문의 몰락을 가져오게 한 장본인이지만 죽음 이후에까지 자신의 행위에 대하여 회한과 가책의 고통을 겪고 있고, 노인 역시 비록 아버지로부터 물려받은 절반의 피가 섞여 있지만, 따라서 그의 언행은 어쩔 수 없이 아버지의 피의 흔적을 드러내고 있지만, 가문의 혈통이 더 이상 더럽혀지는 것을 막기 위하여 아버지와 아들을 살해한다. 하지만 노인의 아들인 소년은 어떠한가? 그가 자신의 할아버지의 혼령을 알아보는 장면이 암시하듯이, 그는 아버지인 노인보다는 할아버지에 더 가까운 인물이라고 할 수 있다. 무엇보다도 그 두 사람은 가문의 전통이나 그 미덕들에 대한 존경심 같은 것은 전혀 없고, 오직 물질적 이익과 저속한 쾌락만을 추구하는 인물로 나타난다.

이와 관련하여 이 작품에서 시간의 설정도 중요한 의미를 갖는다고 할 수 있다. 먼저 이 저택과 그 영광을 상징하는 나무의 파괴가 50년 전의 시점으로 되어 있는데, 아일랜드 역사로 보면 그때는 아일랜드의 국론을 분열시킨 결정적인 사건이었던 파넬의 몰락의 시기였고, 소년의 탄생의 시점으로 되어 있는 16년 전인 1922년은 아일랜드 자유국가(Irish Free State)가 탄생하면서 내란이 시작된 해였다. 한 걸음 더 나아가, 소년의 현재 나이와 노인이 아버지를 죽였을 때의 나이가 모두 16세로 된 것도 부활절봉기가 일어난 해인 1916년을 떠올린다. 이는 작가가 이 작품의 기본 주제가 되는 귀족가문의 몰락을 단순한 한 가족의 범위를 넘어 아일랜드 사회 전체의 역사적 변화의 맥락에서 보고 있음을 말해주면서, 동시에 그 변화를 비판적인 시각에서 보고 있음을 말해준다.

그러나 다른 한편으로 보면, 이 작품에는 당대의 아일랜드 귀족들이 선조들의 유산과 전통을 제대로 계승하지 못하고 있다는 작가의 비판적 시각이 함께 드러나 있는 것도 사실이다. 이러한 주제는 이미 그가 아일랜드 내란 동안에 쓴 연시 「내란 시기의 명상」("Meditations in Time of Civil War")과 같은 작품에서도 포괄적이고도 충분하게 다룬 바 있는데, 특히 그 첫 번째 시인 「선조의 저택」("Ancestral Houses")에서는 보다 직접적으로 현재의 앵글로아일랜드 귀족들이 그들의 선조들이 가졌던 난폭하고도 사나운 힘을 상실함으로써 그 선조들의 위대함까지를 함께 잃어 버렸음을 노래하고 있다. 이처럼 몰락의 원인을 귀족계급의 내부에 두고 있는 점은 낮은 계층과의 결혼에 두고 있는 『연옥』과 비슷하고, 이는 기본적으로 시인이 현재의 귀족계급에 대하여 비판적이고 회의적인 시각으로 보고 있음을 말해준다. 『연옥』에 있어서 이러한 비판적 태도는 주인공 인물인 노인의 묘사에서 더욱 극적으로 드러난다. 가문의 몰락을 불러온 죄 때문에 고통 받는 어머니의 영혼을 구한다는 이유로 자신의 아버지와 아들을 스스로 살해하는 그는 도대체 어떤 인물인가? 한마디로 그는 자신의 귀족가문의 틀 안에 꼼짝없이 갇혀 있는 인간이라고 할 수 있다. 따라서 가장 두드러진 그의 성격상의 특징은 소년의 지적대로 일종의 광기이며("Your wits are out again"), 상상력의 빈곤이 가져온 증오와 편협함이다. 이 점에서 그는 『백골의 꿈』의 젊은이와 같다고 할 수 있다. 비록 그의 정치적 입장인 보수적 귀족주의는 젊은이의 과격한 혁명주의와 정반대의 위치에 있다고 할 수 있겠지만, 그가 개인적 혹은 사회적 역사의 질곡으로부터 벗어나지 못하고 내면적으로 심한 편협성과 불모성을 보여주고 있다는 점에서 그 두 인물은 비슷해 보인다.

어떤 의미에서 노인 어머니의 영혼의 출현은 그의 자의식의 표현일 수도 있다. 즉 자신의 가문의 몰락에 집요하게 매달려 있는 그는 그 원인을 낮은 신분 출신의 아버지와의 결혼으로 보고, 그에 대한 자신의 분노와 증오를 어머니의 영혼의 고통이라는 형태로 투영한 것이라고 할 수 있다. 그렇게 해서 아들을 살해하는 끔찍한 행위를 정당화시키려 하지만 그것은 부질없는 일일 수밖에 없다. 왜냐하면 그의 어머니의 행위의 진정한 결과는 그의 아들이라기보다는 오히려 그의 마음속의 증오심이며, 따라서 노인 자신이 그 집착으로부터 벗어나지 않고는 그의 어머니의 행위의 결과가 끝날 수가 없고, 진정으로 그녀의 영혼이 구원받는 것이 불가능하기 때문이다. 그렇게 보면, 정작 필요한 것은 어머니가 아닌 노인 자신의 의식의 정화라고 할 수 있다. 이 작품의 제목이 암시하고 있는 것처럼, 진정으로 연옥이 존재하고 그곳에서 고통 받고 있는 그의 어머니의 영혼이 구원받기 위해 누군가의 도움을 필요로 한다면, 그것은 결국 그가 그녀의 행위를 이해하고 용서함으로써 스스로 분노와 증오로부터 벗어나는 것이 아니겠는가? 이는 마치 『백골의 꿈』에서 젊은이가 디아르뮈드와 데르보르길라의 잘못을 용서할 때에만 그들의 영혼이 사랑의 성취를 이룰 수 있고 진정한 화해와 통합이 가능한 것과 마찬가지라고 할 수 있다.

그러나 한 걸음 더 나아가 생각해 보면, 이 작품이 보여주고 있는 노인의 정신적 · 심리적 혼란은 작가 자신의 것으로 보이기도 한다. 다시 말해서 이 시기 예이츠의 이중적이고도 모순적인 상황과 입장, 즉 변화하는 현실에 대하여 분노와 환멸을 느끼면서도 그것으로부터 완전히 물러서지도 못하는 노년의 예이츠의 괴로움이 이 작품의 결말 속에 반영되어 있는 것이 아닌가 생각되기도 한다. 사실 돌이켜 보면, 부활절봉기와 영국과의 전쟁의 결과로 이룩된 아일랜드 자유국가의 수립과 이어지는 내란의 소용돌이 속에서 점점 몰락의 길을 걸으며 정치적 현실로부터 소외되어 가는 앵글로아일랜드 귀족계급과, 그들을 대신하여 새로운 아일랜드의 지배세력으로 등장한 가톨릭 아일랜드 보수진영 사이에서 그가 택할 수 있는 길은 무엇이었겠는가? 새로이 등장한 가톨릭 지배세력에 대항하여 외로운 투쟁을 전개하면서도 현실 속의 귀족계급으로부터는 어떤 대안도 찾을 수 없었던 그는 결국 과거의 역사적 실체와는 다소 거리가 먼 18세기 앵글로아일랜드 프로테스탄트 전통에 매달릴 수밖에 없었고, 이러한 상황으로 인해 이 작품의 결말이 보여주고 있는 지극히 어둡고 회의적인 입장에까지 이르게 된 것으로 보인다.

지금까지 비록 간략하게나마 예이츠의 희곡 작품 가운데에서 정치적 색채가 비교적 분명한 작품 네 편을 살펴보았다. 그 중 『캐슬린 백작부인』과 『캐슬린 니 훌리한』은 초기의 작품이고, 『백골의 꿈』은 중기, 그리고 『연옥』은 후기의 작품이다. 여기에서 이 작품들이 쓰여진 시기를 언급한 것은 바로 그것들이 각 시기에 따라 변모해 가는 예이츠의 정치적 입장과 생각들을 그대로 나타내고 있기 때문이다. 초기의 두 작품은 비록 서로 다른 시간 · 공간적 배경 속에서이긴 하지만 굶주린 자들을 구제하기 위하여 영혼을 마귀에게 팔고 희생의 죽음을 선택한 백작부인과, 아일랜드 독립투쟁을 위하여 결혼 전날 집을 박차고 나서는 한 젊은이를 통하여 아일랜드의 이상과 행복을 위한 헌신과 희생을 보여준다. 특히 『캐슬린 니 훌리한』은 아일랜드 민족주의에 대한 가장 직접적이고 강렬한 찬사라고 할 수 있다. 이러한 초기 작품의 경향은 아일랜드의 독립과 통합을 위하여 문화적 민족주의의 대변자가 되기를 원하였던 이 시기 예이츠의 여러 생각이나 활동들과 궤를 같이한다.

그러나 중기 작품인 『백골의 꿈』은 부활절봉기에 참가한 후 도주 중인 젊은이를 주인공으로 등장시키고, 거기에 자신들의 사랑 때문에 처음으로 영국인들을 아일랜드에 불러들인 디아르뮈드와 데르보르길라의 이야기를 연결시킴으로써 보다 구체적으로 두 정치적 사건의 역사적 의미를 묻고 있다. 특히 젊은이가 그 두 연인들의 불행한 영혼을 끝내 용서하지 못하는 비극적 결말을 보여줌으로써 한편으로는 부활절봉기와 그 사건을 주도한 아일랜드 민족주의 진영에 대한 예이츠의 비판적인 시각을 드러내면서, 다른 한편으로는 이처럼 원한과 증오만이 끊임없이 되풀이될 수밖에 없는 아일랜드 사회의 비극성을 드러내고 있다고 볼 수 있다. 이러한 작품의 경향은 이 시기 예이츠가 변화된 아일랜드 정치 상황에서 민족주의운동의 중심세력으로 힘을 더해 가는 가톨릭 중산층과의 끊임없는 갈등과 반목을 겪으면서 그들에 대한 비판적이고 회의적인 입장에 이르게 된 결과라고 할 수 있다.

이러한 회의와 비판의 경향은 중기 이후 예이츠에게 귀족주의적 성향으로 이어진다. 후기 작품인 『연옥』은 이러한 귀족주의적 성향이 그대로 드러난 작품이다. 그러나 이 작품에서는 낮은 계층과의 결혼으로 인하여 몰락하게 된 한 귀족가문의 이야기 안에서 특히 주인공 노인이 그 몰락의 진행을 막기 위하여 자신의 아버지와 아들까지 죽이게 되는 끔찍하고도 비극적인 결말을 보여줌으로써 예이츠의 귀족주의적 이념과 입장의 지극히 어두운 측면이 드러난다. 이 작품에서 작가의 귀족주의적 성향이 이처럼 부정적인 방식으로 표현된 것은, 한편으로는 이러한 귀족가문 전통의 단절과 파괴를 가져온 아일랜드 사회의 변화된 현실에 대한 그의 강한 거부감 때문이며, 다른 한편으로는 그럼에도 불구하고 현재의 귀족계급으로부터 어떤 희망적 대안도 찾을 수 없는 그의 절망감 때문이다. 다시 말해서 점점 자신의 기대와는 다른 방향으로 발전해 가는 아일랜드의 정치 현실에 대하여 깊은 소외와 환멸을 느낄 수밖에 없었던 예이츠의 어려운 상황이 결국 이 작품 속에 이러한 형식으로 형상화된 것이라고 할 수 있다.

08

예이츠와 탈식민주의

이 글은 탈식민주의(postcolonialism)의 관점에서 예이츠의 문학세계를 살펴보려고 한다. 즉 예이츠의 시를 탈식민주의 문학의 범위 안에 놓고 그 독특하면서도 다양한 측면들을 살펴보려는 것이다. 예이츠 시의 탈식민주의적 주제와 관련하여 국내 영문학계의 동향을 살펴보면 아직은 이에 대한 연구가 활발하게 이루어지고 있는 것 같지는 않다.[1] 이 점은 외국 영문학계도 마찬가지이다. 다만 근래에 와서 몇몇 중요한 연구 성과들이 나오게 된 점은 주목된다. 이는 이미 1980년대부터 활발하게 이루어져 온 예이츠 시의 정치적 측면에 대한 연구 성과들을 바탕으로 하여 예이츠의 시를 아일랜드의 식민지적 상황과 관련시켜 읽어보려는 시도들이 나타나게 된 것으로 볼 수 있다. 그 대표적인 것들로는 에드워드 사이드(Edward Said)의 「예이츠와 탈식민주의」("Yeats and Decolonization"), 데이비드 로이드(David Lloyd)의 「정치의 시학--예이츠와 정부 수립」("The Poetics of Politics: Yeats and the

1) 필자가 찾아본 바로는 홍성숙교수의 「아일랜드 현대문학의 중심추구 정신과 세계화의 전략」(1998), 강민건교수의 「탈식민주의 담론과 과거 들춰내기: W. B. Yeats의 시에 나타난 탈신화적 전략」(2000), 그리고 김주성교수의 「예이츠 시의 포스트콜로니얼적인 접근」(2005) 정도이다. 모두 『한국예이츠저널』에 실려 있는 논문들이다.

Founding of the State"), 그리고 데클란 키버드(Declan Kiberd)의 『아일랜드 만들어내기』(*Inventing Ireland*)를 들 수 있고, 보다 최근에 와서는 자한 라마자니(Jahan Ramazani)의 「W. B. 예이츠--탈식민주의 시인인가?」("W. B. Yeats: A Postcolonial Poet?")와, 데보라 플레밍(Deborah Fleming)이 편찬한 책 『W. B. 예이츠와 탈식민주의』(*W. B. Yeats and Postcolonialism*)를 들 수 있다. 하지만 이러한 연구들 대부분이 예이츠만을 단독으로 다루지 않고 탈식민주의 영시 혹은 아일랜드 문학의 일부로 다루고 있는 것을 보면 심도 있게 예이츠 시의 탈식민주의적 성격을 다루고 있다고 보기는 어려울 것 같다. 예이츠만을 다루고 있는 플레밍의 책의 경우에도 여러 평자들의 글을 모아놓은 까닭에 너무 단편적인 인상을 준다. 그럼에도 불구하고 이러한 연구들이 보다 심도 있고 체계적인 연구를 위한 선구자적 역할은 충분히 하고 있는 것만은 분명하다.[2)]

예이츠의 시를 탈식민주의 문학의 관점에서 살펴볼 수 있도록 하는 것은 무엇보다도 그의 조국 아일랜드가 거의 8세기에 가까운 기간 동안 영국의 식민지였다가 20세기에 들어서서 그 지배로부터 벗어난 최초의 국가라는 점이다. 물론 아일랜드를 아시아나 아프리카

---

2) Said, Lloyd, Kiberd의 글들은 모두 1990년대에 출판되었고, Ramazani와 Fleming의 저서는 2001년에 출판되었다. Flemong의 저서를 제외하고는 모두 예이츠를 연구의 일부분으로서 다루고 있는 셈인데 각각 Said, *Culture and Imperialism*, 220-38; Llyod, *Anomalous States: Irish Writing and the Post-colonial Moment*, 59-82; Kiberd, *Inventing Ireland,* 1-7, 115-29, 162-65, 199-217, 251-59; Ramazani, *The Hybrid Muse: Postcolonial Poetry in English,* 21-48에서 다루고 있다. 이러한 연구들 가운데에서 특히 Ramazani의 연구는 단지 한 장(chapter)만을 예이츠에 할애하고 있기 때문에 너무 개괄적인 면이 없지는 않지만, 비교적 포괄적이면서도 체계적으로 그의 시의 탈식민주의적 성격을 밝히고 있는 것으로 보인다. 따라서 본 논문은 다른 연구자들보다도 그의 연구에 더 크게 힘입고 있음을 밝혀둔다.

의 제3세계 식민지 국가들과 같은 성격의 국가로 볼 수 있느냐에 대해서 논란의 여지가 없는 것은 아니다. 『아이리쉬 스터디즈 리뷰』 *(Irish Studies Review)* 제7권 2호(1999년 8월)가 아일랜드를 탈식민주의 국가로 볼 수 있느냐의 문제를 집중적으로 다루고 있는 것을 보면 이 문제가 관련 학계에서 상당한 비중으로 다루어지고 있음을 말해준다(Fleming 51). 또한 루크 기본즈(Luke Gibbons)가 그의 저서 『아일랜드 문화의 변형』*(Transformations in Irish Culture)*의 서두에서 "아일랜드는 제1세계 국가이지만 제3세계 기억을 가지고 있다."(Ireland is a First World country, but with a Third World memory.)라고 말한 것도 이러한 식민지로서의 아일랜드의 특이성과 그에 따른 논란의 여지를 반영한 것으로 보인다(3). 아일랜드에 대한 이러한 논의는 곧바로 예이츠 시의 탈식민성에 대한 논란으로 이어진다. 앞에서 언급한 사이드, 로이드, 키버드, 라마자니 등의 비평가들은 아일랜드를 탈식민주의 국가의 범주 안에 놓고 그 맥락에서 예이츠의 작품세계를 논하고 있는 대표적인 예라고 할 수 있다. 그에 반하여, 탈식민주의 문학에 대한 대표적 저술의 하나로 여겨지는 빌 애쉬크로프트(Bill Ashcroft), 개레스 그리피스(Gareth Griffiths), 헬렌 티핀(Helen Tiffin)의 공저 『제국이 답장하다--탈식민주의 문학의 이론과 실제』*(The Empire Writes Back: Theory and Practice in Post-Colonial Literatures)*는 예이츠나 아일랜드 문학을 전혀 다루지 않고 있다. 다만 탈식민주의 이론이 새로운 관심 분야에 적용될 수 있는 예로서 아일랜드에 대한 연구를 언급하고 그 예로서 키버드의 연구를 들고 있을 뿐이다(201).

아일랜드와 예이츠 시의 탈식민적 성격에 대한 이러한 논란에도 불구하고, 1172년 당시의 교황인 알렉산더3세가 영국 왕 헨리2세에게 아일랜드의 통치권을 승인해준 때부터 1922년 아일랜드 자유정부(Free State)가 수립될 때까지 750여년에 걸쳐 아일랜드가 영국의 식민지였다는 것은 분명한 역사적 사실이다. 또한 그러한 사실이 그의 삶의 초기로부터 후기에 이르기까지 다양한 형태로 아일랜드의 현실을 노래했던 예이츠에게 큰 의미를 가졌으리라는 것은 쉽게 짐작이 간다. 그렇지만 영국의 식민지로서의 아일랜드의 역사적 사실이 예이츠 시의 탈식민주의적 성격을 규정하는 첫 번째 조건이 된다고 하더라도 아일랜드 역사의 어느 시점부터를 탈식민의 시기로 보아야 하는가의 문제가 제기될 수 있다. 왜냐하면 이 문제에 대한 해답 여부에 따라 탈식민주의 시로서의 예이츠의 시의 범위도 결정될 수밖에 없기 때문이다. 만일 탈식민의 개념을 말 그대로 식민 이후 즉 식민지 상태를 벗어나는 것으로 이해한다면 아일랜드가 독립정부를 수립한 1922년 이후에 쓰인 예이츠의 시만이 탈식민주의 시의 범위에 포함될 수 있을 것이다. 그러나 이 경우에 있어서도 보는 관점에 따라 독립정부 수립보다는 그것을 가능케 한 역사적 대사건이었던 1916년의 부활절봉기를 탈식민의 시점으로 볼 수 있으며, 또는 실제적으로 아일랜드가 완전한 독립을 이루었다고 할 수 있는 1949년 아일랜드 공화국(Republic of Ireland)의 수립이나, 더 나아가 앞으로 북아일랜드까지도 영국의 지배로부터 벗어나 아일랜드 전체가 하나의 국가로 통합하게 될 시점을 탈식민의 시작으로 볼 수 있을 것이다. 그러나 이와는 달리 탈식민의 개념을 확대하여 식민지 상태가 시작된 이후의 모든 시기를 가리키는 것으로 이해한다면, 예이츠뿐만이 아니라 아일랜드의 식민지배가 시작되는 12세기 이후의 모든 아일랜드 작가들의 작품을 모두 탈식민주의 문학으로 봐야 한다는 문제가 제기될 수 있다(Ramazani 23).

이러한 점들을 고려할 때 몇몇 비평가들이 탈식민의 개념을 독립 이후(postindependence)나 식민 이후(postcolonization)의 시기로 한정하는 대신에 반식민, 즉 식민주의에 대한 저항 혹은 반대(anticolonialism)

의 개념으로 이해하려고 한 것은 쉽게 수긍이 간다.[3] 이러한 이해의 시도는 독립 이전이나 이후에 상관없이 식민 상황에 반대하고 대항하는 작가들의 작품들을 하나의 일관된 관점에서 볼 수 있다는 점 이외에도, 탈식민주의 논의 자체에 정치적 힘을 부여해 줄 수 있다는 점에서도 설득력이 있는 것으로 보인다. 그렇다면 예이츠의 작품은 어느 정도 식민주의에 대한 반대나 저항의 의미를 지니고 있는 것일까? 물론 그것은 예이츠의 삶의 시기에 따라 조금씩 다르게 나타난다고 할 수 있겠지만, 그가 식민지적 상황에서 비롯된 아일랜드인들의 고통과 그에 따른 영국에 대한 증오를 깊이 의식하고 있었음은 분명하다. 이러한 사실은 무엇보다도 그가 세상을 떠나기 2년여 전에 쓴 「나의 작품에 대한 전반적 소개」("A General Introduction for My Work") 안에 잘 나타나 있다.

> '아일랜드인들'은 여러 전쟁들을 통하여 그들의 오래 된 '퇴적물'을 보유해 왔는데, 그 전쟁들은 16, 17세기에는 말살을 위한 전쟁이 되었다. 리키가 그의 『18세기의 아일랜드』 첫머리에서 말하고 있듯이, 어떤 민족도 이보다 더 큰 박해를 받지 않았으며, 그 박해는 오늘까지도 완전히 멈춘 것이 아니다. 이러한 과거가 우리들 속에 항상 살아 있으니 어떤 민족도 우리만큼 증오하지는 않으리라. 여러 순간 증오가 나의 삶을 해치고, 그

---

3) 이러한 시도의 가장 대표적인 예로는 Tiffin을 들 수 있다. 그녀는 "Here the post-colonial is conceived of as a set of discursive practices, prominent among which is resistance to colonialism, colonialist ideologies, and their contemporary forms and subjectificatory legacies. The nature and function of this resistance forms a central problematic of the discourse."라고 말하고 있다(Introduction to *Past the Last Post: Theorizing Post-colonialism and Post-modernism*, vii). 마찬가지로 Kiberdl 역시 "postcolonial writing does not begin only when the occupier withdraws: rather it is initiated at that very moment when a native writer formulates a text committed to cultural resistance."라고 말하고 있다(6).

것을 적절하게 표현하지 못한 나의 나약함을 스스로 비난하곤 한다.

> The 'Irishry' have preserved their ancient 'deposit' through wars which, during the sixteenth and seventeenth centuries, became wars of extermination; no people, Lecky said at the opening of his *Ireland in the Eighteenth Century*, have undergone greater persecution, nor did that persecution altogether cease up to our own day. No people hate as we do in whom that past is always alive, there are moments when hatred poisons my life and I accuse myself of effeminacy because I have not given it adequate expression. (*E&I* 518-19)

이러한 맥락에서 보면, 영국에 대한 저항감이 비교적 적게 나타난 시기라고 할 수 있는 예이츠의 중기, 즉 1903년부터 1916년 부활절봉기까지의 시기의 경우에도 그 주된 원인은 영국에 대한 저항감 자체가 감소했기 때문이라기보다는 연극 활동과 몇몇 사건들을 통하여 아일랜드 민족주의자들과 심한 갈등을 겪으면서 아일랜드의 정치적 현실에 대하여 분노와 환멸을 느꼈기 때문이라고 할 수 있다.

특히 예이츠가 말년에 보여준 반영국적인 태도는 놀라운 것이어서, 전반적으로 그의 정치적 입장에 대하여 곱지 않는 시선을 보내고 있는 코너 크루즈 오브리언(Conor Cruise O'Brien) 조차도 "오랫동안 예이츠 안에 잠들어 있던 반영국적인 감정이 1937-1939년 시기에 보다 더 강하게 표현된" 사실을 인정하고 있다(266).[4] 이 시기의 작품들 가운데에서 오브리언은 「로저 케이스먼트」("Roger Casement"), 「로저 케

4) 이 글에서 인용하고 있는 Conor Cruise O'Brien의 논문 "Passion and Cunning: An Essay on the Politics of W. B. Yeats"는 예이츠 시의 정치적 주제를 다루고 있는 중요한 논문으로서, 정치적 작가로서의 그의 이미지 형성에 결정적인 역할을 해왔다고 할 수 있다. 그는 이 논문에서 예이츠를 정치적 기회주의자 혹은 파시즘 신봉자로 보고 있다.

이스먼트의 유령」("The Ghost of Roger Casement"), 「디 오라히리」("The O'Rahilly"), 「내 주위에 모여라 파넬 지지자들이여」("Come Gather Round Me Parnellites") 등을 예로 들고 있는데, 그 중에서도 특히 「로저 케이스먼트의 유령」을 가장 좋은 예로 보고 있다. 이 작품은 비슷한 제목의 시 「로져 케이스먼트」와 마찬가지로, 아일랜드의 민족주의자로서 영국에 대항하여 봉기하고자 독일로부터 무기를 들여오려는 시도를 하다가 발각되어 결국 1916년 영국정부에 의해 처형된 로져 케이스먼트라는 인물을 다루고 있는 시이다. 전체 4연 가운데에서 "가장 난해하면서도 가장 힘있는"(Cullingford, *Yeats* 225) 부분으로 보이는 1연은 그의 영혼의 출현을 묘사하고 있다.

> 아 저 갑작스런 소리는 무엇 때문이지?
> 문지방에 서 있는 것은 무엇이지?
> 존 불과 바다는 친구이니까
> 바다를 건너오지는 않았겠지.
> 그러나 이것은 옛날 바다가 아니고
> 이것은 옛날 바닷가도 아니다.
> 노호하는 파도 소리 속에 우르릉거리는
> 저 조롱의 소리는 무엇 때문이지?
> *로져 케이스먼트의 유령이*
> *문을 두드리고 있네.*

> O what has made that sudden noise?
> What on the threshold stands?
> It never crossed the sea because
> John Bull and the sea are friends;
> But this is not the old sea
> Nor this the old seashore.
> What gave that roar of mockery,

That roar in the sea's roar?
The ghost of Roger Casement
Is beating on the door. (*VP* 583)

여기에서 "이것은 옛날의 바다가 아니고"라는 말은 무슨 의미이며, "저 조롱의 소리"가 의미하는 바는 무엇일까? 이에 대하여 오브리언은 케이스먼트가 독일로부터의 도움을 얻으려 했다는 점에 근거하여, 제2차 세계대전을 앞둔 시점에서 독일의 막강한 공군력이 영국의 해상지배력에 큰 위협이 될 수 있는 상황을 가리키는 것으로 본다. 이렇게 보면 "조롱의 소리"는 곧 독일 전투기들의 소리를 의미할 것이다. 이에 반하여, 컬링포드는 이미 아일랜드가 비록 완전한 것은 아니라 하더라도 독립을 이루었기 때문에 과거에 영국이 누렸던 바다에서의 지배력은 어느 정도 감소할 수밖에 없는 상황을 의미하는 것으로 해석한다. 이는 예이츠 시의 탈식민적 성격의 관점에서 보면 보다 설득력 있는 해석으로 보인다.

다음 연들에서도 영국에 대한 조소와 증오, 특히 영국의 제국주의적 식민정책에 대한 비판과 풍자는 계속된다. 2연에서는 구체적으로 영국의 국가적 근간을 이룬다고 할 수 있는 의회(Parliament), 대영제국(British Empire), 그리스도교회(Church of Christ) 등을 언급하면서 속으로는 제국주의적 야욕에 의하여 아일랜드를 강탈하면서도 겉으로는 의회민주주의를 가장하며 여러 가지 명분을 내세워 식민정책을 정당화시키는 영국의 위선적인 태도를 조롱하고, 이어 3연에서는 영국의 대표적 식민국가인 인도의 예를 들어 영국의 식민지 경영이 잘못된 인종적 우월감에서 비롯된 것임을 비판하고 있다. 특히 "정직"(honesty)에 대한 언급은, 케이스먼트를 처형하기로 결정한 영국정부가 그에 반대하는 여론을 무마하기 위하여 유포시킨 케이스먼트의 일기가 날조된 것으로 의심을 받았던 사실을 암시하는 것으로서, 결국 영국의 비도덕성을 풍자하기 위한 것으로 보인다.[5)]

예이츠의 반영국적인 정서가 잘 드러나 있는 작품의 예는 후기뿐만 아니라 초기와 중기의 경우에도 쉽게 찾아볼 수 있다. 초기의 경우, 그가 21세였던 1886년에 발표한 시 「두 거인--정치시」("The Two Titans: A Political Poem")는 영국과 아일랜드 간의 투쟁을 상징적으로 표현한 작품이다. 여기에서 아일랜드는 피를 흘리며 바위에 묶인 젊은이의 모습으로 그려진다. 이보다 3년 뒤에 발표된 초기의 대표작 『어쉰의 방랑』*(The Wanderings of Oisin)* 역시 악령(demon)에게 사로잡힌 처녀를 등장시키고 주인공인 어쉰이 그녀를 구하기 위하여 싸우는 것으로 설정함으로써 영국과 아일랜드의 관계를 상징화한다. 또한 초기 예이츠의 민족주의적인 열망이 잘 나타나 있는 시 「다가올 시대의 아일랜드에게」("To Ireland in the Coming Times")는 "아일랜드의 고통을 달래기 위해 노래했던"(That sang, to sweeten Ireland's wrong) 과거의 아일랜드의 시인들과 한 형제로 여겨지기를 바라는 시인의 소망을 보여주고, 「일곱 숲에서」("In the Seven Woods")는 "뿌리 뽑힌 타라와 새로 왕좌에 오른 비속한 자"(Tara uprooted, and new commonness / Upon the throne)의 표현을 통하여 영국에 의한 아일랜드의 강탈과 지배를 노래한다. 앞에서 언급한 것처럼, 영국에 대한 반감이 비교적 약하게 나타나 있는 중기의 경우에도 부활절봉기와 뒤이은 영국과의 전쟁 시기에 쓴 일련의 작품들은 반영국적인 정서를 잘 드러내고 있다. 라마자니는 그러한 작품들의 예로서 「열여섯 명의 죽은 자들」

---

5) 케이스먼트의 동성애적 행위가 기록된 일기를 둘러싼 이러한 의혹을 바탕으로 하여 1936년에 William J. Maloney의 책 *The Forged Casement Diaries*가 출판되고, 예이츠는 이 책을 읽고 분노를 느끼며 케이스먼트에 대한 시들을 쓴 것으로 보인다.

("Sixteen Dead Men"), 「장미 나무」("The Rose Tree"), 「보복」("Reprisals"), 「1919년」("Nineteen Hundred and Nineteen") 등을 들고 있다(25).

이 네 작품 가운데에서 「보복」은 예이츠 시집의 본문에는 수록되어 있지 않고 다만 부록으로만 수록되어 있는 특이한 작품이다. 그레고리 여사(Lady Gregory)의 아들인 로버트 그레고리 소령(Major Robert Gregory)의 죽음을 노래한 이 작품의 내용이 친영국적인 그레고리 소령의 미망인의 마음에 상처를 줄 것을 염려하여 그레고리 여사가 작품의 출판을 만류한 까닭에 그렇게 된 것으로 보이지만, 이러한 과정 자체가 이 작품의 내용이 지니고 있는 과격성을 증명해준다고 할 수 있다. 이 시에서 시인은 제1차 세계대전 중 이탈리아 전선에서 영국을 위하여 독일군과 싸우다가 전사한 그레고리 소령의 영혼에게 다시 그의 고향인 킬타탄 크로스로 돌아가 그곳에서 벌어지고 있는 일들을 보면서 자신이 무엇을 위해 싸우다가 죽었는지를 잘 생각해보라고 말한다.

그러나 이탈리아의 무덤에서 일어나
킬타탄 크로스로 날아가 머무르며
그대가 따랐던, 그리고 우리가
그처럼 훌륭한 것으로 생각했던
그 명분에 대해 다시 생각해보라.

Yet rise from your Italian tomb,
Flit to Kiltartan Cross and stay
Till certain second thoughts have come
Upon the cause you served, that we
Imagined such a fine affair: (*VP* 791)

물론 시인이 이렇게 요구하는 것은 아일랜드와 영국 간의 전쟁에서 영국군들(Black and Tans)이 저지른 만행 때문이다. 그것을 보면 그레고리 소령이 싸웠던 명분이나 그의 희생도 잘못된 것이었음을 그는 깨닫게 되리라는 것이다. 따라서 시인은 이 시의 후반부의 대부분에서 영국군들의 만행을 구체적으로 보여주며, 결국 그레고리 자신도 영국을 위해 싸우다 죽은 다른 아일랜드인들처럼 "속은" 것임을 알게 되리라고 말한다.[6]

반쯤 취한 혹은 완전히 미친 군인들이
그곳 그대의 소작인들을 학살하고 있다.
아직도 그대의 부친을 존경하고 있는 자들이
훤히 트인 들판에서 사살당하고 있다.
갓 결혼한 여인들이 이제 어디에 앉아서
얘들에게 젖먹일 수 있을까? 무장한 자들이
지나가다가 그들을 죽일 수 있는데도
법도 의회도 전혀 개의치 않는다.
그러니 그대 눈에 흙을 덮고, 속아
죽은 다른 자들과 함께 누워 있으라.

Half-drunk or whole-mad soldiery
Are murdering your tenants there.
Men that revere your father yet
Are shot at on the open plain.
Where may new-married women sit
And suckle children now? Armed men
May murder them in passing by

---

6) Cullingford는 이 작품을 가리켜 비슷한 주제를 다루고 있는 예이츠의 시 「한 아일랜드 비행사가 자신의 죽음을 예견하다」("An Irish Airman foresees his Death")에 대한 "보완이자 해답"(a complement and answer)이라고 말하며 두 작품을 비교하고 있다(*Yeats* 107-108).

Nor law nor parliament take heed.
Then close your ears with dust and lie
Among the other cheated dead. (*VP* 791)

이처럼 예이츠의 작품들이 드러내고 있는 반영국적인 정서는 그의 문학세계를 탈식민주의 문학의 범주 안에 포함시키는 데 별다른 문제가 없는 것처럼 보이게 한다. 그러나 영국과 아일랜드의 관계에 대한 그의 태도가 그렇게 단순한 것만은 아니라는 사실은 그의 시의 탈식민주의적 성격에 대한 논의를 복잡하게 만든다. 쉬운 예로서, 앞에서 인용한 바 있는 자신의 작품에 대한 소개의 글에서 예이츠는 아일랜드인들이 영국으로부터 받은 "박해"를 아일랜드인의 입장에서 강조하여 얘기하면서 동시에 그 대응이라고 할 수 있는 영국에 대한 "증오"가 자신의 삶에 독약 같은("poisons my life") 것이었음을 놓치지 않고 지적한다(*E&I* 518-19). 다시 말해서, 이 글은 한편으로는 아일랜드인들에게 엄청난 고통과 피해를 가져온 영국에 대한 분노와 증오를 드러내면서 동시에 다른 한편으로는 영국에 대한 증오로부터 벗어나지 못한 채 고갈되고 황폐된 삶을 살아가는 아일랜드인들에 대한 비판적 시각도 간접적으로 드러내고 있다. 영국에 대한 무조건적인 증오가 아일랜드인들에게 가져온 부작용과 폐해에 대하여 그가 얼마만큼 심각하게 생각하였는가는 다른 여러 산문들이나 시들, 예를 들어 「내 딸을 위한 기도」("A Prayer for My Daughter")나 「1916년 부활절」("Easter, 1916") 같은 작품들이 분명하게 보여주고 있다. 이처럼 이중적이면서 상호모순적인 예이츠의 태도는 매우 특징적인 것으로서, 그것 때문에 그는 거의 평생에 걸쳐 아일랜드인들, 특히 과격한 민족주의자들과의 갈등을 피할 수 없었지만, 바로 그 점이 그의 문학적 창조의 원동력이 되었다고 할 수 있다.

예이츠 문학의 탈식민적 성격의 측면에서 볼 때, 이러한 예이츠의 이중적이고 상호모순적인 태도는 자연스럽게 그의 작품 안에 탈식민주의 문학의 다양한 측면들을 존재케 한다. 보다 구체적으로 얘기한다면, 그가 기본적으로 영국 낭만주의 시 전통을 따라 시 창작을 하려고 한 점에 있어서는 민족주의 대두 이전의 초기 단계라고 할 수 있는 동화적인(assimilationist) 측면이 엿보이고, 아일랜드의 역사와 신화, 전설, 민요, 그리고 고유한 지명들을 작품에 사용함으로써 식민 이전의 아일랜드의 고유한 과거를 되살리려 한 점에 있어서는 토착적인(nativist) 측면이 드러난다. 또한 그가 이러한 작업을 통하여 아일랜드인들에게 민족적 주체성을 되찾게 하고 영국의 지배로부터 벗어난 새로운 독립국가의 건설을 추구한 점에 있어서는 해방적인(liberationist) 측면이 엿보이지만, 그 반면에 그가 완고하고 폐쇄적인 민족주의를 비판하면서 초민족적인 성향을 보여주고 있는 것은 특히 1960년대 이후의 제3세계 탈식민주의 문학이 보여주고 있는 매우 반어적인(ironical) 측면이 드러난 것이라고 할 수 있다. 이러한 다양한 측면들은 탈식민주의 문학이 시간을 두고 전개되어 오는 과정에서 자연스럽게 형성된 것들이지만, 예이츠의 민족주의가 지닌 다양성과 상호모순성 때문에 우리는 그의 작품 안에서 이러한 측면들을 동시에 발견할 수 있는 것이다. 그렇기 때문에 평자에 따라서는 이러한 다양한 측면들 가운데에서 어느 한 측면이 강조되기도 한다. 예를 들어, 사이드는 토착적인 측면을, 그리고 키버드는 해방적인 측면을 강조한다(Ramazani 32-33).

이렇게 보면, 예이츠가 보여준 반영국적이고 반식민적인 태도보다는 오히려 영국과 아일랜드에 대한 이중적이고도 상호모순적인 입장과 태도가 그의 문학의 탈식민주의적 성격을 규정하고 있는 것이 아닌가 생각된다. 다시 말해서, 예이츠의 시가 탈식민주의 문학의 특성을 갖게 된 것은, 그리고 그의 시가 후대의 다른 탈식민주의 시인들에게 선례로서의 의미를 갖게 된 것은, 그가 영국 제국주의에 대항하여 투쟁적인 작품을 썼기 때문이 아니라 오히려 그가 영국과 아일랜드 각각에 대하여 이중적이거나 혹은 양면적인 입장과 태도를 취할 수밖에 없었기 때문이라고 생각된다. 이러한 관점에서 흔히 거론되는 것이 잡종성(hybridity)의 개념이다. 일반적으로 말해 탈식민주의 문학이 식민 지배자와 피지배자 사이에 존재하고 있는 것이라면, 그 특징의 하나가 잡종성이라는 사실은 지극히 당연한 것이라고 할 수 있다. 사실 이 잡종성의 개념은 식민자와 피식민자 사이의 불균형과 불평등을 고려치 않음으로써 탈식민성 자체를 비정치화할 수 있다는 위험성에도 불구하고, 예이츠를 포함한 탈식민주의 작가들의 복합적인 작품세계를 설명하고 규정하기 위한 보다 효과적인 틀을 제공해 줄 수 있다는 점에서 앞에서 살펴본 반식민 개념 못지않게 중요한 개념이라고 할 수 있다.[7] 이미 1980년대에 셰이머스 딘(Seamus Deane)은 예이츠를 비롯한 다른 현대 아일랜드 작가들의 문학이 "전적으로 민족적이지도 식민지적이지도 않고 그 두 개의 잡종이라고 할 수 있는 문화"로부터 나온 것이기 때문에 그들의 작품은 "분명히 아일랜드적이면서도 동시에 그 말 가지고는 정의할 수 없는" 것이라고 말하고 있다(15-16). 보다 최근에 와서 유진 오브리언(Eugene O'Brien)은 한스 홀바인(Hans Holbein)의 유명한 그림 「대사들」("The Ambassadors")에 대한 라깡(Jacques Lacan)의 분석을 예로 들면서 그 그림에 대한 올바른 이해를 위해서 두 개의 서로 다른 시각이 필요한 것처럼 예이츠 시의 탈식민적 성격을 이해하기 위해서는 단순한 하나의 시각만으로는 부족하고 보다 복합적인 시각이 필요함을 강조한다(Fleming 55-56).

7) 잡종성(hybridity) 개념이 지니고 있는 부정적인 측면에 대해서는 Ashcroft, Griffiths, Tiffin의 공저 *Post-Colonial Studies: The Key Concepts,* 119쪽 참고.

라마자니 역시 기본적으로 잡종성의 관점에서 예이츠의 시에 대한 접근을 시도하고 있는 것으로 보인다.

예이츠 시가 지니고 있는 탈식민주의적 복합성 혹은 잡종성은 무엇보다도 먼저 그의 출신 배경에서부터 찾아볼 수 있다. 그는 분명 아일랜드인으로 태어났으면서도 가톨릭을 믿는 대다수의 순수 아일랜드인들과는 달리 그의 조상이 영국에서 건너와 아일랜드에 살면서 프로테스탄티즘을 신봉하는 소위 앵글로아일랜드 계층에 속하였다. 한마디로 그의 출신 배경부터가 영국과 아일랜드 어느 쪽에도 온전히 속할 수 없는 경계인으로서의 삶을 살 수밖에 없는 운명이었던 셈이다. 자신의 출신 배경, 즉 자신의 조상들에 대한 예이츠의 복합적인 의식은, 유진 오브리언이 날카롭게 지적하고 있는 것처럼, 1914년에 출판된 그의 시집 『책임』*(Responsibilities)*의 서문 역할을 하고 있는 시("Pardon, Old Fathers")에 잘 나타나 있다(Fleming 57-59). 시인 자신이 모드 곤에 대한 "열매 맺지 못한 사랑 때문에"(for a barren passion's sake) 아직도 결혼을 하지 못해 자식을 두지 못한 점에 대해 조상들의 용서를 구하면서도 시(책)를 쓰는 행위를 통해 선조들의 혈통을 이어감으로써 나름대로의 "책임"을 완수하고 있음을 노래하고 있는 이 시는 구체적으로 그의 조상들을 언급하고 있는데, 특히 주목되는 것은 보인강 전투 부분이다.

어떤 주사위가 던져지든지 목숨을 바친 군인들,
그 네덜란드인이 강을 건널 때 보인강의
짠 물 곁에서 제임스와 그의 아일랜드인들을
저지했던 버틀러가 혹은 암스트롱가의 선조여.

Soldiers that gave, whatever die was cast:
A Butler or an Armstrong that withstood

Beside the brackish waters of the Boyne
James and his Irish when the Dutchman crossed; (*VP* 269-70)

보인강 전투는 아일랜드 역사상 매우 유명한 사건 중의 하나로서, 1690년 가톨릭이었던 영국의 제임스 2세가 프로테스탄트였던 네덜란드의 오랜지공 윌리엄(William of Orange)에게 패배한 전투를 가리킨다. 이 전투의 결과로 인해 그전까지 아일랜드의 지배세력이었던 가톨릭 귀족들은 몰락하게 되고 그 대신 영국에 기반을 둔 프로테스탄트 세력이 아일랜드의 모든 영역을 지배하게 됨으로써 아일랜드의 운명이 완전히 바뀌게 된 대사건이었다(Curtis 270-71).[8] 이러한 역사적 배경을 두고 볼 때, 이 시에서 시인 예이츠가 자신의 조상 중의 누군가가 그 전투에 참가하여 제임스 2세 편이 아니라 윌리엄 편에서서 싸웠음을 확실히 밝히고 있는 것은 뜻밖의 일로 보인다. 아일랜드 문예부흥운동을 통하여 아일랜드인들이 민족적 정체성을 되찾고 정치적·문화적 독립을 이루는 데 한 몫을 함으로써 아일랜드 민족주의의 시적 대변자가 되기를 원하였던 그가 자신의 가문이 아일랜드의 식민통치 세력과 연계되었음을 밝히고 있기 때문이다.

한마디로 자신의 혈통 속에서 반아일랜드적인 행위의 흔적을 확인하고 있는 이러한 시인의 제스처는 그의 아일랜드인으로서의 민족적 정체성을 매우 복잡하게 만들고, 나아가 그의 시를 단순하게 반영국적인 탈식민의 범주 안에 두는 것을 어렵게 만든다. 그렇다고 그를 친영국적이고 반민족적인 시인으로 보는 것은 더욱 더 어렵다. 물론 그가 가톨릭 중산층이 주류를 이루는 아일랜드 민족주의자들과의 마찰과 갈등을 겪으면서 자연스럽게 앵글로아일랜드 지배계층과 그들

8) 영국과 북아일랜드의 통합의 중요한 계기가 되었던 이 전투의 승리를 기념하기 위하여 오늘날까지도 북아일랜드의 신교도들은 매년 "행진 기간"(marching season) 중 7월 12일(실제 전투가 있었던 날)을 정하여 행사를 갖는다고 한다.

의 전통에 마음이 끌리게 되고 거기에 자신을 일치시키려는 시도를 보여준 것은 사실이다. 그리고 이러한 점 때문에 수많은 아일랜드인들로부터 비난을 받고, 그의 시를 읽고 연구하는 여러 사람들로부터 마찬가지의 비판을 받아온 것도 쉽게 수긍이 간다. 그러나 그가 가톨릭 중산층 아일랜드인들을 비난하면서 그들로부터 멀어져 간 것처럼, 프로테스탄트 앵글로아일랜인들에 대해서도 마찬가지로 분노하며 그들의 잘못을 날카롭게 지적한다. 그는 아일랜드 프로테스탄트 지배계층이 모든 것을 돈으로만 계산한다("The Irish upper classes put everything into a money measure")고 비판하는가 하면(*Ex* 82), 심지어 그들이 돈 때문에 아일랜드를 영국에 팔아먹었다고 말하기까지 한다(*Au* 419). 이처럼 영국과 아일랜드 사이에 끼어 그 어느 쪽에도 온전히 속하지 못한 채 경계인으로서의 삶을 살아야 했던 예이츠의 상황은 그만의 특유한 것이면서도 그 이후의 많은 탈식민주의 작가들이 처했던 상황을 미리 보여준다는 의미에서 매우 전형적인 것이라고 할 수 있다.

예이츠와 그 이후의 다른 탈식민주의 작가들 사이의 이러한 유사성은 그들의 출신 배경이나 교육과정 등에만 국한된 것이 아니라 그들이 사용한 언어의 문제에서도 나타난다. 즉 그들이 자국어가 아닌 식민 지배자의 언어인 영어로 글을 쓸 수밖에 없었던 사실은 탈식민주의 문학이 지니고 있는 잡종성의 한 측면을 드러낸다. 이러한 맥락에서 예이츠와 아일랜드어의 부활을 주장하는 자들 사이에 벌어진 논쟁 역시 이후 다른 탈식민주의 작가들의 경우에도 비슷하게 진행됨으로써 선례로서의 의미를 지닌다고 할 수 있다. 1892년 더글러스 하이드(Douglas Hyde)가 그의 유명한 강연인 「아일랜드를 탈영국화시켜야 할 필요」("The Necessity for De-Anglicising Ireland")에서 아일랜드인들을 탈영국화시키기 위해서는 아일랜드어의 쇠퇴를 막아야 한다고

주장한 데 대하여 예이츠는 이렇게 응답한다.[9)]

> 그렇다면, 우리 민족이 탈영국화할 희망은 없는 것인가? 비록 언어는 영어이지만 그 정신에 있어서는 아일랜드적인 민족 전통, 민족 문화를 세울 수는 없는 것인가? 우리는 하이드박사가 사실 이미 불가능한 것이라고 말한 것을 시도하는 대신에, 옛 문학 가운데 최선의 것들을 그 리듬과 스타일에 있어서 뭐라고 정의하기 어려운 아일랜드적인 성격을 지닌 영어로 옮기거나 다시 이야기함으로써 민족의 삶을 지속시킬 수는 없는 것인가?

> Is there, then, no hope for the de-Anglicising of our people? Can we not build up a national tradition, a national literature, which shall be none the less Irish in spirit from being English in language? Can we not keep the continuity of the nation's life, not by trying to do what Dr. Hyde has practically pronounced impossible, but by translating or retelling in English, which shall have an indefinable Irish quality of rhythm [sic] and style, all that is best of the ancient literature? (*UPI* 255)

이는 아일랜드를 탈영국화시키는 데 있어서 점점 사라져가는 언어인 아일랜드어에만 매달려 그것만이 아일랜드 민족정신을 지키는 길이라고 주장하는 것보다는 과거 아일랜드의 훌륭한 문학작품들과 이야기들을 영어로 옮기거나 혹은 영어를 사용하면서도 아일랜드의 고유한 정신이 담긴 새롭고도 수준 높은 문학작품들을 만들어 많은 아일랜드인들에게 읽히는 것이 오히려 더 낫다는 주장으로 들린다. 그리고 그러한 작업은 영어는 영어이되 그 안에 아일랜

9) 더글러스 하이드가 1892년 12월 2일 더블린의 아일랜드 문인협회에서 한 이 강연은 아일랜드어를 되살리기 위한 운동의 시발점이 되었고, 그 결과 다음해에 하이드를 초대 회장으로 한 게일어연맹(Gaelic League)이 탄생하였다.

드적인 리듬과 스타일이 스며들어 있는 영어를 사용함으로써 가능할 수 있다는 의미로 읽힌다.

이러한 예이츠와 아일랜드어의 관계를 다루고 있는 맥크린토크(Cara B. McClintock) 역시 비슷한 시각에서 이 문제를 보고 있는 듯하다. 그녀는 자신의 논문("It will be very difficult to find a definition: Yeats, Language, and the Early Abbey Theatre")에서, 예이츠가 특히 애비극장(Abbey Theatre)을 창설하며 아일랜드 극운동에 열심이었던 시기에 "아일랜드의 정신과 이미지"를 되살리려고 노력하면서도 왜 정작 아일랜드어를 배우지는 않았는지, 그리고 그러한 시도들에 대해서 왜 부정적인 태도를 보였는지에 대해 질문을 던지고 있다. 그리고 언뜻 보면 이율배반적으로 보이는 이러한 예이츠의 태도에 대하여 두 가지의 이유를 들고 있다. 먼저 예이츠가 설령 아일랜드어가 부활된다고 해도 "순수한 표현 수단으로서"보다는 "정치적 선전 수단으로서" 작용할 것으로 생각했을 것이며, 이는 이 시기 예이츠를 사로잡고 있었던 "정치를 넘어선 예술"(art over politics)이라는 생각과 맞지 않았을 것이라는 점이다. 또 하나는 예이츠가 특히 이 시기부터 시의 언어로서 사용하고자 했던 "살아있는"(living) 언어의 관점에서 볼 때 아일랜드어는 부적합한 것으로 생각했을 것이라는 점이다. 따라서 그는 그 대안으로서 영어를 사용하되 거기에 아일랜드어의 리듬과 관용적 표현들을 첨가함으로써 아일랜드적인 정신이 깃들게 하는 것, 즉 영어에 아일랜드어의 요소들을 교체해 넣음으로써("relexify English") 영어를 "자기 자신의--그리고 자기 나라의--것으로 주장하려는" 시도를 하게 되었다는 것이다(Fleming 205-218).

이렇듯 아일랜드어와 영어의 사용에 대한 예이츠의 생각과 태도는 영어로 쓰인 아일랜드 문학이 가질 수밖에 없는 탈식민주의적 잡종성에 대하여 그가 긍정적으로 보고 있음을 말해준다. 그러나 다른 한편으로는 그가 아일랜드어의 부흥운동이 가져올 수 있는 정치적 영향력에 대하여 애써 외면하고 있는 것이 아닌가 생각되기도 한다. 말하자면 이러한 그의 태도는 탈식민주의 문학의 잡종성의 개념이 갖고 있는 탈정치화의 위험성을 그대로 보여 주고 있는 듯하다. 앞에서 인용한 예이츠 자신의 작품에 대한 소개의 글 역시 영어에 대한 예이츠의 생각과 느낌이 그렇게 단순하고 편안한 것이 아님을 말해준다.

> 그때 나는 비록 나의 결혼이 나의 직계로는 첫 번째 영국인과의 결혼이지만 모든 나의 가족 이름이 영어로 되어 있다는 것, 그리고 나의 영혼이 셰익스피어에게, 스펜서와 블레이크에게, 아마도 윌리엄 모리스에게, 내가 생각하고 말하고 쓰는 영어에게 빚지고 있다는 것, 내가 사랑하는 모든 것들이 영어를 통해 왔다는 것을 스스로에게 상기시킨다. 나의 증오는 사랑으로, 나의 사랑은 증오로 나를 괴롭힌다.
>
> Then I remind myself that though mine is the first English marage I know of in the direct line, all my family names are English, and that I owe my soul to Shakespeare, to Spenser and to Blake, perhaps to William Morris, to the English language in which I think, speak, and write, that everything I love has come to me through English; my hatred tortures me with love, my love with hate. (*E&I* 519)

물론 여기에서 예이츠가 영국 여성과의 결혼, 시인으로서 성장하는데 결정적인 영향을 준 영국의 시인들, 그리고 자신이 사용하는 영어의 예를 들어, 영어와 영국적인 것들을 사랑할 수밖에 없는 상황을 얘기하고 있는 것임은 분명하다. 그러나 이미 앞에서 살펴본 바와 같이 아일랜드인들이 그동안 영국의 식민지배로부터 겪어온 "말살을 위한 전쟁"과 "박해"에 대한 언급 다음에 곧바로 이 말을 하고 있는 것을 보면, 그의 표현대로 그의 영어에 대한 "사랑"이 영국에 대한

"증오"와 함께 섞여 있음을 웅변적으로 말하고 있는 것이기도 하다.

예이츠의 말대로 이러한 상황은 그에게, 그리고 같은 처지에 있는 다른 아일랜드 문인들에게 엄청난 고통의 원인이었을 것이다. 그러나 그러한 고통스러운 상황은 그로 하여금 영어를 사용하되 그 안에 아일랜드의 혼과 리듬을 불어넣어 진정한 아일랜드적인 민족문학을 창조하게 하였고, 그 결과 아일랜드 문학을 세계적인 수준의 문학으로 끌어올리는 데 기여했다고 볼 수 있다. 혹은 다른 각도에서 보면, 아일랜드인이면서도 영어로 써야 한다는 사실에 대한 부담감이 오히려 영어 자체에 대한 관심을 증대시키고, 그 결과 보다 뛰어난 영문학 작품의 생산을 가능케 했다고 말할 수도 있을 것 같다. 데크란 키버드가 19세기 아일랜드 사회에서 일어났던 아일랜드어의 급속한 쇠퇴를 영어로 쓰인 아일랜드 문학의 놀라운 성과와 연결시키고 있는 것도 같은 맥락으로 보인다. 그는 비단 작가들만이 아니라 일반 아일랜드인들 모두가 자신들의 영토 안에서 그처럼 빠른 기간 동안에 그처럼 철저하게 자신들의 언어를 내버리고 식민지배 국가의 언어인 영어를 습득하게 된 사실을 매우 이례적인 것으로 보면서, 이러한 상황이 그들로 하여금 일종의 죄책감("guilt")을 갖게 하여 오히려 더욱더 영어에 집착하도록 만들고, 그 결과 영어로 쓰인 문학의 놀라운 성과가 가능하였을 것이라고 말하고 있다(649-52).

이처럼 예이츠와 영어의 관계, 혹은 영어에 대한 그의 태도에서 확인할 수 있는 탈식민주의적 특성은 영국 시인들에 대한 그의 태도에서도 확인된다. 그는 자신이 시인으로 성장하는 데 있어서 과거 아일랜드의 시인들보다는 영국 시인들로부터 더 많은 영향을 받았음을 스스로 인정한다. 그렇지만 영국의 대시인들에 대한 그의 태도는 영어의 경우와 마찬가지로 이중적이거나 복합적이다. 예를 들어 그가 "전형적인 영국인"(typical Englishman)이라고 부른 워즈워스(William

Wordsworth)의 경우, 하이티(Haiti)의 반식민주의 투쟁가였던 프랑스와 도미니크 투생(François Dominique Toussaint)에게는 소네트("To Toussaint L'Ouverture")를 지어 그의 훌륭함을 기리면서도, 같은 해에 처형된 아일랜드의 독립투사 로버트 에메트(Robert Emmet)에 대해서나 몇 해 전에 있었던 1798년의 아일랜드의 봉기에 대해서는 침묵하고 있음을 지적한다. 이와 같이 낭만주의 영시의 대가인 워즈워스에 대한 예이츠의 시각 속에는 단순히 후배 시인으로서의 시각만이 아니라 식민지 아일랜드인으로서의 시각이 함께 섞여 있다고 할 수 있다(*E&I* 520).

영국의 시인들에 대한 예이츠의 이중적인 시각은 워즈워스만이 아니라 그 이전의 스펜서(Spenser)나 셰익스피어(Shakespeare) 같은 시인들의 경우에서도 찾아볼 수 있다. 특히 스펜서의 경우는 그가 1580년 아일랜드 총독의 비서로 임명되면서부터 1599년 죽기 직전까지 아일랜드에 거주하면서 직접적으로 아일랜드의 식민통치에 관여하였다는 점에서 주목된다. 물론 예이츠가 초기에 스펜서로부터 많은 영향을 받았음을 스스로 밝히고 있고, 또한 그의 시선집을 편찬하면서 서문까지 쓴 사실을 보면 그를 위대한 시인으로 생각하고 있음은 분명하다. 그러나 다른 한편으로 예이츠는 스펜서가 아일랜드인들에 대하여 보여주었던 비이성적이고 비인간적인 태도에 대하여 비판을 퍼붓는다. 여기에는 스펜서가 영국 관리의 한 사람으로서 실제로 아일랜드에서 행했던 사실들 외에, 1596년에 『아일랜드의 현 상황에 대한 견해』(*A View of the Present State of Ireland*)라는 책을 써서 영국의 무자비한 아일랜드 식민통치를 부추긴 사실도 작용했을 것으로 생각된다. 사이드의 말대로, "그처럼 인간적인 시인이자 점잖은 신사"(222)인 스펜서가 바로 이 책에서 아일랜드인들은 야만인들이기 때문에 모두 말살시켜야 한다고 당당하게 건의하고 있는 것을 보면, 아일랜드 시인인 예이츠가 어떻게 느꼈을 것인가는 충분히 짐작이 간다. 스펜서의 생애와 시에 대한 글에서 예이츠는 이렇게 적고 있다.

> 히스테리 환자처럼 그는 불충분한 전제의 내장으로부터 복잡한 비인간적 논리의 거미줄을 이끌어냈다. 즉, 엘리자베스의 것 말고는 어떤 권리도, 법도 없었고, 그녀에게 반대하는 것들은 모두 신에게, 문명에게, 그리고 전해져 내려온 모든 지혜와 예의범절에게 반대하는 것이어서 말살되어야 했다.
>
> Like an hysterical patient he drew a complicated web of inhuman logic out of the bowels of an insufficient premise--there was no right, no law, but that of Elizabeth, and all that opposed her opposed themselves to God, to civilization, and to all inherited wisdom and courtesy, and should be put to death. (*E&I* 361)

이어 예이츠는 스펜서의 글을 인용해가면서 그의 생각이 엘리자베스 여왕에 대한 충성과 그녀가 상징하고 있는 영국의 제국주의적 이데올로기에 대한 맹신으로 얼마나 왜곡되어 있는가를 폭로한다.

더욱 더 중요한 것은, 예이츠가 스펜서를 단순히 인간적인 면뿐 아니라 시인의 모습에서도 비판적으로 보고 있다는 점이다. 예이츠는 만일 스펜서가 영국 관리로서가 아니라 진정한 시인으로서 아일랜드의 삶을 체험하였더라면 아일랜드의 아름다운 자연이나 풍부한 문학 전통으로부터 크게 도움을 받을 수 있었을 것이고, 그만큼 더 위대한 시를 쓸 수 있었을 것이라고 말한다.

> 스펜서가 아일랜드에 대해 쓸 때 그는 관리로서, 그리고 국가에 의해 조직된 생각과 감정으로 쓴 것이다. 그는 단지 보도록 요구된 것들만을 본 수많은 영국인들 가운데 처음이었다. 만일 그가 그곳에 시인으로서만 갔더라면, 그는 그곳의 시인들 사이에서 심지어 페드리아와 애크래시아의

섬들보다도 더 놀라운 상상력을 발견했을 것이다.

> When Spenser wrote of Ireland he wrote as an official, and out of thoughts and emotions that had been organised by the State. He was the first of many Englishmen to see nothing but what he was desired to see. Could he have gone there as a poet merely, he might have found among its poets more wonderful imagi- nations than even those islands of Phaedria and Acrasia. (*E&I* 372)

이처럼 예이츠가 스펜서에 대하여 한편으로는 그의 시의 위대함을 인정하면서도 다른 한편으로는 그의 한계점을 함께 읽어내고 있는 것은, 그 자신이 아일랜드인이면서도 영국 시의 전통에 자신을 내맡길 수밖에 없었던, 한마디로 경계인으로의 삶을 살아야 했던 탈식민주의적 상황 때문이라고 할 수 있다.

이러한 사실은 셰익스피어의 경우에도 그대로 해당된다. 라마자니의 견해에 따르면, 예이츠는 셰익스피어를 피식민자들의 편으로 끌어 온다. 이는 간혹 셰익스피어의 작품들이 대영제국을 정당화시키기 위하여 사용된 것과는 대조적이라고 할 수 있다. 그 예로서 라마자니는 예이츠의 시 「한 아일랜드 비행사가 자신의 죽음을 예견하다」("An Irish Airman foresees his Death")와 「옥돌」("Lapis Lazuli")을 들고 있다. 「한 아일랜드 비행사가 자신의 죽음을 예견하다」는 앞에서 살펴본 「보복」과 마찬가지로 그레고리 부인의 외아들로서 제1차 세계대전에 참전하여 이탈리아에서 사망한 로버트 그레고리 소령을 다루고 있는 작품이다. 여기에서 시인은 그레고리 소령을 전쟁터로, 그리고 죽음으로 몰아간 것은 무엇이었을까를 생각하며 나름대로 그의 마음을 헤아려보는 듯하다. 그리고 직접 그레고리 소령의 입을 빌려 그가 싸움터에 나선 것은 독일군을 증오하거나 영국군을 사랑해서가 아니며, 그렇다고 그의 고향 아일랜드 킬타탄의 가난한 농부들을 위한 것도 아님을 말하고 있다.

> 내가 싸우는 자들을 증오하지 않으며
> 내가 지키는 자들을 사랑하지 않는다.
> 내 고향은 킬타탄 크로스,
> 내 동포는 킬타탄의 가난한 자들,
> 어떤 종말도 그들에게 상실을 가져오거나
> 전보다 더 행복하게 하지는 않을 것이다.

> Those that I fight I do not hate,
> Those that I guard I do not love;
> My country is Kiltartan Cross,
> My countrymen Kilrartan's poor,
> No likely end could bring them loss
> Or leave them happier that before. (*VP* 328)

이어 시인은 어떤 법도, 의무도, 정치적 계산도 아닌, 다만 "어떤 환희의 외로운 충동"(A lonely impulse of delight)만이 그를 죽음으로 이끌었을 뿐이라고 말한다. 이 시가 표현하고 있는 그레고리 소령의 이러한 모습은 매우 "셰익스피어적인" 것으로서, 바로 탈식민주의적 인물의 전형적인 모습으로 볼 수 있다는 것이 라마자니의 생각이다(40).

마찬가지로 라마자니는 「옥돌」에 대해서도 탈식민주의적 해석이 가능하다고 말하고 있다. 이 시는 예이츠의 후기 시의 중심적 주제 가운데 하나인 "비극적 환희"(tragic joy)를 다루고 있는 대표작으로서 자주 거론되는 작품이다. 이 작품에서 시인 화자는 전쟁으로 인한 죽음과 파괴의 공포 앞에서 인간이 현명하게 대처할 수 있는 길을 가르쳐주는 것은 바로 셰익스피어 비극의 주인공들임을 말하고 있다. 즉 어떠한 비극적 상황에서도 항상 "즐거운"(gay) 모습을 보여주는 그들이야말로 실제 삶 속에서 전쟁이 가져오는 비극적 상황에 직면한 인간들에게는 하나의 모범이 될 수 있는 인물들이라는 것이다. 셰익스피어의 인물들에 대한 시인 화자의 이러한 인식은 곧바로 모든 "옛 문명들"에 대한 그의 깨달음으로 이어진다,

> 걸어서 그들은 왔다, 혹은 배를 타고,
> 낙타를 타고, 말을 타고, 나귀를 타고, 노새를 타고,
> 칼끝에서 죽임당한 옛 문명들.
> 그리고 그들과 그들의 지혜도 멸망했다.
>
> On their own feet they came, or on shipboard,
> Camel-back, horse-back, ass-back, mule-back,
> Old civilizations put to the sword.
> Then they and their wisdom went to rack: (*VP* 566)

사실 역사상의 많은 전쟁들이 제국주의 전쟁이고, 그 결과로 생긴 수많은 문명들 역시 그러한 전쟁의 결과로 멸망해가는 것이 역사의 법칙이라고 한다면, 이에 대한 화자의 인식과 발언은 곧 모든 제국주의적 문명과 그 정치적 이데올로기에 대한 시인의 비판적이고도 회의적인 시각을 드러낸 것이고, 그러한 의미에서 그것은 탈식민주의적이라고 할 수 있다. 여기에서 흥미로운 것은 예이츠가 그러한 탈식민주의적 시각을 표현하는 데 바로 식민지 종주국인 영국의 작가 셰익스피어의 작품들을 이용하고 있다는 점이다. 심지어 라마자니는 예이츠가 "아일랜드는 영국보다 더 오래 셰익스피어 연극의 율동적인 대사를 간직해왔다"라고 말한 것을 예로 들어, 예이츠가 영국이 아니라 오히려 아일랜드를 셰익스피어의 진정한 계승자로 보고 있음을 지적하고 있다(40).

지금까지 살펴본 바와 같이 예이츠의 출신 배경에서부터, 그가 사용한 언어, 그리고 그가 물려받은 문학 전통에 이르기까지 많은 요인들을 통하여 탈식민주의 문학의 특성인 잡종성의 근거를 확인할 수 있다면, 그의 시의 여러 형식적 요인들 가운데에서 잡종성의 특성을 확인해 보는 일은 그에 못지않게 중요하고 의미 있는 일로 여겨진다. 이러한 맥락에서 우리는 먼저 예이츠에 시에 나타난 지명들, 특히 아일랜드의 고유한 지명들에 대해 생각해볼 수 있다. 시 작품 안에서 구체적인 지역 혹은 장소를 거명하며 그에 대한 감회를 표현하는 것은 초기 낭만주의 시의 일반적인 특징이지만, 예이츠가 영국의 스노우던산(Mount Snowdon) 대신에 아일랜드의 불벤산(Ben Bulben)을 사용하는 식으로 낭만주의 시를 아일랜드의 땅과 그 자연풍경에 "부착시키거나"(attach) 혹은 "결합시킨"(marry) 것은 곧 자신이 물려받은 영국 낭만주의 시 전통을 "탈영국화하려는"(de-Anglicize) 것이며(Bornstein 237-39),[10] 이러한 의미에서 그것은 "문학적이면서 동시에 정치적인 제스처"라고 할 수 있다(Deane 13). 사실 제국주의의 식민정책 자체가 타인의 영토를 강제적으로 강탈하는 것이라고 한다면, 그에 대응하는 탈식민주의 문학에 있어서 영토, 자연풍경, 혹은 지명 등이 정치적으로 중요한 의미를 갖게 된 것은 지극히 당연한 것으로 보인다. 이 점에 대해 예이츠는 어떤 민족의 시인에게 있어서 땅과 자연은 단순한 객관적 사물로서만 존재하는 것이 아니라 민족의 역사적 삶과 정서가 스며있는 곳으로서 존재하기 때문에 "그의 시는 마치 거울처럼 자기 나라의 기후와 경치들을 적절하게 비추고 있어야 한다"라고

10) Bornstein에 의하면, 이러한 "탈영국화"의 시도에도 불구하고 예이츠의 초기 시는 매우 애매한 상태로 존재하는데, 그것은 그가 아일랜드의 땅과 영국의 문학전통 모두에게 "이중의 충성"(a double allegiance)을 바치고 있기 때문이다(240).

말하고 있다(*E&I* 5). 이러한 관점에서 보면, 그의 초기 시 가운데 몇 작품만 살펴보아도 얼른 눈에 띄는 여러 아일랜드의 지명들은 단순히 어떤 장소를 가리키는 기능만을 하는 것이 아니라, 동시에 영국의 식민 지배를 받아온 아일랜드의 역사와 그 안에서 살아온 아일랜드인들의 삶과 정서를 환기시켜 준다는 의미에서 반영국적이고 반식민적인 정치적 기능까지를 수행하고 있다고 할 수 있다. 바꿔 말하면 그 지명들의 사용은 결국 영국에 의하여 빼앗긴 땅과 주권을 되찾고 아일랜드의 정체성을 회복하고자 하는 탈식민적 의지의 반영인 셈이다. 군사적으로나 정치적으로는 불가능한 일을 시적 상상력을 통하여 이루어보려는 것이다.[11]

이처럼 아일랜드의 지명의 사용이 영국에 의하여 강점된 영토의 회복과 영국의 시 전통에 의하여 상실되어가는 시적 공간의 확보를 추구하는 것이라는 점에서 탈영국과 탈식민의 의미를 갖는 것은 분명하다. 그러나 예이츠가 사용한 지명들은 고유한 아일랜드어의 지명을 영어로 표기한 것들이다. 예를 들어, "Drumcliff"과 "Ben Bulben"은 각각 "Drom Cliabh"와 "Benn Gulban"이라는 아일랜드어가 영어로 표기된 것이다(O Hehir 93). 이러한 점에서 보면, 아일랜드의 지명들의 사용 역시 앞에서 살펴본 바와 같은 잡종성의 표현이라고 할 수 있다. 예이츠 시의 아일랜드 지명들이 드러내고 있는 이러한 잡종성은 더 나아가 아일랜드 밖의 다른 지명들의 경우에서도 찾아볼 수 있다. 그의 시는 아일랜드의 자연과 그곳에 스며들어 있는

11) 이러한 지명들의 예를 든다면, 영문학을 전공하지 않는 일반인들에게도 전혀 낯설지 않는 Innisfree("The Lake Isle of Innisfree")를 비롯하여, Sleuth Wood, Rosses Point, Glen-Car("The Stolen Child"), Drumhair, Lissadell, Scanavin, Lugnagall("The Man who dreamed of Faeryland"), Cummen Strand, Knocknarea, Cloth-na-Bare("Red Hanrahan's Song about Ireland") 등을 들 수 있다.

아일랜드인들의 삶과 정서를 노래하면서도, 「비잔티움으로의 항해」("Sailing to Byzantium")에서처럼 아일랜드 밖의 여러 곳, 즉 그리스, 로마로부터 터키, 이집트, 인도를 거쳐 중국과 일본에까지 이르는 상상의 "항해"를 보여준다. 물론 이러한 상상의 "항해"는 단순히 공간적인 것만이 아니라 시간적으로 먼 과거로의 여행이기도 하다. 그리고 그것은 아일랜드의 고유한 지명의 경우와 마찬가지로 식민지적 상황에 대한 시인의 반대적 대응, 즉 제국주의의 억압과 구속으로부터 벗어나고자 하는 탈영국적 의도의 표현이라고 할 수 있다. 그러나 그것이 탈아일랜드적이기도 하다는 점에서는 역시 잡종성의 표현으로 볼 수 있다.

지리적 공간의 사용에 드러난 잡종성은 그대로 신화의 사용에서도 드러난다. 그의 시, 특히 초기 시가 아일랜드의 신화와 전설 등을 사용하여 이루고자 했던 것은 아일랜드의 지명의 사용의 경우와 같다고 할 수 있다. 이 점은 아일랜드의 고유한 지명을 사용하고 있는 시들, 예를 들어 「잃어버린 아이」("The Stolen Child")나 「요정나라를 꿈꾼 남자」("The Man who dreamed of Faeryland") 같은 작품들이 아일랜드의 신화나 전설적인 내용을 다루고 있다는 점에서도 알 수 있다. 한마디로 그는 아일랜드의 신화나 전설을 사용함으로써 자신이 물려받은 영시의 낭만주의 전통을 아일랜드화한 것으로 볼 수 있다. 그러한 의미에서 그것은 탈영국적이고 탈식민적인 것임이 분명하다. 그러나 그에 못지않게 그의 시는 아일랜드 밖의 다른 문화권의 신화들, 그리스·로마와 유대·기독교의 신화와 전설을 사용한다. 그의 초기의 유명한 시 「세상의 장미」("The Rose of the World")에서 영원한 미의 화신이라고 할 수 있는 대표적인 아름다운 여성은 아일랜드 신화의 데아드라(Deirdre)와 그리스 신화의 헬레네이다. 또한 자신의 결혼 이후의 변화된 심경을 노래하기 위하여 솔로몬(Solomon)과 시바(Sheba)의 여왕의 이야기를 가져온다. 아일랜드 신화와 전설의 시적 표현을 통하여 민족주의 문학의 가능성을 모색하는 듯한 제스처를 보여준 시인이 그 경계를 벗어나 전지구적 탐색을 수행하는 것은 일견 모순된 것처럼 보이지만, 이 점 역시 그의 시의 탈식민주의적 잡종성의 일면으로 이해된다.

이처럼 지리적 공간의 탈경계화나 신화적 내용의 혼용 등을 통해서 확인해볼 수 있는 예이츠 시의 탈식민적 특성은 보다 기본적인 시 형식의 차원에서 검토될 수 있다. 기본적으로 스펜서나 셸리(Shelley) 등의 영국 시의 전통에서 출발한 예이츠는 자신의 초기 시가 그 형식에 있어서 지나치게 영국 시의 전통, 특히 낭만주의 전통에 의존하고 있다는 사실을 깊이 인식하고 그것으로부터 벗어날 수 있는 길을 모색했던 것으로 보인다. 다시 말해서, 여러 가지 요인에 의하여 어쩔 수 없이 영국 시의 전통을 자신의 것으로 받아들이면서도 아일랜드 시인으로서 자신이 다루고자 하는 아일랜드적인 주제의 표현을 위해서는 영국 시의 전통적인 형식이 적절치 못한 것임을 느꼈던 것으로 보인다. 이러한 예이츠의 인식은 그의 산문 가운데에서 쉽게 찾아볼 수 있다.

> 몇 년 뒤 『어쉰의 방랑』을 끝냈을 때, 나는 그 작품의 황색과 흐릿한 녹색, 낭만주의 운동으로부터 물려받은 그 모든 과다한 색깔들이 마음에 들지 않아 의도적으로 나의 스타일을 바꾸면서, 의도적으로 차가운 빛과 굴러 떨어지는 구름들과 같은 인상을 추구하였다. 나는 전통적인 은유들을 버렸고, 나의 리듬을 느슨하게 했으며, 내가 알고 있는 모든 인생론이 우리 것이 아닌 영국적인 것이라는 사실의 인식 아래 내 자신이 차가운 것으로 묘사하는 그런 감정을 가지고 가능한 한 감정적이 되었다.
>
> Years afterwards when I had finished *The Wanderings of Oisin*, dissatisfied with its yellow and its dull green, with all that over-

> charged colour inherited from the romantic movement, I deliberately reshaped my style, deliberately sought out an impression as of cold light and tumbling clouds. I cast off traditional metaphors and loosened my rhythm, and recognizing that all the criticism of life known to me was alien and English, became as emotional as possible but with an emotion which I described to myself as cold. (*Au* 86)

이 글에 나타난 바와 같은 예이츠의 인식과 그에 따른 새로운 형식의 모색의 결과 예이츠는 영시의 전통적인 형식으로부터 완전히 벗어나지는 않으면서도 그보다 활기차고 다양한 리듬을 갖는 새로운 그만의 형식을 만들어냈다고 할 수 있다. 그리고 이처럼 영국의 전통적인 시 전통으로부터 물려받은 형식과 그것으로부터 벗어난 자신의 독창적인 형식 사이에서 균형을 이루며 시의 활로를 찾고자 한 것은 분명 탈식민주의적 잡종성의 표현으로 볼 수 있을 것이다.

시의 형식과 관련하여 예이츠의 시가 보여주고 있는 탈식민주의적 특성은 시의 리듬만이 아니라 시어와 구문의 선택에서도 드러난다. 그는 자신의 작품에 대한 소개의 글에서, 자신의 마음에 드는 언어("a language to my liking")를 만들어내기 위하여 "워즈워스가 생각하듯이 흔히 사용되는 말들"이 아니라 "힘과 열정이 넘치는 구문과, 마침표와 시연의 완전히 일치"를 추구하였다고 밝히면서, 그 점에 있어서 자신의 시 형식이 영시의 흐름을 선도했다고 말하고 있다(*E&I* 521-22). 이는 그가 영시의 전통 안에서 시를 쓰되, 보다 철학적이고 문어체 위주의 전통적인 영국 시 형식보다는 아일랜드 대중들이 실제로 사용하는 언어, 즉 정상적이면서도 생생한 감정이 스며들어 있는 시어와 문체를 사용함으로써 새로운 스타일의 시를 쓰려 했던 것으로 볼 수 있고, 그 이면에는 영국의 경우와는 달리 아일랜드인들의 삶과 문화 속에 아직도 민중적인 전통이 살아 있다는 인식이 크게 작용했을 것으로 짐작된다. 이러한 예이츠의 생각과 시도는 그의 시가 식민지 종주국인 영국의 영향을 일방적으로 받은 것으로부터 탈피하여 아일랜드적인 요소가 가미된 새로운 형식을 갖도록 했고, 결과적으로 그를 위대한 시인으로 만든 중요한 요인이었다고 할 수 있다.

여러 측면에서 탈식민주의 문학의 잡종성과 예이츠 시의 형식상의 특성을 관련시키고 있는 라마자니는 그 하나의 예로서 예이츠가 즐겨 쓴 주된 장르라고 할 수 있는 서정시의 경우에 전통적인 영국 시인들의 작품들보다 짧고 간결하게 쓴 점을 들고 있다. 즉 예이츠가 즐겨 쓴 서정시들의 이러한 형식상의 특징은 그가 영국 시의 전통을 따르면서도 그것과는 차별화된, 보다 아일랜드적인 특성을 지닌 형식을 추구한 결과라는 것이다. 이러한 견해에 대한 뒷받침으로 그는 예이츠가 「나의 작품에 대한 전반적 소개」에서 "영국인들의 마음은 명상적이고, 풍부하고, 신중하다. 그것은 탬즈강 계곡을 기억하고 있을지도 모른다. 나는 모든 발언이 짧고 집중적이며 극적 긴장감으로 꽉 짜인 짧은 서정시들이나 시극을 쓰려고 마음먹었다."라고 밝히고 있음에 주목한다(*E&I* 521). 예이츠가 그의 시 「무절제한 발언에 대한 후회」("Remorse for Intemperate Speech")에서 "아일랜드로부터 우리는 왔다. / 커다란 증오, 비좁은 공간이 / 처음부터 우리를 망쳐 놓았다." (Out of Ireland have we come. / Great hatred, little room, / Maimed us at the start.)라고 노래한 것처럼, 단순히 자연 환경뿐만 아니라 그 안에서의 인간의 삶 역시 오랜 기간의 영국의 식민통치로 인하여 고단하고 답답했음이 분명한 아일랜드 출신의 시인으로서 그는 분명 전통적인 영시의 형식과는 다른 보다 간결하면서도 촘촘하고 팽팽한 시 형식을 선호했을 법하다.

이러한 예이츠 시의 스타일상의 특징은 곧 그의 시에 나타난 이미지나 상징에 있어서도 마찬가지라고 할 수 있다. 예이츠가 그의 시에서 사용하고 있는 이미지들과 상징들은 많은 경우에 있어서 영국 혹은 유럽적인 것이면서도 동시에 아일랜드적인 의미를 갖는다. 즉 그는 영국 혹은 유럽문학의 전통으로부터 이미지들을 가져와 사용하면서도 그것들을 아일랜드적인 맥락에서 새롭게 이해하고 해석한다. 그 결과 그 이미지들이 보다 다양하고도 독특한 의미를 갖게 됨은 물론이다. 대표적으로 초기 시에 자주 나오는 장미의 이미지라든가 후기 시의 탑(tower)의 이미지가 그 좋은 예가 될 것이다. 그의 초기 시에서 점점 복잡한 의미의 상징으로 나타나기 시작한 장미의 이미지에 대하여 제파레스(A. Norman Jeffares)는 예이츠가 영국 시인들의 영향과 함께 아일랜드의 시인들의 영향을 받았음을 지적하고 있다. 즉 장미의 이미지가 아름다운 여인, 혹은 영원한 아름다움의 상징으로 사용되어 온 영시의 전통과 함께, 그것이 아일랜드를 가리키는 상징으로 사용되어 온 아일랜드 문학의 전통이 함께 예이츠에게 영향을 끼쳤다는 것이다. 이러한 맥락에서 제파레스는 예이츠 시의 장미가 영원한 아름다움을 상징하면서 동시에 그가 사랑했던 여인 모드 곤(Maud Gonne)과, 그녀를 통하여 아일랜드를 함께 상징한다고 말하고 있다(21-23).

이처럼 영국 혹은 유럽 문학에서 전통적으로 사용되어 온 시적 이미지가 아일랜드적인 맥락에서 새로운 의미의 확장을 이루고 그와 함께 복합성을 얻게 되는 것은 탑의 경우도 마찬가지다. 예이츠가 1928년에 출판한 시집 『탑』*(The Tower)*과 그에 이어 1933년에 출판한 시집 『나선 계단과 기타 시들』*(The Winding Stair and Other Poems)* 모두에서 그 제목에서부터 여러 시편에 이르기까지 중심적인 상징으로 사용하고 있는 탑의 이미지는, 장미의 이미지와 마찬가지로 영국은 물론 범유럽적, 혹은 범세계적 보편성을 갖고 있는 상징적 이미지라고 할 수 있다. 그러나 예이츠 시에 있어서 그것은 실제로 아일랜드 서부의 골웨이(Galway) 근처에 존재하고 있는 구체적 건축물인 발릴리 탑(Thoor Ballylee)과 연결된다. 이 탑은 역사적으로 아주 오래된 노르만(Norman) 시대에 군사적인 수비의 목적으로 세워진 것으로서, 1917년 초 예이츠가 아일랜드 정부로부터 구입하여 대대적인 수리를 한 후 주로 여름철에 거주함으로써 그의 실제적인 주거지가 된 동시에 그의 시에 있어서도 중요한 이미지의 하나로 자리 잡게 된다. 한마디로 앞에서 살펴본 장미의 이미지와 마찬가지로, 탑의 이미지가 지니고 있는 범세계적이고 보편적인 의미 위에 특별히 발릴리탑이 지니고 있는 아일랜드의 오랜 역사와 시인 자신의 개인적 삶의 의미가 중첩됨으로써 훨씬 더 강력하고도 심오한 상징으로서의 기능을 하게 된다고 할 수 있다. 이처럼 예이츠는 그의 주된 이미지들을 사용함에 있어서 지나치게 유럽 혹은 세계적인 맥락이나 아일랜드적인 맥락에 치우치지 않고 그 양자를 혼용함으로써 탈식민주의적 잡종성의 일면을 드러내고 있는 것으로 보인다.

지금까지 예이츠 시의 탈식민주의적 성격, 즉 그의 출신 배경에서부터, 물려받은 문학적 전통, 사용한 언어, 그리고 그의 시의 여러 형식적 특성들에 이르기까지 다양한 측면에서 탈식민주의적 요소들을 살펴보았다. 이는 아일랜드의 탈식민적 성격에 대한 논란에도 불구하고 예이츠의 시가 탈식민주의 문학의 범위 안에 포함될 수 있음을 말해주는 것이기도 하다. 비록 아직까지는 이에 대한 연구가 미미한 수준에 머물고 있는 것이 사실이지만, 앞으로 탈식민주의 소설의 경우와 마찬가지로 활발하게 이루어지리라 생각된다. 예이츠 연구의 큰 틀에서 보면, 예이츠 시의 탈식민주의적 성격에 대한 고찰은 그동안 많은 예이츠 학자들에 의하여 시도되어 온 예이츠와 아일랜드의 복잡한 관계에 대한 연구에 또 하나의 새로운 시각을 제공할 뿐만 아니라, 한 걸음 더 나아가 그의 시세계를 후대의 탈식민주의 시인들과 연결시킴으로써 그의 영향력이 아일랜드나 영국 문학의 범위를 뛰어넘어 아시아·아프리카 문학의 영역에까지 확대되고 있음을 밝히는 데에도 도움을 줄 것이다. 이러한 맥락에서, 나이지리아 출신의 대표적 탈식민주의 소설가인 치누아 아체베(Chinua Achebe)의 소설『만물은 흩어지고』*(Things Fall Apart)*가 그 제목을 예이츠의 시「재림」("The Second Coming")의 첫 행인 "만물은 흩어지고, 중심이 안 잡히고"(Things fall apart; the center cannot hold)로부터 가져왔다는 사실은 시사하는 바가 크다고 하겠다.

09

예이츠와 모드 곤

"사랑이란 무엇인가?" 근래에 모드 곤(Maud Gonne)과 예이츠 사이의 편지들을 모아 편찬한 예이츠 연구가 제파레스(A. Norman Jeffares)는 그 서문의 시작에서 이렇게 묻는다. 그리고 1889년 1월 30일, 당시 22세 미모의 젊은 여성이었던 모드 곤이 1살 위인 시인 예이츠의 집을 처음 방문함으로써 이 두 사람의 운명적인 만남이 시작되었음을 말한다(*AYF* 17). 20세기 최고의 시인이자 극작가이며 아일랜드 극 운동의 창시자 중의 하나였고, 뒤에는 아일랜드 자유국가의 상원의원이면서 노벨 문학상까지 수상한 저명한 인물인 예이츠가 그토록 사랑했던 여인으로서, 그에게 "삶의 괴로움"(the troubling of my life)과 "엄청난 혼란"(an overpowering tumult)을 가져다준(*Mem* 40) 모드 곤은 도대체 어떠한 인물이었을까? 왜 그녀는 예이츠의 끈질긴 구애에도 불구하고 그와의 결혼을 끝내 승낙하지 않은 것일까? 혹은 예이츠 자신이 어떤 이유로 인하여 그녀를 받아들이지 못한 것일까? 이렇듯 예이츠와 모드 곤의 관계에 대해 생각할 때면 으레 떠오르기 마련인 이러한 질문들에도 불구하고 그들의 관계는 예이츠 자신의 표현대로 마치 하나의 거대한 "심연"(labyrinth)[1]과도 같아서 우리가 그것을 명

1) 예이츠의 시 「하찮은 칭찬에 반대하여」("Against Unworthy Praise") 13행과, 「탑」("The Tower") 112행 참고.

쾌하게 밝혀내는 것은 도저히 불가능한 일인지도 모른다. 또한 그들의 관계에 대한 구체적인 전기적 사실들을 정확히 밝혀내는 것이 이 논문의 의도도 아니다.[2)]

그렇다면 우리가 예이츠와 모드 곤의 관계에 대하여 관심을 갖는 것은 무엇 때문일까? 그것은 그들의 관계가 시인 예이츠에게 단지 "삶의 괴로움"과 "혼란"만을 준 것이 아니라 그의 시 창작에 너무나 큰 영향을 주었기 때문이다. 어느 평자의 말대로 "현대시에 있어서 가장 두드러진 우정관계의 하나"라고 할 수 있는 두 사람의 관계로부터 어림잡아 50~60여 편의 시가 태어났다는 사실은 그녀의 영향이 얼마나 절대적인 것이었는가를 짐작케 한다(Lensing 261). 그녀가 예이츠의 끈질긴 구혼을 거절하면서 "우리의 아이들은 당신의 시들이지

---

2) 여기에서 간략히 모드 곤의 삶, 특히 예이츠와 관련된 전기적 사실들을 살펴보는 것이 좋을 것 같다. 그녀는 1866년 영국 써리(Surrey)에서 한 영국군 대위의 딸로 태어났다. 다섯 살 때 어머니가 세상을 떠나자 그녀는 아버지를 따라 아일랜드와 영국, 프랑스를 오가며 어린 시절을 보냈다. 1886년에는 그녀의 아버지마저 세상을 떠났고, 예이츠를 만나기 1년 전인 1888년에는 프랑스 변호사이며 저널리스트인 Lucien Millevoye의 연인이 되어 십년 이상 비정상적인 관계를 유지하면서 두 자녀까지 두었다. Millevoye와의 관계와는 별도로, 그녀는 예이츠를 만난 이후 정치, 문화, 그리고 신비주의(occultism)와 관련된 여러 분야에서 함께 활동했다. 그녀와 예이츠의 관계가 하나의 고비를 맞게 된 것은, 1898년 그녀가 그에 대한 사랑을 고백하면서 Millevoye와 관련된 과거의 일들을 그에게 털어놓은 일 때문이었다. 그녀의 고백은 예이츠에게 얼마동안 시를 쓸 수 없을 정도로 커다란 충격을 주었지만, 그 이후에도 모드 곤에 대한 사랑과 구애는 변함없이 계속되었다. 예이츠의 끈질긴 구혼을 거절해오던 그녀는 1903년 John MacBride라는 군인과 갑작스럽게 결혼함으로써 다시 예이츠에게 커다란 충격을 주었다. MacBride는 훗날 예이츠가 "술주정뱅이이자 허풍선이 촌놈"("Easter, 1916")이라고 표현할 만큼 예이츠의 마음에 들지 않는 인물이었기 때문에 예이츠로서는 도저히 이해하기 어려운 결혼이었을 것이다. 결국 이 결혼생활은 오래 가지 못하고 곧 그들은 헤어졌다. 그녀의 결혼이 실패로 끝나고 난 뒤에도 그녀와 예이츠의 관계는 거의 그의 생애의 마지막에 이르기까지 지속되었다.

요," 또는 "우리가 죽은 뒤 저는 당신의 시들로 인해 알려지게 되겠지요"라고 말했던 것처럼(*AYF* 302, 357), 실제의 삶 속에서 결합될 수 없었던 그 두 사람의 관계는 결국 예이츠의 시를 통해서 그 흔적을 남기고 있다고 할 수 있다. 이 논문의 의도는 이러한 두 사람 관계의 흔적이라고 할 수 있는 예이츠의 시의 분석을 통하여 그들의 관계가 그의 시의 창작에 어떻게 관련되어 있는가를 살펴보려는 것이다.

예이츠의 삶에 모드 곤이 큰 영향을 준 것처럼 그녀는 그의 시에 광범위하게 모습을 드러내고 있다. 특히 그의 애정시의 상당부분은 그녀를 대상으로 하고 있다. 그의 초기 시집 『장미』(*The Rose*)에 실려 있는 「세상의 장미」("The Rose of the World"), 「사랑의 슬픔」("The Sorrow of Love"), 「그대 늙었을 때」("When You are Old"), 「흰 새」("The White Birds")와 같은 사랑 시들은 모두 모드 곤을 염두에 두고 쓴 것으로 알려져 있다. 먼저 「세상의 장미」에서 시인은 시집과 시의 제목으로 사용되고 있는 장미의 상징적 이미지를 통해 그녀의 아름다움과 그녀에 대한 자신의 사랑과 헌신을 노래한다.

> 아름다움이 꿈처럼 사라진다고 누가 생각했던가?
> 놀라운 일 더 생기지 않을 것 같아 슬픈,
> 슬픈 오만으로 가득한 이 붉은 입술 때문에,
> 높이 타오르는 죽음의 화염 속에 트로이는 사라지고,
> 어쉬나의 자식들은 죽었네.
>
> 우리들과 함께 이 수고로운 세상도 지나가는 것.
> 하늘의 물거품, 흐르는 별들 아래,
> 한겨울을 달려가는 창백한 물처럼
> 잠시 출렁이다가 지나가버리는 인간들의 혼 사이에
> 이 외로운 얼굴은 살아남으리니.

머리를 숙이시라, 어둠 속의 천사들이여.
그대들이 있기 전에, 어떤 생명의 심장도 뛰기 전에,
고단하고 상냥한 한 여인이 신의 옥좌 곁에 서성거렸고,
그녀의 헤매는 발길 앞에
신은 이 세상을 풀길로 만드셨으니.

Who dreamed that beauty passes like a dream?
For these red lips, with all their mournful pride,
Mournful that no new wonder may betide,
Troy passed away in one high funeral gleam,
And Usna's children died.

We and the labouring world are passing by:
Amid men's souls, that waver and give place
Like the pale waters in their wintry race,
Under the passing stars, foam of the sky,
Lives on this lonely face.

Bow down, archangels, in your dim abode:
Before you were, or any hearts to beat,
Weary and kind one lingered by His seat;
He made the world to be a grassy road
Before her wandering feet. (*VP* 111-12)

물론 장미는 전통적으로 가장 아름답다고 여겨지는 꽃이지만, 여기에서는 추상적인 개념으로서의 영원한 아름다움, 그리고 그 아름다움의 구체적인 표현이라고 할 수 있는 아름다운 여성을 가리키는 상징적 이미지로 쓰이고 있다. 따라서 2행의 "붉은 입술"은 장미의 꽃잎이면서 동시에 아름다운 여인의 입술이기도 하다. 그러나 이 시는 모드 곤의 아름다움을 단순히 하나의 장미에 비유하는 데 그치지 않

고 그녀를 "세상의 장미"라고 부름으로써 그녀의 아름다움에 특별하고도 절대적인 의미를 부여하고 있다. 그리고 그러한 사실을 보여주기 위해 그녀의 아름다움을 신화적 차원으로까지 끌어올리고, 공간과 시간을 무한대로 확장하여 표현한다. 그렇게 함으로써 결국 그녀에 대한 자신의 사랑과 헌신이 얼마나 운명적이고 절대적이고 영원한 것인가를 말하려는 것이라고 할 수 있다.[3)]

예이츠 독자들로부터 많은 사랑을 받아온 또 다른 시 「그대 늙었을 때」는 16세기 프랑스의 시인 롱사르(Pierre de Ronsard)의 시("Quand vous serez bien vielle")를 모방해서 쓴 것으로 알려져 있다.

그대가 늙어 머리 희어지고 잠이 많아
난롯가에서 꾸벅거릴 때, 이 책을 꺼내어
천천히 읽으면서, 그대가 한때 지녔던
부드러운 눈길과 그 깊은 그늘을 생각해 보세요.

얼마나 많은 이들이 그대의 우아한 순간들을 사랑하고,
거짓 또는 진실한 사랑으로 그대의 아름다움을 사랑했지만,

---

3) 이 시의 첫 연에서 언급하고 있는 두 여성은 각각 고대 그리스와 아일랜드의 신화에서 가져온 인물들이다. 트로이를 "높이 타오르는 장례의 불꽃으로 사라지"게 한 여인은 그 유명한 트로이의 헬레네로서, 그녀의 뛰어난 아름다움은 트로이 전쟁이 일어나게 하고 결국 트로이의 멸망을 가져온다. 이어서 "어쉬나의 아이들은 죽었네."라는 표현이 가리키고 있는 데아드라(Deirdre)는 고대 아일랜드의 신화에 나오는 여인이다. 그녀는 그녀로 인하여 얼스터(Ulster)에 죽음과 슬픔의 재앙이 닥치리라는 예언과 함께 태어난다. 그러한 예언에도 불구하고 얼스터의 왕 코나하는 그녀를 미래의 아내로 만들려는 의도에서 비밀리에 키우지만, 성장한 그녀는 어쉬나의 아들인 니셔와 사랑에 빠지게 되고, 니셔는 자신의 두 동생과 함께 그녀를 데리고 스코틀랜드로 도망하여 얼마간 행복하게 살게 된다. 그러자 콘아하는 퍼거스를 보내 그들에게 안전을 약속하며 얼스터로 돌아올 것을 종용한다. 그 약속을 믿고 돌아온 니셔와 그의 형제들은 모두 콘아하에게 죽임을 당하고, 데아드라마저 스스로 목숨을 끊고 만다.

오직 한 사람만이 그대 안에 순례자의 영혼을 사랑하고,
그대의 변해가는 얼굴의 슬픔을 사랑한 것을.

그리고 빨갛게 달아오른 난로 창살가에 몸을 구부리고
나직이, 조금은 슬프게 말하세요, 어떻게 사랑이 도망쳐
머리 위의 산들을 거닐다가
별무리 사이에 얼굴을 감추어버렸는가를.

When you are old and gray and full of sleep,
And nodding by the fire, take down this book,
And slowly read, and dream of the soft look
Your eyes had once, and of their shadows deep;

How many loved your moments of glad grace,
And loved your beauty with love false or true,
But one man loved the pilgrim soul in you,
And loved the sorrows of your changing face;

And bending down beside the glowing bars,
Murmur, a little sadly, how Love fled
And paced upon the mountains overhead
And hid his face amid a crowd of stars. (*VP* 120-21)

아직 26세에 불과했던 예이츠가 한 살 아래인 모드 곤에 대한 사랑을 노래하면서 현재의 그녀의 모습이 아니라 먼 훗날 늙게 되었을 때의 모습을 상상하여 보여주고 있는 점이 흥미롭다. 시인이 이러한 생각을 하는 것은, 아무리 아름다운 그녀의 미모라고 해도 세월이 흘러 늙어지면 결국 사라지기 마련이라는 사실을 그녀에게 환기시킴으로써 지금 자신의 사랑을 받아들여주지 않는 데 대한 불만을 간접적으로나마 토로하기 위함일 것이다. 그렇지만 시인은 시간의 흐름에 따

라 빛을 잃어갈 수밖에 없는 그녀의 아름다움을 환기시키면서 다른 한편으로는 다른 많은 남성들과는 달리 자신은 그녀의 "변해가는 얼굴의 슬픔"마저도 사랑한다고 말함으로써 자신의 사랑을 차별화시킨다. 그리고 그녀의 영혼을 "순례자의 영혼"이라고 표현함으로써 자신이 사랑하는 것이 단순한 그녀의 외모의 아름다움만이 아니라 고귀한 정신임을 밝힌다. 이것은 비록 모드 곤이 자신의 사랑을 뜻대로 받아주지 않음에 대한 섭섭함에도 불구하고, 아일랜드의 독립과 가난한 아일랜드인들을 위한 구제활동에 헌신적인 그녀의 삶에 대하여 존경과 애정을 표현한 것으로 보인다.

그의 초기 시의 스타일이 보다 완숙하게 드러난 시집 『갈대밭의 바람』*(The Wind Among the Reeds)*에서도 사랑은 중심적인 시의 주제가 되고 있다. 『장미』와 마찬가지로 이 시집에서도 사랑하는 여인은 시인에게 "세상에서 이미 오래 전에 사라진 아름다움"과 그 아름다움의 "높고 한적한 신비"를 상징하는 존재로 나타난다. 그러나 그 여인에 대한 사랑은 많은 경우 이미 사라져 버렸거나 불가능한 것이어서 시인 화자에게 주로 "슬픔"을 가져다준다. 특히 모드 곤을 암시적으로 다루고 있는 작품들의 경우에 그 공통된 특징은 바로 그녀에 대한 사랑이 이루어지지 못하는 데서 비롯하는 화자의 좌절감과 괴로움을 노래하고 있다는 점이다. 예를 들어 「그는 천국 별자리의 일부였던 과거의 위대함을 생각한다」("He thinks of his Past Greatness when a Part of the Constellations of Heaven")에서 화자는 한마디로 사랑하는 여인에 대한 그의 갈망이 평생 이루어질 수 없다는 사실을 잘 알고 있다.

나는 인간, 바람을 싫어하는 자가 되었고,
알고 있는 것은 다만 한 가지뿐, 죽을 때까지
사랑하는 여인의 가슴에 머리 기댈 수 없고

그 머리카락에 입 맞출 수 없다는 것.
오 황야의 짐승이여, 공중의 새여,
나는 너희들의 사랑의 소리를 견뎌야 하는가?

I became a man, a hater of the wind,
Knowing one, out of all things, alone, that his head
May not lie on the breast nor his lips on the hair
Of the woman that he loves, until he dies,
O beast of the wilderness, bird of the air,
Must I endure your amorous cries? (*VP* 177)

이러한 시인 화자의 좌절감과 괴로움은 「그는 사랑하는 자가 죽기를 바란다」("He wishes his Beloved were Dead")에서는 제목 그대로 사랑하는 여인이 차라리 죽기를 바라는 것으로 이어진다. 그녀가 죽는다면 "그녀의 가슴에 머리를 기댈" 수 있고 그녀 또한 그에게 "부드러운 말로 속삭여줄" 것이기 때문이다.

물론 이러한 경향은 이 무렵 모드 곤과의 관계가 그녀의 부정적이고 소극적인 태도로 인하여 그렇게 행복한 것이 되지 못했다는 전기적 사실에서 그 설명을 찾을 수 있겠지만, 거기에는 보다 근본적인 문제가 관련되어 있는 것으로도 보인다. 다시 말해서, 초기 시들이 노래하고 있는 사랑의 좌절과 실패는 단순히 사랑하는 여성의 거부적 반응에서 뿐만 아니라 시적 화자가 보여주고 있는 이상주의적이고 낭만적인 사랑 자체에서도 그 원인을 찾을 수 있을 듯하다. 이 시들에서 성적 열망을 소유한 젊은 시인 화자가 아름다운 여성을 노래할 때, 그는 정신적이고 초월적인 세계 속에 존재하는 이상적인 존재로서 그녀를 동경하면서도 다른 한편으로는 현실 속에 육체를 소유한 성적 대상으로 그녀를 갈망한다고 할 수 있다.[4)] 그렇지만 그가 지니고 있는 사랑의 개념은 그녀에 대한 순수한 동경과 헌신을 요구하는 그만큼 그녀에 대한 성적 욕망의 억제를 요구하기 마련이고, 이는 곧 그로 하여금 성적 결합을 통한 사랑의 성취보다는 그것의 좌절 혹은 실패를 통한 사랑의 갈망을 추구하게 한다. 이런 의미에서 보면, 이 시들이 보여주고 있는 사랑의 좌절과 실패는 시인이 예술적 창조를 위해 필요로 하는 하나의 시적 제스처라고 할 수 있을 것 같다.

이러한 의미에서 관심을 끄는 작품이 『갈대밭 속의 바람』에 실려 있는 「방울 달린 모자」("The Cap and the Bells")와 「그는 천상의 천을 소망한다」("He wishes for the Cloths of Heaven")이다. 이 두 작품을 두고 예이츠가 전자는 "여인을 얻는 방식"이며 후자는 "잃는 방식"이라고 말했다는 것은 퍽 흥미로운 사실이지만(Hone 154), 그가 이 작품들을 통하여 여성과의 관계를 설명하려 한 점은 분명해 보인다. 원래 예이츠 자신이 꾼 꿈을 바탕으로 해서 발라드 형식으로 쓴 「방울 달린 모자」는 한 여왕의 광대가 어떻게 해서 여왕의 사랑을 얻게 되는가를 보여주고 있다. 사람들이 흔히 생각하듯이 그는 자기의 "마음"과 "영혼"을 그녀에게 바쳐 사랑을 얻을 수 있으리라고 믿고 노력해보지만 "젊은 여왕은 전혀 들으려 하지 않는다." 그는 궁리 끝에 자신의 "방울 달린 모자"를 생각해 내고, "그것을 그녀에게 보내고 죽으리라" 결심하며 그녀 곁에 갖다 놓는다. 그러자 그 여왕은 "그녀의 문과 창문을 열고" 그의 마음과 영혼을 받아들인다. 광대에게 여왕의 사랑을 얻게 해주는 "방울 달린 모자"가 무엇을 의미하는지는 애매하지만, 다만 그것이 단지 관객들을 웃기기 위하여 광대가 착용하는 일종의 마스크와 같다는 점에서 생각해보면 그 의미를 이해할 수도 있을 것 같다. 즉 그가 여왕에게 영

---

4) 『갈대밭 속의 바람』의 여러 작품들 속에는 비록 간접적인 방식이긴 하지만 화자의 성적 갈망이 강하게 나타나 있는데, 자주 언급되는 여인의 "머리카락"(hair)이 그 좋은 예가 될 것이다.

혼과 마음 대신에 방울 모자를 보내 그녀의 마음을 얻게 된 것은, 그가 사랑에 대하여 맹목적이고 자기중심적인 태도에서 벗어나 어느 정도의 거리감과 객관성을 갖게 되고, 이런 상황에서만이 사랑하는 여인을 올바르게 바라보고 이해할 수 있으며, 그만큼 그녀의 마음을 얻는 것도 가능하다는 의미로 이해된다. 이렇게 보면, 「그대 늙었을 때」에서 노래한 것처럼 진실한 "마음"과 "영혼"을 다 바쳐 모드 곤의 사랑을 얻고자 했던 시인이 그 노력의 좌절 속에서 겪어야 했던 자책과 괴로움이 이 작품의 이야기 속에 들어 있는 것처럼 느껴지기도 한다.

이처럼 마음과 영혼 대신에 방울 달린 모자를 보내 사랑하는 여인을 얻는 데 성공한 화자와는 달리, 「그는 천상의 천을 소망한다」의 화자는 사랑하는 여인에게 그의 "꿈"을 깔아놓고 그 위를 "사뿐히 걸으시오"라고 말한다. 그는 "가난하여" "천상의 수놓은 천"을 갖지 못하고 오직 "꿈"만을 소유했기 때문이다.

만약 내가 천상의 수놓은 천을,
금빛과 은빛으로 어우러진,
밤과 낮과 여명의 푸르고 희미하고
어두운 천을 갖고 있다면,
그대 발아래 그 천을 펼치리라.
그러나 가난하여 그저 꿈만을 가졌기에,
그대 발아래 내 꿈을 펼쳐놓았소.
사뿐히 걸으시오, 내 꿈을 밟는 것이니.

Had I the heavens' embroidered cloths,
Enwrought with golden and silver light,
The blue and the dim and the dark cloths
Of night and light and the half-light,

I would spread the cloths under your feet:
But I, being poor, have only my dreams;
I have spread my dreams under your feet;
Tread softly because you tread on my dreams. (*VP* 176)

여기에서 "천상의 수놓은 천"의 상징적 의미가 무엇이든 간에, 시인 화자가 그것을 스스로 갖지 못한 것으로 여기고 그 대신 "꿈"을 사랑하는 이의 "발아래" 깔겠다고 한 것은, 아마도 전통적인 애정시에서 남성 화자가 사랑하는 여인 앞에 의도적으로 자신을 낮추고 그녀의 동정적인 호응을 유도하는 것과 비슷하다고 할 수 있다. 그러나 이러한 화자의 행위 앞에서 상대방 여인이 취할 수 있는 행위는 극히 제한적일 수밖에 없다. 즉 그녀는 자신의 의지와는 상관없이 남성 화자로부터 그가 깔아놓은 꿈을 밟고 떠나가기를 요구받고 있는 것이다. 이렇게 보면 화자는 스스로 여인의 거부와 그녀와의 이별을 미리 선택해 놓은 셈이 된다. 만일 이러한 시인의 제스처가 사랑의 실패를 의미한다면, 이는 「방울 달린 모자」에서 광대가 자신의 "마음"과 "영혼"을 가지고 실패를 겪은 것과 같다고 할 수 있다. 그러나 광대는 진실로 여왕의 사랑을 얻기 위하여 그것들을 도구로 사용하려다 실패한 것이지만, 이 시의 화자는 사랑하는 여인을 얻기 위해서라기보다는 오히려 그녀를 보내기 위하여 "하늘의 수놓은 천"과 "꿈"을 필요로 한 것처럼 보인다. 예이츠 자신이 이 시를 가리켜 여인을 "잃는 방식"이라고 한 것도 이러한 의미에서였으리라 생각된다. 그러나 중요한 것은, 바로 화자의 이러한 자의적인 좌절 혹은 패배의 제스처에 이 시의 아름다움, 즉 미학적 효과가 근거하고 있다는 점이다.

많은 예이츠 연구가들은 20세기의 시작과 함께 예이츠의 시가 상당한 변화를 보여주게 된다는 점에 동의한다. 이는 새로운 스타일의 시, "보다 극적이고, 보다 구어적이고, 그리고 전체적으로 보다 확실하면서 덜 흐릿한"(Beum 44-45) 스타일의 시가 쓰여지게 된 것을 의미한다. 중요한 것은 이러한 변화를 가져온 요인으로 예이츠의 연극 활동과 함께 모드 곤의 결혼이 지적된다는 점이다. 아일랜드 문예부흥운동의 일환으로 시작된 연극 활동은 그에게 단순히 극작품을 쓰는 일 뿐만 아니라 극장 경영이라는 현실적인 문제에 부딪치게 함으로써 낭만적이고 이상주의적인 시인 예이츠에게 실제 현실에 뿌리를 내리고 결국 위대한 현대 시인으로 성장하는 데 귀중한 체험의 기회를 부여했다. 또한 1903년 그가 그토록 사랑하였고 많은 시를 통해 노래하였던 모드 곤과, 그가 훗날 "술주정뱅이이자 허풍선이 촌놈"이라고 부른 존 맥브라이드와의 결혼은 그에게 현실적이고도 결정적인 좌절감과 환멸감을 안겨줌으로써, 그의 시가 초기의 꿈꾸는 듯한 분위기로부터 깨어나 보다 더 현실적이고 견고해질 수 있는 하나의 계기가 되었다고 할 수 있다.

이러한 변화가 처음으로 나타나기 시작하는 시집 『일곱 숲에서』*(In the Seven Woods)*는 모드 곤에 대한 사랑의 좌절과, 그럼에도 불구하고 그 사랑에 여전히 집착하는 그의 갈등을 다루고 있는 시들이 중심을 이룬다. 물론 이러한 주제는 초기 시들에서도 다루어졌지만, 이 시집에서는 조금씩 새롭게 변화된 스타일로 나타난다. 비교적 잘 알려진 작품인 「위로 받는 것의 어리석음」("The Folly of being Comforted")에서 화자는 자신의 실연의 아픔에 대하여 "어떤 친절한 자"로부터 "위로"를 받는다. 즉 그가 사랑하는 여인이 나이가 들어 "흰 머리카락 늘어가고 눈가에 그늘이 지게" 되면 더 "현명하게" 되어 그의 사랑을 받아들일 수도 있으니 그저 "참고" 기다리면 된다는 것이다. 그러나 그의 마음은 "아니다"라고 강하게 부인한다. 왜냐하면 그녀가 나이 들어감에 따라 그녀의 아름다움이 사라지는 것이 아니라 오히려 젊은 시절에는 없었던 "새로운" 아름다움이 나타나기 때문이다.

시간은 단지 그녀의 아름다움을 다시 새롭게 할 뿐.
그녀의 위대하고 고귀한 기품 때문에
그녀가 움직일 때면 그녀 주위의 불꽃이
더욱 맑게 타오른다. 아 이렇진 않았다,
온갖 야생의 여름이 그녀 시선에 들어있을 때에는.

Time can but make her beauty over again:
Because of that great nobleness of hers
The fire that stirs about her, when she stirs,
Burns but more clearly. O she had not these ways
When all the wild summer was in her gaze. (*VP* 200)

따라서 화자는 "그녀가 머리를 돌리기만 해도"(if she'd turn her head), 즉 시간의 흐름에도 전혀 변하지 않고 새롭게 드러나는 그녀의 아름다움과 그 고상함을 바라보기만 해도 그 순간 그러한 위로가 전혀 소용이 없음을 알게 되리라고 단호하게 말한다.

이처럼 「위로 받는 것의 어리석음」은 모드 곤의 변함없는 아름다움에 대한 찬사를 통해서 그녀에 대한 사랑의 좌절의 아픔을 노래하고 있다. 그리고 그 이면에는 여전히 그녀에게 집착하고 있는 시인의 사랑의 감정이 들어 있다고 할 수 있다. 그 밖의 다른 작품들, 예를 들어 「옛 추억」("Old Memory"), 「결코 온 마음을 주지 말라」("Never give all the Heart"), 「아담의 저주」("Adam's Curse")와 같은 작품들은 그녀에 대한 사랑이 결국 받아들여지지 못하고 헛된 것이 되고 말았다는 좌절과 절망의 감정을 보다 직접적으로 표현하고 있다. 「옛 추억」에서 시인은 그가 그녀의 사랑을 얻기 위하여 일했던 모든 것들, 그의 표현대로 그가 그녀를 위하여 "젊음의 긴 세월 동안 밀가루를 반죽해" 빚었던 모든 것들을 회상하면서, 그러나 이제 "그 모든 것이, 아니 그 이상의 것들이 허사가 되고 / 그리고 그 달콤한 말들도 허사가 되어

버렸다."라고 노래한다. 또한 「결코 온 마음을 주지 말라」에서는 「방울 달린 모자」에서 광대가 처음에 마음과 영혼으로 여왕의 사랑을 얻는 데 실패한 것처럼 자기 자신이 모드 곤에게 "자신의 모든 마음을 주고도 실패한" 사실을 암시하면서, "만약 사랑으로 귀머거리, 벙어리, 소경이 된다면 / 누가 사랑의 놀이를 충분히 잘 할 수 있겠는가?"라고 묻고 있다. 이는 단순히 "마음"만으로는 사랑의 "놀이"에서 이길 수 없고, 거기에는 예이츠 자신은 갖지 못한 광대의 "방울 달린 모자"가 필요하다는 것을 말하려는 것으로 보인다.

「아담의 저주」는 주제에 있어서 뿐만 아니라 형식면에서도 자주 언급되는 작품이다. 예이츠 시의 가장 특징적인 형식의 하나인 "극화된 대화"(Unterecker 99) 형식으로 쓰여진 이 작품은 새로운 시 스타일을 보여주면서 동시에 시 창작에 관한 그의 생각을 시의 내용의 일부로 다루고 있다. 어느 여름날 저녁 화자인 예이츠와 모드 곤, 그리고 그녀의 동생 캐슬린(Kathleen) 세 사람은 거실에 앉아 대화를 나누게 된다. 먼저 시인인 예이츠가 입을 열고 시를 쓰는 일에 대하여 "한 행이 여러 시간을 필요로 할지도 모릅니다. / 그러나 그것이 한 순간의 생각처럼 보이지 않는다면 / 우리가 꿰매고 푸는 모든 것들이 헛일이지요."라고 말한다. 그러자 "아름답고 온화한 부인" 캐슬린이 말을 이어 여성이 아름다워지는 일도 시인이 시를 쓰는 일과 마찬가지로 "노력"을 필요로 하는 것이라고 대답한다. 이에 대해 다시 시인이 말을 받아 "확실히 아담의 타락 이래로 어떤 아름다운 것도 / 많은 노력을 필요로 하지 않은 것은 없다."라고 말하며, 이번에는 연인들의 사랑을 그 예로 든다. 이처럼 1~3연에 걸쳐 이 세상에서 인간의 진지한 노력을 필요로 하는 고귀하고 아름다운 일들의 예로서 시를 쓰는 일과 여인의 아름다움과 연인들의 사랑에 대한 두 사람의 대화가 이어지고, 마지막 두 연에서는 절묘한 시적 표현에 의하여 그 세 주제가 자연스럽게 통합되면서 결말을 이룬다.

물론 마지막 부분에서 주제적 통합을 이루는 것은 모드 곤에 대한 화자의 감정이다. 지금까지 그녀만이 아무 말 없이 앉아 있도록 한 것은 결국 마지막 두 연에서 그녀에게 중심을 두려는 시인의 의도에서가 아니었을까 싶다. 그렇게 보면 이 시 전체의 중심은 역시 모드 곤이며, 그녀에 대한 시인의 복합적인 감정인 셈이다. 그러나 시인은 이 감정을 앞에서처럼 말로 표현하는 대신 화자만의 생각으로 표현함으로써 보다 큰 여운을 남기고, 그 효과를 극대화하기 위하여 이 시의 시간적 공간적 배경, 특히 "시간의 물결에 씻긴 조가비처럼 닳고 여윈 달"의 이미지로 독자들의 시선을 끌어간다.

사랑이라는 말에 우리는 잠자코 앉아 있었습니다.
우리는 햇살의 마지막 불씨가 꺼져 가는 것을 보고,
그리고 떨리는 청초록빛 하늘에서
여러 날 여러 해 별들 주위에 밀려왔다
밀려가며 부서지는 시간의 물결에
씻긴 조가비처럼 닳고 여윈 달을 보았습니다.

나는 오직 그대에게만 들려주고 싶은 생각이 있었습니다.
그대가 아름답다는 것, 그리고 내가 예전의 고귀한
사랑의 방식으로 그대를 사랑하려고 노력했다는 것을,
그 모든 것이 행복한 듯했는데, 그러나 지금
우리 마음이 저 공허한 달처럼 지쳐버렸다는 것을.

We sat grown quiet at the name of love;
We saw the last embers of daylight die,

And in the trembling blue-green of the sky
A moon, worn as if it had been a shell
Washed by time's waters as they rose and fell
About the stars and broke in days and years.

I had a thought for no one's but your ears:
That you were beautiful, and that I strove
To love you in the old high way of love;
That it had all seemed happy, and yet we'd grown
As weary-hearted as that hollow moon. (*VP* 205-06)

여기에서 화자가 "예전의 고귀한 사랑의 방식으로 그대를 사랑하려고 노력했다"는 것은 마치 시인이 시를 쓰듯이(1연), 그리고 여인들이 아름다워지기 위하여 노력하듯이(2연), 그리고 옛 연인들이 "고상한 격식"에 따라 사랑하듯이(3연), 그러한 방식으로 그녀를 사랑하려 한 것임을 의미한다고 할 수 있다. 그러나 그러한 노력이 시인에게 무엇을 가져다 준 것인가? 이제 그 두 사람의 마음이 저 하늘의 달처럼 지치고 공허하게 되어버렸다면, 결국 "아담의 저주"의 결과인 그의 "노력"은 허사가 되고 만 것인가? 혹시라도 그가 추구했던 "예전의 고귀한 사랑의 방식" 자체에 잘못이 있었던 것은 아닌가? 이 시가 쓰여지고 약 3개월 뒤 그녀는 존 맥브라이드와 결혼했다.

다음 시집 『푸른 투구와 기타 시들』(*The Green Helmet and Other Poems*)은 앞에서 언급한 예이츠 시 스타일의 변화를 본격적으로 보여준다. 그리고 이 시집에서도 예이츠는 여러 편의 시들에서 모드 곤에 대한 사랑과 거기에서 비롯하는 괴로움과 갈등을 다루고 있다. 「화해」("Reconciliation")에서 시인은 그녀의 결혼 소식이 준 충격으로 "귀도 들리지 않고 눈도 보이지 않았다"고 말하면서, "사랑하는 이여, 가까이 붙어 있어요. 그대가 떠난 후 / 내 메마른 생각은 나를 골수까지

오싹하게 했으니."라는 애원으로 끝을 맺고 있다. 또한 「말」("Words")에서는 만약 그녀가 그를 진정으로 "이해"할 수 있었다면, 그가 한 모든 일들과 그녀를 위하여 쓴 모든 시들이 단지 그녀의 사랑을 얻기 위한 것이었음을 이해하고 그의 사랑을 받아들였다면, "나는 초라한 말들을 내던져버리고 / 만족하게 살아 왔을지도 모른다."라고 말하고 있다. 바꿔 말하면, 그녀에 대한 실연의 괴로움 때문에 그는 "말들이 나의 부름에 복종"하는 시인의 삶을 살아온 것인지도 모른다는 것이다.

초기 시에서와 마찬가지로 이 시집에서도 모드 곤은 서양 고전 시대, 특히 호메로스 시대의 고귀한 영웅적 여성으로 표현되고 있는데, 다만 이 시기의 시에 있어서는 과거 고전적 시대와 현대 아일랜드의 비교 속에서 그녀에 대한 평가와 표현이 이루어진다는 점이 다르다고 할 수 있다. 즉 그녀는 과거의 영웅적인 시대에 맞는, 따라서 물질적 이익만을 좇고 편협하기 그지없는 가톨릭 중산층이 지배하는 "눈멀고 원한에 찬 땅"인 현재의 아일랜드와는 전혀 어울리지 않는, 그런 여인이다. 이러한 기본적인 인식에서 출발하여 시인은 모드 곤의 실제의 삶과, 그녀와 자신과의 관계, 그리고 더 나아가 아일랜드의 정치현실 등에 대해 나름대로 생각하고 판단하고자 한다. 그 결과가 가장 잘 효과적으로 드러난 작품이 바로 「제2의 트로이는 없다」("No Second Troy")이다.

> 그녀가 나의 날들을 불행으로 채웠다 해서, 혹은
> 그녀가 최근에 무지한 사람들에게 아주 난폭한 행동을 가르치고
> 혹은 작은 거리들을 큰 거리들에 내던졌다 해서,
> 만약 그들이 욕망과 대등한 용기를 갖기만 했더라면
> 내가 왜 그녀를 비난해야 하겠는가?
> 고귀함이 불처럼 단순하게 만든 마음과,

팽팽한 활 같은 아름다움을 지닌,
높고 외롭고 무척이나 엄격하기에
이런 시대에는 맞지 않는 사람인
그녀를 무엇이 평화롭게 할 수 있었겠는가?
그런 여인이었으니 그녀가 무엇을 할 수 있었겠는가?
그녀가 불태울 또 다른 트로이가 있었단 말인가?

Why should I blame her that she filled my days
With misery, or that she would of late
Have taught to ignorant men most violent ways,
Or hurled the little streets upon the great.
Had they but courage equal to desire?
What could have made her peaceful with a mind
That nobleness made simple as a fire,
With beauty like a tightened bow, a kind
That is not natural in an age like this,
Being high and solitary and most stern?
Why, what could she have done, being what she is?
Was there another Troy for her to burn? (*VP* 256-57)

모드 곤을 노래하는 이 시는 그 제목이 암시하듯이 그녀를 트로이의 헬레네의 자리에 놓는다. 그러나 단순하게 헬레네의 암시를 통하여 모드 곤을 신격화하고 높이는 것이 이 시의 의도는 아니다. 그녀의 삶을 "무지한 사람들에게 아주 난폭한 행동을 가르치고" 혹은 "작은 거리들을 큰 거리들에 내던지는" 것으로 묘사하는 이 시의 언어적 표현은 오히려 그녀에 대하여, 특히 그녀의 과격한 정치투쟁의 삶에 대하여 비판적인 시각을 보여주고 있는 듯이 보인다. 그러나 이러한 비판적인 태도는 곧바로 수정된다. 그녀가 선동하고 가르치는 그 "무지한 자들"이 진정으로 그녀가 그들을 위하여 싸울만한 가치가 있는 자들이라면, "내가 왜 그녀를 비난해야 하겠는가?"라고 묻고 있기 때문이다. 그렇다면 비판의 대상은 아일랜드의 정치적 독립을 위한 그녀의 과격한 행위 자체라기보다는 오히려 그러한 그녀의 뜻을 이해하지 못하는 "무지한 자들"인 셈이다.

이어 이 시는 그녀의 정신적인 힘과 육체적 아름다움을 노래하면서 바로 그 미덕 때문에 그녀는 "이런 시대에는 맞지 않는" 여인임을 말하고, "그런 여인이었으니 그녀가 무엇을 할 수 있었겠는가?"라고 묻고 있다. 이처럼 그녀를 트로이의 헬레네에 비교하여 고귀함과 아름다움을 겸비한 이상적인 여인으로 묘사하면서 그녀의 과격하고 지나친 행동을 용인하는 듯한 태도를 보이는 것은, 한편으로는 시의 앞부분에서 그녀의 행동에 대하여 비판적이었던 자신의 입장을 완화 혹은 수정함으로써 그녀의 삶에 대하여 부정만이 아니라 정당성도 함께 부여하면서, 다른 한편으로는 그녀를 통하여 암시되는 영웅적인 고전 시대와 지금 시대의 대비를 통하여 아일랜드의 현실 상황을 비판하기 위함이다. 그렇다면 마지막 질문 "그녀가 불태울 또 다른 트로이가 있었단 말인가?"의 의미는 무엇일까? 이 시가 분명히 암시하듯이 "지금과 같은 시대"에 "제2의 트로이"는 있을 수 없는 것이라면, 그럼에도 불구하고 그녀가 불행하게도 자신의 시대와는 맞지 않게 "또 다른 헬레네"로 태어난 것이 사실이라면, 그녀는 과연 무엇을 "불태울" 것인가? 그녀 스스로일까? 아니면 예이츠자신이 그 대상이 될 것인가?(Macrae 110) 이 질문 속에서 우리는 그녀의 삶의 방식에 대한 화자의 시각이 다시 비판적인 방향으로 기울고 있음을 느낀다.

사실 이 시가 흥미를 주는 것은 이 시 안에 여러 복합적인 관점들과 의도들이 적절한 균형을 이루며 존재하고 있기 때문이다. 총12행의 짤막한 시 안에 모드 곤에 대한 자신의 복합적인 감정과 생각을 표현하고 있는 것을 보면, 다시 말해서 그녀와 밀레보아와의 관계,

그리고 기대에 어긋난 맥브라이드와의 갑작스런 결혼에도 불구하고 그녀에 대한 사랑을 단념할 수 없었던 그의 심적 고통, 그들 만남의 초기와는 달리 점점 커져 가는 두 사람의 정치적 입장과 견해의 차이, 따라서 그가 못마땅해 할 수밖에 없는 그녀의 과격한 아일랜드 민족주의 이데올로기와 정치 활동, 그러면서도 여전히 그를 사로잡은 그녀의 뛰어난 아름다움과 어떻게 해볼 수 없는 힘에 대한 놀라움과 두려움 등, 그녀와의 관계에서 그가 겪을 수밖에 없었던 여러 복잡한 생각들과 감정들을 단 네 개의 질문 속에 표현하고 있는 것을 보면, 새삼 시인으로서의 그의 능력에 놀라움을 느끼게 된다. 그러나 우리가 주목해야 할 것은, 모드 곤에 대한 묘사 속에는 당시의 아일랜드 정치적 상황에 대한 예이츠의 입장과 생각이 구분하기 어려울 정도로 교묘하게 뒤섞여 있다는 점이다. 그녀를 트로이의 헬레네와 동등한 여인으로 여기는 것은 그가 초기부터 지녀왔던 낭만적이고 이상주의적인 미학적 이데올로기의 결과이지만, 동시에 그것은 점점 자신의 기대와는 다른 방향으로 가고 있는 당시의 아일랜드 정치 현실을 비판하기 위한 의도적 제스처로 볼 수도 있을 것 같다. 한마디로 그녀를 한없이 높은 위치에 올려놓음으로써 그녀가 자신의 삶을 바쳐 봉사하고자 하는 다수 아일랜드인들을 그만한 가치가 없는 "무지한 자들"로 단정하는 일이 훨씬 용이해질 수 있기 때문이다. 이 시에서 모드 곤 자신의 목소리는 전혀 고려되지 않고 있지만, 혹시 그녀는 이러한 시인의 관점에 대해 어떻게 생각했을까? 이렇게 보면 결국 이 시는 모드 곤을 노래하는 사랑 시이면서 동시에 정치시인 셈이다.

예이츠가 시 스타일의 변화를 거쳐 명실상부한 20세기의 위대한 시인으로 등장하게 되는 시기인 1910년대의 두 시집 『책임』*(Responsibilities)*과 『쿨호의 야생 백조』*(The Wild Swans at Coole)*에는 모드 곤을 다루고 있는 시들이 각각 대여섯 편씩 수록되어 있다. 그 제목이 말해 주듯이 『책임』의 시들은 주로 정치적이고 사회적인 주제를 다룬 작품들이 중심을 이루고 있지만, 모드 곤에 대해 노래하고 있는 작품들도 어떤 의미에서는 예이츠의 "개인적인 책임"을 다루고 있다고 할 수 있다(Unterecker 114). 한마디로 "나의 날들을 불행으로 채웠던" 그녀에 대하여, 너무나 오랜 시간이 지난 지금 그가 할 수 있는, 또 해야 할 일은 무엇이겠는가? 먼저 「무너진 권위」("Fallen Majesty")에서 시인 화자는 "지난 일을 기록하는" 것이 자신의 일이라고 말한다. 그가 자신을 "집시들의 야영장에서 무너진 권위를 지껄이는 마지막 조정 신하"에 빗대는 것이 다소 자조적이긴 하지만, 이러한 화자의 태도가 "그녀가 얼굴을 내밀기만 해도 모여들었던" 군중들, 그러나 "타오르는 구름"과도 같았던 그녀를 이해하지 못하고 지금은 돌아서서 비난하는 아일랜드 군중들의 태도와 다른 것임은 분명하다. 한편 다음 시 「친구들」("Friends")에서는 "이제 나는 세 사람을 칭찬해야 한다"라고 시작한다. "그의 삶에 기쁨을 가져다 준" 그 세 여인들 가운데에는 물론 모드 곤이 포함된다. 그러나 "가엾게 여기는 눈빛은 거의 보이지 않고 / 내 젊음이 끝날 때까지 모든 것을 / 가져가 버린 그녀"를 어떻게 칭찬할 수 있는 것일까? 시인은 그 답을 이렇게 표현한다.

> 날이 밝기 시작할 때면,
> 그녀 생각에 잠이 깨어,
> 그녀가 과거에 지녔던, 그리고 지금도 보여주는
> 독수리 모습을 기억하고,
> 나의 좋고 나쁜 점을 세어 본다.
> 그럴 때면 마음 깊은 곳으로부터
> 커다란 기쁨이 넘쳐흘러
> 머리부터 발끝까지 떨린다.

When day begins to break
I count my good and bad,
Being wakeful for her sake,
Remembering what she had,
What eagle look still shows,
While up from my heart's root
So great a sweetness flows
I shake from head to foot. (*VP* 316)

그러나 시인은 단지 그녀를 “칭찬”하고 그녀와 함께 보낸 지난날들을 “기록”하는 것에서 멈추지 않고, 지난날의 그녀의 삶에 대하여, 그리고 자신과 그녀와의 관계에 대하여 보다 직접적이고 분명하게 나름대로 판단하고 평가하는 모습을 보여 준다. 이는 이제 많은 시간이 흘러 시인이 나이가 들고, 따라서 그녀와 그녀의 삶은 물론 그녀에 대한 자신의 애정을 보다 냉정하고 객관적인 시각으로 바라볼 수 있게 되었음을 말해주는 듯하다. 「밤이 오도록」(“That the Night come”)에서 그는 간결한 언어로 그녀의 삶을 “폭풍과 투쟁”의 삶으로 묘사한다. 그리고 “그녀의 영혼은 / 자랑스러운 죽음이 가져다 줄 것들을 바랬기에 / 인생의 평범한 행복을 / 견딜 수 없었다.”라고 말한다. 모드 곤에 대한 이러한 생각과 판단이 시인 자신에게까지 확대되어 보다 넓은 성찰과 명상으로 발전되어 잘 표현된 작품이 「차가운 하늘」(“The Cold Heaven”)이다.

갑자기 나는 마치 얼음이 타올라 더 많은 얼음인 듯 보이는
띠까마귀 기뻐하는 차가운 하늘을 보았다.
그러자 상상력과 마음이 걷잡을 수 없이 거칠어져
이것저것 두서없는 생각은 사라지고,
젊음의 뜨거운 피, 오래 전에 좌절된 사랑의

철 지난 기억만이 남았다.
그리고 나는 모든 의미와 이유에서 모든 책임을 떠맡고,
마침내 빛으로 가득 차서 소리지르고, 떨고,
이리 저리 몸을 흔들었다. 아! 임종의 혼란이 끝나고
혼령이 움직이기 시작할 때, 책에 쓰였듯이,
그것은 벗은 채로 길거리에 내보내져, 벌로서
하늘의 부당한 처사를 당하는 것인가?

Suddenly I saw the cold and rook-delighting Heaven
That seemed as though ice burned and was but the more ice,
And thereupon imagination and heart were driven
So wild that every casual thought of that and this
Vanished, and left but memories, that should be out of season
With the hot blood of youth, of love crossed long ago;
And I took all the blame out of all sense and reason,
Until I cried and trembled and rocked to and fro,
Riddled with light. Ah! when the ghost begins to quicken,
Confusion of the death-bed over, is it sent
Out naked on the roads, as the books say, and stricken
By the injustice of the skies for punishment? (*VP* 316)

이 시의 핵심은 단순히 지난날 모드 곤에 대한 좌절된 사랑의 기억이 아니다. 오히려 그것은 그 기억 뒤에 따라오는 뼈아픈 자책과 후회의 감정이라고 할 수 있다. 그 감정을 시인은 "빛으로 가득 차서 소리지르고, 떨고, / 이리 저리 몸을 흔들었다"라고 표현한다. 물론 여기에서 "빛"은 겨울 하늘로부터 쏟아져 내리는 햇빛을 가리키지만, 동시에 화자의 마음속에 솟아나는 뒤늦은 깨달음의 빛을 가리키는 것 같기도 하다. 그가 자신의 죽음 이후까지를 생각하며 자신이 혼령이 되어 회한의 찬바람 속에 차가운 겨울 하늘을 떠돌게 되는 것을

상상하고 있는 것을 보면, 그 때늦은 깨달음이 매우 절실한 것이었던 것 같다. 이렇게 보면, 이 시가 서두에서 얼음과 불의 상반된 이미지를 이용하여 겨울 하늘을 묘사하고 있는 것은 어리석었던 젊은 날의 열정(불)과 나이든 지금의 자책과 회한(얼음)의 상반된 감정이 뒤섞인 화자의 내면세계를 효과적으로 드러내기 위한 것이라고 할 수 있다. 그렇다면 시인 화자가 자책하고 후회하고 있는 잘못은 무엇일까? 그가 말하는 "책임"과 "벌"은 도대체 무엇에 대한 것일까? 이 점에 대해 우리는 시인이 그동안 자신의 모든 것을 바쳤던 모드 곤에 대한 사랑이 너무 맹목적이고 소모적이고 지나친 까닭에 결국 잘못된 것이었음을 느끼고 있는 것으로 짐작해 볼 수 있을 것 같다. 혹은, 독자인 우리가 알 수 없는, 그리고 어쩌면 모드 곤조차도 알 수 없었던, 오직 시인 자신만이 알고 있는 어떤 은밀한 회한의 감정이 그의 마음의 심연 속에 숨어 있다가 차가운 겨울 하늘의 암시에 의해 표출된 것으로 볼 수도 있을 것 같다.

이러한 자책과 회한의 감정에도 불구하고 다음 시집 『쿨호의 야생 백조』에는 여전히 모드 곤의 삶과 아름다움을 칭찬하는 시들이 실려 있다. 「그녀의 칭찬」("Her Praise")은 제목 그대로 사람들의 입으로부터 "그녀의 칭찬"을 듣고자 하는 시인의 바람을 노래하고 있는 시로서, 그녀가 결혼에 실패한 후 그녀를 따르던 사람들로부터 비난받고 잊혀져가는 것을 안타깝게 지켜보던 시인의 마음이 느껴지는 작품이다. 그러나 "누구보다도 먼저 그녀를 칭찬하는 말을 듣고 싶다."라는 화자의 되풀이되는 소망에도 불구하고 오히려 이 시는 그것이 쉽게 이루어지기는 어렵다는 것을 역설적으로 말해주고 있는 것 같다. "새 책을 펴낸 사람처럼 / 혹은 새 옷을 차려입은 처녀처럼" 집안을 돌아다니며 "온갖 수를 다 써서 화제를 바꿔보지만" 사람들의 얘기는 다른 방향으로 흘러 갈 뿐이다. 결국 시인은 하는 수 없이 "마른 가시

나무 길을 걸어" "바람을 피하고 있는 거지"를 찾아 나선다. 그 거지에게 말을 걸면 그녀의 이름이 나올 수 있을지도 모르기 때문이다. "지난날 / 가난한 자들 사이에서는 노인도 젊은이도 그녀를 칭찬하였고," 따라서 그들은 "그녀의 이름을 기억하고 기뻐하리라."는 화자의 말은, 가난한 자들을 위한 그녀의 사회활동을 "칭찬"하면서도 그들과는 달리 그녀를 쉽게 잊어버리고 비난하는 중산층 아일랜드인들을 비판하기 위한 것이라고 할 수 있다.

그러나 문제는 그녀의 생각이 시인과 전혀 다를 수도 있다는 점이다. 이러한 점을 다루고 있는 작품이 「대중」("The People")이다. 시의 처음에서 화자는 자신이 그 동안 "자신의 비용으로" 아일랜드를 위해서 일한 결과 도대체 "얻은 것이 무엇인가?"라고 묻는다. 그리고 그것은 "가장 많이 봉사한 자가 가장 심하게 모욕을 당하고 / 하룻밤 사이에 / 평생의 명성이 사라지는 / 이 무례한 도시의 일상적인 악의"일 뿐이라고 답한다. 이어 화자는 "무례한 도시" 더블린의 "악의"에 찬 삶 대신에 이탈리아의 도시 페라라와 우르비노의 귀족적인 삶을 동경한다. 이는 시인이 자신과 모드 곤을 비난하고 괴롭히는 더블린 중산층 대중에 대한 대항 전략으로 귀족주의적 이데올로기를 이용하고 있음을 말해준다. 그러나 이러한 전략이 예이츠에게는 자연스러운 것일지 모르지만 그 대중을 위하여 투쟁과 봉사의 삶을 살아온 모드 곤에게는 그렇지 않을 수도 있을 것이다. 실제로 그녀가 시인에게 보낸 여러 편지들은 그녀가 달리 생각하고 있음을 보여준다 (*AYF* 166, 221, 224-25, 231). 따라서 아일랜드 대중을 비난하는 화자의 말에 이어 곧바로 그녀가 다음과 같이 그를 "꾸짖"고 나서는 것은 당연하다고 할 수 있다.

그러자 곧 나의 불사조는 꾸짖었다.

'술주정뱅이들, 공금을 훔치는 자들,
내가 쫓아버렸던 부정직한 무리들은,
나의 운이 바뀌고 내 얼굴을 마주할 용기가 생기자,
어두운 곳에서 기어 나와, 내가 섬기고
내가 먹인 자들을 내게 반대하게 만들었지요.
그러나 나는 지금까지, 그리고 어떠한 때에도
대중에 대해 전혀 불평하지 않았습니다.'

Thereon my phoenix answered in reproof,
'The drunkards, pilferers of public funds,
All the dishonest crowd I had driven away,
When my luck changed and they dared meet my face,
Crawled from obscurity, and set upon me
Those I had served and some that I had fed;
Yet never have I, now nor any time,
Complained of the people.' (*VP* 352)

여기에서 대중을 묘사하는 그녀의 언어는 그녀 역시 그들의 실제의 모습과 속성에 대하여 잘 알고 있음을 보여주는 듯하다. 그럼에도 불구하고 그녀는 그들에 대하여 "전혀 불평하지 않았"다고 말한다. 그렇다면 이제 그는 무엇을 더 말할 수 있을 것인가? "생각이 아니라 행위의 삶을 살아 온" 그녀와, "분석적 정신으로 정의하기"를 좋아하는 시인 자신은 다를 수밖에 없다는 식으로 결국 두 사람의 성격과 살아온 삶의 차이를 설명하는 것 외에 그가 할 수 있는 일은 더 무엇이겠는가? 그러나 시인은 자신의 이러한 반응이 순수하고도 진지한 마음에서 우러나온 그녀의 생각과 말에 대한 적절한 대응이 되지 못한다는 것을 안다. 이미 그녀의 말이 그의 귀족주의적인 이상에 대한 장황한 묘사나 두 사람의 차이에 의한 변명을 무력하게 한 것을 그는 느꼈기 때문이다. 그래서 그는 "부끄러워했다"고, 그리고 "9년의 세월이 지난” 지금도 “부끄러움으로 고개를 숙인다”고 고백한다. 이 시는 이처럼 열린 대화 형식을 통하여 서로 입장이 다른 화자 자신과 모드 곤에게 각자의 “목소리”를 부여하고, 특히 서로 다른 입장에도 불구하고 여전히 사랑하는 여인인 그녀에게 자기의 입장을 밝힐 수 있는 “확실하고, 당당하고, 결정적인 목소리,” 그래서 “결국 그[화자 자신]의 목소리를 침묵시키고 마는 목소리”를 부여함으로써(Cullingford, *Gender* 86), 예이츠의 귀족적인 관점과 모드 곤의 민주·민중적인 관점의 대립이라는 아주 단순할 수도 있는 정치적 주제를 새로운 애정시의 수준으로 끌어올리고 있는 것으로 보인다.

「그녀의 칭찬」이나 「대중」과 같은 시기에 모드 곤을 주제로 하여 쓰여진 「그의 불사조」(“His Phoenix”)나 「깨어진 꿈」(“Broken Dreams”) 역시 그녀의 아름다움을 노래한 시들이다. 「그의 불사조」에서 그녀는 “어린아이의 단순함”과 “불타는 태양을 직시하는 듯한 오만한 시선,” 그리고 “조금도 흐트러짐이 없는 균형 잡힌 몸매”를 갖고 있는, 세상 어느 누구보다 아름다운 여인으로 표현된다. 동시에 그녀는 “그가 슬퍼하는 가장 외로운 존재”이기도 하다. 각 연의 마지막을 이루는 후렴의 노래처럼 그의 “젊은 시절의 불사조”였던 그녀, 그러나 지금은 자신이 “섬기고” “먹인” 자들로부터 비난과 조롱을 받으며 잊혀진 존재가 된 그녀를 그는 이러한 방식으로 “변호”하고 “보호”하고자 한 것일까?(*AYF* 356) 그러나 다음 시 「깨어진 꿈」에서 화자는 불사조와 같았던 그녀의 아름다움도 지금은 “희미한 기억, 단지 기억일 뿐”이라고 세 번이나 되풀이하여 노래한다. “깨어진 꿈”이 된 것이다. 시인은 그녀의 흰 머리카락이 말해주듯 흐르는 세월 속에 스러져 간 그녀의 아름다움을 생각하며, “당신이 지나갈 때 / 갑자기 숨죽일 젊은이는 더 이상 없다”라고 말한다. 그러나 동시에 그는 그 아름다움까지도 바쳐가며 늙고 가난한 자들을 위하여 봉사했던, 그래서 하늘까지도 움직인, 그녀의 삶을 생각한다. 그러나 지금 시인의 의도는 그녀의 삶을 평가하고 그녀가 섬기고 봉사했던 자들에 대하여 판단하려는 것이 아니라, 그녀의 아름다움을 노래함으로써 그녀를 옹호하려는 것이다. 따라서 시인은 그녀가 "열정으로 불타는 시인이 노래했던" 아름다운 모습 그대로 기억되고 얘기되리라고 생각한다. 그리고 그가 죽음 이후 무덤에서까지 확실하게 보고자 하는 것도 그녀의 "여성으로 갓 피어난 아름다움"이라고 말한다. 그래서 그녀의 아름다운 몸에서 유일한 흠이라고 할 수 있는 그녀의 "작은 손"까지도 "거룩하고" "완전하게" 바뀌지기보다는 "자기가 입 맞추었던 손" 그대로 "변함없이 남아" 있기를 바라는 것이리라.

1916년 부활절봉기로 모드 곤의 남편 존 맥브라이드가 처형된 후 예이츠는 다시 그녀에게 청혼하지만 거절당한다. 그리고 다음 해 그는 결혼한다. 결혼을 통하여 가정을 꾸미고 안정된 삶을 갖게 된 시인은 새로운 예술적 창조력의 분출을 보여주며 시인으로서도 절정기를 맞는다. 그 결과 『마이클 로바티스와 무희』*(Michael Robartes and the Dancer)*, 『탑』*(The Tower)*, 『나선 계단』*(The Winding Stair)*과 같은 그의 최고의 시집들을 발표한다. 예이츠의 삶과 예술에 커다란 변화를 주게 되는 그의 결혼은 당연히 그와 모드 곤과의 관계에도 영향을 미치게 된다. 너무 오랜 기간 동안 모드 곤에 대한 이루어지지 못한 사랑으로 괴로워하며 지친 그에게 결혼은 그녀로부터 벗어날 수 있는 길을 마련해 준 것일까? 물론 결혼 이후의 시들에도 그녀의 모습이 가끔 드러나지만 그러나 분명히 이전과는 다른 모습으로 나타난다. 그의 초기와 중기 시를 통하여 그가 동경하고 소망하며 안타까워했던 신비스럽고 오만하고 강렬한 그녀의 이미지는 이제 점점 그의 시에서 찾아보기 어렵게 된다. 이제 결혼하여 가장이 되고 사회 유명인사가 된 그에게 모드 곤은 어떤 모습으로 받아들여졌을까? 또는 그녀에 대한 지난날의 사랑은 어떤 의미로 생각되었을까?

『마이클 로바티스와 춤추는 소녀』에 실린 「나의 딸을 위한 기도」 ("A Prayer for my Daughter")는 제목 그대로 시인이 극도로 혼란스러운 유럽과 아일랜드의 정치상황 속에서 갓 태어난 자신의 딸이 훌륭한 여성으로 성장하여 행복한 삶을 살기를 바라는 아버지의 "기도"를 노래하고 있는 시이지만, 그 핵심적인 의미에 있어서는 상당부분 모드 곤을 염두에 두고 쓴 시라고 할 수 있다.[5] 이 시에서 시인은 앞으로 자신의 딸이 그렇게 자라기를 바라는 바람직한 여인상을 모드 곤이 대표하는 여인상과 대비시키고 전자를 후자로부터 보호하려는 제스처를 보여준다. 한마디로 시인의 딸을 위한 기도는 모드 곤에 대한 비판적 시각에 근거하고 있다. 게다가 딸의 모습을 단지 갓 태어난 어린아이로서만이 아니라 결혼할 나이에 이른 처녀로 상상하여 표현함으로써 25세의 젊은 나이에 결혼한 자신의 아내를 암시하고 있다는 점에서 "딸을 위한 기도"는 동시에 "아내에 대한 사랑의 시"라고 할 수 있다(Cullingford, *Gender* 131-2). 이런 의미에서 보면 시인의 모드 곤에 대한 비판은 그 이전의 시에서 가끔 보여준 것과는 사뭇 다른 느낌을 준다. 삶의 뒤늦은 시간에, 더구나 한없이 혼란스러운 사회적 상황 속에서, 모처럼 가정을 갖게 된 시인이 이제 자신의 아내와 딸의 보호자로서 그들을 혼란과 위험으로부터 지키고자 하는 것은 당연한 바람이겠지만, 문제는 그 혼란과 위험의 핵심에 모드 곤을, 그리고 그녀가 대표하는 모든 것을 두고 있다는 점이다. 그녀는 그가

---

5) Marjorie Perloff 역시 모드 곤을 이 시의 "실제적인 초점"으로 보고 있다. 그녀의 견해에 의하면, 이 시는 그 표면적인 의미와는 달리 아직도 시인 예이츠가 모드 곤에 대한 "증오와 욕망"의 감정으로부터 벗어나지 못하고 거기에 깊이 의존하고 있음을 드러내고 있다는 것이다. 즉 이 시에서 시인 화자의 말은 "반어적인" 것으로 이해되어야 한다는 것이다. 그녀의 논문 "Between Hatred and Desire: Sexuality and Subterfuge in 'A Prayer for my Daughter'" 참고.

평생을 두고 사랑한 여인이 아니었던가?

형식의 측면에서 볼 때 이 시는 크게 보아 세 개의 은유적 이미지로 구성되어 있다고 할 수 있다. "풍요의 뿔"과 "낡은 풀무," 그리고 "무성한 나무"의 세 이미지를 중심으로 시인은 여성의 아름다움과 삶에 대한 자신의 생각을 표현하고 있다. 먼저 "풍요의 뿔"은 아름다움과 풍요로움 등 여성이 삶으로부터 받을 수 있는 모든 좋은 것들을 상징한다. 그래서 모드 곤을 가리켜 "풍요의 뿔의 입으로부터 / 태어난 가장 아름다운 여인"이라고 부른다. 그러나 4연에서 시인은 헬레네와 아프로디테의 예를 들어 그들이 아름다움의 축복을 받고 태어났음에도 불구하고 잘못 먹은 "이상한 샐러드" 때문에 그들의 "풍요의 뿔"은 망가지고 말았다고 말한다. 특히 여기에서 그들이 남편감을 잘못 선택하였다는 점을 지적하고 있는 것은 모드 곤이 맥브라이드와 결혼한 사실을 암시하는 듯하다. 그렇다면 그 아름다운 여인들의 근본적인 잘못의 원인은 무엇인가? 한마디로 그것은 그들이 "너무 아름답게 태어나 / 미 자체를 충분한 목적으로 생각하고 / 자연스러운 친절과 혹은 / 가슴에서 울어나는 친밀함을 잃어버리기" 때문이다. 이어 시인 화자는 그들보다는 오히려 "아주 아름답지는 않는" 여인들이 그러한 "마음"을 가질 수 있으며, 그러한 여인들의 "매력"과 "상냥한 친절"은 "미 자체 때문에 바보 노릇을 한 많은 남자들을 / 현명하게 하고" 그들의 시선을 끌 수 있다고 말한다. 그러한 남자들 가운데 시인 자신이 포함됨은 물론이다. 그렇다면 그를 "현명하게" 해 줄 수 있는 상냥하고 친절한 마음의 여인은 누구인가? 우리는 이 부분에서 예이츠가 자신의 아내를 염두에 두고 있으며, 더 나아가 자신의 딸이 아내와 같은 여성으로 성장해 가길 바라고 있음을 느낀다.

만일 이 시가 암시하고 있는 것처럼 모드 곤이 이러한 상냥함과 친절함을 지닌 여성이 아니라면 왜 그녀는 그러한 미덕들을 가질 수 없었을까? 시의 중간부분(6-8연)에서 시인 화자는 이 질문에 대한 해답을 생각해 본다. 그리고 그녀에 대한 비판의 내용이 딸을 위한 기도의 근거가 된다는 의미에서 이 부분은 바로 이 시의 중심을 이룬다고 할 수 있다. 여기에서 모드 곤에 대한 비판을 설득력 있는 것으로 하기 위하여 시인이 사용하고 있는 장치는"무성한 나무"와 "낡은 풀무"의 이미지이다. 먼저 6연에서 시인은 지극히 자연스러우면서도 즐거운 삶의 은유적 표현으로서 "눈에 띄지 않는 무성한 나무"와 그 속에서 노래하는 홍방울새를 보여주며 자신의 딸도 그러한 삶을 살기를 바라고 있다. 그러나 이어 곧바로 모드 곤을 암시하면서 불행하게도 그녀의 마음은 "증오로 숨이 막혀" 자연스러운 미덕들을 잃어버렸다고 말한다. 「1916년 부활절」("Easter, 1916")에서 봉기의 주동자들을 너무 오랜 동안의 투쟁과 희생의 결과인 "증오"로 "마음이 굳어져 돌이 되어버린" 자들로 묘사한 것처럼, 이 시에서도 시인은 모드 곤의 정신과 삶의 특징을 "증오"로 파악하면서, "모든 악운 중에서도 으뜸"인 그 "증오" 때문에, 더구나 그 가운데에서도 "가장 나쁜" "지적인 증오" 때문에 그녀는 타고난 "풍요의 뿔"을 버리고 소리만 요란한 "낡은 풀무"처럼 되어 버렸다고 말한다.

> 풍요의 뿔의 입으로부터 태어난
> 가장 아름다운 여인이,
> 의견 내세우기 좋아하는 마음 때문에,
> 조용한 천성들이 이해하는 그 뿔과
> 모든 좋은 것들을 분노의 바람으로 가득 찬
> 낡은 풀무와 바꾸는 것을 나는 보지 않았던가?

> Have I not seen the loveliest woman born
> Out of the mouth of plenty's horn,
> Because of her opinionated mind

Barter that horn and every good
By quiet natures understood
For an old bellows full of angry wind? (*VP* 405)

여기에서 시인이 모드 곤처럼 정치적인 투쟁과 사회활동에 몰두함으로써 자기의 "의견"만을 내세우고 따지기 좋아하는 여성을 암시하기 위하여 사용하고 있는 "분노의 바람으로 가득 찬 낡은 풀무"의 이미지는, 시 서두에서 시인의 거처에 몰아치며 사회적, 정치적 혼란을 느끼게 하는 "울부짖는 폭풍"과 연결되면서, 딸의 미래를 생각하는 시인 화자의 마음이 불안할 수밖에 없는 이유를 말해준다.

그렇다면 시인이 딸의 미래를 위하여 제시하는 여성의 모습과 삶의 형태는 진정으로 바람직한 것일까? 물론 이 시가 바람직한 것으로 제시하고 있는 여성상이나 인생관은 그 나름대로 인간적 가치와 긍정적 요소들을 가지고 있으며, 이러한 삶의 이해와 시적 표현은 오랜 기간에 걸친 시인 자신의 고통스런 삶의 체험에서 비롯한 것이기에 오늘날 우리들에게 감동을 주는 것이 사실이다. 한 걸음 더 나아가 생각하면, 이 시에 표현된 바람직한 여성상은 좁게는 모드 곤을 위시한 당시의 과격한 여성 활동가들이 보여준 부정적인 측면에 대한, 넓게는 당시의 아일랜드 민족주의운동 전반에 걸쳐 잘못되고 왜곡된 부분에 대한 적절한 비판이라고 할 수 있다. 그러나 컬링포드가 적절히 지적한 것처럼, 이 시가 부정적으로 그리고 있는 모드 곤의 모습은 그녀의 공적인 활동에 비추어 볼 때 "부당한"(unjust) 것은 아닐까(*Gender* 136), 혹시라도 지나치게 모드 곤의 부정적인 이미지에 사로잡힌 나머지 그의 시각 자체가 한쪽으로 치우치거나 왜곡되어 있는 것은 아닐까 하는 생각을 갖게 한다.

이러한 맥락에서 볼 때, 특히 이 시의 결말을 이루고 있는 마지막 연에서 시인 화자가 보여주고 있는 태도는 분명 비판의 여지가 있는 듯하다. 여기에서 시인은 자신의 딸이 미래에 살게 될 집, 즉 "그녀의 신랑"이 나타나 그녀를 데려 가기를 바라는 집을 상상하면서, 그곳은 "모든 것이 관습화되고 격식을 갖춘"(all's accustomed, ceremonious) 곳이라고 말한다. 이어 앞에서 아름다운 여성의 삶에 대한 상징으로 언급한 풍요의 뿔과 무성한 나무의 이미지를 다시 가져와 "격식이야말로 풍요의 뿔의 별명이며 / 관습은 무성한 월계수의 별명이다"라고 단언함으로써 결국 그가 딸에게 바라는 미래의 삶이 어떠한 성격의 삶인가를 명백히 드러낸다. 그렇지만 여기에서 중요한 것은, 그 삶이 아무리 아름답고 훌륭하다고 하더라도, 그것은 딸의 자발적이고 적극적인 의지에 의해 선택된 것이 아니라 아버지인 시인의 귀족주의적인 이데올로기에 의하여 선택되어 일방적으로 그녀에게 부과된 것이라는 점이다. 이 시가 쓰여진 시기의 정치적 상황을 생각하면 충분히 이해가 가긴 하지만, 이는 컬링포드의 지적대로 딸의 "안전"을 위한다는 명분아래 그녀를 자신이 상상하고 있는 지극히 이상적이고 추상적인 아일랜드의 대저택에 "격리"시키고 있는 것이나 마찬가지라고 할 수도 있을 것 같다(136).

예이츠가 그의 생애에 펴낸 시집들 가운데에서 가장 뛰어난 것으로 평가받는 『탑』에는 매우 유명하고도 난해한 작품 「학교 아이들 사이에서」("Among School Children")가 들어 있다. 이 시는 상원의원이었던 그가 1926년 2월 워터포드(Waterford)에 있는 한 수녀원 부속학교를 방문했던 일을 바탕으로 한 작품이다. "어떻게 춤추는 자와 춤을 구별할 수 있겠는가?"라는 마지막 문장으로 유명한 이 시 역시 크게 보면 『탑』이 다루고 있는 중심적 주제의 하나인 시간의 흐름과 늙음의 문제를 다루고 있는 작품으로 보인다. "친절한 나이든 수녀"의 안내를 받으며 교실을 둘러보던 시인은 문득 공부하고 있는 어린 아이들의 모습과 60살 먹은 자신의 늙은 모습의 차이를 생각하게 되고, 이 생각이 발단이 되어 시간의 흐름과 늙음의 문제, 그리고 궁극적으로 삶의 의미에 대해 생각하게 된다. 이 아이들이 여자아이들이기 때문일까? 이 과정에서 그의 생각은 자연스럽게 모드 곤에 이르고, 따라서 「나의 딸을 위한 기도」의 경우와 마찬가지로 이 시에서도 그녀의 이미지는 주제와 뗄 수 없이 연결되어 그 주제가 발전되고 전개되어 가는 데 결정적인 역할을 한다.

1연의 도입부에 이어 2연의 서두에서 그녀는 지난날 그들의 젊은 시절에 대한 기억 속에 나타난다. 그 시절 언젠가 난롯가에 앉아 그녀가 들려준 어떤 "이야기"를 듣고 두 사람이 "공감"하여 마치 "달걀의 흰자위와 노른자위"처럼 하나가 된 듯이 느꼈던 것을 시인은 기억한다. 그러나 지금 그에게 절실한 문제로 느껴지는 것은, 그때의(젊은 시절의) 그녀, 혹은 그 이전 지금 교실에 앉아 있는 아이들과 같은 나이였을 때 그녀가 지녔을 모습과 현재 그녀의 모습 사이의 엄청난 괴리이다. 이 점을 부각시키기 위한 듯 시인은 4연에서 "마치 바람을 마신 듯 / 그리고 고기 대신 그림자를 먹은 듯 뺨이 홀쭉한" "그녀의 현재의 모습을 마음속에 떠올리며, "백조의 딸" "레다와 같은 족속"인 그녀도 평범한 "물새"와 같은 자신과 마찬가지로 시간의 흐름 속에서 이처럼 "변한" 것이라고 말한다. 그러나 시간 속에서의 이러한 변화는 비단 자신과 모드 곤에게만 해당되는 것은 아니다. 다음 연에서 시인은 이를 일반화하여, 만약 자신의 어린 아기가 자라 "늙은 허수아비"와 같은 모습으로 변한 것을 본다면 어느 젊은 엄마가 자신의 "출산의 고통"이 그만한 가치가 있는 것이라고 생각하겠느냐고 묻는다. 그렇다면 이러한 "변화"의 문제에 대한 해답은 무엇인가? 변화하는 현실과는 달리 변화하지 않는 불변의 세계는 존재하지 않는 것인가?

먼저 시인은 서양철학의 대가들인 플라톤, 아리스토텔레스, 피타고

라스를 언급하며 그들이 내세웠던 해답들을 생각해본다. 그러나 그들 역시 "새를 쫓는" 허수아비에 지나지 않는다고 말함으로써 그들의 철학이 완전한 해결책이 되지 못함을 암시한다. 철학자들의 추상적인 이론에 만족하지 못한 시인은 이번에는 인간의 마음을 움직이게 하는 보다 구체적인 "이미지"들에 대해 생각한다. 그리고 어머니와 수녀와 연인의 경우를 예로 든다. 출산의 고통에도 불구하고 어머니가 자식을 낳아 기르고 자식의 이미지를 "숭배하며" 사는 것은 물론 자식에 대한 "애정" 때문이다. 즉 자식에 대한 "애정"이 어머니로 하여금 자신에게는 불가능해 보이는 보다 완전하고 이상적인 삶이 자식에게 가능하기를 바라도록 이끄는 것이라고 할 수 있다. "경건한" 마음의 수녀의 경우도 마찬가지이다. 인간 삶의 유한성과 불완전성에 절망한 수녀는 영원불변한 진리의 상징적 이미지인 "촛불이 밝히는" 성상들을 "숭배"한다. 인간의 가장 깊은 감정인 "애정"이나 "경건" 혹은 "열정"에서 비롯하면서, 인간으로 하여금 현실을 초월한 이상적인 세계를 갈망하도록 유도하는 이러한 이미지들은 그래서 "천국의 영광을 상징하는" "존재들"이라고 할 수 있다. 그러나 문제는 그런 "이미지"들이 변화하는 삶의 "현실"과의 괴리를 극복할 수 없다는 점이다. 5연에서 말하고 있는 것처럼, 시간의 흐름은 그녀의 자식을 보기 흉한 늙은 모습으로 변하게 함으로써 어머니의 "마음을 아프게" 할 따름이다. 사실 시인 자신이 젊은 시절부터 마음속에 지녀왔던 모드 곤의 이상적인 이미지도 지금의 실제 모습과는 너무나 다르고, 그래서 끊임없이 그의 "마음을 아프게" 한 것이다. 마음속의 이미지들이 아무리 이상적인 것이라 해도 이렇듯이 현실의 삶을 비껴난 것이라면 무슨 의미와 가치가 있겠는가? 그래서 시인은 그것들을 가리켜 "인간사를 조롱하는" 것들이라고 부른다.

그렇다면 시의 서두에 제시된 시간의 흐름과 변화의 문제에 대한 진정한 해결책은 무엇일까? 마지막 연에서 시인은 "꽃피는" 나무와 "춤추는" 몸의 이미지를 통하여 그 해답을 제시한다.

> 육체가 영혼을 즐겁게 하기 위하여 상처받지 않고,
> 아름다움이 그 자신의 절망으로부터 생겨나지 않고,
> 흐린 눈의 지혜가 한밤중 등불에서 생겨나지 않는
> 그런 곳에서 노동은 꽃피고 춤추는 것이 된다.
> 오 밤나무여, 거대한 뿌리를 박고서 꽃피는 자여,
> 너는 잎인가, 꽃인가, 혹은 줄기인가?
> 오 음악에 맞춰 흔들리는 육체여, 오 빛나는 눈짓이여,
> 어떻게 춤추는 자와 춤을 구별할 수 있겠는가?

> Labour is blossoming or dancing where
> The body is not bruised to pleasure soul.
> Nor beauty born out of its own despair,
> Nor blear-eyed wisdom out of midnight oil.
> O chestnut-tree, great-rooted blossomer,
> Are you the leaf, the blossom or the bole?
> O body swayed to music, O brightening glance,
> How can we know the dancer from the dance? (*VP* 445-46)

꽃피는 밤나무가 "잎"도, "꽃"도, "줄기"도 아니고 그 부분들이 전체를 이루어 꽃을 피우듯이, 그리고 "무희"와 "춤"이 구별될 수 없이 어우러져 춤이라는 동작이 이루어지듯이, 인간 삶에 있어서도 변화하는 것과 변화하지 않는 것은 따로 떨어져 존재하는 것이 아니고 그 양자가 구분할 수 없는 하나로 통합되어 삶을 이룬다고 할 수 있다. 그런데도 흔히 우리는 그 양자를 분리하여 생각함으로써 삶을 왜곡시키고 진정한 현실을 있는 그대로 보지 못하는 것이 사실이다. 그러나 시간의 흐름 속에 변해가는 자식의 실제 모습에 눈을 감고 오직 마음

속에 고정된 이상적 이미지에만 매달리며 살아가는 어머니의 "애정"은 결코 완전한 것이라 할 수 없고, 변화하지 않은 대리석이나 청동의 성상 앞에 꿇어앉은 경건한 마음의 수녀가 육체를 지니고 변화하는 현실 속에 살아가는 인간의 삶에 대해 무지하고 냉담하다면 그것 역시 진정한 "신앙심"이라고 할 수는 없음은 분명하다. 이처럼 시간과 영원, 현실과 이상, 육체와 영혼 등 우리가 흔히 이분법적으로 나누어 생각하는 것들은 실제로는 구분하여 나눌 수 없는 것이고, 따라서 그것들이 나무를 이루는 잎과 꽃과 줄기처럼 진정한 유기적 통합을 이룰 때만이 우리 삶은 바로 "꽃피고" "춤추는" 것이라고 할 수 있다.

작품의 의미를 이렇게 해석해 볼 때, 이 작품을 예이츠의 "가장 유토피아적인" 작품이라고 생각한 컬링포드의 견해는 수긍이 간다 (*Gender* 202). "아담의 저주"의 결과로 인간에게 주어진 수고스러운 "노동"이 사실은 "꽃피고" "춤추는" 것이 될 수 있음을, 그리고 그것이 가능하기 위한 조건을 이 작품은 보여주고 있기 때문이다. 모든 유토피아적 이상은 그것이 진정한 것인 한 그 안에 현실에 대한 비판적 의미를 갖기 마련이다. 이러한 의미에서 이 작품을 당시의 사회·문화적 맥락에 놓고 볼 때, 여기에 나타난 유토피아적 비전은 전통적으로 아일랜드 사회를 지배해온 가톨릭교회의 억압적 금욕주의에 대한 강력한 항의이자 비판의 의미를 갖는다고 할 수 있다. 물론 아일랜드 특유의 경제적 상황에서 종교적 금욕주의가 어떤 사회적 기능을 수행한 것은 사실이지만, 그것이 대다수 아일랜드인들의 의식과 삶을 억압하고 왜곡한 것은 분명하다. 특히 이 시의 배경이 되는 학교 어린이들의 교육의 관점에서 볼 때 그것이 바람직하지 않는 삶의 방식임은 어느 누구도 부인할 수 없으리라 생각된다. 한마디로 그것은 "영혼을 즐겁게 하기 위하여" 육체를 괴롭히고 "상하게 하는" 것이기 때문이다. 다시 말해서, 그러한 방식으로는 인간의 육체적 욕망이 만족될 수 없고, 육체적 욕망의 만족 없이는 결코 "꽃피고" "춤추는" 것과 같은 총체적인 삶의 기쁨과 행복이 가능할 수 없기 때문이다.

이렇게 보면, 이 시가 보여주는 통합된 삶의 비전속에는 간접적으로 모드 곤에 대한 비판적 시각이 들어 있다고 할 수 있다. 특히 육체적 욕망에 대한 그녀의 부정적인 태도를 염두에 둔 것으로 보인다. 1908년 겨울 그녀는 예이츠에게 보낸 편지에서 "저는 당신에 대한 저의 사랑이 모든 세속적인 욕망으로부터 벗어나기를 아주 열심히 빌었어요. 그리고 제가 당신을 사랑하는 것과 마찬가지로 당신에게서 저에 대한 육체적인 욕망이 사라지기를 빌었고 지금도 빌고 있어요. 저는 육체적인 욕망이 사라지고 나서 정신적인 사랑을 지속한다는 것이 매우 힘들고 흔치 않은 일이라는 것을 잘 알아요. 제가 이러한 기도를 하는 것도 얼마나 힘이 드는지 몰라요."라고 쓰고 있다(*AYF* 258). 예이츠와의 관계에서 성적 욕망을 거부하고 가능한 한 육체적인 사랑보다는 소위 "플라톤적인" 정신적 사랑을 강조하고 있는 그녀에 대해 그는 이 시를 통해 자신의 생각을 드러낸 것이 아닐까? 어떤 의미에서 이 시의 발단이라고 할 수 있는 그녀의 변화. 즉 트로이의 헬레네처럼 아름답던 그녀가 "홀쭉한 뺨"의 모습으로 변한 것이 단지 시간의 흐름 때문만이겠는가?[6)]

6) 이 시가 암시적으로 제시하고 있는 성적 욕망의 "굶주림"의 문제는 음식물의 부족으로 인한 실제적인 "굶주림"의 문제와 연결되어 이 시의 기본 주제를 이룬다. 인간의 진정한 행복을 위해서는 좋은 음식을 먹고 마시는 것이 필요하듯이 성적 욕망의 충족도 필요하다. 이러한 의미에서 모드 곤이 성적 욕망의 충족에 대해 부정적이고 소극적이었던 반면에 굶주린 사람들, 특히 어린이들의 구제활동에 적극적이었던 사실은 조금은 아이러니컬하게 보인다. 자신의 영혼을 악마에게 팔아 굶주린 사람들을 구한 한 귀족부인의 이야기를 다룬 그의 첫 희곡 작품 『캐슬린 백작부인』(*The Countess Cathleen*)이 모드 곤에게 헌정된 것은 이러한 그녀의 사회활동에 대한 예이츠의 찬사의 표시였다고 할 수

이처럼 부분적으로 모드 곤의 예를 통하여 이 시가 다루고 있는 육체적 욕망의 만족과 억압의 문제는 예이츠의 후기 시에서 매우 중요한 위치를 차지한다. 특히 『나선 계단과 기타 시들』(*The Winding Stair and Other Poems*)에 실려 있는 「젊었을 때와 늙었을 때의 여자」("A Woman Young and Old")의 시들과 미친 제인에 대한 시들을 통하여 그는 여성 화자를 내세워 점점 더 과격한 방식으로 남녀의 사랑과 육체적 욕망의 문제를 다룬다. 즉 이러한 시들을 통하여 무엇보다도 인간의 자유로운 성적 욕망의 충족을 가로막는, 따라서 「학교 아이들 사이에서」가 노래한 것과 같은 통합된 삶의 성취를 불가능하게 하는, 여러 형태의 억압구조를 풍자하고 비판하려는 시도를 보여준다. 이러한 의도의 이면에 예이츠의 기대와는 달리 점점 보수적인 방향으로 흘러가는 아일랜드의 정치·사회적 상황이 크게 작용하였음은 물론이다. 특히 이혼문제나 검열문제 등과 관련하여 가톨릭 보수주의자들과의 사이에서 겪어야 했던 갈등은 예이츠로 하여금 이러한 시적 작업을 시도하게 했던 것으로 보인다. 실제 현실의 싸움에서 고전할 수밖에 없었던 그는 이러한 시 창작을 통하여 자신의 적대자들에게 일종의 반격을 가한 것이라고 할 수 있다.

『나선 계단과 기타 시들』 이후 예이츠 생애의 마지막 기간에 쓰여진 시들 가운데 모드 곤을 다루고 있는 시가 「청동 두상」("A Bronze Head")이다. 그가 세상을 떠나기 1~2년 전에 쓰여진, 그녀를 다룬 마지막 작품인 셈이다. 제목이 말해 주듯이 이 시는 더블린의 시립현대미술관(Municipal Gallery of Modern Art)에 전시되어 있는 모드 곤의 흉상에 대해 쓴 작품이다. 마치 그녀의 데스마스크(death mask)와도 같은 청동 두상을 바라보며 시인 화자는 도대체 그녀가 어떤 성격의 여

있다. 동시에 우리는 예이츠가 상원의원으로서 학교 어린이들의 급식문제에 관심을 갖고 노력한 사실을 기억할 필요가 있다.

인이었으며, 어떤 종류의 삶을 살았던가를 생각한다. 그 때문에 이 시는 아직 살아 있는 모드 곤에 대해 노래하면서도 마치 죽음 이후에 그녀를 추모하는 듯한 인상을 준다. "인간적"이면서도 "초인간적"으로 보이는 그녀의 두상은 단지 "새의 둥근 눈"(a bird's round eye)만이 살아있는 것처럼 보이고, 그 눈은 마치 어떤 "무덤을 떠도는 자"(tomb-haunter)의 눈처럼 "그 자신의 공허감"(its own emptiness)에 대한 "두려움"(terror)으로 가득 차 있는 듯이 보인다. 여기에서 시인이 떠올리는 "무덤을 떠도는 자"의 이미지는 생애의 마지막 순간까지 급진적 공화주의(Republicanism)의 신봉자로서 고난을 겪었고, 특히 아일랜드 민족주의 투쟁에 목숨을 바친 애국자들에게 헌신적이었던 모드 곤의 삶을 상기시킨다.

그러나 시인은 여기에서 멈추지 않고, 앞에서 보여준 어두움과 죽음의 이미지와는 다른 그녀의 과거의 모습을 떠올린다.

> 한때는 무덤을 떠도는 어두운 자가 아니었다. 그녀의 모습은
> 마치 빛의 너그러움으로 가득한 듯 충만하였고,
> 매우 우아한 여인의 모습이었다.

> No dark tomb-haunter once; her form all full
> As though with magnanimity of light,
> Yet a most gentle woman; (*VP* 618)

그렇다면 "무덤을 떠도는 자"의 어두운 모습과 "우아한 부인"의 밝고 충만한 모습 중 어느 모습이 그녀의 실체를 잘 보여주는 것일까? 이에 대해 화자는 맥타가트(J. McT. E. McTaggart)의 사상을 빌어 그 양자가 모두 진실일지 모른다고 생각하며, 그대로 받아들이는 듯하다. 같은 맥락에서 시인은 시의 나머지 두 연에서 그녀의 "인간적"인 면과(3연) "초인간적"인 면을(3연) 보여준다. 이처럼 모드 곤의 청동 두상을

보며 자신이 평생을 두고 사랑했던 그녀의 성격과 삶에 대해 서로 다른 면을 그대로 용인하는 듯한 시인 화자의 태도는 일견 모순되어 보이기도 한다. 그러나 다른 한편으로 생각하면, 그러한 태도는 그녀의 한 부분만을 임의대로 선택하여 단정하지 않고 모든 면을 있는 그대로 받아들이려는 보다 성숙되고 사려 깊은 애정 때문에 가능한 것이 아니었나 생각되기도 한다.

이 논문의 서두에서 언급한 제파레스의 "사랑이란 무엇인가"라는 질문으로 다시 돌아가 생각해 보면, 그것은 그 두 사람의 사랑과 우정의 궤적을 추적하는 예이츠 연구자나 우리 독자들에게보다는 반세기에 가까운 세월 동안 한 여성에 대한 사랑과 우정을 간직했던 시인 예이츠에게 더 절실한 문제였으리라 여겨진다. 사실 인간의 삶에 있어서, 그리고 그 삶을 예술로 표현하고자 하는 문학(시)에 있어서, 사랑이라는 것만큼 절박하고 중요한 것이 어디에 있겠는가? 특히 낭만주의 전통의 흐름 속에서 시를 쓰며 삶의 통일성(unity of being)의 이상을 최고의 가치로 추구하였던 예이츠에게 있어서, 그녀와의 결합이나 갈등은 삶에 있어서나 예술에 있어서나 너무나도 중대한 문제였을 것이다. 따라서 그는 현실적인 여러 어려움에도 불구하고 그녀를 떠날 수 없었고, 현실의 삶에서 그녀를 얻지 못하는 대신 그 사랑의 아픔과 고통을 시로 표현한 것이라고 할 수 있다.

10

시인의 아내 조지 예이츠

이 글은 시인 예이츠의 아내 조지 예이츠(George Yeats, 1892-1968)에 대해 그녀가 어떠한 여성이었으며, 그녀와 시인 예이츠의 관계는 어떠했는가를 살펴보려는 것이다.[1] 1917년 10월 당시 52세의 예이츠와 결혼한 조지는 25세에 불과한 젊은 여성이었다. 결혼 후 그녀는 가정을 돌보며 아내로서, 그리고 두 아이의 어머니로서 역할을 충실히 수행하였다. 특히 나이가 들어 점점 건강이 좋지 않게 된 예이츠를 곁에서 돌보면서, 그가 몇몇 여성들과 사랑의 관계를 갖던 때에도 전혀 내색하지 않았던 것으로 알려져 있다. 또한 그녀가 뛰어난 지적 능력과 문학적 재능을 소유했으면서도 남들 앞에 자신을 내세우기보다는 항상 대시인의 아내로서 그의 뒤편에서 조용히 내조하려고 했던 여성이었음을 많은 평자들은 지적하고 있다. 아마도 이러한 그녀의 헌신적인 배려와 내조 덕택에 시인 예이츠는 안정감을 갖고 창작 활동에 전념할 수 있었을 것이다. 다시 말해서, 그가 후년에 이르러서도 여전히 왕성한 시 창작을 할 수 있었던 데에는 그녀와의 결혼이 가져온 안정적인 환경이 크게 작용하였을 것이다.

이처럼 시인 예이츠의 훌륭한 아내이자 두 아이의 어머니로서

1) 이 글에서 명칭상의 혼란을 피하기 위하여 남편 예이츠는 "시인 예이츠" 혹은 "예이츠"로, 그의 아내는 "조지 예이츠" 혹은 "조지"로 표기하였다.

알려져 온 조지 예이츠가 최근에 와서 여러 비평가들과 연구자들의 관심과 연구의 대상이 된 것은 그녀에 대한, 그리고 그 두 사람의 결혼생활에 대한 새로운 사실들이 밝혀지면서부터이다. 특히 그들이 결혼 직후부터 수년에 걸쳐 실시하였던 자동기술(automatic script) 작업에 대하여 일반적인 추측과는 달리 조지 예이츠가 주도적인 역할을 하였고, 그러한 작업의 결과가 뒤에 가서 예이츠의 대표적 산문 저술인 『비전』(*A Vision*)으로 엮어졌을 뿐만 아니라 그의 시 창작에게까지 적지 않은 영향을 끼친 사실 등이 밝혀지면서 그들의 관계가 새로운 각도에서 주목받게 되었다.[2] 특히 평자들은 예이츠가 그의 아내로부터 이러한 영향을 받은 시기가 그가 가장 뛰어난 작품들을 썼던 1920년대와 1930년대였다는 점을 강조한다. 이렇게 보면 시인의 아내로서의 조지 예이츠의 모습은 단순히 가정을 이루고 지켜가는 여성의 이미지를 넘어 그의 문학 창작을 위한 실질적인 협조자 혹은 영감을 불어넣은 뮤즈의 이미지로까지 확대되어 보인다.

이러한 맥락에서 필자는 조지 예이츠의 출생과 성장과정, 그녀가 시인 예이츠를 만나 결혼하게 된 과정, 그들이 결혼 초기 수년에 걸쳐 실시했던 자동기술 작업, 그리고 그 이후 시인이 세상을 떠나기까지의 그들의 결혼생활을 간략하게 살펴보면서, 동시에 그러한 전기적 사실들과 관련된 예이츠의 시 작품들을 함께 살펴보려고 한다. 널리 알려져 있듯이 예이츠는 수많은 여성들과 사귀었으며 그들로부터 많은 영향을 받았던 시인이었다. 그에 대한 소개나 연

---

2) 이러한 맥락에서 보면 예이츠와 그의 아내에 대한 연구는 당연히 『비전』에 대한 고찰을 포함해야 할 것으로 여겨진다. 하지만 난해하기 그지없는 이 작품을 한 편의 논문에서 함께 다루는 것은 무리인 듯하여 이 글에서는 깊이 다루지 않기로 한다.

구에서 여러 여성들과의 관계가 언급되고 다루어지고 있는 것은 그 때문이다. 그럼에도 불구하고 그간의 예이츠 연구에 있어서 조지 예이츠는 별다른 주목을 받지 못하였다. 여기에는 자신을 밖으로 드러내기를 극도로 싫어했던 그녀 자신의 성격과 태도도 작용하였을 것이고, 보다 크게는 그녀에 대한 연구의 핵심이라고 할 수 있는 자동기술 자체가 보통 사람들로서는 쉽게 이해하기 힘든 신비하고도 난해한 체험의 기록이라는 점도 작용하였을 것이다. 다만 최근에 와서 외국 영문학계에서 조지 예이츠와 그녀의 결혼생활에 대한 연구가 활발하게 진행되고 있는 점은 다행이라 할 수 있다.[3)]

---

3) 이러한 연구 가운데에서 가장 대표적인 것으로는 Brenda Maddox의 *Yeats's Ghosts: The Secret Life of W. B. Yeats*(1999)와, Ann Saddlemyer의 *Becoming George: The Life of Mrs. W. B. Yeats*(2002), 그리고 Margaret Mills Harper의 *Wisdom of Two: The Spiritual and Literary Collaboration of George and W. B. Yeats*(2006)를 들 수 있다. Maddox의 책은 지금까지 잘 알려지지 않았던 결혼 이후의 예이츠의 삶을 다루면서, 특히 예이츠부부의 자동기술에 대하여 중점적으로 논의하고 있다. 반면에 Saddlemyer의 책은 조지 예이츠의 전기로서 장장 800쪽에 달하는 방대한 저술이다. 앞으로 예이츠의 결혼 생활과 그와 관련된 작품들의 연구에 있어서 가장 필수적인 참고자료의 하나가 되리라고 생각된다. 가장 최근의 연구인 Harper의 책은 예이츠부부의 자동기술에 대한 본격적인 연구로서, 그녀가 이 주제에 대한 가장 권위 있는 학자 가운데 하나임을 생각할 때 특히 주목할 만한 저서이다. 예이츠의 결혼생활과 관련된 시 작품들에 대한 고찰에 있어서는 Elizabeth Butler Cullingford의 저서 *Gender and History in Yeats's Love Poetry*(1993)가 대표적이라 할 수 있다. 예이츠의 초기에서부터 후기에 이르기까지 사랑을 주제로 한 시 작품들을 전체적으로 고찰하고 있는 이 저서의 6장("The occult epithalamium")에서 그녀는 주로 조지 예이츠와 관련된 시들을 살피고 있다. 페미니즘적인 시각과 사회·역사적인 시각을 함께 지니고 있는 것으로 보이는 그녀의 연구방법은 예이츠부부의 성적인 관계나 그 시적 표현에 대한 고찰에 있어서 단순히 전기적이고 형식주의적인 연구방법만으로는 불가능한 깊이 있는 이해를 가능케 함으로써 본 연구에서도 크게 활용될 수 있으리라 생각된다. 다만 그녀의 연구가 최근에 와서 활발하게 이루어진 조지 예이츠에 대한 연구 이전에 이루어진 것이어서 그 연구 성과를 다 고려하지 못하고 있는 점은 분명하다. 이처럼 최근

조지 예이츠는 1892년 10월 17일 영국 햄프셔(Hampshire)주에서 영국인 부모로부터 태어났다. 출생 시의 그녀의 이름은 "Bertha Georgie Hyde-Leeds"였지만 훗날 그녀가 예이츠와 결혼하고 나서 "Georgie"는 "George"로 바뀌게 된다. 군인이었던 그녀의 아버지(William Gilbert Hyde-Lees, 1865-1909)와 어머니(Edith Ellen Woodmass, 1868-1942)가 그녀의 출생 이후 별거하면서 그녀는 주로 어머니와 함께 런던에서 살았고, 그런대로 경제적 여유가 있어 좋은 주택가에 살면서 문화생활을 즐길 수 있었다. 그녀는 학교 교육과 유럽 여행 등을 통하여 기본적인 교양과 함께 여러 외국어의 구사능력을 습득하였다. 불어, 독어는 물론 스페인어와 이탈리아어까지 구사할 수 있을 만큼 그녀의 어학능력은 뛰어났다. 또한 문학, 음악, 미술 등 다양한 예술에 대해서도 관심과 애정을 갖고 있었고, 특히 미술에 대해서는 정식 학교에 등록하여 지도를 받고 실제로 창작 활동을 하였다. 예이츠를 만나기 이전의 그녀의 삶에 있어서 두드러진 점의 하나는 여러 형태의 신비주의에 대한 깊은 관심이었다. 그녀는 일찍부터 초자연적 현상들에 남다른 관심을 갖고 그와 관련된 과거 사상가들의 저술을 두루 읽어온 것으로 보인다. 그녀가 예이츠를 처음 만난 무렵에도 그녀는 당시 영국과 유럽에 퍼져있던 심령술(spiritism)에 대해 관심을 갖고 공부하고 있는 상태였다. 이 점은 예이츠의 경우에도 마찬가지

에 와서 비교적 활발하게 수행되고 있는 국외의 연구동향에 비하면 국내의 경우는 아직 그 예를 찾아보기가 어려운 것 같다. 그동안 한국예이츠학회에서 발간해온 『한국예이츠저널』에 이 주제에 대한 논문이 한 편도 실리지 않은 것을 보면 조지 예이츠나 그녀와 예이츠의 관계에 대한 관심이 미미한 것임을 말해준다. 이러한 사실은 모드 곤(Maud Gonne)에 대한 연구가 매우 활발하게 수행되어 온 것과 비교해보면 한편으로는 놀랍기도 하다. 이는 국내에서 예이츠와 여성들의 관계에 대한 접근이 주로 그와 모드 곤의 낭만적인 사랑 이야기와 그와 관련된 시들 위주로 이루어지다 보니 학문적인 관심 역시 모드 곤에게 집중되어 왔기 때문이라고 생각된다.

였다. 그녀를 만나기 전까지 그가 태어난 더블린과 런던 사이를 오가며 살았던 예이츠는 초자연적인 세계를 탐구하는 여러 단체들에 가입하여 많은 시간을 보내곤 했다.[4] 중요한 것은, 이러한 두 사람의 공통된 성향이 그들을 더욱 더 가깝게 했으리라는 점이다. 그들이 큰 나이 차이에도 불구하고 결혼에까지 이를 수 있었던 데에는 이러한 공통적인 성향이 크게 작용했을 것으로 짐작된다. 예이츠를 처음 만났던 당시의 그녀에 대하여 예이츠 자신이나 다른 사람들이 말한 것을 종합해 보면, 그녀는 모드 곤이나 이솔트 곤(Iseult Gonne)처럼 아름다운 외모는 갖지 못하였지만 뛰어난 지성과 유머감각을 소유하였고, 자유분방한 성격에 개성과 독립심이 강한 여성이었던 것 같다.

조지 예이츠가 예이츠를 처음 만나 서로 알게 된 정확한 시기에 대하여 여러 연구자들은 서로 다른 견해를 보이고 있지만 그녀 자

---

4) 예이츠는 1885년 더블린 연금술회(Dublin Hermetic Society)의 창립에 참여하고, 2년 뒤 런던으로 옮겨가서는 잠시 동안 러시아 여성 블라바츠키(Madame Blavatsky)의 신지학회(Theosophical Society)에 참여하였다. 그 이후 그는 1888년에 설립된 비밀 신비단체인 황금여명회(The Order of the Golden Dawn)에 가입하여 거의 30여 년 동안 활동하게 된다. 어린 시절의 기독교신앙을 더 이상 받아들일 수 없었고 정식 대학을 다니지 않았던 예이츠에게 있어서 황금여명회는 마치 교회나 대학 같은 곳이었다고 예이츠의 전기 작가들은 적고 있다(Foster 106; Maddox 8). 그가 연극 활동에 적극적으로 뛰어들었던 10여년 동안 잠잠해졌던 신비주의에 대한 관심은 1909년쯤 다시 활발해진다. 1913년에는 심령연구회(Society for Psychical Research)에 가입하여 죽음 이후 영혼의 생존이나 죽은 자들의 영혼과의 직접적인 대화와 같은 초자연적인 주제들에 대해 깊이 탐구하였다. 이러한 관심과 활동 외에도 그가 열렬한 점성술(astrology) 애호가였다는 사실은 잘 알려져 있다. 그는 중요한 일에 부딪칠 때마다 점성술의 결과에 따라 결정하곤 했다. Maddox는 예이츠의 이러한 성향이 그의 집안의 공통적인 특성이었음을 지적하면서, 그의 어머니의 고향이었던 아일랜드 서부 슬라이고(Sligo)에서 보낸 어린 시절에서 그 원인을 찾고 있다. 그의 어머니 자신이 그런 여성이었고, 그 결과 그의 형제자매들 역시 그러한 성향을 갖게 되었다는 것이다(16-17).

신은 1911년 5월로 밝히고 있다. 어느 날 아침 그녀는 대영박물관에 들렀다가 예이츠를 보게 되고, 그날 오후 올리비아 셰익스피어(Olivia Shakespear)의 집에서 정식으로 그에게 소개되었다.[5] 올리비아 셰익스피어는 한 때 예이츠와 연인 관계에 있던 여인으로서 조지의 어머니와는 오래전부터 아는 사이였고, 그녀의 딸인 도로시 셰익스피어(Dorothy Shakespear) 역시 조지와 친구로서 지내고 있었다. 특히 조지의 아버지가 세상을 떠난 후 그녀의 어머니가 올리비아 셰익스피어와 남매간인 해리 터커(Harry Tucker)와 재혼하면서 두 집안은 더욱 가깝게 되었다. 이러한 상황에서 가끔씩 올리비아 셰익스피어의 집안에 모습을 나타내곤 했던 예이츠와 조지가 그곳에서 정식으로 만나게 된 것이다. 아마도 처음에는 40대 중반의 시인 예이츠에게 아직 18세에 불과했던 조지는 자신과는 어울리지 않는 젊은 세대의 여성으로 보였을 테지만, 그들은 함께 심령술 집회에 참석하기도 하고, 그들이 공통으로 관심을 갖고 연구하고 있던 점성술에 대해서도 서로 협력자로서의 관계를 유지하면서 가까워진 것 같다. 특히 1914년 7월 그녀가 황금여명회에 가입할 때에는 예이츠가 후견인(sponsor) 역할을 하였다.

그후 예이츠가 조지에게 정식으로 청혼한 것은 1917년 9월말이었고 한 달쯤 뒤에 결혼하였으니, 그들이 처음 만나고 나서 6~7년이 지난 뒤였다. 결혼하기 1년 전인 1916년 7월 그는 마지막으로 모드 곤에게 청혼을 했지만 이번에도 거절당한다. 그러나 당시의 예이츠의 마음은 모드 곤보다는 오히려 그녀의 딸이면서 역시 아름다운 여성이었던 이솔트 곤에게 있었기 때문에 조지와의 결혼을 위해서는

5) 조지 예이츠가 이렇게 밝히고 있음에도 불구하고, 그들이 살았던 당시의 상황을 고려하면 이미 그 이전에 두 사람이 몇 번 만났을 수도 있었다고 Saddlemyer는 보고 있다(41).

모드 곤에 대한 마음의 정리만으로는 부족했던 것 같다. 이솔트를 사랑하여 그녀와 결혼하기를 원했던 예이츠로서는 어떻게든 그 문제도 해결해야만 했다. 결국 예이츠는 이솔트에게도 청혼을 하고 승낙을 얻지 못한다. 그러나 결혼이 임박한 시점에 이르기까지 자신의 마음이 여전히 이솔트에게 사로잡혀 있는 것을 발견하고 예이츠가 조지와의 결혼에 대해 심한 불안함을 느꼈던 것을 보면 이솔트와의 관계가 그렇게 쉽게 마무리된 것은 아니었던 모양이다. 아마도 예이츠의 불안감은 그들의 결혼이 조지를 진정으로 사랑해서라기보다 이솔트에 대한 집착에서 벗어나기 위한 것인지도 모른다는 자책에서 비롯된 것 같다.

문제는 이러한 예이츠의 상황이 1917년 10월 20일 무사히 결혼식을 마치는 것으로 끝나지 않았다는 데 있었다. 심지어 신혼여행지에 이르러서도 그의 마음은 온통 이솔트에게 사로잡힌 상태여서, 도착한 지 4일 후에는 이로 인한 자신의 괴로운 심정을 그레고리 여사(Lady Gregory)에게 써 보낼 정도였다. 한편으로는 자기가 사랑한 모드 곤의 딸로서 거의 자식처럼 대해온 어린 이솔트를, 그것도 자신이 바라는 결혼생활의 안정감을 줄 수 있는 타입의 여성이 아니라는 것을 잘 알면서도 그녀를 성적 욕망의 대상으로 생각한 데 대한 죄책감도 있었을 것이고, 다른 한편으로는 이러한 사실이 이제 갓 결혼한 조지에게 주게 될 당혹감과 배신감을 생각할 때 그녀에 대한 미안한 마음도 있었을 것이다. 이러한 상황에서 실제로 조지가 느꼈을 고통은 충분히 짐작이 간다. 때마침 예이츠로부터 괴로움의 사연을 전해 듣게 된 이솔트 곤이 그에게 답장으로 쓴 편지가 그들 부부가 머물고 있던 호텔에 도착했고, 이를 발견한 조지는 예이츠와의 결혼에 대한 자신의 기대가 허망없이 무너져 내리는 것을 느끼며 심지어 그로부터 완전히 떠나버릴 생각까지 했던 것 같다(Ellmann, *Yeats* xii). 그녀 자신의 말대로 그녀의 삶에 있어서 가장 괴로운, 최대의 "위기의 순간"이었을 것이다(Maddox 412).

이 시기에 쓰인 예이츠의 몇몇 작품들은 당시의 복잡한 상황을 잘 보여준다. 결혼 후 곧바로 신혼여행지에서 쓴 작품 「오웬 아헌과 그의 무희들」("Owen Aherne and his Dancers")에서 예이츠는 오웬 아헌이라는 가상 인물을 내세워 자신이 처한 난처하고도 고통스러운 상황을 노래하고 있다.[6] 한편으로는 사랑하는 사람("that young child")이 자신에게 다가왔는데도 그로 인해 그녀와 자신이 입을지도 모를 "상처"가 두려워 그 사랑을 받아들일 수 없었던 탓에 결국 그녀로부터 "도망쳤다"고 고백하며 이솔트 곤과의 결혼이 이루어지지 못한 데 대한 후회와 아쉬움을 버리지 못하면서도, 다른 한편으로는 "그렇게 야생으로 자란 그녀가 어떻게 50세와 짝을 짓겠는가?"라고 반문하며 스스로 변명하고 위로하기도 한다. 그러면서 동시에 자기 곁의 아내를 떠올리며 "아 그러나 내 생각이 멀리 떨어져 있음을 알게 되면 그녀의 마음이 아플 텐데"라고 미안함과 죄책감을 드러낸다. 그러나 「과거 삶으로부터 한 이미지」("An Image from a Past Life")나 「토성 아래」("Under Saturn") 같은 작품들을 보면 조지의 갈등과 고민이 신혼여행 기간만으로 쉽게 끝나지는 않았던 모양이다. 「과거 삶으로부터 한 이미지」는 제목 그대로 남편 예이츠의 과거의 연인들의 망령을 떨쳐버리지 못해 여전히 불안해하는 조지의 모습을 보여주고 있고, 「토성 아래」는 그러한 아내를 안심시키려고 설득하고 있는 시인 화자의 모습을 보여준다. 두 작품 모두 결혼 2년쯤 뒤에 쓰였으니 그때까지도 그녀의 고통이 계속되었음을 알 수 있다.

---

6) 두 부분으로 되어 있는 이 작품의 1부는 결혼 후 4일째(10월 24일), 2부는 7일째(10월 27일)에 쓰였다. 처음에는 1, 2부가 각각 "The Lover Speaks"와 "The Heart Replies"라는 제목으로 발표되었다.

이러한 위기적 상황으로부터 그들의 결혼생활을 구해준 것이 바로 그 유명한 자동기술이었다. 그렇다면 그것은 어떻게 시작된 것일까? 그들의 결혼식이 있고나서 며칠 후 신혼여행 중 머물게 된 인 영국 서섹스(Sussex) 지방의 한 호텔(Ashdown Forest Hotel) 방에서 도대체 어떤 일이 있었던 것일까?[7)] 예이츠가 그레고리 여사에게 보낸 편지에서 우리는 그 상황을 대강은 짐작해볼 수 있다(*L* 633). "기분이 매우 우울한" 예이츠를 곁에 두고 책상 앞에 앉는 조지는 무엇인가를 열심히 쓰기 시작했다. 예이츠와의 대화를 멈추지 않은 채 그녀의 손은 계속해서 종이 위를 움직였고, 그 결과 무엇인가가 쓰여진 것이다. 맨 처음 쓰여진 것은 "새[이솔트]와 함께 모든 것이 진심으로 잘 될 것이다. 당신의 행동은 두 사람 모두에게 옳았지만 런던에서 당신은 그 의미를 오해했다."라는 말이었다. 이어 "언제 마음의 평화를 얻을 것인가?"라고 마음속으로 묻고 있는 예이츠에게 그녀의 움직이는 손은 마치 그의 속마음을 읽은 듯 "당신은 결코 후회하지도 불평하지도 않을 것이다."라는 말을 써보였다. 이 과정에서 놀라운 것은 조지의 행위만이 아니었다. 예이츠의 반응 역시 뜻밖이었다. 그는 이 일이 있고나서 채 30분도 되지 않아 고통과 피로가 말끔히 사라지고 행복감을 느꼈다고 적고 있다. 그것은 한마디로 "기적적인 개입 같은 것"이었다는 것이다. 뜻하지 않은 이 체험에 대하여 그는 그의 결혼이 올바른 선택이었음을 말해주기 위하여 영혼의 세계가 개입한 것이라고

---

7) 예이츠부부가 자동기술을 시작한 정확한 시점에 대하여 예이츠학자들 사이에 서로 다른 견해가 있는 듯하다(10월 24일, 25일, 혹은 27일). 대표적인 예로서, *The Making of Yeats's* A Vision: *A Study of the Automatic Script*를 쓴 George Mills Harper는 예이츠가 그레고리 여사에게 보낸 편지를 근거로 하여 그 시점을 27일로 보고 있는 반면에(1: 3-4), Saddlemyer는 그 편지가 그 이전에 쓰인 것일 수도 있었다는 점과 다른 증거들을 근거로 하여 24일 쪽에 무게를 두고 있다(105).

생각한 듯하다. 아마도 이 일이 있고나서야 그들 부부의 사랑행위도 가능했을 것으로 짐작된다.

이렇게 시작된 자동기술은 그들 부부의 신혼여행 이후에도 수년간 그들의 삶의 거처를 따라 여러 곳을 옮겨가면서 계속되었다.[8] 무려 450회에 걸쳐 실시되어 3,600쪽에 달하는 방대한 양의 기록을 남긴 것을 보면 그 일이 그렇게 쉬운 일만은 아니었을 것 같기도 하다. 더군다나 자동기술 자체가 그 특성상 엄청난 육체적 힘을 필요로 하고, 때로는 위험까지도 감수해야 하는 힘든 작업이었으니, 웬만한 노력과 인내심이 아니고서는 결코 해낼 수 없었을 것이다. 그렇지만 당시의 조지가 처했던 상황을 생각해보면 이해가 가기도 한다. 20대 중반의 한창 젊은 나이에 이미 50대에 들어선 예이츠와 결혼하면서, 더군다나 젊고 아름다운 이솔트에 대한 미련을 아직도 버리지 못하고 있는 그를 바라보면서 그녀는 자신의 결혼에 대한 불안감을 떨쳐 버릴 수가 없었을 것이다. 그와 동시에 어떻게 하면 그의 마음을 이솔트로

8) 예이츠부부가 실시했던 자동기술은 대체적으로 예이츠가 질문을 하면 조지가 "medium" 혹은 "interpreter"로서 여러 혼령들로부터 들은 대답 내용을 자동적으로 기록해가는 식으로 진행되었지만, 때로는 질문에 의해 촉발되지 않은 경우도 있었다. 이와 관련하여 George Mills Harper는 예이츠 자신이 『비전』에서 밝힌 바에 근거하여 자동기술의 형태를 두 가지로 나누어 설명하고 있다. 첫째는 "formal Script"로서, 항상 선택된 주제에 관한 질문과 그에 대한 답변으로 이루어졌다. 반면에 또 다른 형태인 "random Script"는 질문에 의하지 않는 것으로서 "formal Script"의 이전 혹은 이후에 실시되었고, 주로 경고나 충고의 형식을 띠었다. 그리고 그 내용은 매우 사적이고 은밀한 것이어서 비록 『비전』의 형성에는 별다른 영향을 주지는 않았지만 전기적인 측면에서나 비평적인 측면에서는 흥미를 불러일으킬만한 것이었다(1: xi). 자동기술 외에도 예이츠부부는 "sleeps" 혹은 "sleep talk"라고 불리는 비슷한 성격의 공동 작업을 시도했다. 본래의 자동기술이 혼령들의 메시지를 조지가 손으로 써서 표현한 것인 반면에, 그것은 수면 상태에 빠진 그녀가 말로 표현한 메시지를 그녀 혹은 예이츠가 기록한 것이었다. 그들이 처음으로 그것을 시도했던 것은 그들 부부가 미국여행 중이었던 1920년 봄 캘리포니아에서였다.

부터 자신에게로 돌려놓을 수 있을까, 그리고 그들의 결혼을 확고하게 해 줄 수 있는 방안은 무엇일까에 대해 깊이 고민했을 것이다. 이러한 과정에서 자동기술이 등장하게 된 것이다. 비록 그녀로서는 처음 시도해보는 것이었지만, 그녀에게는 그런 쪽에 남다른 능력이 있었고 예이츠 역시 신비적 체험에 대한 충분한 인식과 경험이 있었기 때문에 그녀는 쉽게 그 방안을 선택할 수 있었을 것이다.[9)]

이렇게 보면 자동기술은 예이츠 자신이 확고하게 믿었던 것처럼 혼령들이 보내준 메시지를 다만 그녀가 자동적으로 기록한 것이라기보다는 그녀의 의도적인 행위의 결과로 볼 수도 있을 것 같다. 그렇다면 그녀는 속임수를 쓴 것일까? 즉 예이츠를 붙잡기 위하여 의도적으로 그를 속인 것일까? 예이츠가 세상을 떠난 후 직접 조지 예이츠를 찾아가 대화를 나눈 리처드 엘만(Richard Ellmann)은 처음 자동기술을 시작했을 때 그녀의 의도는 "이솔트나 그녀 자신에 대한 그의 불안감을 진정시키기 위하여 한 두 문장을 꾸며내는 것"이었지만, 그것이 진행되는 동안에 "갑자기 그녀의 손이 무엇인가에 사로잡혀 꼼짝없이 끌려가는 것을 느꼈다"라고 적고 있다(*Yeats* xii-xiii). 이러한 엘만의 진술은 한편으로는 그녀가 자신의 의도에 의하여 자동기술을 꾸며냈음을 솔직히 인정한 것으로 들리기도 하지만, 다른 한편으로는 꼭 그런 것만은 아니었다는 사실을 암시하는 것으로 들리기도 한다. 아마도 그녀가 이러한 애매한 표현을 사용한 것은, 그녀 자신이 사용했을 것으로 짐작되는 "꾸며내다"(fake)라는 말이 자신의 진정성에 흠집을 냄으로써 결국 두고두고 자신에게 좋지 않는 영향을 주리라는 것을 염려했기 때문이 아닐까 생각되기도 한다.[10)]

---

9) 자동기술은 당시의 유행이기도 했다. 대규모의 전쟁으로 인한 수많은 사상자의 발생은 죽은 자들과의 대화를 필요로 했고, 그 방법의 하나로 자동기술이 사용된 것이다.

어쨌든 자동기술에 대한 조지 자신의 해명 자체가 이렇다보니 이에 대한 여러 평자들의 견해 역시 애매한 것 같다. 매독스는 엘만이 전해주고 있는 조지의 해명 자체에 대해 매우 의심스런 시선을 보내며 엘만이 조지의 말을 너무 곧이곧대로 받아들이고 있다고 꼬집으면서도 자동기술에서 조지가 꼭 의도적으로 속임수를 쓴 것으로 볼 수만은 없는 이유를 제시함으로써 결국 이 문제에 대한 해답이 어느 쪽으로도 가능하다는 점을 암시하고 있다(78-80). 이 점은 새들마이어도 마찬가지이다. 그녀는 무엇보다도 조지 예이츠가 매우 지성적이고 지각력이 있는 여성이었다는 점, 그리고 그녀를 만난 대부분의 사람들이 이 사실을 증명하고 있다는 점을 그 근거로 하여 대체적으로 자동기술의 진정성에 대하여 긍정적인 입장을 보여주고 있다. 또한 자동기술을 이해하는 데 도움을 줄 수 있는 여러 과학적 이론들을 검토하면서 당시의 상황에서 그것은 충분히 가능했을 것으로 생각한다(130-1). 그러면서도 그녀는 조지 예이츠가 유달리 자신의 삶의 비밀들을 밝히기를 꺼려했던 여성이었음을 강조하면서 심지어 그녀의 남편인 예이츠에게도 많은 것들을 숨겼다고 적고 있다. 따라서 결혼 초기에 그들 부부를 묶어주었던 자동기술 작업이 과연 "그녀의 속임수, 공동의 자기기만, 혹은 혼령의 개입"이었는지에 대한 논의가 영원히 끊이지 않을 것이라고 말하고 있다(xix).

사실 자동기술 자체가 현대 첨단과학의 어떤 지식을 가지고도 명확하게 규명하기 어려운 행위라는 점을 고려한다면 그에 대한 전기

---

10) 먼 훗날 A. Norman Jeffares가 예이츠 『시선집』(*Selected Poems*)의 서문의 초고에서 "Fake"라는 단어를 사용하고 있는 것을 알게 된 조지는 그에게 보낸 편지에서 "저는 서문에서 당신이 'Fake'라는 말을 사용하고 있는 것이 싫습니다. 전에도 이 점을 말씀드렸고, 당신 책에는 더 나은 표현이 있었지요. 그렇지만 당신에게 이것을 바꾸라고 요구할 수는 없습니다. 'Fake'라는 말은 후손들에게 전해지겠지요."라고 적고 있다(Saddlemyer 103).

작가들의 애매한 입장은 당연한 것으로 보이기도 한다. 그러나 그것이 정확히 무엇이었든지 간에 이러한 체험이 예이츠의 삶과 시에 커다란 영향을 끼친 것은 분명하다. 이 점에 대하여 여러 평자들이 이구동성으로 말하고 있는 것을 들어보면 더 이상 논란의 여지가 없어 보인다. 이미 오래전에 엘만은 그의 아내의 자동기술은 예이츠에게 "마침내 지혜가 손에 닿는 듯한" 느낌을 주었으며, 만일 그가 1917년 조지와 결혼하지 않고 그대로 세상을 떠났더라면 "뛰어난 이류 시인" 정도로만 기억됐을 것이라고 적고 있고(*Yeats* 223-4), 예이츠의 친구였던 프랭크 오코너(Frank O'Connor) 역시 1965년 예이츠 탄생 100주년을 기념하는 자리에서 행한 연설에서 "만약 예이츠가 결혼하지 않았다면, 혹은 정말로 만약 다른 사람과 결혼했더라면 아마도 그의 후기 작품의 이야기는 전혀 달랐을 것이다."라고 말하고 있다(Saddlemyer 647).[11] 보다 최근에 와서 테렌스 브라운(Terence Brown)은 그의 예이츠 전기에서 자동기술이 시작되면서부터 "예이츠 자신의 창작 활동은 영매의 능력을 소유한 그의 아내와의 협력에 점점 더 의존하게 되었다"고 쓰고 있고(261), 그동안 줄곧 조지 예이츠에 대해 연구해온 마가렛 밀즈 하퍼도 "그 유명한 아일랜드 시인과 그의 작품은 모두 마법에 대한 관심과 자동기술(automatism)에 대한 재능, 그리고 드러나지 않는 탁월한 지적 능력을 소유한 한 영국 여성에 의하여 완전히 변했다."라고 말하고 있다(10).

예이츠 자신은 아내 조지의 자동기술에 대하여 어떻게 느꼈을까? 훗날 그가 "나는 커다란 풍족감을 느낀다--수년간 내가 느꼈던 것 이상이다. 조지의 혼령들이 나를 교육시킨 것이다."라고 적고 있는 것

11) 이러한 의미에서 예이츠의 결혼은 "매우 운이 좋은" 것이었다고 Frank O'Connor는 덧붙이고 있는데, 이러한 말은 그 자리에 참석했던 조지의 마음을 기쁘게 했을 것이라고 Saddelmyer는 적고 있다.

을 보면(*L* 781), 그것이 그에게 커다란 만족감을 안겨 준 것은 분명하다. 무엇보다도 그것은 예이츠 스스로 자신의 "시스템"(System)이라고 부른 철학사상의 틀을 세우는 데 필요한 기반을 마련해 주었다. 여기에서 그 자세한 내용을 다룰 수는 없지만, 그것은 인류 문명의 역사와 개인의 성격, 그리고 인간의 영혼 등에 대한 예이츠 나름대로의 생각을 총망라한 것이었다. 그 사상의 토대가 조지의 자동기술에 의해 마련된 것이다. 물론 그녀가 제공하는 답변들의 내용 속에는 그간의 예이츠 자신의 경험과 지식이 상당부분 반영되어 있고, 그런 의미에서 그것은 "두 사람의 지혜"[12]라고 하는 것이 더 정확한 표현일 수 있다는 점을 고려한다고 해도 아직 20대에 불과한 그녀로서는 놀라운 일임에 틀림없다. 이는 그녀를 만났던 모든 사람들이 증언하고 있듯이 그녀가 뛰어난 지적 능력을 갖춘 여성이었을 뿐만 아니라, 관심 있는 철학적 주제들에 대한 독서와 탐구에 유달리 열성적인 여성이었기에 가능한 일이었을 것이다.

그러나 조지의 자동기술은 단순히 그녀의 지혜의 드러남으로 그치는 것이 아니었다. 그것은 동시에 그녀의 사랑과 성적 욕망의 드러남이었고 그 기록이었다. 비록 『비전』의 집필 과정에서는 빠질 수밖에 없었지만 자동기술의 상당부분이 그들의 성생활과 관련된 내용이었다는 사실은 그것이 그들 부부간의 사랑, 특히 남편에 대한 조지의 사랑에 바탕을 두고 있는 것임을 확인해준다.[13] 이러한 맥락에서 컬

---

12) 실제로 조지는 자동기술의 기록에서 "Wisdom of Two"라는 표현을 사용하고 있다(*YVP*3: 146). 또한 이와 비슷한 표현으로 "wisdom from 2 people"도 사용되고 있다(*YVP*1: 185).

13) 1925년판의 『비전』에서 예이츠는 자동기술의 상당부분을 차지하고 있는 성적인 내용들이 빠지게 된 데 대한 아쉬움을 표하며, "I have not even dealt with the whole of my subject, perhaps not even with what is most important, writing nothing about the Beatific Vision, little of sexual love."라고 적고 있

링포드는 예이츠나 그의 아내에게 있어서 신비주의에 대한 관심과 성적 관심은 항상 불가분의 것이었고, 이 점은 자동기술도 마찬가지였다고 말하고 있다. 단순히 그 내용이 지금까지의 예이츠의 여성관계를 중점적으로 다루고 있다는 점에서 뿐만 아니라, 그 작업이 제대로 이루어지기 위한 조건으로 예이츠와 조지의 원만한 성관계를 강조하고 있는 점에 있어서도 다분히 성적인 것이었음을 강조한다. 그리고 이에 대한 증거로서 자동기술의 구체적인 기록들을 예로 들고 있다(110-11). 이 점은 그들 부부의 얘기를 전기로 쓰고 있는 작가들의 경우에도 마찬가지이다. 새들마이어는 자동기술이 진행됨에 따라 그들 부부의 성관계가 점점 더 큰 비중을 차지해간 사실을 지적하면서, 이는 "창조성과 섹슈얼리티의 원만한 관계" 혹은 "창조적 재능과 성행위의 관계"에 대한 그들의 인식이 점점 깊어졌기 때문으로 보고 있다. 한 걸음 더 나아가 그녀는 이 시기 자동기술을 통하여 체득한 이러한 인식이 훗날 예이츠가 소위 회춘수술(Steinach operation)을 받고 여러 여성들과 사랑의 관계를 갖는 데에도 영향을 주었을 것으로 짐작한다(119-20). 매독스 역시 자동기술에 있어서 성적인 것과 신비주의적인 것은 서로 밀접하게 연결되어 있음을 지적한다.[14)]

이처럼 지혜의 기록이면서 동시에 사랑의 기록이기도 한 자동기술의 양면성은 언뜻 보면 지혜와 사랑이 서로 분리되어 있는 것으로 이

다(*AVA* xii).

14) Maddox는 특히 조지 예이츠가 자동기술을 통해 임신하고자 노력했던 사실을 언급하면서, 그런 의미에서 자동기술은 "임신을 위한 준비 행동"이었다고 말하고 있다(77). 아닌 게 아니라 자동기술의 기록들이 보여주고 있는 그녀의 첫 번째 임신 과정은 무척 흥미롭다. 그것은 단순히 그들 부부의 성관계에 의한 생리적 현상만이 아니라, 앤 하이드(Anne Hyde)라는 17세기 귀족부인의 사산아가 다시 예이츠부부의 자식으로 태어나게 되는 초자연적 현상으로 나타나 있다. 자동기술은 이러한 사실뿐만 아니라 출산에 이르기까지의 모든 사항들을 그들 부부에게 알려주면서 지시하고 충고한다.

해할 수도 있겠지만, 사실은 그 양자가 분리되지 않고 하나를 이루고 있다고 하는 것이 더 정확한 표현일 것이다. 여러 평자들이 누누이 강조하고 있는 것이 바로 이 점이라고 생각된다. 이 시기에 예이츠가 쓴 몇몇 시 작품들을 보면 예이츠 자신도 그렇게 느꼈던 것 같다. 예이츠가 자신과 아내를 솔로몬과 시바의 여왕에 비유하고 있는 두 작품 「솔로몬이 시바에게」("Solomon to Sheba")와 「솔로몬과 마녀」("Solomon and the Witch"), 그리고 아랍적인 배경하에 자신의 결혼 얘기를 하고 있는 「하룬 알라쉬드의 선물」("The Gift of Harun Al-Rashid") 같은 작품들이 그 좋은 예가 될 것이다. 1918년에 쓰인 「솔로몬이 시바에게」와 「솔로몬과 마녀」는 그 형식이 두 사람의 대화로 되어 있는 점에 있어서나, 그 내용이 두 사람의 사랑 관계를 다루고 있는 점에서 서로 비슷할 뿐만 아니라, 그들의 얘기를 통해서 결국 예이츠가 조지와의 결혼으로 얻게 된 안정감과 행복감을 표현하고 있는 점에서도 비슷하다. 이러한 의미에서 새들마이어는 "결혼축가" 같은 작품들이라고 말하고 있다(188). 먼저 「솔로몬이 시바에게」에서 솔로몬의 무릎에 앉은 시바와 그녀의 얼굴에 연달아 키스하고 있는 솔로몬의 모습부터가 그들이 서로 열렬히 사랑하는 사이임을 보여준다. 자신들이 온종일 "우리 속 늙은 말처럼" 사랑의 주제만을 "빙빙 돌았다"고 말하는 솔로몬에게(1연), 시바는 다른 주제들을 다루기에는 자신의 학식이 부족함을 말하고(2연), 이에 대해 다시 솔로몬은 말한다(3연).

'하늘 아래 태어난 어떤 남자
혹은 어떤 여자도 학식에 있어서
감히 우리 둘과 견줄 수가 없다오.
그리고 온종일 우리가 깨달은 것은
사랑 말고는 어떤 것도 이 세상을
좁은 우리로 만들 수 없다는 것이라오.'

'There's not a man or woman
Born under the skies
Dare match in learning with us two,
And all day long we have found
There's not a thing but love can make
The world a narrow pound.' (*VP* 333)

솔로몬의 이 말은 세상을 움직이고 이해할 수 있는 진정한 힘은 높은 학식이 아니라 사랑이라는 것, 따라서 사랑이야말로 최고의 지혜일 수 있다는 의미일 것이다. 그러니까 이미 시바는 솔로몬에 대한 열정적인 사랑으로 인하여 최고의 지혜를 얻었으니 스스로 학식의 부족함을 탓할 필요가 없다는 말이다. 이는 곧 아내의 자동기술의 체험을 통하여 그것이 철저하게 그녀의 육체적, 정신적 사랑의 충족에 의존하고 있음을 깨닫게 된 예이츠가 그 사실에 대한 놀라움과 함께, 그것을 가능케 해준 아내에 대한 고마움을 시적으로 표현한 것이라고 할 수 있다.

「솔로몬과 마녀」는 앞의 작품보다 더 직설적으로 솔로몬과 시바의 성적인 사랑을 노래하고 있는 작품이다. 시의 첫 부분에서 "그 아랍 여인" 시바는 전날 밤 풀밭에서 솔로몬과 사랑을 나누는 중에 자신이 "그의 것도, 나의 것도 아닌 / 이상한 말로 소리쳤다"고 말한다. 여성인 그녀가 그것도 자발적으로 자신의 성행위에 대해서 이렇게 공개적으로 밝히고 있는 것을 보면 대담함을 넘어 조금은 충격적으로 느껴지기도 한다. 이에 대해 솔로몬은 그녀가 냈던 소리는 바로 이 세상이 종말을 고하고 영원불멸의 세계가 도래했음을 알리는 "수탉"(cockerel)의 소리일지도 모르며, 이는 그들의 사랑의 행위가 그만큼 완전한 결합이었음을 뜻하는 것이라고 말한다. 그러나 그처럼 완전한 사랑의 결합이 어찌 쉽게 이루어질 수 있겠는가? 시바가 내뱉는

한 마디 "그러나 세상은 그대로 있는 걸요."라는 말은 결국 그들의 사랑의 행위가 세상의 종말을 가져오는 데는 실패했음을 보여준다. 그러나 놀랍게도 그녀는 전혀 절망의 기색을 보이지 않는다. 오히려 의욕적으로 다시 해보자며 솔로몬을 이끌어 간다.

> '밤이 내렸어요. 꽃잎 하나 땅에
> 지는 것 말고는 금지된 성스런
> 숲에 아무 소리도 들리지 않고,
> 우리가 누운 자리 짓눌린 풀 말고는
> 거기에 어느 누구도 보이지 않아요.
> 그리고 달은 시시각각 더 거칠어져요.
> 아! 솔로몬! 다시 해봐요.'

> 'The night has fallen; not a sound
> In the forbidden sacred grove
> Unless a petal hit the ground,
> Nor any human sight within it
> But the crushed grass where we have lain;
> And the moon is wilder every minute.
> O! Solomon! let us try again.' (*VP* 389)

시의 첫 부분과 마찬가지로 이 끝 부분에 표현된 시바의 대담성과 적극성에 대해서는 약간은 시인의 유머와 익살이 느껴지기도 하지만 놀라운 것임에는 틀림없다. 게다가 그녀를 마녀로 설정한 것도 흥미롭다. 마녀는 보통 인간들과는 달리 초자연적이고 신비적인 세계와 소통할 수 있는 특별한 능력을 소유하고 있는 여성이라고 할 수 있겠지만, 이 시에서 예이츠는 이러한 마녀의 특성과 시바의 대담하고도 적극적인 사랑의 표현을 서로 연결시키고 있는 듯하다. 다시 말해서 그녀의 마녀로서의 힘이나 지혜는 바로 솔로몬과의 열정적인 사랑에 의지하고 있는 것임을 보여주려는 것 같다. 이처럼 솔로몬과 마녀 시바, 그리고 그들이 나누는 사랑과 지혜의 대화는 자연스럽게 예이츠와 조지, 그리고 그들의 자동기술을 떠올리게 한다. 사실 시의 제목을 "시바" 대신에 "마녀"라고 한 것도 자동기술에서 영매 역할을 했던 조지 예이츠를 떠올리게 하려는 의도일 것이다. 그렇게 보면 여기에 표현된 시바라는 여성인물 자체가 조지 예이츠와 자동기술의 영향이라고 할 수 있다. 사랑과 지혜를 향한 공동의 탐색 과정인 자동기술에서 그녀가 보여준 적극적이고도 주도적인 역할을 직접 체험하면서 예이츠는 그 이전에 그가 겪었던 것과는 전혀 다른 새로운 여성성의 이해에 도달하게 되고, 그 결과 이 시의 시바와 같은 여성인물의 표현이 가능해진 것이다. 그리고 이 점은 비단 시바의 경우만이 아니라 이 시기 이후 예이츠의 시에 등장하는 다른 여성인물들의 경우에도 마찬가지라고 할 수 있다. 이러한 맥락에서 컬링포드는 이러한 예이츠의 여성 표현은 항상 남성화자의 관점에서 여성을 수동적으로만 다루어 온 과거 애정시의 전통과는 확실히 구별되는 것이라고 말하고 있다(118).

「하룬 알라쉬드의 선물」은 193행에 달하는 비교적 긴 작품으로 흔히 시인 예이츠가 "마침내 이상적인 아내와 자리 잡게 되었음"을 독자들에게 알리기 위하여(Unterecker 197), 혹은 그가 "자신의 삶을 변화시키는 데 성적으로나 정신적으로 크게 도움을 준 그녀에게 깊은 감사"를 표하기 위하여 쓴 작품으로 여겨진다(Maddox 239). 비록 결혼 후 6년 뒤에 쓰이긴 했지만 "한 편의 긴 결혼축가"라고 할 수 있는 작품이다(Cullingford, *Gender* 109). 이 작품은 9세기에 아랍에 살았던 쿠스타 벤 루카(Kusta ben Luka)라는 인물이 압드 알라반(Abd Al-Rabban)에게 보내는 편지 형식으로 되어 있다. 압드 알라반는 바그다드의 칼리프(Caliph)인 하룬 알라쉬드의 재무대신(Treasurer)이었다. 그 편지에서 쿠스타는 자신이 젊은 아내를 얻게 된 과정과, 그녀를 통해 자신의 철학이 만들어지게 된 과정에 대해 얘기하고 있다. 어느 날 그는 그가 독신으로 지내는 것을 안타깝게 여긴 하룬 알라쉬드로부터 한 젊은 여성과 결혼할 것을 권유받는다. 칼리프는 그녀가 쿠스타가 갖고 있는 "그 오래되고 난해한 미스터리들에 대한 갈증"을 갖고 있으며 "우리 인생 너머를 보려고 애쓰는" 여성이라는 점을 강조하고, 이에 고무된 쿠스타는 결국 그녀를 아내로 맞는다. 이처럼 쿠스타의 결혼이 자발적인 것이 아니라 칼리프의 주선에 의한 것이다 보니 언뜻 보면 그의 신부 역시 수동적으로 이끌려온 것으로 보이지만, 쿠스타는 그녀가 그녀 자신의 꿈과 소망에 의해 자기와 결혼한 것이라고 생각한다. 그러면서도 과연 그녀가 그와 결혼한 것은 그에 대한 사랑 때문인지, 아니면 "미스터리"에 대한 사랑 때문인지를 스스로에게 묻고 있다. 여기까지만 봐도 우리는 이 이야기가 예이츠 자신의 것임을 쉽게 알 수 있다. 그러니까 시의 화자인 쿠스타는 앞의 시들의 솔로몬처럼 예이츠가 자신을 표현하기 위하여 과거의 아랍세계로부터 데려온 인물인 셈이다.15)

쿠스타의 편지는 결혼 후 그들 부부의 삶에 대한 얘기로 이어진다. 먼저 그는 아내가 "가을의 냉기"로 가득 찬 그의 삶에 "나의 모든 꽃피는 봄철이 알았던 것보다도 더 많은 꽃들"을 피우게 했다고 말하며 그녀와의 결혼이 더할 나위 없는 축복과 행복을 가져왔음을 밝힌다. 그리고 나서 아내가 보여준 특이한 행동, 예이츠부부가 "sleeps"라고

15) 이 시가 굳이 아랍적인 배경을 사용한 것은 아마도 자동기술에 대해 솔직하게 밝힐 수 없었던 사정 때문일 것이다. 또한 예이츠에게 있어서 아랍세계는 열정적인 사랑과 지혜의 합일이 가능한 상징적인 장소였으리라는 추측도 가능할 것 같다. 이러한 맥락에서 여러 평자들은 이 작품의 이면에 아랍의 구전문학을 대표하는 『천일야화』(*The Thousand and One Nights*)가 존재하고 있음을 지적한다.

불렀던 행동에 대해 쓰기 시작한다. 어느 날 밤 잠자고 있던 그녀는 침대위에 똑바로 앉아 쿠스타에게 그가 풀려고 고민하고 있던 철학적 문제들에 대한 해답을 들려준다. 그녀의 목소리가 전해준 진리의 말들("truths")을 들으며 그는 그녀가 아니라 "어떤 위대한 신령"(some great Djinn)이 말하고 있는 것임에 틀림없다고 생각한다. 그리고 자신의 아내는 "학자"(the learned man)이며 자신은 "어린아이" 같다고 느낀다. 또 다른 밤에는 잠든 그녀가 일어나 밖으로 나가 쿠스타가 매일 연구하고 있던 "상징들"(emblems)을 모래 위에 손가락으로 그려 보여준다. 쿠스타는 이러한 아내의 행동에 대해 놀라움과 고마움을 느끼면서도, 그녀가 그러한 일들을 전혀 의식하지 못하고 있는 점에 대해서 불안해한다. 만약 그녀가 자신의 한밤중의 행동에 대하여 알게 되고, 그래서 혹시라도 그가 단지 그녀의 "그 한밤중의 목소리" 때문에 그녀를 사랑하는 것으로 오해라도 하게 될까봐 두려운 것이다. 만약 그렇게 해서 그녀가 그에 대한 사랑을 잃어버린다면 자신은 "모든 깃털을 뽑힌" 채 추위에 "떨고 있는" 가련한 새 신세가 되리라고 생각한다.

그는 왜 그렇게 생각하는 것일까? 그것은 그녀의 목소리가 들려주고 그녀의 손가락이 그려 보여준 모든 것들, 그리고 그것들이 드러내고 있는 모든 지혜가 사실은 그녀의 육체적, 성적 욕망이 드러내고 있는 사랑에서 비롯된 것임을 알기 때문이다. 따라서 만약 그녀의 사랑이 사라진다면 "노년에게 어린아이의 우유 같은 그 한밤중의 목소리"마저 사라질 것임을 알고 있기 때문이다.

그 목소리는
그녀 사랑의 구체적인 성질로부터
지혜의 특질을 이끌어냈다. 그 기호들과 모양들,
위대한 파르메니데스 논문으로부터 온 것으로

그대가 생각했던 그 모든 추상들,
그 모든, 모든 소용돌이들과 입방체들과
한밤중의 것들은 단지 젊음의 지독한 달콤함에
취한 그녀 육체의 새로운 표현일 뿐이다.

The voice has drawn
A quality of wisdom from her love's
Particular quality. The signs and shapes;
All those abstractions that you fancied were
From the great Treatise of Parmenides;
All, all those gyres and cubes and midnight things
Are but a new expression of her body
Drunk with the bitter sweetness of her youth. (*VP* 469)

이는 곧 그녀의 한밤중의 행동을 통해 드러난 지혜와 그녀의 성적 욕망을 통해 드러난 사랑이 결국 하나라는 의미일 것이다. 우리는 이 시뿐만 아니라, 앞에서 살펴본 솔로몬과 시바에 관한 시들, 그리고 예이츠부부의 자동기술과 "sleeps"의 기록들과 그에 대한 여러 평자들의 해석들을 통해서 끊임없이 그것을 확인하게 된다. 아마도 이러한 지혜와 사랑의 합일은 시인 예이츠가 평생을 두고 추구해왔던 이상이었을 것이다. 그는 아내 조지와의 결혼생활, 특히 자동기술과 "sleeps" 등의 체험을 통해서 그 이상이 이루어지는 기쁨과 행복감을 느꼈던 것인지도 모르겠다. 앞에서 언급했던, 예이츠의 결혼은 "매우 운이 좋은" 것이었다는 프랭크 오코너의 말이 다시금 떠오른다.

시인 예이츠의 삶이나 시에 미친 영향을 떠나 부부로서 예이츠와 조지의 관계에서 볼 때에도 자동기술은 확실히 결혼 초기의 그들을 끈끈하게 묶어주는 매우 효과적인 방법이었음에 틀림없다. 그러나 1922년 여름 그들이 그동안 계속해왔던 자동기술과 "sleeps" 등을 그만 두기로 결정한 것을 보면, 그것들을 무한정 계속하기는 어려웠던 모양이다. 나중에 조지 자신은 그것들이 자신의 애들에게 좋지 않을까봐 그만두었다고 그녀의 사촌에게 말했다고는 하지만(Maddox 185), 아무래도 신비적 체험에 대한 그들의 욕구가 어느 정도 채워진 것이 아닌가 생각된다. 게다가 조지의 입장에서 보면, 그러한 방식으로 남편 예이츠의 마음을 자신에게 돌리고 원만한 성관계를 통하여 두 자식을 얻는 데에도 성공하였으니 그처럼 힘든 작업을 계속할 필요가 없었을 것 같기도 하다. 또한 여기에 깊이 빠져있는 예이츠로 하여금 이제는 시 쓰는 일에 전념할 수 있도록 하려는 의도도 있었을 것 같다.[16] 예이츠 역시 자동기술을 통하여 자신의 철학체계와 시가 필요로 하는 많은 것들을 얻었으니 그만 두는 것에 대한 큰 불만은 없었을 것이다. 그러나 자동기술이 그들의 부부관계를 돈독하게 해주었던 그만큼 그 중단으로 인해 그들의 관계가 변화를 겪게 되리라는 점은 충분히 짐작이 간다. 한마디로 그 이후 그들은 결혼 초기의 집중적이고 밀착된 관계보다는 형식적이고 사무적인 형태의 관계를 유지했던 것으로 보인다.

그러나 자동기술이 진행되는 동안이나 그것이 중단된 이후에나 변함없이 조지 예이츠는 시인의 아내로서의 역할을 성실하게 수행하며 가정을 지켜갔다. 이 점에서 특히 인상적인 것은 그녀가 보여준 적극성과 용기이다. 사실 그들이 결혼하고 나서 아일랜드 서부의 외딴 곳에 위치한 낡은 탑 투르 발릴리(Thoor Ballylee)에 정착하기로 한 것부

16) 예이츠 자신이 『비전』 제2판 서문에서 밝히고 있는 것처럼, 자동기술의 놀라움과 심오함에 압도된 예이츠가 시 쓰는 일 대신에 자동기술에 대한 연구에 전념할 것을 제안했을 때 자동기술을 통한 조지의 대답은 "우리는 당신에게 시를 위한 메타포를 제공하기 위해서 왔다"라는 말이었다(*AVB* 8). 이는 자동기술에 대한 조지의 생각의 일면을 보여준다.

터가 영국에서 태어나 줄곧 안락하게 살아온 그녀로서는 쉽지 않은 결정이었을 것이다. 더군다나 당시의 아일랜드는 영국과의 갈등으로 인하여 극심한 혼란 상태였다. 그렇지만 그녀는 기꺼이 남편의 뜻을 따랐고, 그곳에 단순한 거처 이상의 상징적 의미를 부여할 만큼 적극적이었다. 그들 부부가 그곳에 고 나서 얼마 뒤에 쓰인 시 「투르 발릴리의 돌에 새기다」("To be carved on a Stone at Thoor Ballylee")는 이러한 의미에서 예이츠의 아내에 대한 고마움과 사랑의 표시로 읽힌다.

> 나, 시인 윌리엄 예이츠는
> 낡은 방앗간 널판자와 초록 바다빛 석판,
> 그리고 고르트 대장간에서 만든 물건들로
> 내 아내 조지를 위해 이 탑을 보수했으니,
> 모든 것이 또 다시 무너질 때에도
> 이 문자들은 영원히 남아 있으라.
>
> I, the poet William Yeats,
> With old mill boards and sea-green slates,
> And smithy work from the Gort forge,
> Restored this tower for my wife George;
> And may these characters remain
> When all is ruin once again. (*VP* 406)

사실 52세의 늦은 나이에, 그것도 특별한 능력을 소유한 젊은 여성과 결혼하여 자신이 이미 수년 전 구입을 고려했을 때부터 신혼의 보금자리로 생각해왔던 이 탑에 게 되었으니 시인 예이츠의 감회는 남달랐을 것이다. 그러기에 그러한 기쁨을 갖게 해준 아내에 대한 사랑과 감사의 마음으로, 그리고 그 마음이 탑의 "돌에 새겨져" 영원히 전해지기를 바라며 이 시를 썼을 것이다. 그렇게 보면 이 시는 투르 발릴리의 돌탑이 그러하듯이 시인 예이츠가 아내 조지에게 바치는 최고의 결혼선물이라고 할 수 있을 것 같다.[17)]

시인의 아내로서 조지가 결혼 초기부터 보여준 성실성과 적극성, 그리고 용기는 그가 새로 수립된 자유정부(Free State)의 초대 상원의원으로 재직하는 동안에도 계속된다. 그녀는 예이츠가 상원의원직을 제의받았을 때 그에 따른 위험을 의식하면서도 적극적으로 수락을 권유하였고, 6년 동안 그 직무를 수행해가는 과정에서도 단순히 가정을 지켜가는 수준을 넘어 밖으로 공적인 영역에 이르기까지 광범위하게 그를 도왔다. 한 때 가족의 안전에 심한 위협을 느낀 예이츠가 더블린을 떠나 다른 지역으로의 이사를 심각하게 고려했을 때에도 그녀는 여전히 그곳에 남아 있기를 고집하여 그를 감동시킨 적도 있었다. 그녀의 역할은 이것만이 아니었다. 그녀는 예이츠에게 있어서 보다 더 중요한 일이라고 할 수 있는 시인으로서의 활동, 즉 좋은 작품을 쓰고 그것을 출판하는 과정에서 비롯하는 여러 사무적인 일들, 예를 들어 원고를 정리하고 보내는 일에서부터, 출판사에 보내는 편지를 받아 적거나 필요한 서류를 준비하는 일, 심지어는 업무상 사람들을 만나는 일에 이르기까지 많은 일들을 성실하게 수행했다. 한마디로 그것은 거의 비서직에 가까운 것이었다.[18)]

아내로서 맡은 일에 최선을 다하고자 하는 조지의 태도는 두 자녀를 키우며 집안일을 꾸려가는 일에 있어서도 마찬가지였다. 예이츠

---

17) 예이츠 시의 "variorum edition"의 공통 편저자인 Peter Allt는 1948년 이곳을 방문한 뒤 조지 예이츠에게 보낸 편지에서 투르 발릴리에서의 삶이 예이츠의 생애에 가장 행복한 시간이었을 것이라고 추측하면서, 이 시를 탑의 돌에 새길 것을 제안했다. 그러나 그 일이 이루어진 것은 12년이 지난 뒤였다 (Saddlemyer 620-21).

18) 실제로 남편 예이츠를 대신하여 쓴 사무적인 편지들에서 그녀는 자신을 "George Hyde Secretary"라고 표기하기도 했다(Saddlemyer 321).

가 "우리는 병치레가 잦은 집안임이 분명합니다"라고 고백한 것처럼(*L* 696), 그 자신뿐만 아니라 그의 두 자녀들도 자주 아팠다. 물론 그들을 돌보는 하녀들이 있었지만 조지는 어머니로서 정성스럽게 그들을 간호하고 보살폈다. 평상시 자신의 감정을 잘 드러내지 않는 그녀였지만 자녀들에 대한 사랑에 있어서만은 달랐다고 새들마이어는 적고 있다(325). 그러다보니 때로는 남편과 두 자녀들 사이에서 갈등과 안타까움을 느끼는 경우도 있었다. 특히 시인으로서 예이츠가 필요로 하는 집안 분위기를 만들어 가기 위해서 때로는 아이들에 대한 배려가 무시될 수밖에 없는 사실에 대해서 마음 아파했던 것 같다. 항상 시를 쓰는 일에 전념해야 했던 예이츠로서는 자상하고 가정적인 남편이자 아버지 노릇을 하는 일이 쉽지 않았을 것이다.[19)] 따라서 아내이자 어머니로서의 조지의 입장과 그에 따른 임무는 그만큼 힘들었으리라 여겨진다. 남편과 두 자녀를 헌신적으로 돌보는 일 외에도 조지는 예이츠 집안의 다른 가족들에 대해서도 지원을 아끼지 않았다. 시아버지 존 버틀러 예이츠(John Butler Yeats)를 마지막까지 경제적으로 부양했음은 물론이고, 두 시누이가 경영하고 있던 출판·자수세공 회사(Cuala Industries)가 경영난에 빠지게 되었을 때에는 그들에 대한 지원도 마다하지 않았다. 그들 부부 역시 경제적인 여유가 많지 않은 상황에서 그녀가 이처럼 적극적이었던 것은 물론 며느리로서, 그리고 올케로서 책임감 때문이기도 했겠지만, 무엇보다도 남편 예이츠가 보다 편안한 마음으로 시 쓰는 일에만 전념하도록 하려

19) 그녀의 전기에 소개되어 있는 한 일화, 언젠가 병석에 누워있는 예이츠에 대해 전혀 안부를 묻지 않는 그의 아들 마이클(Michael)에게 어머니인 조지가 그 이유를 물었더니 "내가 아팠을 때 아버지는 나에 대해 물어본 적 있어요?"라고 퉁명스럽게 대꾸했다는 이야기는 아버지 예이츠와 자녀들, 특히 아들 마이클과의 관계의 일면을 보여주는 듯하다(Saddlemyer 327).

는 그녀의 배려 때문이었을 것이다.

이처럼 위대한 시인 예이츠의 아내이자 비서, 그리고 신비한 영적 체험의 동반자로서, 그리고 두 자녀의 어머니이자 예이츠 집안의 맏며느리로서의 역할을 기꺼이 떠맡고 거기에 최선을 다하고자 했던 조지는 시간이 지나면서 그 밖의 다른 일에 대해서도 관심을 갖고 활동하기 시작했다. 미술 못지않게 문학에 대해서도 식견이 높았던 그녀는 두 편의 희곡을 썼고, 이어 소설에도 손을 댔던 것으로 알려져 있다. 비록 출판에까지 이르지는 못했지만, 아마도 자동기술의 중단 이후 억제되어 온 그녀의 창조력이 그러한 방향으로 표출되었을 것이다. 또한 그녀는 더블린 연극연맹(Dublin Drama League)에 가입하여 적극적으로 활동하면서 간사(general secretary) 일을 맡기도 했다. 한마디로 이 단체는 기존의 연극계에서는 시도하기 어려운 보다 실험적인 작품들의 공연을 목표로 한 연극인들의 모임이었고, 그녀는 이 모임을 실질적으로 이끌어 간 인물 중의 하나였다. 이러한 활동과 관련하여 또 하나 주목되는 것은, 바로 이 시기에 레녹스 로빈슨(Lennox Robinson)과 토마스 맥그리비(Thomas MacGreevy)를 만나 깊은 우정을 나누기 시작했다는 사실이다. 두 사람 모두 조지와 비슷한 연배로서 문학과 연극에 뛰어난 재능을 갖고 있는 남성들이었다. 그녀와 마찬가지로 그들 역시 시인 예이츠에 대해 각별한 존경심을 갖고 있었기 때문에 그녀는 부담 없이 그들과 가까이 지내며 필요할 때마다 쉽게 의지할 수 있었던 것 같다. 조지 입장에서 보면 남편과 자식들을 돌보며 겪어야 했던 긴장과 스트레스로부터 잠시나마 벗어나기 위해서도 그러한 관계가 필요했을 것이다.

아닌 게 아니라 조지 예이츠의 전기를 읽다보면 시간이 지날수록 점점 지쳐가고 힘들어해하는 그녀의 모습을 발견하게 된다. 무엇보다도 자주 병석에 눕게 된 남편과 애들의 건강문제가 큰 부담이었던 것 같고, 거기다가 시인 특유의 까다로운 성격에 이런저런 요구가 많았을 남편의 뒷바라지도 만만한 일이 아니었을 것이다. 그녀 역시 뛰어난 지적 능력을 소유한 여성이었으면서도 오직 남편에 대한 내조와 가정을 돌보는 것으로 만족해야 했던 점도 적지 않은 내면적 갈등의 원인이었을 것이다. 1928년 3월 15일 맥그리비에게 보낸 편지에서, 비록 머리말에 "다 읽고 나서는 태워버리세요"라는 말을 덧붙이기는 했지만, "이런 일이 일어날 줄 알았더라면 틀림없이 나는 가정을 갖지 않았을 것입니다"라고 쓸 정도였다(Saddlemyer 395). 그녀가 이 편지를 쓸 때는 그의 가족이 아일랜드를 떠나 유럽에 가 있었는데, 예이츠는 폐가 좋지 않아 객혈을 하고 있었고, 아들 마이클 역시 병원 신세를 지고 있었다. 모처럼 아일랜드에서의 일상을 벗어나 그토록 소망했던 유럽 여행길에 올랐지만 그 시간의 대부분을 남편과 자녀들의 병간호와 뒷바라지에 빼앗겨야 했으니 30대 중반의 그녀에게는 꽤 힘든 상황이었으리라 짐작이 간다.

이 무렵 그녀를 괴롭힌 또 하나의 문제가 있었다. 자동기술의 정확한 내용, 즉 그 작업에서 그녀가 맡았던 핵심적인 역할을 공개적으로 밝히는 문제였다. 물론 그녀는 처음부터 자동기술의 세부적인 내용이 공개되는 것을 원치 않았던 만큼 새삼스러운 것은 아니었지만, 그 작업의 결과라고 할 수 있는 『비전』이 1926년 1월에 출판되는 것을 계기로 이 문제가 다시 대두된 것이다. 새들마이어는 설령 조지가 그 책의 출판까지는 동의했다고 하더라도 자신의 참여 사실에 대해서는 여전히 절대적인 비밀을 원했기 때문에 그녀와는 생각이 다른 예이츠와 충돌을 피할 수 없었으리라고 생각하면서, 그녀가 훗날 엘만에게 말했던 "그들의 처음이자 유일한 심한 다툼"이 이때쯤 일이 아니었을까 짐작한다. 분명히 예이츠의 입장에서 보면 실제로 있었던 아내의 참여 사실을 그대로 솔직하게 밝히는 것이 오히려 더 당연하고 떳떳한 행동으로 느껴질 수도 있었을 것이다. 또한 항상 극적인 것을 좋아했던 그로서는 그러한 방식이 더 마음에 들었을 것 같기도 하다. 한 걸음 더 나아가 생각해보면, 『비전』이 출판되기 조금 전에 그가 출판업자에게 보낸 편지에서 말한 것처럼 자동기술의 정확한 내용을 밝히는 것이 그 책의 판매에도 도움이 될 것이라는 계산도 있었을 법하다(Saddlemyer 405).

그녀는 왜 그토록 심하게 자신의 참여 사실이 밝혀지는 것에 대해 거부감을 가졌을까? 무엇보다도 먼저 사람들 앞에 자신을 드러내기를 싫어했던 그녀의 성격이 작용했을 것으로 짐작이 간다. 더군다나 자동기술의 상당부분이 그들 부부의 성생활과 관련된 내용이었으니 더욱 더 그러했을 것이다. 거기다가 사회적으로는 영국 빅토리아조 시대의 여유 있는 집안에서 태어나 교양을 갖춘 지성인으로 성장한 자신이 자동기술과 관련된 행위로 인하여 여러 사람들의 웃음거리가 될 수 있다는 점도 염려되었을 것이다. 그러나 새들마이어는 이러한 이유들 외에도 보다 본질적인 또 다른 이유가 존재했으리라고 생각한다. 사실 그녀의 지난 삶을 돌이켜보면 자동기술은 그들 부부의 결혼의 위기 상황에서 비롯되었지만 동시에 그 위기로부터 그들을 구해준 놀라운 사건이었다. 그것은 철저하게 두 사람의 상호신뢰와 협력에 의존한 것이었지만 그것을 시작하고 이끌어 간 것은 전적으로 그녀의 힘이었다. 그 힘은 한편으로는 그녀의 타고난 능력이기도 했겠지만 다른 한편으로는 오랜 기간에 걸친 탐구를 통해 그녀 스스로 체득한 것이기도 했다. 그녀는 이러한 자신의 힘, 한마디로 그녀가 지닌 창조력의 핵심이라고 할 수 있는 이 힘을 스스로 굳게 믿고 있었고, 그것을 순수하게 자신만의 것으로 간직하고 싶었을 것이다. 이러한 상황에서 그 내용을 일반 독자들에게 밝히려고 하는 예이츠의 의도에 그녀가 깊은 반감을 가졌던 것은 당연한 것이었다. 그것은 마치 그녀의 존재에 대한 침해이자 부정인 것처럼 느껴졌을 법하다(405-06). 그와 동시에, 자동기술이 진행되는 동안 그녀에 대해 전적인 믿음을 보였던 예이츠가 그 결과를 『비전』으로 엮어가는 과정에서 조금씩 신뢰를 잃어 가는듯한 모습을 보이는 것도 그녀를 당혹스럽게 했을 것이다.

여기에 덧붙여 그들 부부가 직면한 또 하나의 문제가 있었다. 그것은 성적인 문제로서, 점점 커져가는 예이츠의 성적 관심에 대해 그녀가 적절한 반응을 보이지 못한 데서 비롯된 것이었다. 새들마이어는 그들이 이러한 문제에 직면한 시기를 대략 1933년경으로 보고 있는데, 이 때 예이츠의 나이가 68세였고 조지가 41세였던 것을 생각하면 좀 뜻밖의 일로 여겨지기도 한다. 그렇지만 그녀의 경우 그것은 당연한 결과였는지도 모르겠다. 앞에서 살펴본 바와 같이 남편과 자녀들을 돌보고 온갖 잡다한 사무적인 일들을 처리하며 하루하루를 힘겹게 살아가야 했던 그녀에게 있어서 결혼 초기처럼 성적으로 밀착된 부부생활은 어려웠을 것이다. 대시인의 아내로서, 그리고 두 아이의 어머니로서 그녀에게 요구되는 일들을 감당하는 것만으로도 너무 지쳐 있었기 때문에 예이츠의 성적인 요구나 기대에 쉽게 응할 수가 없었을 것으로 짐작된다. 반면에 예이츠의 경우는 어떠했을까? 그가 이미 70 가까운 나이에 주위 사람들은 물론 자신까지도 놀랄 만큼 그토록 성적인 문제에 집착했던 이유는 무엇일까? 그가 늙어가면서 인간의 가장 원초적 영역이라고 할 수 있는 성과 사랑의 문제에 점점 더 가까이 다가가고자 했던 이유는 무엇일까? 물론 여기에는 그가 60대에 들어서고 나서 두 차례나 큰 병으로 죽을 고비를 넘겼던 점도 영향을 주었을 것으로 생각된다. 죽음을 가까이 느끼면서 그에 대한 반작용 혹은 보상심리에서 더욱 삶에 집착하게 되고, 인간의 육체와 성적 욕망에 대해 더 많이 생각하게 된 것 같다.[20] 또한 기본적으로 성적 능력과 시적 창조력 사이에 깊은 상관성이 존재하는 것으로 보는 그의 인식 역시 크게 작용하였음이 분명하다. 특히 그레고리 여사의 죽음 이후 자신의 창작력의 고갈에 대해 심한 위기감을 느끼고 있던 그로서는 늙음에 따른 성적 능력의 퇴화가 단순히 생리적인 차원으로만 끝나지 않고 보다 심각한 문제로 인식되었을 것이다. 여기에 덧붙여 독립 이후의 아일랜드 사회가 점점 더 보수적이고 폐쇄적인 방향으로 나아가고 있는 점도 성과 사랑에 대한 예이츠의 솔직하고도 대담한 태도에 적지 않은 영향을 끼쳤을 것으로 생각된다.

이러한 상황에서 예이츠가 1934년 회춘수술을 받고, 그 이후 네 명의 영국 여성인 마곳 러닥(Margot Ruddock), 도로시 웰스리(Dorothy Wellesley), 에델 매닌(Ethel Mannin), 에디스 새클튼 힐드(Edith Shackleton Heald)와 애정 관계를 가졌던 사실은 잘 알려져 있다.[21] 자신의 아내와 거의 동연배에 속한 젊고 아름다운 이 여성들로부터 늙은 시인 예이츠는 무엇을 기대했을까? 우선 그는 이미 성적으로 소원해진 아내 조지에게서 더 이상 찾을 수 없는 육체적 사랑의 위로와 기쁨을 그들로부터 기대했을 것이다. 그러나 그들 모두가 아름다운 미모와 함께 문학적 재능을 소유한 여성들로서 지적인 활동을 하며 독립적인 삶을 살아가고 있었다는 사실은, 그들에 대한 예이츠의 기대가 단

---

20) 이 무렵 예이츠가 올리비아 셰익스피어에게 보낸 편지에서 "저는 마지막까지 죄인일 것입니다. 그리고 죽음의 자리에서 젊은 시절에 헛되이 보낸 모든 밤들을 생각할 것입니다."라고 쓴 것은 이러한 그의 심경의 변화를 잘 말해준다 (Ellmann, *Yeats* 272).

21) 필자의 논문 「예이츠의 최후의 삶과 시: 성과 사랑의 주제를 중심으로」(『한국예이츠저널』 20[2003년 12월]: 57-85)는 회춘수술 이후 전개되었던 예이츠와 이들 네 여성들의 관계 및 그것이 그의 시 창작에 끼친 영향을 중점적으로 다룬 것이다.

순히 육체적, 성적 차원에 머무르지 않고 정신적인 이해와 교감에까지 이르는 것이었음을 추측케 한다. 아마도 그는 지난 날 레디 그레고리나 올리비아 셰익스피어와 같은 여성들, 그리고 최근에는 자신의 아내와의 관계에서 누릴 수 있었던 지적 자극과 정신적 교감의 기쁨까지를 이 젊은 여성들에게서 기대했을 법도 하다. 더군다나 성적 욕망의 문제가 곧 시적 창조력의 문제이기도 했던 그로서는 지속적인 시 작품의 창작을 위해서도 이들 여성들과의 관계가 필요했을 것이다. 실제로 그가 보여준 회춘수술 이후의 왕성한 창작 활동에는 이 여성들과의 만남의 영향이 있었으리라 여겨진다.

여러 평자들은 이러한 예이츠의 행위에 대해 조지 예이츠가 언짢은 내색을 하기보다는 오히려 그로 인해 예이츠가 행복해했던 것을 다행으로 여기며 호의적인 반응을 보였음을 지적하고 있다. 그들은 그녀가 예이츠에게 "당신이 죽고 나면 사람들은 당신의 애정행각에 대해 뭐라고들 쓰겠지요. 그러나 저는 할 말이 없을 거에요. 당신이 얼마나 자랑스러워했던가를 제가 기억할 테니까요."라고 말했던 사실을 지적하기도 하고(Ellmann, *Yeats xxv*; Saddlemyer 483), 심지어 어떤 자는 그녀의 이러한 태도를 거의 뚜쟁이에 가까운("almost his procuress") 것으로 보고 있다(O"Faolain 308). 이러한 조지의 태도와 행동에 대해 그녀가 무엇보다도 예이츠의 시 창작을 최우선적으로 고려했기 때문에 다른 여성들과의 애정관계에 대해서도 이 정도로 배려한 것이라고 간단히 생각할 수도 있을 법하다. 그러나 단순히 예이츠에 대한 배려 때문만은 아니었던 것 같다. 앞에서 언급한 바와 같이 예이츠의 성적 관심과 요구에 그녀가 쉽게 응할 수 없었던 점이나, 노년의 예이츠가 보여준 성적 관심과 집착의 상당부분이 그들 부부의 자동기술 과정에서 체득된 것이라면 그녀에게도 책임의 일부가 있을 수 있다는 자의식도 함께 작용했을 것이다. 또한 시간이 지날수록 점점 힘들어가는 예이츠에 대한 간호와 보살핌의 짐을 그 여성들과 나눠지는 측면도 있었을 것이다. 그럼에도 불구하고, 예이츠의 애정행각에 대한 조지의 반응을 두고 여러 평자들이 언급한 것을 읽다보면 때로는 그녀의 태도가 좀 의아하게 느껴지고, 또 행동의 진정성에 대해 의심이 가기도 한다. 그녀의 흔쾌한 태도와 행동 이면에 그녀 스스로 밝힐 수 없는 깊은 상처가 숨겨져 있는 것이 아닌가 하는 의심도 든다.

이런 저런 이유로 힘들었음에 틀림없는 조지 예이츠의 결혼생활은 1939년 1월 28일 시인 예이츠가 세상을 떠남으로써 일단락된 듯하다. 이제 그녀는 더블린 교외의 한 저택으로 거처를 옮기고 그곳에서 세상을 떠날 때까지 살게 된다. 이제는 더 이상 시인 예이츠를 위하여 온갖 것들에 신경을 쓸 필요가 없는 비교적 단순하고 안정된 삶이었겠지만 그전보다는 더 외롭지 않았을까 싶다. 더군다나 이미 성인으로 성장한 두 자녀마저 점점 그녀로부터 멀어져가는 상황이었으니 그녀가 느꼈을 고독감은 충분히 짐작이 간다. 그녀가 더욱 더 술에 의존하게 된 것은 바로 그 때문이었을 것이다.[22] 지나친 음주 습관 외에도, 그녀는 이전의 모습과는 달리 자신의 옷차림이나 몸가짐에 전혀 신경을 쓰지 않는 식으로 스스로에 대한 무관심을 드러내 보이는가 하면, 주위 사람들을 만나기 꺼려하는 폐쇄적인 태도를 보이기도 했다. 이런 가운데에서도 그녀는 시인 예이츠의 미망인으로서 그녀에게 남겨진 일들을 충실히 수행했던 것 같다. 무엇보다도 먼저 예이츠 작품의 법적 집행자로서 그녀는 그가 남겨놓은 수많은 양의 원

22) 그녀의 음주습관은 이미 그 이전부터 시작된 것이지만 나이가 들어가면서 더 심해진 것으로 알려져 있다. 이에 대하여 전기 작가들은 그녀의 부친, 조부, 증조부 모두가 심한 음주 때문에 세상을 떠났다는 그녀 자신의 고백을 근거로 유전적인 요인을 지적하기도 하고(Saddlemyer 243), 그녀처럼 영매의 역할을 했던 여성이 그 능력을 잃게 되면 흔히 술에 의존하게 되는 경우가 많다는 연구결과를 지적하기도 한다(Maddox 217).

고들을 정리하는 일에서부터 최종적으로 출판하는 일에 이르기까지 여러 잡다한 일들에 관여하여 결정하고 집행해야 했다. 그것만이 아니었다. 예이츠를 연구하기 위하여 그녀를 방문한 많은 학자들과 비평가들, 그리고 시인들에게 여러 형태의 도움을 주는 것도 그녀의 일이었다. 아마도 이러한 일들은 그녀가 아내로서 오랜 기간 동안 예이츠와 함께 생활하면서 곁에서 그를 지켜보았을 뿐만 아니라 그의 작품의 창작 과정이나 추후의 관리에 있어서도 적지 않은 영향을 끼친 여성이었기에 가능했을 것이다.

예이츠의 작품과 관련된 이러한 일들 외에도 그녀가 결정하고 실행해야 할 중요한 일이 또 있었다. 그것은 예이츠의 유해와 관련된 일이었다. 임시로 그의 유해를 프랑스의 한 지방(Roquebrune) 공동묘지에 모셨다가 1년쯤 뒤에 예이츠가 원한 대로 아일랜드 서부의 슬라이고 교외에 위치한 드럼클립(Drumcliffe) 교회묘지로 옮길 예정이었던 그녀는 당장 그의 유해를 아일랜드로 들여와 성패트릭성당(St Patrick's Cathedral) 같은 곳에 모셔야 한다는 아일랜드내의 여론에 부딪치게 된다. 하지만 항상 예이츠의 뜻을 헤아리며 따르고자 했던 그녀는 가족들과 여러 지인들의 협조를 얻어 그 여론을 잠재우고 자신의 뜻을 관철시킬 수 있었다. 그러나 더 큰 문제는 그 다음이었다. 예이츠의 유해를 아일랜드로 들여오는 계획이 세계대전의 발발로 인하여 미루어지다가 1948년에 가서야 드디어 이루어지려는 순간에 하나의 사건이 그녀를 곤혹스럽게 한다. 예이츠가 묻혔던 묘지가 사라지고 그의 유해의 보관조차도 정확히 확인할 수 없다는 사실이 일부 사람들에 의해 거론되기 시작한 것이다. 어떻게 그러한 일이 일어날 수 있었을까? 이 문제에 대한 명확한 해답을 찾기는 당시는 물론이고 오늘날에 이르러서도 쉽지 않을 듯하다. 이 문제와 관련된 여러 사람들과 기관들의 주장이 서로 다르고, 그들이 제시하는 증거 역시 서로 어긋나는데다가, 어떤 부분에 대해서는 이미 그 증거 자료마저 사라진 마당에 그 명확한 과정을 밝히는 것은 거의 불가능하리라 여겨지기 때문이다.[23] 다만 아일랜드로의 이장에 아무런 문제가 없을 것으로 믿고 있던 조지에게는 그 사실이 엄청난 충격이었음은 분명하다. 더욱 더 그녀를 난처하게 한 것은 그러한 사실이 상당한 근거를 갖고 있다는 점이 밝혀지면서 자연스럽게 당시 장례를 치렀던 그녀에게도 잘못이 있지 않았는가 하는 의혹이 그녀에게 쏠리게 되고, 심지어 일부 인사들은 그 점을 문제 삼아 그녀로 하여금 이장 계획을 포기하도록 압력을 가하는 것이었다. 정말 뜻밖의 난감한 상황에서 그녀는 이번에도 침착함과 단호함으로 자신의 뜻을 관철시켰고, 그 결과 오늘날 예이츠 시의 애호가들이 즐겨 찾는 장소 가운데 하나인 그의 묘지가 아일랜드 땅에 마련되었다.

예이츠의 유해를 아일랜드로 옮긴 후에도 20년을 더 살았던 조지는 1968년 8월 23일 세상을 떠나 드럼클립 교회묘지의 예이츠 곁에 묻힌다. 그와 함께 살았던 22년에 비하면 꽤 긴 시간을 홀로 살았던 셈이다. 예이츠의 전기 집필 문제로 여러 차례 그녀를 만났던 엘만은 그녀가 세상을 떠난 뒤 "그 뛰어난 여성"을 회고하면서 "예이츠와의 결혼은 대단한 것이었던 그 만큼 문제투성이었다. 그녀는 냉정함과

23) 이 문제는 결국 지금 슬라이고의 묘지에 묻힌 유해가 과연 예이츠의 것이 맞는가의 문제로 귀결된다고 할 수 있는데, Maddox의 말대로 DNA검사라도 하기 전에는 어느 누구도 이에 대한 확실한 답을 주지 못할 것 같다. 그녀는 예이츠 전기의 에필로그에서 이 문제를 자세하게 다루면서 예이츠의 유해가 아닐 수도 있는 "그럴만한 가능성"을 강하게 암시하고 있다(383-95). 반면에 Saddlemyer는 "여러 증거들을 두고 볼 때 불벤산(Ben Bulben) 밑에 누워있는 자는 아마도 예이츠일 것이다"라고 말하며 보다 긍정적인 태도를 취하고 있다. 그러면서도 그것을 밝혀내기 위한 "필요한 연구가 매우 어렵기는 하겠지만 불가능하지는 않을 것이다."라는 말을 덧붙이고 있다(611). 이 문제는 앞으로도 학계에서 계속 논의의 대상이 되리라 생각된다.

관대함, 그리고 고귀함 같은 것으로 그것을 버텨냈다."라는 말로써 그 전기의 서문을 끝맺고 있다(*Yeats* xxviii). 이는 여러 가지 어려움 속에서도 시인의 아내로서 최선을 다하려고 했던 그녀의 삶, 그리고 그것을 가능케 했던 그녀의 예이츠에 대한 사랑과 존경, 그리고 용기와 인내에 대한 찬사와 경의의 표시일 것이다. 이와 더불어 최근의 예이츠 연구자들은 그녀가 단순히 아내로서의 덕목을 갖춘 여성이었을 뿐만 아니라 자동기술을 통하여 예이츠의 삶과 시에 절대적인 영향을 끼친 여성이었음에 주목하며 그녀의 또 다른 모습을 보여준다. 이러한 일이 가능하게 된 것은 무엇보다도 1990년대에 와서 조지 밀즈 하퍼와 같은 학자들의 노력에 힘입어 예이츠부부의 자동기술의 기록들이 본격적으로 정리, 출판되었기 때문이다.[24] 그 결과 그동안 숨겨진 채 막연하게 추측되어 왔을 뿐인 놀라운 사실들이 속속들이 밝혀지면서 이제 그녀는 전혀 새로운 모습, 아니 본래의 진정한 모습으로 드러나기 시작한 것이다. 아마도 그녀가 완전한 자신의 모습을 드러내기까지는 좀 더 많은 시간과 연구자들의 수고가 필요할지도 모르겠다.[25]

---

24) 예이츠부부의 자동기술과 "sleeps"의 기록들은 다른 관련 자료들과 함께 *Yeats's Vision Papers*라는 이름의 네 권의 책으로 출판되었다. 1~3권은 1992년에, 마지막 4권은 2001년에 출판되었다.

25) 가장 최근에 조지 예이츠에 대한 연구서(*Wisdom of Two*)를 발표한 Margaret Mills Harper는 이러한 상황 변화를 가져오는 데 기여한 주요 연구 성과들을 소개하고 있는데, 본 논문이 크게 의존하고 있는 Ann Saddlemyer, *Becoming George*와 Brenda Maddox, *George's Ghosts: The Secret Life of W. B. Yeats* 외에도, Terence Brown, *The Life of W. B. Yeats: A Critical Biography*; David Pierce, *Yeats's Worlds: Ireland, England, and the Poetic Imagination*; Bette London, *Writing Double: Women's Literary Partnerships*; Frances Wilson, *Literary Seductions: Compulsive Writers and Diverted Readers*; 그녀 자신의 두 논문, "The Medium as Creator: George Yeats's Role in the Automatic Script"와 "The Message is the Medium: Identity in the Automatic Script" 등이 포함되어 있다.

약자

AU	*Autobiographies*. London: Macmillan, 1955.
AV[A]	*A Critical Edition of Yeats's* A Vision (1925). Ed. George Mills Harper and Walter Kelly Hood. London: Macmillan, 1978.
AV[B]	*A Vision*. A Reissue with the Author's Final Revisions. New York: Collier, 1966.
AYF	*Always Your Friend: The Gonne-Yeats Letters, 1893-1938*. Ed. Anna MacBride White and A. Norman Jeffares. London: Hutchinson, 1992.
E&I	*Essays and Introductions*. New York: Macmillan, 1961.
Ex	*Explorations*. Sel. Mrs. W. B. Yeats. 1962. New York: Collier, 1973.
L	*The Letters*. Ed. Allan Wade. New York: Macmillan, 1955.
LDW	*Letters on Poetry to Dorothy Wellesley*. Ed. Kathleen Raine. London: Oxford UP, 1964.
LMR	*Ah, Sweet Dancer: W. B. Yeats: Margot Ruddock: A Correspondence*. Ed. Roger McHugh. New York: Macmillan, 1970.
Mem	*Memoirs*. Ed. Denis Donoghue. London: Macmillan, 1972.
Myth	*Mythologies*. 1959. New York: Collier, 1969.

UP1-2 *Uncollected Prose*. Ed. John P Frayne and Colton Johnson. 2 vols. New York: Columbia UP, 1970-76.

VP *The Variorum Edition of the Plays*. Ed. Russell K. Alspach. London: Macmillan, 1966.

VPL *The Variorum Edition of the Poems*. Ed. Peter Allt and Russell Alspach. New York: Macmillan, 1957.

YVP1-4 *Yeats's Vision Papers*. Ed. George Mills Harper et al. 4 vols. London: Macmillan, 1992-2001.

인용 문헌

Adam, Ian and Helen Tiffin, ed. *Past the Last Post: Theorizing Post-colonialism and Post-modernism*. Calgary: U of Calgary P, 1990.

Ashcroft, Bill, Gareth Griffiths and Helen Tiffin. *Post-Colonial Studies: The Key Concepts*. London: Routledge, 1998.

_____. *The Empire Writes Back: Theory and Practice in Post-Colonial Literatures*. 2nd ed. London: Routledge, 2002.

Auden, W. H. *Selected Poetry*. 2nd ed. New York: Vintage, 1971.

Beckett, J. C. *The Making of the Modern Ireland: 1603-1923*. London: Faber, 1966.

Beum, Robert. *The Poetic Art of William Butler Yeats*. New York: Ungar, 1969.

Bloom, Harold. *Yeats*. New York: Oxford UP, 1970.

Bornstein, George. "Romancing the (Native) Stone: Yeats, Stevens, and the Anglocentric Canon." *Yeats's Political Identities: Selected Essays*. Ed. Jonathan Allison. Ann Arbor: The U of Michigan P, 1996. 235-52.

Brown, Terence. *The Life of W. B. Yeats: A Critical Biography*. Oxford: Blackwell, 1999.

Conner, Lester I. *A Yeats Dictionary: Persons and Places in the Poetry of William Butler Yeats*. Syracuse: Syracuse UP, 1999.

Cullingford, Elizabeth Butler. *Gender and History in Yeats's Love Poetry.* Cambridge: Cambridge UP, 1993.

_____. *Yeats, Ireland and Fascism.* New York: New York UP, 1981.

Curtis, Edmund. *A History of Ireland.* London: Routledge, 1992.

Deane, Seamus. *Celtic Revivals: Essays in Modern Irish Literature, 1880-1980.* London: Faber, 1985.

Ellmann, Richard. *Four Dubliners.* New York: George Braziller, 1988.

_____. *Yeats: The Man and the Masks.* 2nd ed. New York: Norton, 1979.

Etter, Carrie. "'Take the Sour if You Take Me': Reading Yeats's Crazy Jane as Ireland." *W. B. Yeats and Postcolonialism.* Ed. Deborah Fleming. West Cornwall: Locust Hill, 2001. 221-34.

Fleming, Deborah, ed. *W. B. Yeats and Postcolonialism.* West Cornwall: Locust Hill, 2001.

Foster, R. F. *W. B. Yeats: A Life. I: The Apprentice Mage, 1865-1914.* Oxford: Oxford UP, 1997.

Fraser, Rebecca. *The Story of Britain: From the Romans to the Present: A Narrative History.* New York: Norton, 2003.

Gibbons, Luke. *Transformations in Irish Culture.* Notre Dame: U of Notre Dame P, 1996.

Gonne, Maud. *The Autobiography: A Servant of the Queen.* Ed. A. Norman Jeffares and Anna MacBride White. Chicago: U of Chicago P, 1995.

Hardy, Barbara. "The Wildness of Crazy Jane." *Yeats, Sligo and Ireland: Essays to Mark the 21st Yeats International Summer School.* Ed. A. Norman Jeffares. Gerrards Cross: Colin Smythe, 1980. 31-55.

Harper, George Mills. *The Making of Yeats's* A Vision: *A Study of the Automatic Script.* 2 vols. Carbondale: Southern Illinois UP, 1987.

Harper, Margaret Mills. *Wisdom of Two: The Spiritual and Literary Collaboration of George and W. B. Yeats.* Oxford: Oxford UP, 2006.

Harrington, John P, ed. *Modern Irish Drama.* New York: Norton, 1991.

Hassett, Joseph M. "Yeats and the Chief Consolation of Genius." *Yeats: An Annual of Critical and Textual Studies* 4 (1986): 55-67.

Hone, Joseph. *W. B. Yeats: 1865-1939.* 1943. Harmondsworth: Penguin, 1971.

Hopenwasser, Nanda. "Crazy Jane: Writer of Her Own Justification." *College Literature* 13.1 (1986): 9-20.

Howes, Marjorie. *Yeats's Nations: Gender, Class, and Irishness.* Cambridge: Cambridge UP, 1996.

Jeffares, A. Norman. *A New Commentary on the Poems of W. B. Yeats.* London: Macmillan, 1984.

_____ and A. S. Knowland. *A Commentary on the Collected Plays of W. B. Yeats*. London: Macmillan, 1975.

Kiberd, Declan. *Inventing Ireland: The Literature of the Modern Nation.* London: Vintage, 1996.

Lensing, George S. Review of *The Gonne-Yeats Letters. Yeats: An Annual of Critical and Textual Studies* 11 (1993): 261-70.

Lloyd, David. *Anomalous States: Irish Writing and the Post-Colonial Moment.* Durham: Duke UP, 1993.

Lyons, F. S. L. *Culture and Anarchy in Ireland, 1890-1939.* Oxford: Clarendon, 1979.

Macrae, Alasdair D. F. *W. B. Yeats: A Literary Life.* London: Macmillan, 1995.

Maddox, Brenda. *Yeats's Ghosts: The Secret Life of W. B. Yeats.* New York: Perennial, 2000.

Malins, Edward. *A Preface to Yeats.* New York: Charles Scribner's Sons, 1974.

McCready, Sam. *A William Butler Yeats Encyclopedia.* Westport: Greenwood, 1997.

Moore, John Reese. *Masks of Love and Death: Yeats as Dramatist.* Ithaca: Cornell UP, 1971.

Nathan, Leonard E. *The Tragic Drama of William Butler Yeats: Figures in a Dance.* New York: Columbia UP, 1965.

O'Brien, Conor Cruise. "Passion and Cunning: An Essay on the Politics of W. B. Yeats." *In Excited Reverie: A Centenary Tribute to William Butler Yeats, 1865-1939.* Ed. A. Norman Jeffares and K. G. W. Cross. New York: Macmillan, 1965. 207-78.

O'Donnell, William H. *The Poetry of William Butler Yeats: An Introduction.* New York: Ungar, 1986.

O'Faolain, Sean. *Vive Moi!* Ed. Julia O'Faolain. London: Sinclair-Stevenson. 1994.

O Hehir, Brendan. "Kickshaws and Wheelchairs: Yeats and the Irish Language." *Yeats: An Annual of Critical and Textual Studies* 1 (1983): 92-103.

Perloff, Marjorie. "Between Hatred and Desire: Sexuality and Subterfuge in 'A Prayer for my Daughter.'" *Yeats Annual* 7 (1990): 29-50.

Praz, Mario. *The Romantic Agony.* 1933. Oxford: Oxford UP, 1970.

Preminger, Alex, ed. *Princeton Encyclopedia of Poetry and Poetics.* Princeton: Princeton UP, 1974.

Ramazani, Jahan. *The Hybrid Muse: Postcolonial Poetry in English.* Chicago: U of Chicago P, 2001.

Saddlemyer, Ann. *Becoming George: The Life of Mrs. W. B. Yeats.* Oxford: Oxford UP, 2002.

Said, Edward W. *Culture and Imperialism.* New York: Knopf, 1993.

Spivak, Gayatri Charkravorty. *In Other Worlds: Essays in Cultural Politics.* New York: Routledge, 1988.

Torchiana, Donald. *W. B. Yeats and Georgian Ireland.* Evanston: Northwestern UP, 1966.

Unterecker, John. *A Reader's Guide to William Butler Yeats.* London: Thames, 1959.

Yeats, W. B. *Ah, Sweet Dancer: W. B. Yeats: Margot Ruddock: A Correspondence.* Ed. Roger McHugh. New York: Macmillan, 1970.

_____. *Always Your Friend: The Gonne-Yeats Letters, 1893-1938.* Ed. Anna MacBride White and A. Norman Jeffares. London: Hutchinson, 1992.

_____. *Autobiographies.* London: Macmillan, 1955.

_____. *A Critical Edition of Yeats's* A Vision (1925). Ed. George Mills Harper and Walter Kelly Hood. London: Macmillan, 1978.

_____. *Essays and Introductions.* New York: Macmillan, 1961.

_____. *Explorations*. Sel. Mrs. W. B. Yeats. 1962. New York: Collier, 1973.

_____. *The Letters*. Ed. Allan Wade. New York: Macmillan, 1955.

_____. *Letters on Poetry to Dorothy Wellesley*. Ed. Kathleen Raine. London: Oxford UP, 1964.

_____. *Memoirs*. Ed. Denis Donoghue. London: Macmillan, 1972.

_____. *Mythologies*. 1959. New York: Collier, 1969.

_____. *Uncollected Prose*. Ed. John P Frayne and Colton Johnson. 2 vols. New York: Columbia UP, 1970-76.

_____. *The Variorum Edition of the Plays*. Ed. Russell K. Alspach. London: Macmillan, 1966.

_____. *The Variorum Edition of the Poems*. Ed. Peter Allt and Russell Alspach. New York: Macmillan, 1957.

_____. *A Vision*. A Reissue with the Author's Final Revisions. New York: Collier, 1966.

_____. *Yeats's Vision Papers*. Ed. George Mills Harper et al. 4 vols. London: Macmillan, 1992-2001.

찾아보기

* 우리말 번역에 따른 혼란을 피하기 위하여 영어를 앞에 표기하고 그 뒤에 우리말을 표기함.

예이츠의 작품

저자약력

윤정묵

서울대학교 영문과를 졸업한 후 미국 뉴욕주립대학교(스토니 부룩) 영문과에서 박사학위를 취득하였으며, 현재 전남대학교 인문대학 영문과 교수로서 한국예이츠학회 회장을 맡고 있다.
주요 저서로는 『예이츠와 아일랜드』가 있다.

예이츠의 작품에 나타난 성과 사랑, 그리고 정치

인쇄 | 2010년 9월 25일
발행 | 2010년 9월 30일

저자 | 윤정묵
발행 | 김윤수
발행처 | 전남대학교출판부

등록 | 1981. 5. 21. 제53호
주소 | 500-757 광주광역시 북구 용봉로 77
전화 | (062) 530-0571~3
팩스 | (062) 530-0579
홈페이지 | http://altair.chonnam.ac.kr/~cnup

값 15,000원

ISBN 978-89-7598-855-4 (93840)

이 도서의 국립중앙도서관 출판시도서목록(CIP)은 e-CIP홈페이지 (http://www.nl.go.kr/ecip)에서 이용하실 수 있습니다.
(CIP제어번호 : CIP2010003496)